新时代工商管理丛书
总主编　朱帮助

优秀硕士学位论文集萃

林轶　主编

MTA

中国金融出版社

责任编辑：赵晨子
责任校对：刘　明
责任印制：丁淮宾

图书在版编目（CIP）数据

优秀硕士学位论文集萃：MTA/林轶主编．—北京：中国金融出版社，2024.5
ISBN 978－7－5220－2234－5

Ⅰ.①优…　Ⅱ.①林…　Ⅲ.①旅游经济—经济管理—硕士学位论文—中国—文集　Ⅳ.①F590－53

中国国家版本馆CIP数据核字（2023）第227939号

优秀硕士学位论文集萃（MTA）
YOUXIU SHUOSHI XUEWEI LUNWEN JICUI（MTA）
出版发行　中国金融出版社
社址　北京市丰台区益泽路2号
市场开发部　(010)66024766，63805472，63439533（传真）
网上书店　www.cfph.cn
(010)66024766，63372837（传真）
读者服务部　(010)66070833，62568380
邮编　100071
经销　新华书店
印刷　北京七彩京通数码快印有限公司
尺寸　185毫米×260毫米
印张　23
字数　523千
版次　2024年5月第1版
印次　2024年5月第1次印刷
定价　79.00元
ISBN 978－7－5220－2234－5
如出现印装错误本社负责调换　联系电话（010）63263947

《新时代工商管理丛书》

编著委员会：

总主编：朱帮助

编　委：朱少英　刘民坤　申　韬　蒋　侃

韦　铁　郭　峦　叶　映

总　序

党的十八大以来，中国特色社会主义进入新时代。2017 年 10 月 18 日，习近平总书记在党的十九大报告中作出重大判断，“经过长期努力，中国特色社会主义进入了新时代，这是我国发展新的历史方位”。时代是思想之母，实践是理论之源。进入新时代，企业发展面临的市场环境、技术环境、国际环境等都发生了巨大变化，如何促进企业在复杂多变的市场环境、技术环境和国际环境中实现高质量发展，是工商管理学科必须面对的重大课题。新时代，工商管理领域面临着诸多挑战。新范式革命的兴起，工商管理活动正在经历剧烈的变化。数字化、网络化、物联网等颠覆性技术的出现，催生了各种新型企业模式、商业模式、平台和生态，工商管理学科的研究与教育将转向对新范式、新革命、新问题、新机制、新人才等的关注和研究。工商管理学科建设须以习近平新时代中国特色社会主义思想为指导，立足于中国式现代化的本质要求，紧跟经济社会发展的时代需求，着力构建高质量工商管理学科人才培养体系，着力打造工商管理理论与实践的交流平台，推进工商管理学科的高质量发展。

新时代，工商管理学科是结合现代新技术的多学科交叉融合学科，广西大学工商管理学科经过八十年发展历程，以培养复合型人才为目标，形成了涵盖知识体系、课程体系、实践体系和师资体系的多学科交叉融合教学体系，构建“产教研学用”深度融合的全新培养模式以及强化多元协同育人的复合型人才培养模式，并通过大讨论、教与学研究、跨界跨学科交融等方式凝聚共识。近几年，学院出台的一系列举措有效推广了特色鲜明的人才培养理念，充分体现了工商管理学科人才培养的时代性和创新性。各位同仁立足于本校学科优势与特色、中国企业实践以及中国—东盟区域经济与商务合作，基于本学科领域教学与研究的长期积累，从理论和实践上持续探索工商管理领域创新，组织撰写了新时代工商管理学科丛书，目前已陆续完成《企业数字化运营管理实践》《Python 数据分析与量化投资》《大数据 + Python 的财会数智化》《上市公司 ESG 信息披露理论与实践》《企业诊断思维与方法》《MBA 优秀硕士学位论文集萃》和《MTA 优秀硕士学位论文集萃》等书的初稿，其中《企业数字化运营管理实践》基于数字化理论和企业资源计划理论，以广西糖业生产为产业背景，探讨企业在数字化转型过程中，数字化的管理方法和管理实践，特别是运营管理领域的管理实施方案。《Python 数据分析与量化投资》的核心内容是通过传授 Python 编程语言在数据处理、统计分析以及机器学习等方面的应用，来指导构建和优化量化投资策略；《大数据 + Python 的财会数智化》重点介绍了大数据时代财会的数智化，以及 Python 语言在财会数智化中的应用；《上市公司

ESG 信息披露理论与实践》从 ESG 理论框架、制度政策、国内外披露标准、评级体系及其差异分析、ESG 投资、ESG 信息披露研究综述、中外上市公司 ESG 信息披露实践、上市公司气候治理与气候信息披露等展开 ESG 信息披露理论与实践的研究分析。《企业诊断思维与方法》针对当前环境下，企业面临着诸多挑战和趋势，如技术进步、全球经济不确定性、资源环境挑战、企业社会责任、人才管理、客户需求变化、法规和政策变化、数字化转型、竞争压力和供应链稳定性可靠性挑战。运用企业诊断思维与方法帮助企业识别和分析这些问题，制定有效的解决方案，帮助企业更好地应对挑战，提高自身的竞争力、适应力与创新能力。《MBA/MTA 优秀硕士学位论文集萃》主要收集了我院近几年 MBA、EMBA 和 MTA 优秀硕士学位论文，论文聚焦各行各业企业经营管理方面问题及解决方案研究，一定程度上体显出我院对时代前沿课题的深度聚焦以及在创新实践研究后所取得的成果。上述丛书在新时代工商管理学科面临基本研究范式颠覆性变化下，思考与探讨新时代工商管理学科的各类问题，尝试在新范式、新形态、新角色或新管理的环境下进行工商管理领域相关主题研究。

新时代，面对各种新挑战，我将与学院同仁们勇担推动工商管理学科教育教学改革的探索者与实践者的责任，以鲜明的办学特色和高质量的办学成果，以先进的商学育人理念，与各方协同创新，继续培育既有开拓创新能力又具有社会责任意识、科学精神的优秀企业家和业界精英，立足广西，面向东盟，积极推进工商管理学科高质量转型发展，为建设新时代工商管理学科而努力奋斗。

朱帮助

2024 年 2 月于广西大学

序 言

专业学位与学术学位研究生教育都是国家培养高层次创新型人才的重要途径，专业学位重在面向行业产业发展需要，培养具备扎实系统专业基础、较强实践能力、较高职业素养的实践创新型人才。旅游管理硕士专业学位（Master of Tourism Administration，MTA）是教育部从2010年开始设立的旨在培养旅游及其相关产业高层次应用型人才的教育项目。广西大学MTA专业学位点是全国首批旅游管理硕士专业学位授权点，自2011年开始招生以来，致力于培养具备高尚道德情操和职业素养，旅游专业基础和管理知识扎实，熟悉旅游业务实际，具有创新精神和开拓国际视野的高层次、高质量的文旅行业应用型专门人才。

学位论文写作是研究生培养过程中的一个重要环节，专业学位的学位论文要体现专业学位特点，突出学以致用，注重解决实际问题，具有一定的创新性和应用价值。广西大学MTA教育以立德树人为核心，高度重视学位论文质量。在选题上，要求紧紧围绕学位点培养方向，突出特色，致力于解决旅游企业及产业发展的实际问题；在学位论文形式和规范方面，鼓励论文形式多样化，要求论文必须由研究生在导师指导下独立完成，写作符合规范；论文水平认定采用内部审核和外部评价相结合的方法进行评审。通过在开题、写作、结题等各环节实施严格的全过程管理，学位点的学位论文质量不断提升。

本书收录了学位点招生以来历届毕业生学位论文中的几篇代表，研究对象涉及景区、酒店、城市旅游、乡村旅游等不同领域，研究内容包含游客满意度、旅游流、旅游资源开发、旅游地居民生计、旅游产品价值、用户行为决策、旅游服务质量等多个方面。研究问题从旅游实践中提炼，并能运用旅游管理及相关学科的理论与方法进行分析和解决，充分体现了旅游学科交叉性、综合性的学科优势，反映了旅游管理硕士专业学位学生应具备的学术道德及专业素养，以及学习、研究与创新能力。

前言

目 录

游客在南宁市乡村大世界休闲农业旅游中的体验满意度研究

作者：韦悦妮

指导教师：林轶

摘要：随着中国城市化进程加快，久居繁忙都市的人群越来越向往恬静悠闲的田园生活。休闲农业旅游以其可亲近自然、享受农趣等特点得到了市民的喜爱。近年来，在市场需求的刺激下，中国休闲农业旅游蓬勃发展。休闲农业旅游的形式、产品开发的模式、对经济的影响等已经被学术界大量研究过，但都偏于定性的研究，而从游客体验角度，结合定性与定量方法研究休闲农业旅游满意度的还不是很多。在当前的体验经济时代，游客的需求已趋向于体验化，休闲农业旅游景区要在激烈的竞争中脱颖而出，就必须想游客之所想，创造出有价值的旅游体验，不断提高游客的满意度。因此，从旅游体验角度来研究如何提高休闲农业旅游景区的游客满意度是一个很有意义的课题。

笔者在前人对休闲农业旅游、旅游体验及游客满意度研究成果的基础上，从休闲农业旅游的环境、设施、活动、情感和符号体验五个方面入手，通过分析游客体验的期望、满意度及二者之间的关系，提出提高游客体验满意度的参考建议。首先，根据游客个人属性及采用李克特量表来设计问卷，通过发放调查问卷来收集原始数据；其次，运用SPSS统计软件对数据进行分析，证明属性不同的游客的旅游体验存在显著差异，游客的体验期望程度与旅游后满意度间也存在显著差异；最后，运用IPA方法分析乡村大世界游客旅游体验期望和满意度情况，提出提高休闲农业旅游景区游客体验满意度的经营管理策略。

关键词：休闲农业旅游；体验；满意度；乡村大世界

第1章 绪 论

1.1 研究的背景

1.1.1 体验经济时代下旅游的体验化趋势

美国著名未来学家阿尔文·托夫勒于1970年在其著作《未来的冲击》中指出：体验业将成为继服务业之后未来经济发展的支柱[1]。如今看来，40多年前作者的诸多预测都是很准确的，在今天正逐步显现，如景德镇游客体验陶瓷制作的火爆，五花八门的DIY馆、儿童职业体验馆、展示馆的迅猛发展等，都昭示体验业已成为一个崭新的领域，开辟了新的财富源泉。1998年，美国经济学家派恩与吉尔摩在《哈佛商业评论》中认定：体验经济的时代已来临[2]。二人在同著的《体验经济》一书里对体验经济进行了相当深入的论述，并经典性地将体验界定为企业以服务为舞台，用商品作道具，以消费者为中心，设计出值得回忆的活动[3]。不容置疑的是，我们的确面对未来的强大冲击，经济科技的飞速发展使人类能用一天、一个月就完成古人要花一年乃至几十年才能完成的事，传统的经济制度、生活方式等都悄然改变，当然也包括旅游方式的改变。

随着人们消费水平的提高及体验经济的不断渗透，旅游逐渐成为人们的生活方式之一，旅游的体验化趋势越来越明显。虽然现今国内的旅游市场仍由大众旅游产品主导，但众多旅游者已经不屑于传统旅游“到此一游”“上车睡觉，下车拍照”走马观花的模式，游客在要求风景有高观赏性之外，更关注风景的内涵、历史韵味及旅游活动中的参与性、互动性等，可以说，体验已成为旅游者的客观心理需要。

1.1.2 休闲农业旅游的兴起与发展

国外的休闲农业旅游发展历史悠久。20世纪30~40年代的意大利、奥地利等国家首先兴起了这种旅游方式，之后经历了观光—度假—租赁三个发展阶段。20世纪中后期，休闲农业旅游发展成具备观光功能的休闲农业园模式，出现了人造的农业园。休闲农业园在80年代增加了度假功能，目前，农场主将地租赁出去，平时农场主照顾，假日由承租者自耕的高级模式在日本、法国、瑞士及中国台湾等国家和地区方兴未艾。

作为一个古老的农业大国，我国休闲农业旅游起步却较晚。20世纪80年代后，在腾飞的经济与城市化进程背景下，生存压力的陡增使城市消费者希望远离喧嚣以体验田园的闲逸生活，在旺盛的社会需求拉动下，休闲农业旅游应运而生，逐渐发展成为一个新兴的产业。20世纪90年代后，具有中国特色的休闲农业旅游表现出强劲的发展势头，并且得到了国家政策的支持。《国务院关于加快发展旅游业的意见》提出，要开展各具特色的农业观光和体验性旅游活动以及规范发展“农家乐”“休闲农庄”等旅游产品。然而，休闲农业旅游在如火如荼的发展道路上也产生了诸如园区建设的科学规划程度低、规模小、从业人员观念落后、品牌化低、给环境造成压力等一系列问题，导致许多休闲农业旅游景点游客满意度不高。因此，如何提高休闲农业旅游的游客满意度，成为一个需要认真研究解决的问题。

1.2 研究的意义与目的

1.2.1 研究的意义

以旅游体验视角来研究休闲农业旅游的游客满意度，深入研究是旅游者行为研究的重要内容之一。在理论上，旅游者与日俱增的休闲需求，迫切要求休闲农业旅游游客体验满意度研究的深入，从而为选择旅游目的地、提升旅游地形象等提供理论支持；在研究方法上，本文以实证研究与文献、定性与定量相结合的方法，对游客休闲农业旅游的体验满意度进行研究，有相当的针对性、应用性，且本文的研究结果可以给别的休闲农业旅游目的地在提高游客体验满意度方面提供参考，有较强的现实意义。

1.2.2 研究的目的

通过文献综述、游客访谈等方式，阐明从旅游体验角度对休闲农业旅游游客满意度进行研究的必要性，构建出游客体验的影响模型，通过实证考察游客对旅游体验的期望程度和满意度之间的差异，提出休闲农业旅游景区提高游客满意度的经营管理策略。

1.3 研究内容

（1）绪论：论述在体验经济时代下，研究休闲农业旅游景区游客体验满意度的理论意义与现实意义，说明研究的目的、框架、内容、方法和路线。

（2）理论研究：阐述相关的概念，梳理休闲农业旅游、旅游体验以及旅游满意度理论的国内外研究进展，为后面框架的搭建打下理论基础。

（3）研究设计：根据文献研究与访谈结果构建研究的模型，确定调查问卷的设计方案。

（4）实证研究：第一，简单介绍实证研究调查地，说明选择乡村大世界作为调查地点的原因；第二，通过问卷调查游客的个人属性特征、符号感知、旅游体验的期望与满意度等情况；第三，用统计分析软件分析调查的结果。

（5）结论：根据问卷调查的统计分析结果，并结合调查及访谈中掌握的情况，针对目前乡村大世界经营管理中存在的问题，找出从环境、设施、活动、情感与符号体验这五个方面提高乡村大世界游客体验满意度的途径。

1.4 研究方法和路线

1.4.1 研究方法

（1）文献综述法：综述国内外对休闲农业旅游、旅游体验以及游客满意度的研究，在前人研究成果的基础上，进行构思和分析。

（2）实证研究法：通过实地深入访谈，了解游客在案例地休闲农业旅游体验的现状，再根据设计的模型，以实地问卷调查的方式，调查游客对休闲农业旅游的满意度，然后回收有效问卷进行分析。在调查过程中，与游客及景区管理人员深入交流，倾听他们宝贵的意见和建议，通过深度访谈，加强了研究的实践性。

（3）符号学方法：谢彦君认为，旅游者的旅游体验是在充斥着符号的旅游世界中进行并被赋予意义的，旅游体验的过程是符号感知与解读的过程[4]，本文通过对南宁乡村大世界进行田野调查，获取南宁市乡村大世界在游客心中的主要符号感知印象，再将这些符号感知印象元素设计入问卷当中，对结果进行分析，探索游客对景区符号感知印象和旅游者体验满意度的影响情况。

1.4.2 研究路线

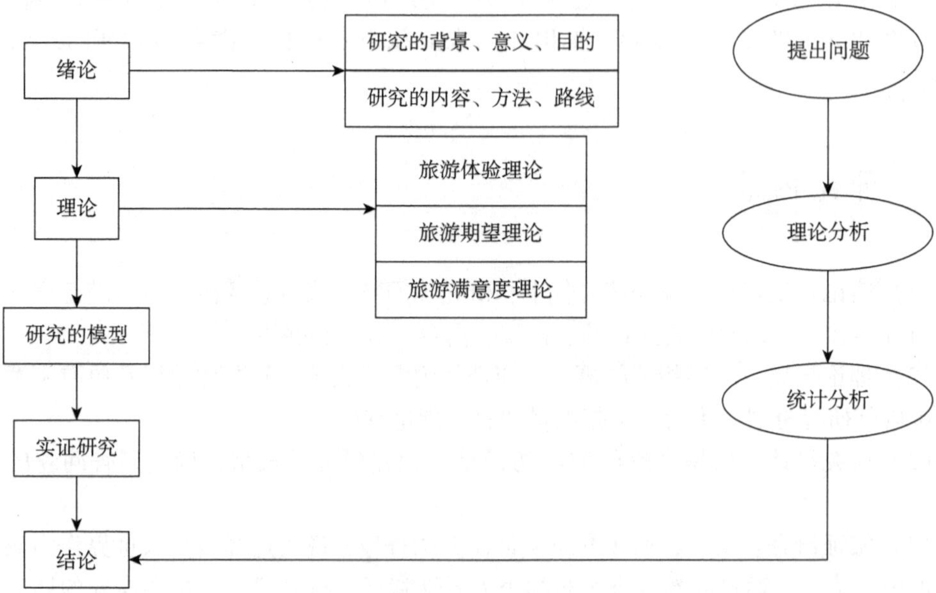

图1-1 研究路线

第2章　有关理论与文献的回顾

2.1　休闲农业旅游

2.1.1　概念及特点

DeboI'ah 等（2005）认为，观光休闲农业是以娱乐、教育或亲自体验农业劳动为目的的一项参观农业耕作、栽培、园艺或农业经营的活动[5]。国外主要研究学者 Dart（1974）、Hoyland（1982）、Murphy（1985）、Wales（1986）、Denman（1990）、Davies（1992）将休闲农业定义为一种旅游的形式，这种旅游是在典型的乡村环境下依托营运农场里提供的休闲与游憩设施，进行各种休闲活动[5]。目前国外对休闲农业的概念没有达成一致的共识，却大多基本认同休闲农业的乡村性，并认为休闲农业是旅游的一种形式。

我国学者对休闲农业兼具农业和旅游业特性多有共识，但观点各有侧重，有的偏向于休闲农业的农业经营特性，有的偏向于休闲农业的旅游特性，主流观点力图将两者"合二为一"，在概念上，有活动说、产业说、经营方式说等。苑伟娟等认为，休闲农业旅游是一种交叉型的产业，该产业与现代旅游业结合，并在传统农业基础上发展起来[6]。郭焕成认为，休闲农业是以农村和农业为载体，农业活动为基础，农业与旅游业相结合的一种新型交叉型产业[7]。李舟认为，休闲农业旅游是一种旅游方式，其经营手段是为游客服务，有农业家庭、集体等多种经营服务方式，经营主体是农民，特色的吸引物是农业中农田、庭院、经济作物、地方手工艺、小吃及民俗等自然和人文资源[8]。

鉴于学术界对休闲农业旅游没有统一的定义，笔者认为李舟的定义概括性强，又简明精练，本文参考李舟的定义，认为休闲农业旅游是利用田园、农舍、农作物、养殖物等农业自然资源，在休闲娱乐设施、餐饮及体验活动中融入民族风情、乡土文化等元素，整合自然与人文资源为特色吸引物的，以为游客服务为经营手段的旅游方式。在此概念中休闲农业旅游的经营主体不仅是农民家庭或农村集体，还可以是企业、公司等，经营地点也不仅在乡村，也可以是在城市郊区。

休闲农业旅游具备以下几个特点：

（1）资源特点：休闲农业旅游依托的资源包括能吸引游客的所有地文、水域、生物等自然景观及古迹建筑、休闲求知、民族文化等人文资源，体现了人与自然的和谐性[9]。

（2）功能特点：休闲农业旅游集科技、生态、度假、观光、生产、销售等多功能于一体，涉及农业、旅游、环境保护等多学科与领域，是一个功能复杂的系统[9]。

（3）活动特点：休闲农业旅游有农业生产特点，可通过种养活动满足人们的物质及体验农事生活的需要，具有很强的体验性。

2.1.2 国内外研究状况

国外对休闲农业旅游的研究比较成熟。Lane. B（1994）对比研究了加拿大与法国的休闲农业发展模式，认为加拿大休闲农业发展以丰富多彩的乡村旅游项目见长，而法国主要以休闲农场为主[6]。Fleming（1988）、Cohen（1984）探讨了休闲农业旅游发展的意义及影响其发展的因素，认为休闲农业的发展有助于推动当地经济发展及农村劳动力就业[6]。Sharpley研究了休闲农业旅游的经济影响，认为休闲农业旅游已成为传统农业衰退的乡下地区增加收入和劳动机会的有效来源[10]。Reid D G（2004）论证了社区参与是休闲农业健康发展的关键因素，但不是必然因素[11]。

国内对休闲农业旅游的研究较晚，但随着休闲农业旅游的迅猛发展，相关研究也渐增。陈磊等指出我国休闲农业旅游存在的问题主要有政策支持差异大、旅游产品同质化严重、生态资源破坏及用地矛盾突出等[12]。黄蓉将休闲农业旅游区进行了分类，提出了分时度假的经营方式[13]。陈尔东等分析了休闲农业经济结构的优化方式[14]。佘素丽提出了休闲农业旅游开发的思路与对策[15]。盛永进指出体验是休闲农业的核心属性之一，休闲农业是体验的大舞台[16]。

总之，国内外学者较多地将焦点放在休闲农业旅游经济效益、发展动力、经营模式等方面上，较少关注如何提高休闲农业旅游中游客的体验满意度问题，因此有必要加强这方面的研究，丰富休闲农业旅游的理论与实践。

2.2 旅游体验

旅游体验研究已经成为国外旅游理论研究的重要领域之一，国外学者对旅游体验的研究主要有旅游体验的定义、本质、动机、类型和模式、质量测量、本真性等方面。

1976年，MacCannell在《旅游者：休闲阶层新论》中论述了旅游体验的现代性[17]。美国的William指出，体验旅游是全球旅游发展的趋势，其发展关联到大众消费和体验经济的发展，是旅游业最重要的变化[18]。国内对于旅游体验的研究起步晚，学者一方面从经济学、管理学视角探索旅游体验；另一方面则从旅游的本质出发，对旅游体验的基本理论框架进行研究[19]。1999年，谢彦君在《基础旅游学》中指出“旅游体验是旅游研究的核心内容”。邹统钎和吴丽云（2003）在Pine和Gilmore的娱乐体验、审美体验、逃避现实体验及教育体验四种体验类型的基础上，提出第五种体验——移情，是指旅游者将自己置身于他者的位置之上，幻变成意想的对象，从而达到情感的转移并实现短暂的自我逃离[20]。科恩将旅游体验分为娱乐、转移、体验、实验和存在五种模式[21]。本文主要从旅游体验的内涵、质量及旅游体验期望方面论述旅游体验。

2.2.1 旅游体验的内涵

黄鹏认为，旅游体验是游客对旅游产品的认知反应，在对产品认知的基础上，游客必然产生一种情感的反应，旅游活动是游客在心理和情感上对旅游产品的体验[22]。从体验发生的过程来看，Ittelson 认为，游客从游憩的活动与环境中获得旅游体验，因此不同的活动与环境会引发游客不同的体验[23]。堪莉认为，旅游体验的内容丰富，包含了精神和物质的享受[24]。Milman 认为，实际的旅游体验包括身体与心智的活动，这些活动会影响游客的知觉、推理、想象、意识与思考，并且产生愉悦体验的原因有心理因素、满意度及时间风险[25]。根据国内外文献对旅游体验的讨论，本文将旅游体验定义为：体验是指游客投入到旅游环境中参与旅游活动获得的精神、心理和物质上的异质性感受。旅游体验受到游客自身经历、环境以及活动等多因素的影响。

2.2.2 旅游体验的质量

就体验主体的角度而言，旅游体验质量是一种心理上的结果或情感表达[26]。克珍特米哈依（Csikszentmhalyi）提出了达到最佳旅游体验的标准——“畅爽”（Flow）理论，畅爽状态具有适当的挑战性，让人深深沉浸，以至于忘记了时间与自己的存在[27]。在畅爽这种高质量的旅游体验中，游客可以达到一种忘却自我的沉醉状态。陶渊明“采菊东篱下，悠然见南山”之时，感叹“此中有真意，欲辩已忘言”。在夕阳西下的傍晚，采菊东篱，遥看南山，望鸟还巢，这样的情景多么美好，此时诗人已经与大自然融合，得到一种遗世独立的特殊体验，这是他刻意隐居而寻求到的巅峰避世体验状态。像诗人这种高质量的体验状态当然也是游客所向往的。高质量的旅游体验满足了游客超过预期的期望，成为旅游企业获得良好经济效益的基石，而低质量的旅游体验打破游客的美好期望，会让旅游企业盈利的梦想破灭[28]。

2.3 旅游期望

游客旅游所获得的满足，是一个经过精心筹划而达成的目标体系，当游客将目标列入行动计划里时，就会形成心理预期，即旅游期望，这是潜在游客因其心理的状态和身处的环境有所矛盾而萌生的调节欲望，其产生过程是游客从相关旅游客体与媒介中收获知识过程[29]。可见，旅游期望是游客对其出游目标实现的心理预期，当旅游体验符合旅游者的预期，或者超过预期时，旅游者就收获了体验的满足感，这意味着其体验的满意度是高的，从而为旅游企业获得良好的经济效益打下了基础。虽然旅游期望产生于游客的出游行为之前，但是却可以作用于旅游体验的满意度。年龄、职业、文化、性格等不同的人会有不同的旅游期望。

2.4 旅游满意度

20世纪70年代，Pizam等针对旅游目的地游客满意的研究为游客满意度理论打下了基础，其后国外学者的研究集中在游客满意的概念、影响因素以及游客满意测评体系三方面[30]。我国自20世纪90年代初期开始对游客满意度进行研究，主要集中于游客满意度测评、模型构建、关系模型等[31]。游客满意度理论已被广泛用来研究各种类型的旅游，如刘捷研究了湖泊度假区[32]、陈燕丽研究了主题公园[33]、张雨佳研究了休闲农业[34]、周伟伟研究了世界遗产地[35]。

2.4.1 旅游满意度的内涵与价值

Pizama（1978）等最先研究发现，游客对目的地的期望与其在目的地的实际体验互相比较的结果可以决定游客是否满意，如果期望与实际体验相符合，或者得到的体验超出预期，那么游客就会满意，反之，游客就不满意。这种将游客满意界定为由游客旅游期望与旅游实际体验相比较是否一致的模式被旅游学术界广泛接受[36]。Beard等强调游客满意是积极的感知，这是以游客期望和旅游实际体验相比较的正效应为基础的[37]。总之，游客满意度是一种综合的心理评价，该评价能够反映游客对旅游目的地的环境、设施、景观及服务方面符合其旅游活动需求的程度[38]。

有研究表明，每100名满意的顾客能够吸引到25名的新顾客，获得1名新顾客的成本是保持1名老顾客成本的5倍[39]，可见提高游客满意度对旅游企业赢得良好的经济效益非常重要。我国游客满意研究大多针对一般意义上的旅游产品，很少就某一具体类型的旅游形式进行深入分析，如此一来，就忽略了旅游产品的特性而使研究结论不够具有代表性[40]，因此研究休闲农业旅游中游客体验满意度问题有一定新颖性。

2.4.2 旅游满意度的影响因素

在旅游业白热化的激烈竞争中，如何让游客在旅游目的地获得高质量的旅游体验，从而提高游客的满意度，已经成为旅游目的地立足发展的关键所在。在旅游的体验化趋势下，游客追求更人性化、个性化的旅游产品，旅游体验高满意度的获得，已经不仅是要求风景如画、服务到家、设施完备等。从旅游期望与旅游体验满足间的关系模型中（见图2-1），可以看到，游客的满意度受到了游客的个人属性、旅游动机、旅游期望等多方面的影响。此外，还有游客对景区的符号感知影响。Urry以“凝视”为主题，就游客对旅游地的符号性消费问题进行了研究[41]。“真正的旅游是符号化的旅游”[42]，旅游体验的实现过程和多数手段都存在于旅游世界中，与被构建和解读的符号有关，因为符号是旅游世界的魅力之源，也是游客本能的“凝视”所在[43]。可见，影响旅游满意度的因素十分复杂，包括了个人属性、环境、服务、设施、符号感知等，而其中个人的因素是非常难以控制的。

2.5 旅游体验满意度的测评

2.5.1 旅游期望与旅游体验相比较的方法

如图 2－1 所示，根据 Chris Ryan 的观点，旅游体验的影响因素包括先在因子、干涉变量、行为及结果，而且这四个因素之间互相影响。在先在因子与干涉变量关系中，各先在因子组合起来对干涉变量产生影响；在旅游的行为当中，游客的认知、心理、交际等本身多方面的能力因素又同期望与实际感受的差距、游客和当地居民、同伴间互相作用的性质互相影响；同时，旅游和活动的形式，喜欢地方及活动的位置又与这些能力与因素相互影响[44]。影响的结果是满足或者修正了原来的旅游期望以达到满意度的评价。游客的旅游体验质量评价虽然是一个相当复杂的过程，但还是主要包含了内外两个因素：内在的是游客作为体验主体的认知，而外在的是客观环境作用于游客的影响。

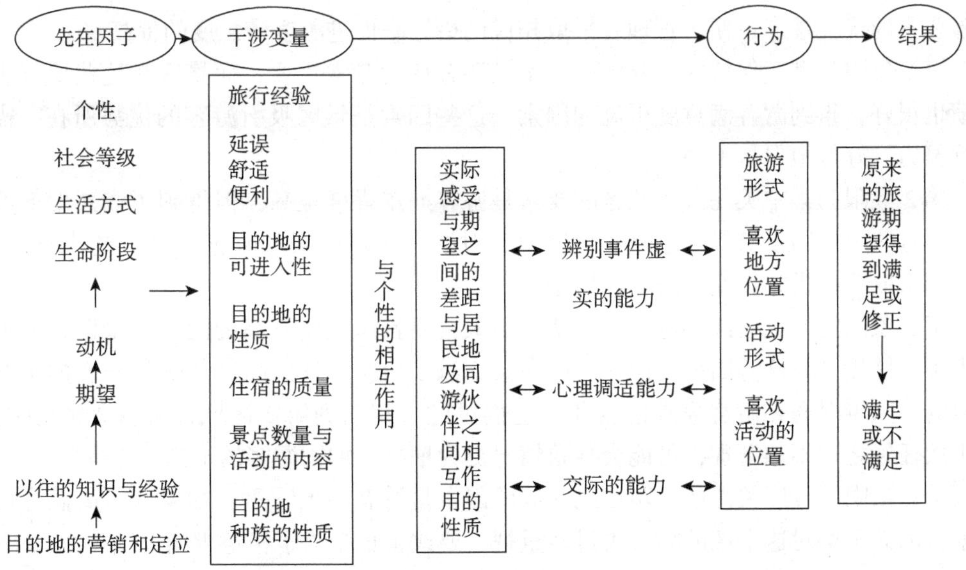

图 2－1 旅游期望与旅游体验满足间的关系

（资料来源：谢彦君，等．旅游体验研究——走向实证科学［M］．北京：中国旅游出版社，2010：73）

2.5.2 IPA 方法

IPA 是“Importance Performance Analysis”的简称，也叫作重要性—表现程度分析法、重要性—满意度分析法等，是一种既高效又简单的优化资源方法[45]，也是测量旅游目的地游客满意度的一个重要工具[46]。不少学者（程溪苹和孙虎[47]、郭进辉和郭伟锋[48]、胡平等）用此方法进行了游客满意度的实证研究。Chu 和 Choi 认为，IPA 可以代替 SERVQUAL 方法对服务质量进行测量，原因是这个技术使用象限分析来显示相关要素的好坏，比较方便理解，管理者可以比较容易地通过分析结果来制定营销策略。用 IPA 方法，以游客体验的满意度为横轴，旅游期望的重要程度为纵轴，并以游客对旅游体验因子体验前的期望与体验后的满意度平均值为原点坐标划分为四个象限（见图 2－2）。

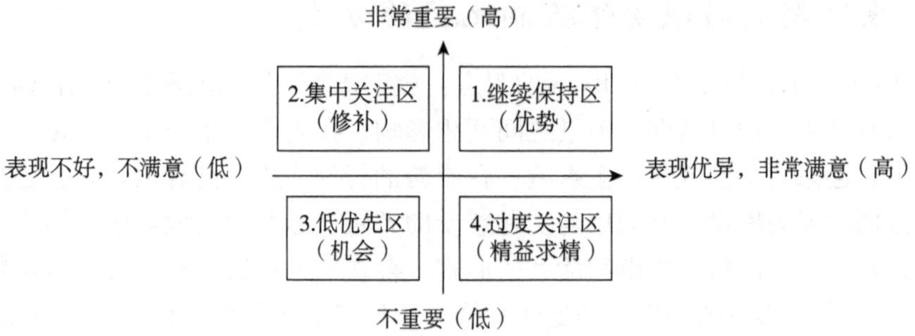

图 2－2　重要性—满意程度示意

根据图 2－2 可知，可以将旅游体验各维度数据绘制在四个象限里，从而确定各个体验要素的优先顺序，便于管理者采取相应的措施来促进游客满意度的提高。

第 1 象限为继续保持区，此区的要素是游客认为非常重要，而景区在这些要素上的业绩也很好，得到游客满意度很高的因素。这些因素是景区吸引游客的优势所在，需要继续努力，好好地保持下去。

第 2 象限为集中关注区，此区的要素是游客期望程度很高，但得到了满意度低的因素。但这些重要因素被景区忽略了，所以，对这一区域要素的改善是景区的当务之急，应立即采取改善措施以迎合游客的期望。

第 3 象限为低优先区，这是游客认为不太重要且满意度不高的因素。景区在发展战略中不应优先开发这些因素。但这一区域又充满了机会，这意味着低优先开发的策略是暂时的，随着时间和游客需求的变化，它们可能会移动到第 2 区域，所以要密切关注，如果放任置之、不加管理，可能会导致情况更为糟糕，加剧游客的不满。

第 4 象限为过度关注区，落在此区域的因素是游客不太看重，却得到了高满意度的因素，因而不必对这个区的因素再过多重视，要改善也是为了精益求精。

2.5.3　符号学方法

Echtner 的旅游符号学三角形体系（见图 2－3）可以作为将符号学应用于旅游研究的基础[49]。

一切有意义的事物都可构成符号，符号与符号所指物之间具有相关性与象征性，符号能代表所指物，而这种代表性是由符号的阅读者来解释的[50]。游客旅游过程其实也是其与形形色色的符号打交道的过程。人们在欣赏风景、感受文化的同时也阅读着符号。如面对大海，会解读到深邃、博大的符号；长城是英雄好汉的符号象征；巴黎是浪漫的符号象征。当旅游者在旅游过程中接触到大量美丽的、赏心悦目的符号承载物时，其体

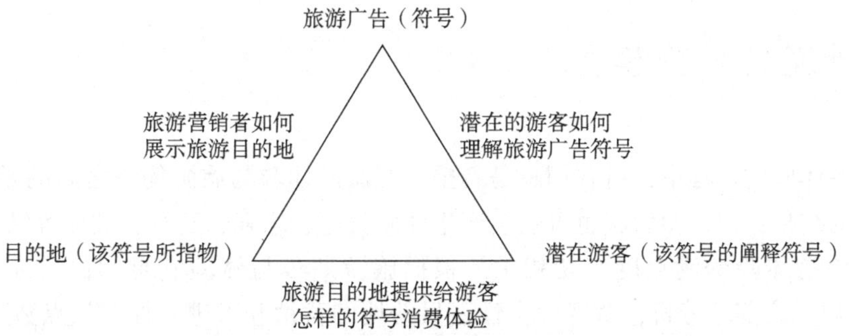

图 2-3　旅游符号学三角体系

验将充实且完美，反之则索然无味。旅游地的吸引力相当程度上源于其能给游客传递的符号体验，以符号学方法研究旅游体验，可以让类型不同的旅游目的地知道如何通过符号来传达自我的形象、个性以及社会角色。

本文对符号学方法运用有三个步骤：一是，通过对游客的深度访谈，提取出他们认可的能代表景区主要特征的感知符号；二是，将景区的代表性特征符号设计入调查问卷中，调查游客对这些符号的具体体验情况，通过数据分析，说明符号感知对游客体验的影响；三是，提出用符号方法设计游客体验及景区如何通过广告来传递休闲农业旅游体验，以提高游客的体验满意度。

第 3 章　游客在休闲农业旅游中的体验满意度研究设计

3.1　对游客符号感知的访谈

笔者于 2012 年 12 月到乡村大世界调研，并对 33 名游客进行深度访谈。访谈的足迹遍及景区的烧烤场、鱼塘、球馆、赛马场、别墅、百果园、拓展基地、儿童乐园等地。为了使访谈更具备全面性，笔者择取了不同职业与年龄段的对象：有独行客、家庭及团队客，有青年、老人及少年等。

访谈发现，不同的游客对乡村大世界符号形象定位不同，主要有休闲、生态、田园、人文、浪漫、诗意等。经梳理、归纳与提炼，将这些符号感知类型分为三大类：适宜度假的休闲天堂、散发人文气息的诗意田园、流连忘返的世外桃源。

访谈提纲内容见附录 1。

3.2 研究的理论模型

在旅游体验的过程中，游客们总是希望克服旅游体验与旅游期望之间的矛盾，达到体验满意的结果，但体验后，也可能会产生体验失望、增强、延续、破坏等结果[51]，这些结果与旅游体验的满意度密切相关。根据旅游期望与体验满足间的关系模型（见图2-1）以及之前的分析，游客的个性、目的地的营销和可进入性、景点数目和内容、住宿质量、符号感知印象等都影响到休闲农业旅游体验的满意度。周思芬等对旅游体验的影响因素进行了审美解读，分析了社会美、自然美、艺术美三种体验，从主客观两个角度论述了影响旅游体验的因素，认为除了时间、体力、财力等个人因素，旅游者个性、经历、教育程度、生活环境等差异之外，还受到知识背景、先入为主之见、景点流量、群众规模、旅游的氛围情境等因素的影响[52]。余建辉等将影响旅游体验的因素分为不可控、难控及可控因素三大类，这是以景区调控影响旅游体验因素的难易程度为依据的[53]。李晓琴提出旅游体验受游客的主客观条件的影响，其获得旅游体验的强度因人而异，可分为表层、中度与深度体验，并构建了旅游体验的动态模型[54]。在此模型中，只有同时达到时间充裕、购买力强、经验丰富、有取得技能的自我努力、接受新事物的能力和有良好社会网络关系六个条件的游客才能达到深度体验。Koazark 发现游客自身的文化背景会影响到其对旅游地的满意度[55]。孙明泉将影响休闲活动的因素归为个体、环境与机会三大因素，其中机会因素包含交通工具、目的地的可通达性、乡村性与安全性[56]。大量的实证研究已经证明旅游体验对游客满意度产生影响[57]。

综上所述，影响旅游体验的因素颇多，学者对其研究的角度也各异，没有一种模型与范式能将全部的因素包罗进去，本文仅从游客对休闲农业旅游的环境、设施、活动、情感、符号这五个方面的体验进行满意度研究，构建出休闲农业旅游体验满意度的影响因素模型（见图3-1）。

之所以选这五个方面，是因为这其中包括了影响旅游体验的主客观因素，并且结合了笔者在实地考察中得到的建议。例如，原模型中有“休闲农业特色住宿”这一因子，但在调查中，景区管理人员反映一般只有单位组织来的游客才选择住宿，另外相当多的游客认为景区以一日游为主，当天返程较多，住宿的游客较少，为使调查更有普遍性，就取消了这个因子。环境、设施与活动都是景区提供给游客的客观因素，其对满意度的影响已被众多学者论及；情感的因素是主观因素，也是一个很重要的因素，而符号是一个主客观相结合的因素，再者，目前国内对旅游符号学的研究还不是很多，谢彦君认为旅游符号学研究上，国内正处于萌芽期，这方面的研究工作做得远远不够[58]，因此笔者也想进行一次实证研究的尝试。总之，这五个方面及各自包含的具体因素都是游客比较关注的问题，同时休闲农业旅游符号化的问题有一定的新颖性，该模型能在较大程度上概括了游客的多元化的体验需求。

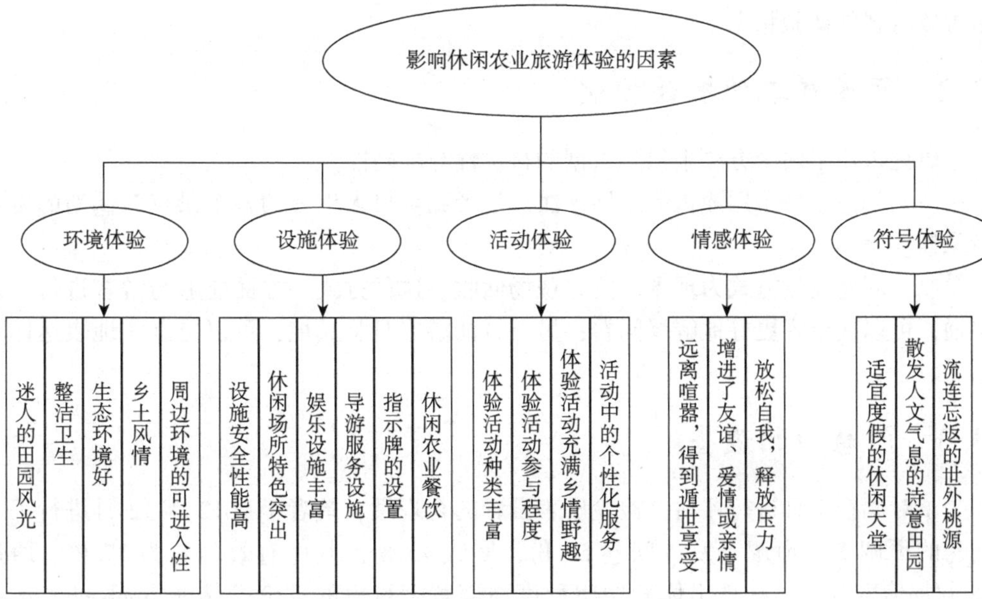

图 3－1　休闲农业旅游体验的影响因素模型

3.3　调查问卷的设计与确定

3.3.1　问卷内容的确定

在确定问卷内容之前，笔者通过对乡村大世界的调研征询游客对调查问卷的建议。比如修改了问卷的部分措辞：根据游客建议将“乡土气息”改成了“乡土风情”，将“旖旎的田园风光”改成“迷人的田园风光”等，尽量将问题简单明了，使问卷更加通俗易懂，便于游客填写，最终形成了比较恰当的正式问卷。

经过测试，填写完一份问卷的时间约在两分半钟以内，如此就不至于太多打扰游客的休闲时间，保障了问卷的回收率。

调查问卷分为三部分，第一部分调查游客的个人背景，主要内容包括了游客的归属地、性别、年龄、职业、学历与月收入。第二部分是游客对乡村大世界休闲农业旅游的期望与体验满意度评价。主要采用李克特量表（Likert Scale）进行评分，测量游客对 21 个体验因子的旅游前期望重要性与旅游后满意度。在体验前的期望程度上，以 1 分、2 分、3 分、4 分、5 分的分值分别代表非常不重要、不重要、一般、重要与非常重要；在体验后的满意度评价上，1～5 的数字又分别代表了非常不满意、不满意、一般、满意、非常满意。第三部分是调查游客对乡村大世界的意见或建议，这是针对关心景区发展而且时间比较多，又热心的游客提出的问题，这样可以收集到更多的信息，以便更深入地解读游客的体验状态。

3.3.2 问卷样本的有效控制

本研究采用了两个方法来保障数据的科学性与准确性。

第一，问卷取样采用随机偶遇抽样法。笔者到乡村大世界的各个景点对偶遇的游客进行采样。

第二，问卷发放方式为现场发放并现场回收。这种方式一方面能够与游客进行真诚地沟通，可以向游客更好地解释问卷；另一方面游客身临其境，可以更真实地表达体验的感受。

3.3.3 问卷的预调查

为了对调查工具进行评估，检验量表设置的合理性，笔者于 2012 年 12 月进行了一次问卷的预调查。预调查发放问卷 50 份，回收 45 份，其中有效问卷为 37 份。通过 SPSS 软件信度分析，计算出体验期望程度与满意度量表的克伦巴赫（Cronbach）α 系数，结果二者都大于 0.9，问卷信度高，可以用来进行下一步的研究。

3.3.4 问卷分析的方法

（1）用 Excel 与 SPSS 软件制图，进行样本百分比、个数、标准差等描述性统计分析。

（2）因子分析，将体验因子提取归类，代替原来的变量为后面的有关分析做准备。

（3）信度分析，以克伦巴赫 α 系数检验量表的稳定性和一致性。

（4）方差分析，查验属性特征不同的游客在旅游体验上是否存在显著性的差异。

（5）配对样本 T 检验分析，检验两个相关的样本是否源于相同均值的总体。

（6）IPA 分析，用 SPSS 软件画出体验期望程度与满意度的散点图，再进行二者的参考坐标确定，将散点图分为四个区域进行分析。

第 4 章　游客在南宁市乡村大世界休闲农业旅游中的体验满意度分析

4.1 南宁市乡村大世界概况

南宁市乡村大世界位于兴宁区三塘镇蒙村，占地约 1000 亩，邻南梧大道，离市中心 15 公里、离快速环道 5 公里，有 83 路公交车经过，并设有乡村大世界站点，到南宁市吴圩机场40多分钟的车程，到南宁市火车站30多分钟车程，交通非常便利。景区属湿润的亚热带季风气候，年均温度21.6摄氏度，旅游资源丰富，特色突出。

首先，乡村大世界山清水秀，自然风光美好。景区有三塘、碧翠两条河自北向南流经，为整个景区增添了灵性。景区四季都绿意融融，花开不败，河两岸竹林幽幽，湖畔上杨柳依依，小桥流水、岛屿、山丘、农家庭院等相映成趣，相得益彰。

其次，景区的生态环境好。景区内空气中负氧离子很高，是广西第二大白鹭栖息地。对环境高要求的白鹭能在此栖息，足见其是生态佳境。园中有湖泊200余亩，果林190多亩，荷塘10多亩，垂钓区200亩。在适宜时节，百果园硕果累累，荷塘“接天莲叶无穷碧”，蝴蝶花间嬉，鱼儿水里游，白鹭湖中戏，俨然野趣盎然的田园画卷。景区的良好生态很好地满足了游客亲近自然、探索自然，体验纯粹自然意境的需求。

最后，休闲农业旅游设施有一定的特色。景区有鱼塘、豆腐坊、农家小院、果园、葡萄园、烧烤场、“水岸别墅”等休闲场所、住宿、餐饮设施都配套齐全。

乡村大世界于2005年正式营业，经过近10年的精心经营，在社会上已经享有了一定的知名度和美誉度：景区开园以来成功举办了8届“葡萄采摘节”；2012年成为国家4A级旅游景区；2011年获得“全国休闲农业旅游示范点”称号；2009年成功举办了中国—东盟摄影展；2007年创建了广西第一批汽车旅游营地；2006年荣获“全国农业旅游示范点”称号；景区是第五届环球小姐南宁赛区与2005年至2007年三届CCTV模特电视大赛南宁赛区的外景拍摄地与培训地；景区是2005年和2006年中国—东盟汽车场地越野大赛暨全国越野汽车场地锦标赛的比赛场地。

景区已经确立了“田园风光和人文景观完美结合”的发展主题，目标是要依托农业产业，建设成集休闲、绿色、健康为基调，集休闲度假、餐饮住宿、会议培训、农业观光、运动娱乐、野战拓展等于一体的大型生态度假园。

4.2 选择南宁乡村大世界为调查对象的原因

笔者将南宁市乡村大世界作为研究的实证对象，主要原因有：首先，乡村大世界获得了“全国休闲农业旅游示范点”的称号，作为针对休闲农业旅游的研究，这个案例很典型。其次，乡村大世界已经成为南宁市民休闲度假的最佳目的地之一，形成了比较稳定的客源，2010年就接待游客16万人次，营业收入1300多万元，其中农产品收入190多万元，2012年游客猛增到25万人次，营业收入1619万元，其中农产品收入239万元，经济效益好。最后，这里距离南宁市区很近，非常方便调查。

4.3 问卷的结果与统计分析

笔者于2013年1月用3个周末的时间对南宁市乡村大世界进行正式调查。发放问卷时间从上午10点到下午6点，这是基于周末来景区的游客要比平常多，该时间段也是游客活动比较频繁的时间，容易找到游客作答来考虑的。调查多在游客休息时间内进行，便于游客有时间考虑问题，能表达出内心真实的感受。

调查共发放问卷200份，回收182份，回收率为91%，其中有效问卷158份，问卷总有效率为79%。本文根据有效问卷进行统计分析。

4.3.1 样本描述性分析

（1）游客的客源地构成：如图4－1所示，来自南宁市内的游客为124名，占总人数的78.5%，南宁市外的游客为34名，比例为21.5%，这说明乡村大世界的客源地以南宁市内为主。

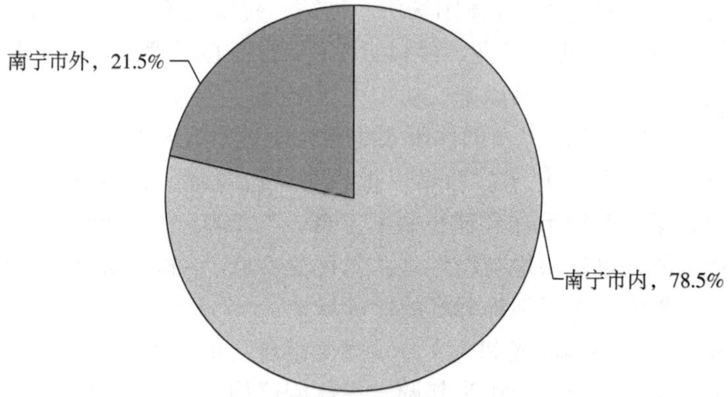

图4－1 游客的客源地构成

（2）游客的性别构成：如图4－2所示，女性游客为85名，男性游客为73名，分别占总调查人数的53.8%与46.2%，女性游客比例略高于男性游客。

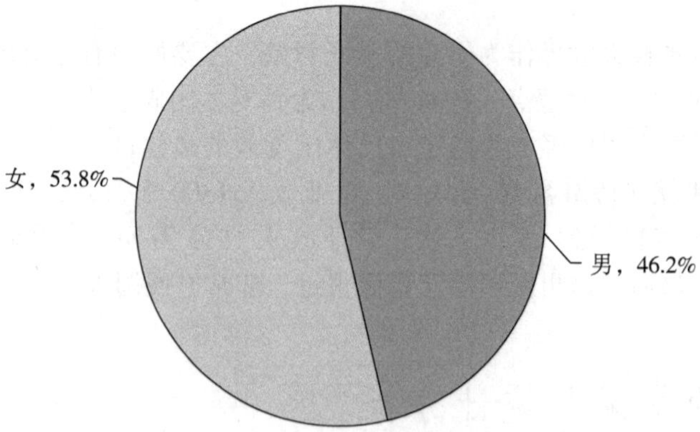

图4－2 游客的性别构成

表 4－1　　游客的年龄结构

年龄	样本人数	百分比（%）	有效百分比（%）	累计百分比（%）
小于 16 岁	7	4.4	4.4	4.4
16～25 岁	30	19.0	19.0	23.4
26～35 岁	66	41.8	41.8	65.2
36～45 岁	34	21.5	21.5	86.7
46～60 岁	18	11.4	11.4	98.1
61 岁及以上	3	1.9	1.9	100.0
合计	158	100.0	100	

（3）游客的年龄结构：如表 4－1 所示，游客年龄以 16～45 岁的中青年居多，占总有效样本的 82.3%，其中 16～25 岁 30 人，占 19%，26～35 岁 66 人，占 41.8%，36～45 岁 34 人，占 21.5%；16 岁以下 7 人，占 4.4%，46～60 岁 18 人，占 11.4%，61 岁及其以上的仅 3 人，占 1.9%。说明 16～45 岁的游客是乡村大世界游客的主要群体。

（4）游客的职业构成：如图 4－3 所示，游客职业主要分为 8 类人员，占比例较高的是专业技术人员、公务员及企业人员，这三类人占了调查总人数的 77.2%。其中专业技术人员（如教师、医生等）42 人，占 26.6%，为最高；公务员 41 人，占 25.9%，次之；企业职工 39 人，占 24.7%。另外 5 类是自由职业者 15 人，占 9.5%，学生 9 人，占 5.7%，工人 6 人，占 3.8%，离退休人员 7 人，占 2.5%，军人 2 人，占 1.3%。

工薪阶层组成了乡村大世界客源的主体，可能这一类人在平时的生活、工作中担负压力比较大，有更多的休闲需求以放松压力，舒缓情绪，也更希望体验与都市快节奏不一样的慢生活。

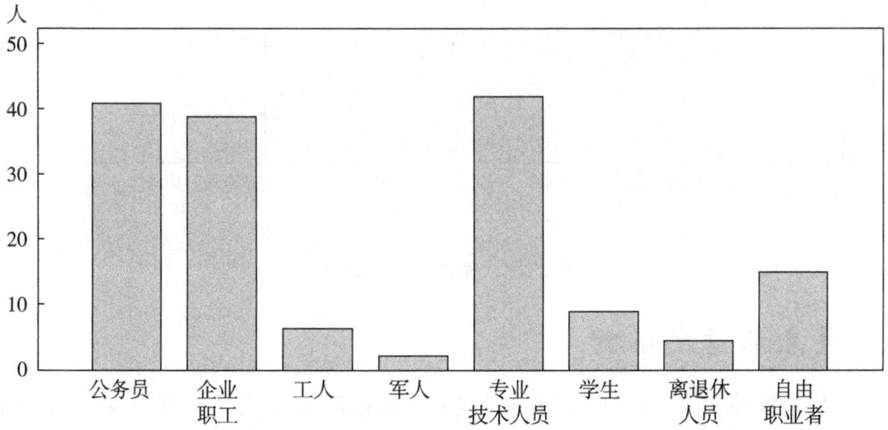

图 4－3　游客的职业构成

（5）游客的教育程度构成：如图4-4所示，游客中具有硕士学历的有17人，占10.8%，本科学历的有76人，占48.1%，二者共占58.9%，可见高学历的游客超过了半数，乡村大世界得到了高学历游客的垂青。其他情况是大专学历41人，占25.9%，初中以下6人，占3.8%，高中、中专与职业学校18人，占11.4%。

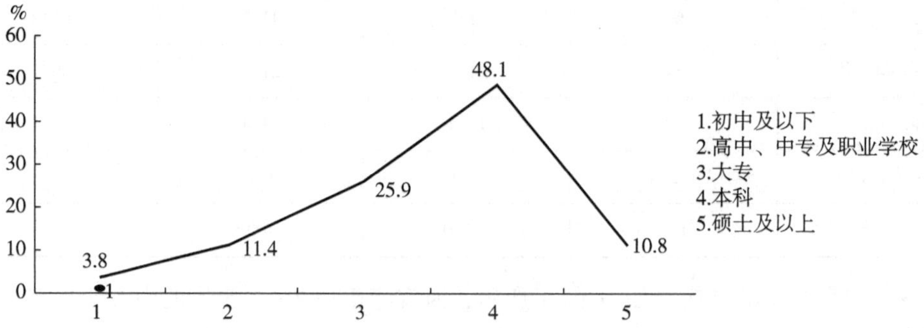

图4-4　游客的教育程度构成

（6）游客的收入构成：如图4-5所示，游客的月收入水平主要集中在2000~3499元这一档次里，为74人，占46.8%，其次是2000元以下的41人，占25.9%，3500~4999元的31人，占19.6%，5000元及以上的12人，占7.6%。说明游客收入主要在中等水平。

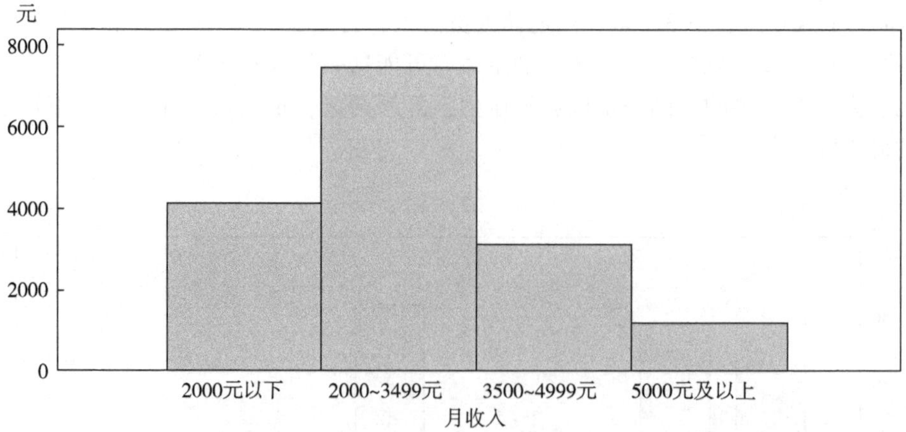

图4-5　游客的收入构成

4.3.2　量表的信度分析

信度分析是衡量调查问卷的可靠性与稳定性的有效方法。本研究采用了克伦巴赫（Cronbach）α系数来检测调查问卷中游客期望程度量表与满意度量表的可靠性与内在一致性，检验的结果如表4-2所示。

表 4-2　　量表的信度分析

情况	Cronbach's Alpha	项数
期望程度	0.952	21
满意度	0.959	21

根据 Nunnally 确定的概念，一般探索性研究的克伦巴赫 α 系数应大于 0.6，基准研究要大于 0.8。通常 Cronbach's α 系数在 0.6 以上，可信度较高。本文问卷所测量的两个量表的 Cronbach's α 系数都大于 0.9，问卷是比较可信的。

4.3.3 旅游体验因子分析

1904 年，因子分析之父查尔斯·斯皮尔曼（Charles Spearman）首次提出了因子分析，并使其发展成现代统计学的重要分支，这种方法可根据不同因子对变量分类，将关系错综复杂的变量综合为少量的几个因子，使原始变量及因子的相互关系得以再现，探讨了能够直接测量并具有相关性的多个变量是如何受到少数因子所支配的[59]。根据 Gorsuch 的观点，因子分析要求样本量是变量数 5 倍以上，总样本量不得少于 115，原则上总样本量越大越好[60]。本研究总样本量为 158，变量为 21，总样本量是变量的 7.52 倍，有进行因子分析的条件。

问卷中 21 个变量从不同角度反映了游客对乡村大世界休闲农业旅游体验的组成要素，为了抽取到主要的因素，本研究采用因子分析法对游客的体验因子进行归类和提取。因子分析首先要进行 KMO 检验，检查变量间的偏相关性，KMO 取值在 0 至 1 之间，越趋向于 1 则变量间的偏相关性越强，因子分析的效果越好。实践中，要取得较好效果，KMO 统计量应该大于 0.7。

表 4-3　　KMO 和 Bartlett 的检验结果

取样足够度的 Kaiser - Meyer - Olkin 度量		0.930
Bartlett 的球形度检验	近似卡方	2431.207
	df	210
	Sig.	0.000

表 4-3 显示，KMO 值高达 0.930，说明各变量之间的信息重叠性很高，做出的因子模型会比较完善，非常适宜做因子分析，同时，Bartlett 检验 x^2 统计值的显著性概率为 0.000，说明各个变量之间的相关性较强，可以提取有效的公因子。

本研究根据模型设计的五个方面，对 21 个变量提取五个公因子来解释模型。为了更好地解释公因子的实际含义，使因子载荷矩阵中系数更加显著，采用默认的正交旋转，旋转了初始因子载荷矩阵，得到旋转后的成分矩阵如表 4-4 所示，每个部分的 Alpha 系数都大于 0.7，是比较可信的。

根据表 4-4 中因子负荷大小，选取大于 0.5 且更利于解释的值对应的因子，再以各因子实际意义为命名依据，将提取出来的五个公因子命名如下：

成分1——环境体验因子：游客对自然、人文环境的体验，包括景区迷人的田园风光、平衡良好的生态、整洁卫生及景区所在地的乡土风情、周边环境的可进入性。

成分2——设施体验因子：游客对景区各种娱乐、餐饮等设施的体验，包括娱乐设施的丰富性、指示牌的设置、导游配套设施、设施的安全性能好、休闲场所特色突出、休闲农业餐饮等。

成分3——情感体验因子：游客在景区旅游得到的心理满足感，包括远离都市喧嚣，得到逃离纷乱世界的遁世享受；放松了紧张的自我，释放了压力；增进了朋友之间的友情、家庭成员之间的亲情、爱人之间的爱情这三个方面。

成分4——活动体验因子：游客对景区各种休闲娱乐活动的体验，包括体验活动参与程度、活动中的个性化服务、体验活动种类丰富、体验活动充满乡情野趣等。

成分5——符号体验因子：游客在景区旅游的过程中捕捉到主要符号的感知印象。游客对景区的符号感知印象有三个，分别是流连忘返的世外桃源、散发人文气息的诗意田园、适宜度假的休闲天堂。

表4-4　旋转成分矩阵

因子	成分				
	1	2	3	4	5
迷人的田园风光	0.787	0.193	0.167	0.150	0.126
生态状况好	0.745	0.247	0.220	0.254	0.163
乡土风情	0.717	0.310	0.164	0.233	0.217
整洁卫生	0.671	0.279	0.260	0.200	0.124
周边环境的可进入性	0.630	0.307			0.274
娱乐设施丰富	0.234	0.784	0.116	0.173	0.173
指示牌的设置	0.286	0.723	0.262	0.267	0.105
导游配套设施	0.321	0.715		0.132	0.256
设施安全性能好	0.505	0.580	0.358		0.135
休闲场所特色突出	0.506	0.536	0.109	0.405	0.141
休闲农业餐饮	0.315	0.501	0.383	0.293	
远离喧嚣，得到遁世享受	0.171	0.102	0.814	0.113	0.264
放松自我，释放压力	0.152	0.196	0.776	0.224	0.264
增进了友谊爱情亲情	0.259	0.167	0.736	0.306	0.247
体验活动参与程度	0.195	0.180	0.152	0.822	0.180
活动中的个性化服务	0.102	0.270	0.300	0.707	0.270
体验活动种类丰富	0.403	0.277	0.170	0.582	0.274
体验活动充满乡情野趣	0.362	0.140	0.457	0.574	0.150
流连忘返的世外桃源	0.159	0.181	0.239	0.206	0.854
散发人文气息的诗意田园	0.255	0.215	0.248	0.221	0.820
适宜度假的休闲天堂	0.289	0.115	0.385	0.231	0.720
Alpha系数	0.879	0.894	0.856	0.876	0.924

通过因子分析提取五个公因子后得到的解释的总方差如表 4 - 5 所示，提取的五个公因子总共解释了 74. 277% 的方差，已经超过了七成，说明用这五个因子可以综合 21 个变量的大部分信息。

旋转后的旋转平方和载入表显示：环境体验因子能解释游客旅游体验 19. 145% 的内容，解释能力最强；设施体验因子能解释游客旅游体验 15. 522% 的内容，次之；情感体验因子能解释游客旅游体验 14. 131% 的内容，名列第三；活动体验因子能解释游客旅游体验 12. 876% 的内容，名列第四位；最后是符号体验因子能解释游客旅游体验 12. 602% 的内容。

表 4 - 5　　解释的总方差

成分	初始特征值			提取平方和载入			旋转平方和载入		
	合计	方差（%）	累积（%）	合计	方差（%）	累积（%）	合计	方差（%）	累积（%）
1	10. 842	51. 629	51. 629	10. 842	51. 629	51. 629	4. 021	19. 145	19. 145
2	1. 829	8. 709	60. 338	1. 829	8. 709	60. 338	3. 260	15. 522	34. 668
3	1. 088	5. 181	65. 519	1. 088	5. 181	65. 519	2. 967	14. 131	48. 799
4	0. 979	4. 660	70. 179	0. 979	4. 660	70. 179	2. 704	12. 876	61. 675
5	0. 860	4. 098	74. 277	0. 860	4. 098	74. 277	2. 646	12. 602	74. 277
6	0. 660	3. 143	77. 420						
7	0. 565	2. 693	80. 113						
8	0. 539	2. 568	82. 681						
9	0. 490	2. 333	85. 014						
10	0. 434	2. 068	87. 083						
11	0. 383	1. 822	88. 905						
12	0. 329	1. 567	90. 472						
13	0. 322	1. 535	92. 008						
14	0. 301	1. 434	93. 442						
15	0. 281	1. 339	94. 781						
16	0. 231	1. 100	95. 881						
17	0. 225	1. 069	96. 950						
18	0. 207	0. 985	97. 935						
19	0. 172	0. 818	98. 753						
20	0. 146	0. 695	99. 448						
21	0. 116	0. 552	100. 000						

4.3.4 游客的不同属性对旅游体验的影响分析

本文利用两独立样本T检验和单因素方差来检验模型中的21个观测变量与游客的性别、客源地、年龄、职业、受教育程度及月收入之间是否存在显著的差异。鉴于两独立样本T检验是用于检验两个样本是否来自具有相同均值的总体[61]，而客源地只分为南宁市内和南宁市外两组，性别只分为男性和女性两组，所以采用两独立样本T检验来分析，设显著性水平为P≤0.05。对年龄、职业、受教育程度、月收入等分组大于三组的用单因素方差分析，设显著性水平为P≤0.05或P≤0.1。如出现有0.05水平的，视P≤0.05为存在显著性差异，如没有出现0.05水平的，则P≤0.1视为存在显著性差异。

（1）性别对旅游体验因子的两独立样本T检验分析

从表4-6可以看出，各体验公因子的Sig.值>0.05，符合方差相等的假设，应该读取各体验公因子第一行“假设方差相等”这一行的Sig.（双侧）的值，而这一行的Sig.（双侧）值都大于0.05，说明游客的性别属性对旅游体验没有显著性的影响，这意味着无论男女游客，他们对休闲农业旅游的体验没有特别的不同。

表4-6　性别对旅游体验因子的两独立样本T检验

因子		方差方程的 Levene 检验		均值方程的 T 检验				
		F	Sig.	t	df	Sig.（双侧）	均值差值	标准误差值
环境体验	假设方差相等	3.188	0.076	-0.759	156	0.449	-0.08222	0.10830
	假设方差不相等			-0.751	143.406	0.454	-0.08222	0.10951
设施体验	假设方差相等	2.801	0.096	0.020	156	0.984	0.00215	0.10838
	假设方差不相等			0.020	141.182	0.984	0.00215	0.10982
情感体验	假设方差相等	0.316	0.575	0.399	156	0.690	0.04196	0.10516
	假设方差不相等			0.397	149.696	0.692	0.04196	0.10558
活动体验	假设方差相等	1.589	0.209	-0.083	156	0.934	-0.00894	0.10797
	假设方差不相等			-0.082	148.391	0.934	-0.00894	0.10858
符号体验	假设方差相等	1.632	0.203	0.237	156	0.813	0.02998	0.12651
	假设方差不相等			0.236	150.171	0.814	0.02998	0.12693

（2）客源地对各旅游体验的两独立样本T检验

如表4-7所示，环境体验因子的Sig.值<0.05，符合方差不相等的假设，应读取第二行“假设方差不相等”的Sig.（双侧）数据，此数为0.052>0.05，说明客源地对环境因子的体验期望不显著；相应地，设施体验、情感体验与活动体验这三个因子的Sig.值>0.05，符合“假设方差相等”的假设，应该读取假设方差相等这一行的Sig.值，而这三个因子相应的Sig.值>0.05，可见这三项体验也不受到游客客源地属性的影响。而对于符号体验，Sig.值>0.05，相应地，Sig.（双侧）=0.05，正好达到显著性水平，说明符号体验因子受到了游客的客源地属性的显著影响。

表 4-7　客源地对旅游体验因子的两独立样本 T 检验

因子		方差方程的 Levene 检验		均值方程的 T 检验				
		F	Sig.	t	df	Sig.（双侧）	均值差值	标准误差值
环境体验	假设方差相等	5.333	0.022	-1.704	156	0.090	-0.22230	0.13042
	假设方差不相等			-1.977	66.888	0.052	-0.22230	0.11242
设施体验	假设方差相等	1.048	0.308	-1.376	156	0.171	-0.17987	0.13069
	假设方差不相等			-1.523	61.393	0.133	-0.17987	0.11807
情感体验	假设方差相等	0.831	0.363	0.017	156	0.986	0.00221	0.12764
	假设方差不相等			0.019	58.045	0.985	0.00221	0.11928
活动体验	假设方差相等	1.317	0.253	-0.570	156	0.569	-0.07460	0.13086
	假设方差不相等			-0.628	60.967	0.532	-0.07460	0.11871
符号体验	假设方差相等	0.510	0.476	-1.976	156	0.050	-0.29965	0.15162
	假设方差不相等			-2.258	64.987	0.027	-0.29965	0.13270

（3）游客的其他属性对旅游体验因子的方差分析

为具体展示游客个人特征对旅游体验的影响，本研究用单因素方差来分析 21 个观测变量受游客个人属性影响的情况，结果如表 4-8 所示。

职业对于旅游体验的显著性影响最强烈，涉及 9 个体验因子，显著差异分别体现在体验活动种类丰富、参与程度、体验活动充满乡情野趣、情感体验以及符号体验方面，特别是对符号体验的三个因子都显著，可见职业差异导致游客对符号有不同的解读结果。年龄只对体验活动的参与程度有显著性影响，可能有的游客追求深度的体验，有的则追求"过把瘾"式的体验，毕竟要达到深度的体验受到很多条件限制。月收入只对情感体验中的"远离喧嚣，得到遁世享受"有显著性影响，可能收入越高的人越希望到达遁世境界，逃避世间的纷扰。教育程度不同的游客在休闲场所特色突出、休闲农业餐饮体验存在显著差异，可能因为休闲是一种让自己沉浸在创造中的机会和能力，可以促进文化的发展与沉思，从而推动快乐的增值[62]。

表 4-8　游客属性对旅游体验因子的方差分析

因子	年龄	职业	教育程度	月收入
	显著性	显著性	显著性	显著性
迷人的田园风光	0.725	0.693	0.092	0.847
整洁卫生	0.387	0.705	0.416	0.862
生态状况好	0.762	0.550	0.126	0.858
乡土风情	0.328	0.240	0.351	0.335
周边环境的可进入性	0.156	0.080	0.340	0.215
设施安全性能好	0.479	0.180	0.323	0.598
休闲场所特色突出	0.440	0.287	0.023	0.860
娱乐设施丰富	0.258	0.463	0.431	0.885

续表

因子	年龄	职业	教育程度	月收入
	显著性	显著性	显著性	显著性
导游配套设施	0.107	0.203	0.248	0.639
指示牌的设置	0.495	0.070	0.414	0.150
休闲农业餐饮	0.337	0.183	0.045	0.933
体验活动种类丰富	0.112	0.028	0.283	0.304
体验活动参与程度	0.098	0.006	0.358	0.811
体验活动充满乡情野趣	0.190	0.042	0.765	0.596
活动中的个性化服务	0.229	0.005	0.540	0.564
远离喧嚣，得到遁世享受	0.299	0.172	0.949	0.096
增进了友谊爱情亲情	0.503	0.009	0.598	0.426
放松自我，释放压力	0.607	0.021	0.846	0.242
适宜度假的休闲天堂	0.192	0.038	0.589	0.400
散发人文气息的诗意田园	0.123	0.026	0.349	0.386
流连忘返的世外桃源	0.136	0.011	0.539	0.302

4.3.5 量表的描述性分析

（1）游客体验期望程度量表的描述性分析

作为影响游客满意度的先在因子之一，游客对休闲农业旅游的体验期望程度的重要性不言而喻。在出行之前，游客会通过广告、口碑、网络、广播等各种媒介对休闲农业旅游产生一定的明显或者潜在的审美、遁世、快乐等期望，其期望值与游客游览后的实际感知形成对比，从而决定游客的满意度。如果期望得到满足或者比想象中要好，自然满意度高，反之则失望、扫兴，难以达到满意。

影响满意度的各体验期望因子的期望均值与标准差见表4-9。此表中，在均值与标准差排序中，用灰色表示期望均值及标准差高的排序（只排最前5名），无色表示期望均值及标准差低的排序（只排最后5名）。

表4-9　游客体验期望程度

因子	游客体验期望测量结果（%）					均值	均值排序	标准差	标准差排序
	非常不重要	不重要	一般	重要	非常重要				
环境体验						**4.18**			
迷人的田园风光	0.0	3.2	17.1	32.3	47.5	4.24	5	0.848	
整洁卫生	0.0	0.0	13.9	39.2	46.8	4.33	1	0.709	2
生态状况好	0.0	0.6	15.2	38.6	45.6	4.29	2	0.743	4
乡土风情	0.0	5.1	20.9	38.0	36.1	4.05		0.880	4
周边环境的可进入性		5.7	26.6	31.6	36.1	3.98	4	0.927	1

续表

因子	游客体验期望测量结果（%）					均值	均值排序	标准差	标准差排序
	非常不重要	不重要	一般	重要	非常重要				
设施体验						**4.07**			
设施安全性能好	0.0	0.6	16.5	39.9	43.0	4.25	4	0.748	5
休闲场所特色突出	0.0	2.5	20.9	36.7	39.9	4.14		0.833	
娱乐设施丰富	0.6	3.2	26.6	43.0	26.6	3.92	2	0.844	
导游配套设施	1.3	5.1	25.9	42.4	25.3	3.85	1	0.902	3
指示牌的设置	1.3	3.2	20.3	35.4	39.9	4.09		0.915	2
休闲农业餐饮	0.0	1.3	19.0	42.4	37.3	4.16		0.770	
活动体验						**4.07**			
体验活动种类丰富	0.0	1.9	15.8	46.8	35.4	4.16		0.753	
体验活动参与程度	0.0	2.5	20.9	44.3	32.3	4.06		0.796	
体验活动充满乡情野趣	0.0	2.5	19.0	43.7	34.8	4.11		0.795	
活动中的个性化服务	0.6	4.4	24.7	41.1	29.1	3.94	3	0.879	5
情感体验						**4.25**			
远离喧嚣，得到遁世享受	0.0	2.5	9.5	44.9	43.0	4.28	3	0.741	3
增进了友谊爱情亲情	0.0	0.6	13.9	46.8	38.6	4.23		0.706	1
放松自我，释放压力	0.0	1.9	13.9	44.3	39.9	4.22		0.754	
符号体验						**4.03**			
适宜度假的休闲天堂	0.0	4.4	23.4	37.3	34.8	4.03		0.874	
散发人文气息的诗意田园	0.0	3.8	23.4	41.8	31.0	4.00	5	0.837	
流连忘返的世外桃源	0.0	3.8	20.3	41.8	34.2	4.06		0.835	

从总体上看，游客对体验的期望程度各个公因子得分都在表示重要的4分以上，说明大家普遍认同这些指标内容的重要性，期望普遍比较高。

从公因子上看，游客的期望程度从高到低排序为情感体验因子>环境体验因子>设施体验因子=活动体验因子>符号体验因子。情感因子位列第一，这可能说明在快节奏都市生活中，游客更期待通过休闲农业旅游达到情感上的满足，特别是能暂时逃离平日忙碌，得到遁世享受；或者是希望在与同伴、陌生人的互动中滋养友谊爱情与亲情，放松自我、释放压力等。同时，情感体验三个因子的标准差都比较小，显示变量之间的差异小，说明追求情感体验是游客共同的心声，他们期待在休闲农业旅游中得到情感的放飞与精神的救赎，正如谢彦君所说的，我们应该在更高的层面上体会旅游体验对人类情感与精神的调剂作用[63]，对休闲农业旅游体验也是如此。环境因子也被赋予了较高的期望，包括了自然与人文环境，因此去改善休闲农业旅游的自然与人文环境就迎合了游客的期待。

从单个观测指标上看，环境的整洁卫生、生态状况、遁世享受、设施安全性能好、迷人的田园风光排名在前5位。这表明休闲农业旅游景区应该营造一种“天人合一”的体验氛围，让游客在舒心整洁的环境中欣赏美景、进行娱乐活动、感受自我逃离，另外，能自始至终获得安全感这一项的分量也是很重要的。其中整洁卫生这一因子被置于期待的首位，不禁让人联想到由于大量游客的涌入再加上部分游客环保意识弱，导致景区垃圾散落较多，著名的黄山景区为了保持黄山的自然状态甚至雇用了专业人员吊保险绳去收拾悬崖下的垃圾，可见保持景区的整洁卫生是非常重要的。

在期望均值比较低的部分是导游的配套设施、娱乐设施丰富、活动中的个性化服务、周边环境的可进入性与诗意田园的符号特征。但这些均值最小的是3.85，介于一般与重要之间并倾向于重要。乡村大世界并不是很大，调查中发现大部分不跟团的游客是不要求有导游的，自娱自乐、单位组织，结伴同游的客人很多，这些人可能要求自我空间或者组织严密，对导游设施要求不是很高。

在娱乐设施丰富性上，因为距离市中心很近，以一日游游客居多，可能游客对能引发深刻体验设施的期待要大于设施本身的丰富性，因为太多的设施对一日游游客来说，无法在一日内逐一体验完毕，因此对设施的丰富性期待较低。

在周边环境的可进入性上，游客的期望标准差最高，说明大家对这个问题的想法差异大，在调查中就有学生抱怨乡村大世界的公交车站其实距离景点大门还有相当一段距离的泥土路，而一位驾驶私家车来的律师则表示交通很方便。

（2）游客体验满意度量表的描述性分析

游客体验满意度量表（见表4－10）反映了游客对21个观测变量进行满意度评价的具体情况，同表4－9，对各变量的均值与标准差进行排序，灰色表示高值的前5名，无色表示低值的最后5名。

表4－10　　游客体验满意度量表

因子	游客满意度质量测量结果（%）					均值	均值排序	标准差	标准差排序
	非常不满意	不满意	一般	满意	非常满意				
环境体验						**3.65**		**0.85**	
迷人的田园风光	1.3	1.9	32.9	45.6	18.4	3.78	5	0.811	3
整洁卫生	1.3	1.9	29.7	48.7	18.4	3.81	4	0.799	2
生态状况好	1.3	3.2	35.4	42.4	17.7	3.72		0.836	
乡土风情	2.5	5.7	48.1	31.6	12.0	3.45		0.871	
周边环境的可进入性	2.5	7.0	44.9	29.7	15.8	3.49		0.929	
设施体验						**3.55**		**0.86**	
设施安全性能好	0.6	5.1	39.2	38.0	17.1	3.66		0.843	
休闲场所特色突出	1.3	5.7	45.6	32.3	15.2	3.54		0.864	
娱乐设施丰富	0.6	8.2	48.1	34.2	8.9	3.42	5	0.792	1
导游配套设施	1.3	12.7	49.4	22.2	14.6	3.36	2	0.925	

续表

因子	游客满意度质量测量结果（%）					均值	均值排序	标准差	标准差排序
	非常不满意	不满意	一般	满意	非常满意				
指示牌的设置	0.6	3.2	37.3	39.2	19.6	3.74		0.831	4
休闲农业餐饮	1.9	6.3	40.5	32.3	19.0	3.60		0.930	5
活动体验						**3.52**		**0.93**	
体验活动种类丰富	3.8	5.1	41.8	32.3	17.1	3.54		0.962	4
体验活动参与程度	1.3	4.4	46.2	30.4	17.7	3.59		0.875	
体验活动充满乡情野趣	1.3	6.3	46.8	27.8	17.7	3.54		0.900	
活动中的个性化服务	2.5	12.0	44.3	25.3	15.8	3.40	3	0.977	3
情感体验						**3.88**		**0.86**	
远离喧嚣，得到遁世享受	0.6	3.2	29.1	38.6	28.5	3.91	2	0.870	
增进了友谊爱情亲情	0.6	2.5	27.8	42.4	26.6	3.92	1	0.831	4
放松自我，释放压力	1.3	3.2	32.3	39.2	24.1	3.82	3	0.880	
符号体验						**3.45**		**0.98**	
适宜度假的休闲天堂	2.5	5.1	40.5	34.8	17.1	3.59		0.918	
散发人文气息的诗意田园	5.1	9.5	45.6	25.9	13.9	3.34	1	1.002	2
流连忘返的世外桃源	3.8	9.5	46.8	22.2	17.7	3.41	4	1.010	1

从总体上看，各公因子得分为3.45～3.88分，说明大家对乡村大世界休闲农业旅游的评价介于一般与满意之间，稍微偏向于满意，这传达了景区应该采取必要措施来进一步提高游客满意度的信息。游客对情感体验满意度最高，三个情感体验因子都排在前三名，表示乡村大世界的确是人们进行情感体验的好去处。整洁卫生与迷人的田园风光也进入了前5名，表明游客最满意的除了有情感上收获以外，还看到了一个整洁卫生，风光美好的“乡村大世界”。满意度各均值的标准差为0.792～1.010，说明游客对整个乡村大世界的体验满意度差异比较大，景区应该根据多元化的市场需求，深入研究进行市场细分，有针对性地进行分类管理。

从公因子上看，在乡村大世界的休闲农业旅游中，对各公因子满意度降序排列为情感体验因子 > 环境体验因子 > 设施体验因子 > 活动体验因子 > 符号体验因子。

游客不满意的地方主要体现在诗意田园、世外桃源的符号感知、活动中的个性化服务、导游配套设施、娱乐设施的丰富上。而在符号的感知上，游客对散发人文气息的诗意田园、流连忘返的世外桃源两个符号感知印象的标准差别都是1以上，表示游客对符号的认识差异比较大，毕竟每个人解读符号的水平与能力不一样，所以看法也不一样。

4.3.6 游客的体验期望程度与满意度的配对T检验

配对样本T检验是根据样本数据来推断其配对总体的均值是否有显著差异，前提是样本应该是配对的，并且来自的总体呈正态分布，假设 H_0 两总体均值之间没有显著差异，如果相伴概率值小于或者等于用户设置的显著性水平，则假设不成立，就认为两总体间存在显著差异。配对样本 T 检验设定显著性水平为 0.05，检验结果如表 4-11 所示。

为了更好地体现样本的主要信息，避免比较 21 对变量的烦琐，笔者根据先前因子分析的结果，把游客对休闲农业旅游的体验期望与满意度的 5 对因子进行一一配对检验。得到结果如表 4-11 所示：5 对因子的配对样本 T 检验的最后的显著性值 Sig.（双侧）均小于 0.05，由此可以说明游客对乡村大世界休闲农业旅游的体验期望与满意度之间存在着显著的差异。

表 4-11　　游客体验期望程度与满意度的配对样本 T 检验

因子		成对差分					t	df	Sig.（双侧）
		均值	标准差	均值的标准误	差分的 95% 置信区间				
					下限	上限			
对 1	环境体验期望—环境体验满意度	0.52785	0.82299	0.06547	0.39853	0.65717	8.062	157	0.000
对 2	设施体验期望—设施体验满意度	0.51477	0.81766	0.06505	0.38628	0.64325	7.913	157	0.000
对 3	情感体验期望—情感体验满意度	0.72943	0.86688	0.06897	0.59321	0.86565	10.577	157	0.000
对 4	活动体验期望—活动体验满意度	0.18460	0.87716	0.06978	0.04676	0.32243	2.645	157	0.009
对 5	符号体验期望—符号体验满意度	0.58441	0.95683	0.07612	0.43406	0.73476	7.677	157	0.000

4.3.7　游客的体验期望程度与满意度的 IPA 分析

IPA 方法在 2.5.2 节里已经详细论述，在此，笔者以此方法对问卷中的 21 个观测变量进行分析，结果见图 4-6。该图以总平均值（X = 3.6015672）与期望程度的总平均值 Y = 4.1145268 为原点将整个散点图分为四个象限，从图 4-6 中可以看出乡村大世界游客的体验期望程度与满意度各因子的详细情况。

第 1 象限——继续保持区。落在这个区域的因子是游客期望程度高并且获得的体验满意度也高的项目，景区应该再接再厉，继续努力保持在这些项目上的优势。这些项目一共有 7 项，分别是环境体验中迷人的田园风光、整洁卫生、生态状况好；设施体验中的设施安全性能好；情感体验中的远离喧嚣，得到遁世享受、增进友谊爱情亲情、放松自我，释放压力。

第 2 象限——集中关注区。落在这一区域的因子是游客期望程度高，但游客的体验满意度不高的项目，景区应该加大力度，采取必要措施，尽快改善目前的状况，这些项目是休闲农业餐饮、休闲场所特色突出、体验活动种类丰富。

第 3 象限——低优先区。落在这一区域的因子是游客期望程度低，而且得到的体验

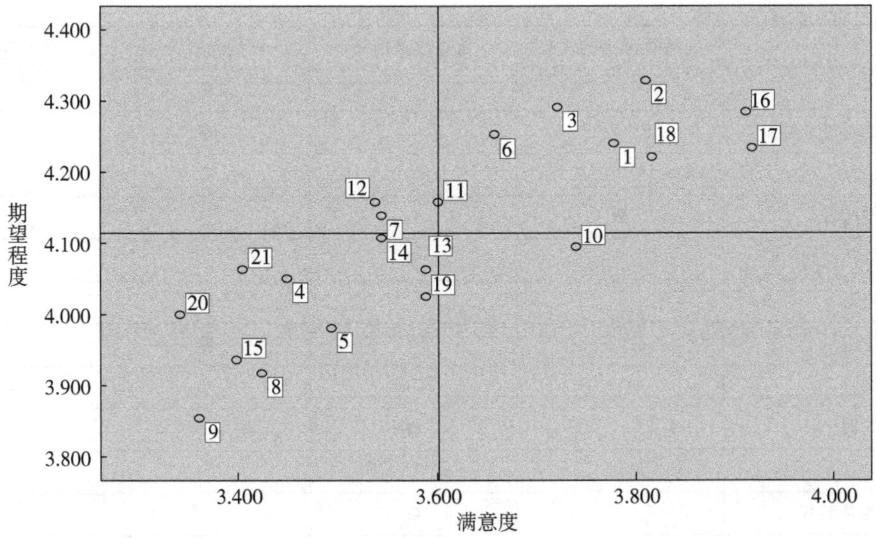

1.迷人的田园风光　　8.娱乐设施丰富　　15.活动中的个性化服务
2.整洁卫生　　9.导游配套设施　　16.远离喧嚣，得到遁世享受
3.生态状况好　　10.指示牌的设置　　17.增进了友谊爱情亲情
4.乡土风情　　11.休闲农业餐饮　　18.放松自我，释放压力
5.周边环境的可进入性　　12.体验活动种类丰富　　19.适宜度假的休闲天堂
6.设施安全性能好　　13.体验活动参与程度　　20.散发人文气息的诗意田园
7.休闲场所特色突出　　14.体验活动充满乡情野趣　　21.流连忘返的世外桃源

图 4-6　游客的旅游期望程度和满意程度的 IPA 分析

满意度也不高的项目，对这些因素，景区在制定经营发展战略的时候，可以不作为优先级考虑。这些因素是乡土风情、周边环境的可进入性、娱乐设施丰富、导游配套设施、体验活动参与程度、体验活动充满乡情野趣、活动中的个性化服务与休闲天堂、诗意田园、世外桃源三个符号特征。

第 4 象限——过度关注区。这一区域的因子是游客对期望程度低，但是满意度评价却高的项目，这意味着相对于其他因子，游客并不太看重这些因子，但景区在这方面已经投入过多，因此以后可以不再对此因素进行过度地经营与管理，保持现在状况就可以了。这样的项目只有一个，就是景区里的指示牌的设置。

根据各个观测变量所在象限，找出应该加强改善重点的项目、继续保持的项目、优先顺序较低的项目以及过度关注的项目，汇总成表 4-12，表中以“●”代表各因子的落点区域。

表 4-12　　游客体验期望程度与满意度 IPA 分析结果统计

因子	应继续保持的优势	重点改善提高	低优先级关注	过度关注
环境体验				
迷人的田园风光	●			
整洁卫生	●			
生态状况好	●			

续表

因子	应继续保持的优势	重点改善提高	低优先级关注	过度关注
乡土风情			●	
周边环境的可进入性			●	
设施体验				
设施安全性能好	●			
休闲场所特色突出		●		
娱乐设施丰富			●	
导游配套设施			●	
指示牌的设置				●
休闲农业餐饮		●		
活动体验				
体验活动种类丰富		●		
体验活动参与程度			●	
体验活动充满乡情野趣			●	
活动中的个性化服务			●	
情感体验				
远离喧嚣，得到遁世享受	●			
增进了友谊爱情亲情	●			
放松自我，释放压力	●			
符号体验				
适宜度假的休闲天堂			●	
散发人文气息的诗意田园			●	
流连忘返的世外桃源			●	

4.4 实证研究结论

笔者主要用 IBM SPSS Statistics 19 对 158 份问卷进行了描述性、因子、方差等定性与定量的分析，再利用 IPA 方法分析游客对乡村大世界旅游体验的期望程度和满意度，为下文的对策提供依据，得到的主要研究结论如下：

第一，乡村大世界以南宁市内、中青年、高学历、工薪阶层及中等收入的游客为主，这些类别的游客应该成为景区营销的主要对象。游客的客源地以南宁市内的游客为主，市外的市场有巨大潜力可挖掘。男女游客比例大致相当，女性略高；游客的年龄主要分布在 26～35 岁，36～45 岁这两个年龄段，这可能是因为这些游客在这个年龄段成家立业，承担着很大部分的社会和家庭责任，生活压力大，更需要休闲农业旅游来缓解。游客的职业以专业技术人员、公务员、企业员工居多，三者比例相当，却一共占据了77.2%的比例，可能这些工薪阶层正是被都市的纷繁所淹没的人，更需寻求愉悦身心的农趣体验。游客的学历结构中，硕士生与本科生比例合计超过半数，说明乡村大世界得到高学历人员的喜爱。游客的月收入以2000～3499元居多，说明游客收入以居于中等水平为主。

第二，乡村大世界休闲农业旅游体验由环境、设施、活动、情感及符号五个体验因子组成。

第三，游客的客源地、职业、教育程度、年龄、月收入这些不同的属性与其休闲农业旅游体验之间存在显著差异。

第四，休闲农业旅游游客的旅游体验期望与旅游体验满意度显著相关。

第五，运用IPA方法，将游客旅游期望与满意度关联起来，得出了景区要继续保持的项目、重点改善的项目、低优先开发项目以及已经过度关注项目，其中要重点改善的项目为休闲场所特色、休闲农业餐饮和体验活动种类。

第5章　经营管理的优化建议

本文对乡村大世界的建议主要是结合实地调查得到的信息，游客的个人特征及IPA分析结果提出。要提高南宁市乡村大世界休闲农业旅游游客的满意度，关键是继续保持当前优势项目；重拳出击，重点改善集中关注区的项目；将低优先区也作为机会区密切关注，并根据游客需求调整策略；对过度关注区不再耗费太多精力。

5.1　合理的市场定位

根据乡村大世界游客的个人特征的描述性分析结果，笔者认为应该根据游客结构特征进行合理准确的市场定位，锁定目标游客来有针对性地提供个性化和专业化的服务，从而提高游客满意度。

乡村大世界主要游客特征：客源以南宁市内为主；中青年人群是休闲农业旅游的主力；本科、硕士等高学历游客特别青睐休闲农业旅游；游客职业以工薪阶层为主。据此，笔者提出了以下几种市场细分方法供参考。

一是按客源地分为南宁市场与市外市场，在巩固稳定市内客源的同时，有计划、有步骤地针对市外广阔市场，进行深入地探索，拓展市外的市场。

二是根据年龄分为少年市场（小于16岁）、中青年市场（16～45岁）和老年市场（46岁以上）。还可以把中青年市场细分为青年市场与中年市场，将中青年市场作为当前的目标市场，重点关注青年市场。对少年市场与老年市场，要进一步探索与分析。根据问卷调查得到的年龄结构显示少年市场占4.4%，老年市场占1.9%，二者的份额都很小，一方面，这可能与调查时这“一老一少”都没有太多愿意参加到调查中来有关，目前我国已经进入老龄化社会；另一方面，家庭出游也日益增多，因此景区要根据老龄化社会的发展及家庭出游趋势来决定对这两个市场采取的应对措施。

三是将游客受教育程度与职业特征结合，分为高学历专业技术人员市场、公务员市场与企业员工市场、中小学生市场，其中前三个市场是应该努力保持的目标市场，中小学生市场是有待探索研究的市场。

在找准市场定位之后，可以对目标市场人群中展开有目的性宣传攻势，分别设计符合目标市场的休闲农业旅游体验来满足不同游客不同的体验需求。

5.2 塑造人与自然和谐的休闲农业旅游体验环境

在 IPA 分析结果中，环境体验中迷人的田园风光、生态环境、整洁卫生三项都被定位在高期望、高满意度的优势区，而乡土风情与周边环境的可进入性归入了低优先改善的机会区。乡村大世界的确给游客带来了“风景这边独好”的审美体验，良好休闲农业旅游环境资源已经成为景区的核心吸引力，也是保持游客高满意度的源泉。在当下及未来长时间里，景区对于依托的资源，一山一水、一鱼一鹭等都要妥善保护，合理利用，避免过度开发。通过妥善保护，让落英缤纷、芳草鲜美、鱼跃虫鸣、白鹭翩飞、瓜果飘香、碧水蓝天的美好景象常在，因为一旦这些自然资源遭到严重破坏将难以修复，对景区而言将是致命的打击。

同时，要兼顾景区人文环境的保护，区域内的乡土风情其实也浸润着这块土地，让这里散发着人文气息，挥洒绿城壮乡的民族情，虽然目前不必太过关注这一点，但从长远来看，对景区还是有益的。这些人文环境因素也十分契合景区“田园风光和人文景观完美结合”的主题，只是目前游客对风光的倚重盖过了人文景观。在调查中，游客也普遍反映这里的人文景观不足、人文融入自然的力度不够等，这些问题也可以成为景区将来改进的目标。

至于景区周边的环境及可进入性，景区可关注这一因素对游客的影响，在将来必要的时候，修好一条直通景区大门的水泥路、用观光车将公交车站下来的游客接入景区也未尝不可。

总之，景区一定要珍惜现有宝贵的自然资源，给美好的风景抹上人文的亮色，给游客塑造人与自然相融的环境体验。

5.3 突出休闲农业旅游设施体验特色

IPA 结果中设施体验的 6 个因子在四个象限均有所分布，因此景区对游客设施体验的管理将比较复杂，下面笔者一一分析。

在景区的设施体验上，景区目前最迫切的是要改善活动场所与餐饮特色不足的情况。就活动场所的特色设计而言，一方面，要在尊重场地基础上，深挖内涵，从形式到意象都应使场地的个性得以突出，得到与周边的融合与有机生长[64]，如此的特色设计既能够引发游客到景区旅游的兴致，也能够使场所更具生命力；另一方面，要在场所营造中，就地取材得当，点石成金，利用本土历史文化特色资源，如草织、藤编等通过新奇创意，包装出特色场所。可以将真实的农具供游人使用，让游客从活动中感受农耕乐趣、农耕文化与农村的风土人情。比如在河边建设供游客自行踩踏的水车，可以丰富景区的景致，也让游客乐在其中。在景区的农家豆腐坊里，可提供手工磨豆子的石磨，让游客喝自磨豆浆，自制豆腐。在葡萄园里，可以用葡萄造型造景，设计一条“葡萄之路”等，使葡萄园在葡萄没有成熟的季节，也能成为一个引人入胜的景点。

就休闲农业餐饮而言，景区餐厅“清樽阁”建成多年，设施已经陈旧老化。餐厅占地800多平方米，有5个包厢，500个大厅餐位，最多可供1000人用餐。但在千人用餐时，却要将多功能厅与会议室挪为临时餐厅。在会议室吃饭，就谈不上什么休闲农业的特色了。民以食为天，如今游客不仅要吃特色菜，还要求就餐场所也要有特色，景区的确要下一番苦功夫在改善用餐场所这一方面补补功课。从目前情形看，是时候考虑扩改建“清樽阁”或新建餐厅了。在餐厅设计上，应突出餐饮的功能性，并辅以特殊感官体验，强调室内外整体风格的整体性[65]。可采撷多个与农相关的元素来增加特色，如采用农宅的木竹材质来装点，如各种植物形状的桌椅，如南瓜形的凳子、作为壮乡象征的绣球、铜鼓等元素，在餐厅播放南宁本土的山歌等，毕竟在有“壮乡歌海”美誉的南宁城，山歌当之无愧地成为游客的听觉体验元素。还有多种途径可以深化游客的嗅觉、味觉体验，并将这些特殊感官体验融入餐厅的环境中，比如因地因时，加强餐厅周围的粽香、荷香、果香、草香、稻香、桂香等，很多资源都可以信手拈来，让餐厅的特色更加凸显。

另外，休闲农业餐饮中的乡土味道是必不可少的，景区目前已经有鲍汁煎酿豆腐、香煎咸肉、农家水蒸鸡、石烧排骨、茶树菇牛柳、自酿葡萄酒等特色菜，还是不能满足游客需求，要再开发新的各类农家菜式，因为到这里来的游客不渴求山珍海味，而更多的是希望体验到餐饮的乡土原味，这才是休闲农业旅游的魅力所在。

景区要继续保持好设施的安全性能，对“娱乐设施丰富”及“导游配套设施”这两项，可以暂时不作为优先改善对象，但也要经常关注，根据需要调整策略。“指示牌的设置”项目落在了低期望高满意度的第4象限，说明游客普遍认同并赞赏景区指示牌的设置的，调查中，景区的指示牌的设置的确做得恰到好处，而且是以中英文及象形符号配合使用的设置。但对游客而言，毕竟此项目的重要性有限，保持好当前的状态就可以了，不必在这个方面再投入更多的人力、物力资源。

5.4 丰富休闲农业旅游体验活动

“体验就是一切”[66]，笔者非常赞同肖恩·史密斯与乔·惠勒这句话。如果一个休闲农业旅游景区的体验活动少了，自然会严重影响游客的满意度，从 IPA 结果中我们知道，南宁市乡村大世界里的体验活动种类在游客而言并不算多，这也成为景区的诟病之一，迫切需要解决。

乡村大世界目前的体验活动主要有亲子植树、烧烤、骑马、垂钓、荷花节、葡萄采摘节、球类（排球、羽毛球）、野战、拓展、棋牌 10 项。其中节庆、植树等几项活动受到季节的限制，不在适宜的季节出游到此，游客就会感觉到没多少可体验的活动。目前的这些体验活动也略显单调，且与其他旅游景区有相当的同质性，特别是野战、拓展等活动，与南宁的花花大世界、青秀山景区相比同质性更为严重。正如在笔者到景区进行调查的 1 月，不是植树的季节，荷塘已经衰败，葡萄节更为遥远，鱼塘也冷清，在冬冷依然的时节，热闹的赛马场也沉寂下来，游客多集中在球馆与烧烤场等场所。因此，随着游客体验方式的多元化，景区应增加一些差异化的体验活动、设计更多的体验活动来满足游客需求。

在养殖方面，可以将景区养的小动物分一部分给游客认养，让游客在此有牵挂，还能带孩子来教导其如何利用大自然的资源；在鱼池搭建茅草屋，放上斗笠、蓑衣、竹鱼竿等，让游客做原始的鱼翁，并举办竹鱼竿钓鱼比赛，而不是像目前提供游客使用先进的垂钓工具。还可以利用景区的动物资源，提供条件给游客自制熏肉、腊肠等，深化活动的参与度，增加活动的农家趣味。

在种植方面，从播种到收获的相当长一段时间里，也有很多体验活动可以设计，如可以划出一块地让游客认耕，让游客为景区果园剪枝、除草；在葡萄节期间，让景区服务人员教游客自行酿葡萄酒，如此一来，葡萄被摘完之后，游客还可来品尝自制葡萄酒，真是一件回味无穷的事，也避免了葡萄园在收获之后游客骤降的局面。

除设置烧烤区之外，还能设置烤红薯窑区、篝火区等，不断地丰富体验活动的形式。还可以将一些已经被机械与科技代替的农事活动挖掘出来，焕发其活力，让游客有返璞归真的体验。

总之，要全面利用资源设计活动，从闲趣、野趣、农趣及游客兴趣上入手，充分挖掘田园、民俗、农村生产、生活等方面乐趣，努力为游客提供特色的活动体验。

5.5 将休闲农业旅游情感体验品牌化

IPA 分析的结果显示，情感体验的三个因子全部被定位在了优势区里，说明在营造情感体验氛围上，乡村大世界给游客的满意度是相当高的。正是到乡村大世界的休闲农业旅游弥补了游客情感上的某种缺失，让游客收获了丰富的情感体验。在这个美丽的地方，或是远离喧嚣，遁世逃避，或是增进了友谊、爱情、亲情，或是放松了自我，压力被释放，无论哪一种，也许几种感受综合在一起，都是深刻美好的体验，能引起游客的美好回忆。当然，这些感受有可能是偶然性的，只有有目的地规范游客的体验，使其成为与品牌一致，让其从偶然性转变成游客可预期的体验才算将体验品牌化。如迪士尼是快乐体验的品牌化，人们一想到迪士尼，第一反应就是到那里玩会很快乐，迪士尼的品牌上升为快乐的代名词。

综上所述，景区要将游客的这些体验品牌化。要有意识、有目的地精心设计出遁世的、增进感情的、减压的旅游产品来迎合游客的需要，特别要与竞争对手区别开来，并持续性满足这些需要。当今旅游产品的同质化程度越来越严重，收益点越发不明显，所以，在体验经济背景下通过提供消费者惊奇、震撼、激动的终极体验和难以忘怀的愉悦记忆来提升产品利益点，形成品牌之间的差异化[67]就显得更为重要。但是只有同时满足目的性、持续性，差异性与价值性才能完成体验品牌化[68]。因此，景区要深入跟踪了解游客的情感体验世界，掌握确切的信息后，对游客进行细分，比如游客是为了让孩子体验农事活动还是想与爱人在浪漫田园享受假期等，真正了解游客的意图比单纯地琢磨产品的销售更为重要，只有了解游客的情感体验目的，才能为游客提供更有价值的差异体验。最后，还要培养一批具备坚定信念和技能的员工来传递游客情感体验品牌化，使员工在与游客的交谈、接触、提供信息与服务的时候也能创造理想的接触体验[69]。游客的情感需求是丰富的具有变化性的，他们不会长时期地对某一种体验产品保持新鲜感，因而景区通过网站、微博等新的手段跟踪调查游客最新的喜好信息[70]，不断完善景区的情感体验产品。另外，还可以在景区里设计情感体验的精品线路，如爱情、亲情、友情线路等，引领游客展开美好的情感体验之旅。

5.6 将休闲农业旅游体验符号化

IPA 分析结果显示游客的符号体验均落在“低优先区”（机会区），与第 1 象限、第 2 象限相比，这些项目并没有得到游客太多的重视，并且游客对符号体验满意度也低。

景区适宜度假休闲天堂、散发人文气息的诗意田园、流连忘返的世外桃源这三个符号特征已存在，但一方面可能由于景区对符号体验打造不力、对游客的符号体验引导性不足等原因，导致给游客的符号信息力度也不是很强；另一方面，游客对景区的符号解读差异性很大，并受到诸多文化、社会等因素的影响，这些都可能导致期望值低。还有可能就是在符号体验上，景区与游客的互动可能较少，致使游客的认知度不高。

游客对符号体验的满意度低，这有可能是游客忽略或者误读了景区的符号而影响了旅游体验的质量。比如游客事后才知道景区原来是被称为“诗意田园”的地方，就会觉得很遗憾，没能去感受是哪些吸引物代表了诗意与田园，如果他事先知道这些，那他旅游中的情致就会大大增加，满意度也会提高。

因此，就长远的发展战略而言，符号体验是一个提升景区形象，提高游客对景区感知程度的一个重要因素。虽然改善工作的重点不应优先或过多地集中在这个“机会区”上，但是，这并不意味着对这些特征的改善工作可以置之不理[71]，如果实际工作中对此完全忽视，势必会引起满意度的进一步下滑从而造成游客更严重的不满。

乡村大世界是一个充斥着符号的世界，如果游客对景区符号特征的强烈感知与认同，其满意度评价也会高。因此，景区应该适当关注游客的符号体验，不断地向游客传达景区专属的美好符号信息。

根据符号学三角形体系，可以将符号学方法应用在乡村大世界的旅游手册上。景区可使用特定的人物、对象、姿势及拍摄效果来展示休闲农业旅游体验，使旅游手册的广告充满“神话般的信息”[72]，让游客被手册的照片与文字吸引，激发前去解读符号的欲望，从而促成对旅游体验产品的购买。Cooper分析了宣传册中的文字和图片，发现其中的旅游体验被神话般的特殊语言构筑，表达了冒险、旷野、真实的情调[73]。因此利用宣传手册来传递景区符号是一项很重要的工作。

景区可以划出一块意境悠远的场所，将此地命名为“世外桃源”，并按照游客心目中的桃源形象去塑造，再利用“桃源不在世外，就在乡村大世界”等广告语言吸引游客去体验，再收集游客体验之后的意见或建议，从而不断地完善，经过不断修正之后，景区的这一符号特征就会凸显。

另外，在客源地对各体验期望因子的两独立样本T检验发现，游客的客源地属性显著影响了游客对休闲农业旅游的符号体验，这种显著性可能在于市内的游客重游较多，而市外的重游机会较少而产生的符号感知差异。因此在进行广告宣传的时候，要将南宁市内外的游客区别对待，或许可以向南宁以外的游客更多地传达绿色“诗意田园”的情调，南宁市内的人们由于身在其中，对绿色可能已经不够敏感，向南宁市内的游客则加强“休闲天堂”“世外桃源”的符号体验打造。

结束语

本文仅对游客在南宁市乡村大世界休闲农业旅游中的体验满意度进行研究，虽然案例地在不少方面带有休闲农业旅游景区的一些普遍性，笔者也提出了一些可供同类旅游目的地参考来提高游客满意度的经营管理策略，但论文本身存在一些缺陷，研究也存在可以继续拓展的空间。

论文的缺陷主要存在以下三点：第一，由于笔者的时间精力有限，在对南宁市乡村大世界的调查中，提取的样本量只有158份，样本量比较小，研究得也不够深入，在一定程度上影响了数据的代表性与可靠性。第二，由于旅游管理专业硕士学习时间只有两年，加上笔者的能力与水平有限，所以对结果的分析趋于简单化。第三，本文所描述的指标是通过文献查阅和调查访谈得出的，还有很多有价值的、重要的指标都没能纳入研究的模型，使研究的结果有局限性。

在研究拓展方面，笔者认为可以从以下几个方面入手：第一，可以扩展样本的数量与调查的范围，让研究更具备代表性与广泛性。第二，如何将景区的情感体验品牌化的问题是一项巨大的工程，有待于进一步探索。第三，符号学方法的运用问题，文中只提到了在旅游手册上的简单应用以及简单的符号体验设计，如何应用符号学方法来提高游客的满意度，还需要继续深入研究。

参考文献

[1] 吴文智，庄志民．体验经济时代下旅游产品的设计与创新——以古村落旅游产品体验化开发为例［J］．旅游学刊，2003（18）：66－68.

[2] 伍晓奕．体验式旅游的革新战略［J］．产业经济，2005（27）：104.

[3] 约瑟夫·派恩，詹姆斯·吉尔摩．体验经济［M］．夏业良译．北京：机械工业出版社，2002：19.

[4] 谢彦君等．旅游体验研究——走向实证科学［M］．北京：中国旅游出版社，2010：18.

[5] 张广海．国内外休闲农业研究进展［J］．北方经济，2012（6）：102－103.

[6] 苑伟娟，邹宏霞，唐贝．有关提升休闲农业旅游地生命力问题的初探［J］．中国集体经济，2008，9（25）：142.

[7] 郭焕成．观光农业发展研究［J］．经济地理，2000，20（2）：119－124.

[8] 李舟．体验经济时代休闲农业旅游的发展策略［J］．新疆农垦经济，2004（3）：18－20.

[9] 严贤春．休闲农业［M］．北京：中国农业出版社，2011：65.

[10] Sharpley R，Sharpley J. Rural Tourism：an introduction［M］．London：International Thomson Business Press，1997：61.

[11] Donald G. Reid，Heather Mair，Wanda George. Community Tourism Planning－A Self－Assessment Instrument［J］．Annals of Tourism Research，2004（31）：623－639.

[12] 陈磊，刘志青，赵邦宏．中国休闲农业发展研究［J］．湖北农业科学，2012（51）：2644－2646.

[13] 黄蓉．休闲农业旅游研究［D］．长沙．中南林学院，2004.

[14] 陈尔东，回春光，范鑫，等．休闲农业发展研究［J］．农业科技与装备，2010（3）：12－14.

[15] 佘素丽．论休闲农业旅游发展［J］．湖南工业职业技术学院学报，2008（8）：48－49.

[16] 盛永进．体验营销在休闲农业中的应用［D］．青岛：中国海洋大学硕士论文，2011.

[17] 谢彦君，等．旅游体验研究——走向实证科学［M］．北京：中国旅游出版社，2010：23.

[18] William L S. Experiential Tourism around the World and at Home：Definitions and Standards［J］．International Journal of Services and Standards，2006，2（1）：1－14.

[19] 李萍，许春晓．旅游体验研究综述［J］．北京第二外国语学院学报（旅游版），2007（7）：1－8.

［20］邹统钎，吴丽云．旅游体验的本质、类型和塑造原则［J］．旅游科学，2003（4）：9.

［21］Cohen，E. Rethinking the Sociology of Tourism［J］．Annals of Tourism Research，1979，6（6）：18－35.

［22］黄鹂．旅游体验与景区开发模式［J］．兰州大学学报（社会科学版），2004，32（6）：104－108.

［23］Ittelson，W. H，Environmental Perception and Urban Experience［J］．Environment and Behavior，1978，10（2）：193－213.

［24］堪莉．旅游景区游客体验研究——以中山陵风景区为例［D］．南京：南京师范大学，2003.

［25］Milman，A.．The Impact of Tourism and Travel Experience on Senior Travelers' Psychological Well－being［J］．Journal of Travel Research，1998（37）：166－170.

［26］陈才．旅游体验的性质与结构——基于博客游记的探讨［M］．北京：旅游教育出版社，2010：33.

［27］谢彦君，彭丹．旅游、旅游体验和符号——对相关研究的一个评述［J］．旅游科学，2005，19（4）：3.

［28］谢彦君，等．旅游体验研究——一种现象学的视角［M］．天津：南开大学出版社，2005：234.

［29］谢彦君，吴凯．期望与感受：旅游体验质量的交互模型［J］．旅游科学，2002（2）：1－4.

［30］范晓庆．国内外游客满意理论研究对比与启示［J］．科技信息，2009（30）：87－88.

［31］曾艳丽．城市居民旅游满意度影响因素分析——以长沙市为例［J］．湖南工业大学学报（社会科学版），2009，2（14）：36.

［32］刘捷．基于旅游体验的湖泊度假区游客满意度研究——以江西仙女湖为例［D］．南昌：江西师范大学，2010.

［33］陈燕丽．基于旅游体验的影视主题公园游客满意度研究［D］．杭州．浙江大学，2007.

［34］张雨佳．基于游客满意度的休闲农业研究——以千江月休闲农业园为例［D］．福州：福建师范大学，2011.

［35］周伟伟．世界遗产地游客体验满意度研究——以龙门石窟为例［D］．郑州：河南大学，2011.

［36］Abraham Pizama，Yoram Neumann，Arie Reichel. Dimensions of Tourist Satisfaction with a Destination Area［J］．Annals of Tourism Research，1978（5）：314－322.

［37］Beard J B & Raghed M G. Measuring Leisure Satisfaction［J］．Journal of Leisure Research，1980，12：20－33.

［38］陈丽荣，苏勤．我国游客满意度研究述评［J］．资源开发与市场，2007，23

(3): 266 - 268.

[39] 汪侠，梅虎．旅游地游客满意度：模型及实证研究 [J]．北京第二外国语学院学报（旅游版），2006 (7): 1.

[40] 蔡燕宾．红色旅游目的地游客满意度测评研究 [D]．杭州：浙江大学，2006.

[41] Urry J. The Tourist Gaze (the 2nd Edition) [M]. London: Sage Press, 2002: 3 - 4.

[42] 胡海霞．凝视，还是对话？——对游客凝视理论的反思 [J]．旅游学刊，2010 (10): 72.

[43] 谢彦君，等．旅游体验研究——走向实证科学 [M]．北京：中国旅游出版社，2010: 12.

[44] Chris Ryan. The Travel Career Ladder [J]. Annals of Tourism Researeh, 1998, 25 (4): 936 - 957.

[45] 张文萍．基于游客感知的乡村旅游服务质量的 IPA 分析——以成都市三圣乡为例 [J]．乐山师范学院学报，2010 (25): 70.

[46] 胡平．商务旅游目的地游客满意度的实证研究——以上海徐家汇为例 [J]．旅游科学，2008, 22 (1): 30 - 33.

[47] 程溪苹，孙虎．基于 IPA 方法的中国历史文化名城游客满意度分析——以韩城市为例 [J]．资源科学，2012, 34 (7): 1318 - 1324.

[48] 郭进辉，郭伟锋．基于 IPA 分析法的武夷山九曲溪漂流游客满意度实证研究 [J]．乐山师范学院学报，2010, 25 (12): 65 - 68.

[49] Echner Charlotte M. The Semiotic Paradigm: Implications for Tourism Research [J]. Tourism Management, 1999 (20): 47 - 57.

[50] 张金金．符号学视角下的旅游体验研究 [D]．杭州：浙江大学，2012.

[51] 曾广庆．社区中心化——一场博物馆教育方式的变革 [J]．中原文物，1999 (4): 19.

[52] 周思芬，谢春山，佟静．旅游体验及其影响因素的美学解读 [J]．北京第二外国语学院学报，2011 (5): 40 - 45.

[53] 余建辉，张健华．自然旅游景区游客旅游体验管理初探 [J]．桂林旅游高等专科学校学报，2005, 16 (1): 59 - 63.

[54] 李晓琴．旅游体验影响因素与动态模型的建立 [J]．桂林旅游高等专科学校学报，2006, 17 (5): 609 - 611.

[55] Koazark M. Comparative Assessment of Tourist Satisfaction with Destinations Nationalities [J]. Tourism Management, 2001, 22 (11): 391 - 401.

[56] 孙明泉．乡村体验与环都市乡村休闲 [M]．北京：经济科学出版社，2008, 6: 93 - 96.

[57] 池文海．运用 SEM 模式探讨游客满意度——以花莲县为例 [J]．观光研究学报，1992, 2 (10): 37 - 38.

［58］谢彦君．旅游体验研究——一种现象学的视角［M］．天津：南开大学出版社，2005：26.

［59］张文彤，董伟．SPSS 统计分析高级教程［M］．北京：高等教育出版社，2004，9：218.

［60］周学军，方婷婷．基于因子分析法的酒店顾客满意度研究——以重庆万州长江大酒店为例［J］．重庆三峡学院学报，2011，27（135）：37.

［61］杜强，贾艳丽．SPSS 统计分析从入门到精通［M］．北京：人民邮电出版社，2009，1：113.

［62］郭鲁芳．休闲经济学——休闲消费的经济分析［M］．杭州：浙江大学出版社，2005，1：43.

［63］谢彦君．旅游体验研究——一种现象学的视角［M］．天津：南开大学出版社，2005，1：153.

［64］郑国全．旅游调查研究方法［M］．天津：南开大学出版社，2009，1：295.

［65］周静帆．裘鸿菲．浅谈休闲农业园设计中场所个性的塑造［J］．华中建筑，2010，3：55.

［66］叶美秀．休闲活动设计与规划——休闲农业资源的应用［M］．北京：中国建筑工业出版社，2009，1：86.

［67］肖恩·史密斯，乔·惠勒．顾客体验的品牌化［M］．韩顺平，吴爱胤，译．北京：机械工业出版社，2004，1：1.

［68］雷鸣，陈俊彬，贾潇萍．论服务性企业顾客体验的品牌化建设［J］．华南理工大学学报（社会科学版），2008，10（3）：42.

［69］贝恩特·施密特．顾客体验管理［M］．冯玲，邱礼新译．北京：机械工业出版社，2004，1：127.

［70］吴星．体验营销在海南休闲农业中的运用［J］．对外经贸，2011（12）：100.

［71］戴光全，梁春．基于 IPA 模型的广东科学中心游客感知研究［J］．热带地理，2011，31（5）：500.

［72］周常春，唐雪琼．符号学方法和内容分析法在旅游手册研究中的应用［J］．生态经济，2005，6：26.

［73］谢彦君．旅游体验研究——一种现象学的视角［M］．天津：南开大学出版社，2005，1：21.

附录 1

休闲农业旅游体验中符号要素访谈提纲

访谈时间：___________

访谈地点：___________

访谈对象：___________

一、在您出游前，乡村大世界传达给您最深刻的感知印象是什么？

二、什么样的符号元素可以代表你对乡村大世界的感知印象？

三、您通过什么样的方式获得这些符号元素，而产生了这样的感知？

四、对符号感知的体验追求在什么程度上引发了您的体验之旅？

附录2

游客在南宁市乡村大世界休闲农业旅游中的体验满意度调查问卷

尊敬的朋友：

衷心感谢您参与广西大学旅游管理系的调查。本次调查主要是为了解您对南宁市乡村大世界的休闲农业之旅的体验满意度，调查以匿名方式进行，仅供广西大学旅游管理系作学术研究之用，答案没有对错之分，请遵照自己内心感受，在相应的数字上打“✓”即可。

一、游客个人背景资料

（一）您来自：　A. 南宁市内　B. 南宁市外

（二）您的性别：　A. 男　B. 女

（三）您的年龄：　A. 16岁以下　B. 16～25岁　C. 26～35岁　D. 36～45岁　E. 46～60岁　F. 61岁以上

（四）您的职业：　A. 公务员　B. 企业职工　C. 工人　D. 军人　E. 专业技术人员（如老师、医师等）　F. 学生　G. 离退休人员　H. 自由职业

（五）您的教育程度：A. 初级中学及以下　B. 职业学校、中等专业学校及高级中学　C. 专科　D. 本科　E. 硕士学历及以上

（六）您每月的收入：A. 低于2000元　B. 2000～3499元　C. 3500～4999元　D. 5000元以上

二、您对乡村大世界的休闲农业旅游的期望与体验满意程度的评价

	体验前的期望程度					体验后的满意度				
	1	2	3	4	5	1	2	3	4	5
（一）环境体验	非常不重要	不重要	一般	重要	非常重要	非常不满意	不满意	一般	满意	非常满意
迷人的田园风光	1	2	3	4	5	1	2	3	4	5
整洁卫生	1	2	3	4	5	1	2	3	4	5
生态环境好	1	2	3	4	5	1	2	3	4	5
乡土风情	1	2	3	4	5	1	2	3	4	5
周边环境的可进入性	1	2	3	4	5	1	2	3	4	5

续表

	体验前的期望程度					体验后的满意度				
	1	2	3	4	5	1	2	3	4	5
	非常不重要	不重要	一般	重要	非常重要	非常不满意	不满意	一般	满意	非常满意
（二）基础设施体验										
设施安全性能高	1	2	3	4	5	1	2	3	4	5
休闲场所特色突出	1	2	3	4	5	1	2	3	4	5
娱乐设施丰富	1	2	3	4	5	1	2	3	4	5
导游服务设施	1	2	3	4	5	1	2	3	4	5
指示牌的设置	1	2	3	4	5	1	2	3	4	5
休闲农业餐饮	1	2	3	4	5	1	2	3	4	5
（三）活动体验										
体验活动种类丰富	1	2	3	4	5	1	2	3	4	5
体验活动参与程度	1	2	3	4	5	1	2	3	4	5
体验活动充满乡情野趣	1	2	3	4	5	1	2	3	4	5
活动中的个性化服务	1	2	3	4	5	1	2	3	4	5
（四）情感体验										
远离喧嚣，得到遁世享受	1	2	3	4	5	1	2	3	4	5
增进了友谊、爱情或亲情	1	2	3	4	5	1	2	3	4	5
放松自我，释放压力	1	2	3	4	5	1	2	3	4	5
（五）符号体验										
适宜度假的休闲天堂	1	2	3	4	5	1	2	3	4	5
散发人文气息的诗意田园	1	2	3	4	5	1	2	3	4	5
流连忘返的世外桃源	1	2	3	4	5	1	2	3	4	5

三、您对乡村大世界的意见或者建议：________________________________

____

____

中小城市旅游流空间扩散研究

——以湖南省新化县为例

作者：张承程

指导教师：刘亚萍

摘要：旅游业快速发展的同时也加剧了业内的竞争。旅游资源并不占优的中小城市要推动旅游业的发展必须要优化旅游资源布局结构，提高旅游资源利用效率。

本文以湖南省新化县旅游流作为研究对象，结合旅游流研究的相关理论，通过抽样调查和统计分析，运用定性与定量分析方法，对新化县的基本情况、旅游流的游客行为特征进行了分析，并在此基础上，对新化县旅游流的空间扩散规律进行了研究。

通过研究，可以得出以下几种结论：

（1）新化县的旅游流以放松心情和欣赏风景为主要目的，亲朋结伴是主要旅游方式，中青年旅游者是旅游流的主体，占旅游者的多数。

（2）新化县的旅游流以上梅镇为中心，主要向西北方向扩散。

（3）不同性别的旅游流所表现的差异不大，不同年龄、职业、收入、学历旅游流差异明显。

（4）旅游流在新化县的空间扩散按所经过的层次等级分类，可以分为平级型扩散和递增型扩散；若按扩散强度进行分类，相应地，可以分为强扩散和弱扩散。旅游流在新化县空间扩散的主要路径模式为闭合式空间扩散模式。直游式空间扩散路径和多次单站往返式扩散路径旅游流为新化县的空间扩散路径。

（5）旅游景区或者景点的等级和品位越高，该景区或者景点的空间扩散矢量强度的数值就越大，矢量强度就越强。旅游流在新化县内空间扩散的方向和路径每年都在变化，并且表现出趋向均衡的态势。

为了推动新化县旅游业的发展，根据研究结论，本文提出以下四点建议：（1）发挥政府的引导作用，促进旅游产业发展；（2）推行旅游景区、景点的精品建设；（3）加强区域旅游配套设施建设；（4）立足市场需求，树立正确发展定位。

关键词：中小城市；新化县；旅游流；空间扩散规律

第1章 绪 论

1.1 研究背景

第二次世界大战后，世界经济迅速恢复并发展，人们的生活水平大幅提高，旅游需求猛增，旅游逐步发展成为一种全球普遍存在的现象。中国由于旅游资源丰富，吸引着大量国内外游客[1]。自改革开放以来，我国社会经济发展的基本面长期向好，国家富强，民族振兴，国民生活水平稳步提高，国内旅游需求潜力巨大，旅游业上升空间充足，发展前景广阔。旅游业是服务业的龙头产业，既是转变经济发展方式的有效途径，也是城镇化建设有力推手，能够促进产业结构的调整、有助于平衡国际收支减少贸易摩擦、极大地增加社会就业岗位、有效地平衡东西部地区收入差距。当前我国正处于发展的关键期、改革的攻坚期，旅游业的产业优势越来越受到重视。

2004 年，我国旅游业对国民经济的贡献度超过了金融业，在国民经济中的重要程度进一步提升。2008 国际金融危机爆发后，许多国家旅游业“一枝独秀”，相比其他的产业，率先复苏，取得骄人成绩。旅游业受到越来越多国家的重视，先后被世界各大主要经济体确定为了国家经济发展的重要战略产业。

2009 年，我国旅游业的直接从业人员总人数超过 1300 万。从业人员队伍的不断发展壮大，使旅游业在促进国民经济发展中的作用相对以往任何一个时期都更加重要。为了充分有效地发挥旅游业在推动经济发展中的促进作用，国务院经过专门研究，出台了《关于加快发展旅游业的意见》，明确国家旅游业发展方向、发展思路和总体规划，提出将旅游业培育成国民经济的战略性支柱产业和人民群众更加满意的现代服务业。2013 年，《国民旅游休闲纲要》《中华人民共和国旅游法》相继出台，为我国旅游业的发展提供了国家标准、行业标准和强有力的制度保障，对促进我国旅游业全面、协调、可持续发展有着极为重大的意义。我国旅游业也因此实现空前的发展和繁荣（见表 1－1）。

表 1－1　　我国国内旅游发展现状

年份	国内旅游人数（亿人次）	国内旅游人数增长率（%）	国内旅游收入（万亿元）	国内旅游收入增长率（%）
2008	17.12	6.30	0.87	12.60
2009	19.02	11.10	1.02	16.40
2010	21.03	10.06	1.26	23.05
2011	26.41	13.20	1.93	23.60
2012	29.57	12.00	2.27	17.60
2013	32.5	9.91	2.54	11.86

近年来，居民收入增速加快，为旅游市场形成提供了强有力的支撑。2012 年，中国城市居民人均可支配收入和农村居民人均纯收入增速，双双高于国家经济增长速度，农村居民人均纯收入的增加速度更是高于城市居民人均可支配收入增加速度。按照党的十八大报告提出的要求，未来几年内，我国城乡居民人均收入年均增速将会保持在 7% 以上。此外，随着国民闲暇时间的增多，我国正逐步迈入全民休闲时代。许多城市和地方抢抓机遇，纷纷加快发展旅游业。许多中小城市依托本地的旅游资源借机发展旅游业，以期实现本地经济的转型发展，达到优化产业结构和壮大经济实力的双重目的。

1.2 研究目的与意义

1.2.1 研究目的

本文研究的主要目的是以湖南新化县为例，通过文献整理、问卷调查和数理分析其旅游流空间扩散方向、路径，运用空间扩散矢量强度、空间扩散均衡度等分析方法进行研究，发现新化县旅游流空间扩散的原因和行为机制，以期为政府、旅游企业开发中小城市旅游市场提供真实可靠的参考信息。

1.2.2 研究意义

虽然学术界对旅游流的研究越来越多，研究热情越来越高，但是相对于旅游经济管理研究、旅游资源开发研究和旅游文化教育研究等方面的研究依然薄弱，特别是对旅游流流向和流量的特征研究还需要继续拓展。研究的对象大部分都是入境旅游流，研究的区位一般都是热点旅游城市，对国内二、三线非旅游热点城市，尤其中小城市旅游流的研究非常少。通过新化县旅游流空间扩散研究，可以丰富国内旅游流研究内容。

文章通过调查研究，结合中国快速城镇化的实际背景与中小城市发展的阶段性特征，分析新化县旅游流空间扩散规律，让旅游企业知道如何满足旅游流流向的要求，有助于对区域内旅游资源结构进行优化，对资源利用效率进行提升，为旅游产业合理布局提供指导，使旅游企业能有的放矢，进而不断地推动旅游业的发展。

1.3 研究现状

1.3.1 国外研究现状

关于旅游流理论和概念的研究，Leiper（1990）[2] 认为，旅游流是旅游物流、信息流、资本流、技术流、文化流等关联流的集合。Bowden（2003）[3] 认为，旅游流应把客源地和目的地方向、连接模式和流量密度三要素包括进去。Williams 和 Zelinsky

(1970)[4]、Jansen－Verbeke 和 Spee (1995)[5]按旅游主体所处空间不同对旅游流进行了分类。

对旅游流空间活动规律的研究很多，Williams 和 Zelinsky (1970)[4]较早地开始研究旅游流空间活动的规律。Uysal 和 Crompton (1984)[6]对旅游流的方向进行了研究，得出了一些影响因素。Gormsen (1988)[7]、Oppermann (1992)[8]、Jansen－Verbeke 和 Spee (1955)[5]、Fennell (1996)[9]等从不同角度，不同层面分析了旅游流的时空特征。Leiper (1989)[10]对旅游流在空间结构上的变化进行了研究，探讨了旅游目的地的可分配性。Bowden (2003)[3]从一个国家内部的旅游流空间特征分析入手，研究了旅游流的空间分异规律，而 Hwang 等 (2006)[11]、Murphy 和 Keller (1990)、Lew 和 McKercher (2006)[12~13]则分别以城市间的旅游流流动模式、多目的地间的旅游流流动模式和目的地内部旅游流流动规律为研究视角，对旅游流的空间分异规律进行了分析。Chrestian 和 Gustav (2006)[14]、Gormsen (1988)[7]，以及 Oppermann (1992)[8]，还有 Jansen－Verbeke 和 Spee (1995)[5]、Rogerson (2004)[15]等分别以客源地，区域间，州内部和国家内部为研究对象阐述了旅游流的空间分布特征。Wu 和 Cai (2006)[16]运用数理模型研究了旅游流的空间距离和结构特征。

在对旅游流研究的发展过程中，各种计算和预测旅游流的可操作的定量化手段与方法被开发出来。Dickinson (1973)[17]运用简单的定量分析方法解释旅游流大小的变化。Baxter 和 Ewing (1981)[18]提出旅游流的分配模型；Smith (1983)[19]提出并探讨了旅游流的距离衰减模式；O'Kelly M 等 (1995)[20]探索借鉴物理学万有引力定律，构建引力模型分析旅游流。Briassoulis (1991)[21]、Sasaki 等 (1997)[22]建立了投入—产出模型等经济模型分析旅游流的经济影响力。Witt 和 Martin (1987)[23]、Dharmaratne (1995)[24]、Kulendran 和 King (1997)[25]对旅游流的预测产生了浓厚的兴趣，纷纷进行研究。到 2000 年以后，用于预测旅游流的结构模型越来越多。Kulendran 和 Witt (2001)[26]开发出自相关模型；Webber (2001)[27]开发出集聚模型用于旅游流预测；Huybers (2003)[28]则对区域间的旅游流流量的模型进行了探讨；Dritsakis (2004)[29]更加注重研究旅游流在区域间的流量关系；Lew 和 McKercher (2006)[13]用位移模式研究旅游流；Song 和 Witt (2006)[30]深入探索了旅游流的测算；Lim 和 McAleer (2000)[31]、Gallet 和 Braun (2001)[32]从不同角度对旅游流计算和预测模型进行了探讨。Kima 和 Moosa (2005)[33]通过实证研究对旅游流的不同计算和预测方法进行了对比。此外，Smith (1977)[34]、Eymann 和 Ronning (1997)[35]从经济学模型中引入效用最大化模型、目的地选择模型等分析旅游流的流动、空间结构等方面的特征。这些手段和方法的出现，无疑改变了过去纯粹利用统计方法来分析旅游流的传统方式。

关于旅游流其他研究，还有 William 和 John (1988)[36]讨论如何收集关于旅游流的信息。Oppermann (1992)[8]分析并使用相关参数区别和细分了旅游流。Deasy 和 Griess (1966)[37]在旅游流的经济影响力方面进行了研究，不过这些研究在对旅游流的研究中的影响并不大。

1.3.2 国内研究现状

自改革开放以后，随着入境旅游的蓬勃发展和国内旅游市场的逐渐兴盛，关于旅游的研究受到学者越来越广泛的关注。然而关于旅游流的研究在 2000 年前的年均论文数仅 3 篇，直到 2000 年以后才被越来越多的学者所重视。2005 年以后开始加速发展。

鉴于国外关于旅游流概念的研究成果，国内关于旅游流概念的研究并不是很多。杨森林（1990）[38]将旅游流简单地描述为旅游者群体的空间移动。唐顺铁和郭来喜（1998）[39]指出，用旅游客流代替旅游流存在诸多缺陷，由此提出新的旅游流概念，认为旅游流是以旅游客流为主体，涵盖旅游信息流、旅游物流和旅游能流的一个复杂的巨大系统。张红（2000）[40]认为，旅游是人类一种社会、经济、文化活动，游客是活动的参与者，游客的集合构成了旅游流。邓明艳（2000）[41]认为，当旅游者从自己的常住地出发，到不同的旅游目的地去旅游时，便构成了具有一定流向和流量特征的旅游者群体，于是就形成了旅游流。袁宇杰（2005）[42]以旅游系统的基本目标为参照点，对旅游流概念的剖析，提出由旅游流和旅游业生产要素流构成的旅游“双流”系统。张海涛（2013）[43]提出旅游流的新特征，包括周期性、规模性、可变性和持续性等。

在对于旅游流空间规律的探讨和研究上，谢彦君和陈元泰（1993）[44]通过对锦州旅游流的分析，认为客源地的客流产生能力以及旅游目的地的可达性是发展旅游至关重要的两个因素，是国内实证分析旅游流的先行者。朱同林（1997）[45]通过实地调查，采取旅游流季节强度指数，客源地地理集中指数评价法，对九华山旅游流时空规律进行了分析，并以此为依据划分市场。邓明艳（2000）[41]通过研究认为，指出旅游地与客源地和其他旅游地的空间关系都会影响旅游流的强度和方向。张红等（2000，2001）[46~50]探讨了西安、桂林、昆明和上海入境旅游流时间变化规律和在旅游热门的 11 个城市之间的空间流动规律，提出了入境旅游流的双向流动具有明显的不平衡性。马耀峰和李永军（2001）[51]根据全国各地旅游流的性质和规律不同，将全国划分为 5 大基本旅游流区。涂建军（2004）[52]对四川省入境旅游客流的时空特征进行了分析，认为入境旅游客流的空间分布表现为以省会成都为中心，呈辐射发散型和收敛聚集型模式。客流向品位和知名度高的景点（区）有明显集中流动行为。刘玲（2004）[53]通过对新疆的旅游流分析，发现其在时空特征表现方面具有高度集中性。

此外，李永军（2000）、马耀峰等（2000）、王洁（2002）、刘小蓓（2004）、高仁华（2005）、韩一武（2009）、刘自锋和杨晓霞（2010）、闫玮（2011）、高珊珊（2011）、袁小林（2012）、唐兵和袁桂花（2012）等[54~64]还对其他特点城市的旅游流规律进行了研究。虽然国内学者对旅游流空间规律的研究有着比较高的热情，研究成果也有了相对比较深入的发展，但是集中度非常高，对旅游热门的城市和地区研究偏多，忽略了国内绝大多数地区旅游发展对于旅游流研究的需要。

在关于旅游流的研究方法方面，国内学者大多借鉴国外的研究成果，同时根据国内实际情况加以改进分析，创新不足。韩德宗（1986）[65]对旅游需求预测引力模型和旅游发生模型进行了阐述，虽然指出了模型的不足之处，但没有提及改进办法。张凌云(1988)[66]将普洛格心理状态分布图引用推广到对旅游流空间分布的研究，得出旅游流空间分布概率模型。王洁（2002，2003）[67~69]运用转移概率矩阵和阈值分析法进行了分析，深入研究了海外旅游流的流动规律和特征。陈文晖（2003）[70]运用旅游需求圈层结构理论，强调从空间分布优化旅游需求。王秀兰和甘枝茂（2003）[71]引入波士顿矩阵对旅游市场进行分析，用于解释旅游流的流向。宣国富等（2004）[72]在重力模型的基础上，建立旅游流空间潜力模型，分析三亚旅游流的空间特征；指出通过降低旅游交通门槛，从而可以促进旅游客流量的增加。丁正山（2004）[73]引入ADod指标分析并研究旅游流。吴晋峰和包浩生（2005）[74]通过分析距离衰减曲线，对旅游流的距离衰减模式进行了演绎研究；研究认为，旅游流距离衰减曲线分为高斯分布型和指数分布型两类基本类型；旅游系统中客源地节点的空间分布格局是旅游流距离衰减曲线类型的决定性因素。杨国良等（2006，2007）[75~76]引入齐夫（Zipf）模型研究旅游流的时空特征。颜磊等（2009）[77]引入标准方差、离差系数、季节旅游强度指数和旅游流的季节性因子4种指数和具有时空多尺度分析能力的小波分析工具定量探讨九寨沟旅游流的时间特性。李山等（2012）[78]引入威尔逊型的指数函数衰减模式改进牛顿型旅游引力模型对空间阻尼处理的一些缺陷。李创新等（2012）[79]改进熵值法研究入境旅游流。

关于旅游流的路径研究方面，马耀峰和李永军（2003）[80]研究认为，国内传统的旅游线路，比如京—沪—穗线，京—沪—深（圳）线，京—西（安）—沪线，京—桂（林）—沪线等旅游黄金线路依然是我国入境旅游流构成的主体框架。马晓龙和吴必虎(2004)[81]指出，路径的发育程度与旅游流空间流向和流动方式的相关系数达到0.89，说明路径对旅游流空间流向和流动方式有着显著影响。杨国良等（2008）[82]运用旅游引力模型研究四川省旅游流的空间扩散路径，得出其空间扩散路径为14条。

除了上述研究，王鹏和戴学军（2001）[83]还提出基于旅游流特点的旅游信息系统建模方法，但突破不大。直到朱立巍（2004）[84]通过建立入境旅游流信息系统，才拓宽了旅游流信息应用的途径。张恩祥和郁广健（2006）[85]运用灰色系统对旅游信息流进行了研究。此外，丁正山（2004）[86]开始对旅游流的聚集和扩散进行系统研究。钟士恩等（2010）[87]通过分析研究认为旅游流空间扩散理论已经成为旅游流空间模式的基本理论。

总而言之，国内外学者都越来越重视旅游流相关方面的研究，多层次、多角度，运用不同方法就旅游流的概念、规律与应用进行了分析和探讨，取得了丰硕的研究成果，对实践的指导作用越来越明显，对旅游业的发展起到了促进作用。随着信息技术的发展，关于旅游流的研究进程明显加快，但由于研究的起步相对较晚，参与研究的学者相对较少，受关注的程度相对较低，研究还不够深入和全面，特别是对旅游流的移动规律的研究依然存在很多不足，中小城市旅游流的移动规律研究属于薄弱环节，滞后于全国中小城市为突破旅游业发展“瓶颈”亟须解决旅游资源开发、景区布局和旅游设施规划等旅游空间问题的现实需要，不利于旅游业的科学规划、合理开发和长远发展。

1.4 研究方法和技术路线

1.4.1 研究方法

本文拟采用定性分析与定量分析相结合的研究方法进行研究，主要方法有以下几种。

（1）文献资料法

收集和查阅与旅游流，或旅游流空间扩散研究有关的期刊论文、学位论文、专著、报纸文章、重要学术会议报告等资料，在此基础上整理、总结、归纳相关文献资料，对本文内容的研究历史、现状和未来的发展趋势有了初步的了解，为本文进行理论研究和实证研究打下了坚实的基础。同时，收集和查阅新化县统计年鉴和新化县旅游统计等资料，全面了解和掌握了新化县的旅游发展现状。

文献资料的主要来源有广西大学图书馆、中国知网、中国统计网、中国旅游统计年鉴、新化县统计年鉴、新化县旅游统计资料等。

（2）调查问卷法

问卷调查是通过向被访对象提出问题让其作答，或问其对某事的某些观点意见，进行资料收集的一种方法。问卷调查法操作简单，便于收集和整理原始数据，收集的数据真实可靠，比较客观。本文以冷水江外出旅游的旅游者为调查对象，选择在市中心、商业区、住宅区等人流相对集中的地方进行随机抽样调查。问卷调查时间为 2013 年 10 月初至 2014 年 1 月底，计划发放问卷 500 份。

（3）数理分析法

根据问卷调查，实地调查和相关文献数据，首先使用 Excel 进行统计归类，建立数据库；再使用相关软件对数据库数据进行全面、系统的分析，得出旅游流的人口统计学特征、旅游流空间扩散规律等，并转化为图、表等资料；最后在这些资料的基础上，进一步分析旅游流的移动规律对当地旅游发展的影响。

1.4.2 研究技术路线

本文主要围绕新化县旅游流的空间扩散规律进行研究，根据论文选题，从研究意义出发，通过检索文献，收集数据和资料，设计和发放调查问卷，统计和分析数据，确定旅游流研究的理论依据，了解旅游流研究的背景情况，分析新化县旅游流的行为特征，探讨新化县旅游流的空间扩散规律及其形成原因。在以上基础条件下，阐述新化县旅游发展的现状，提出新化县旅游开发的建议。最后得出本文的研究结论与不足之处（见图 1－1）。

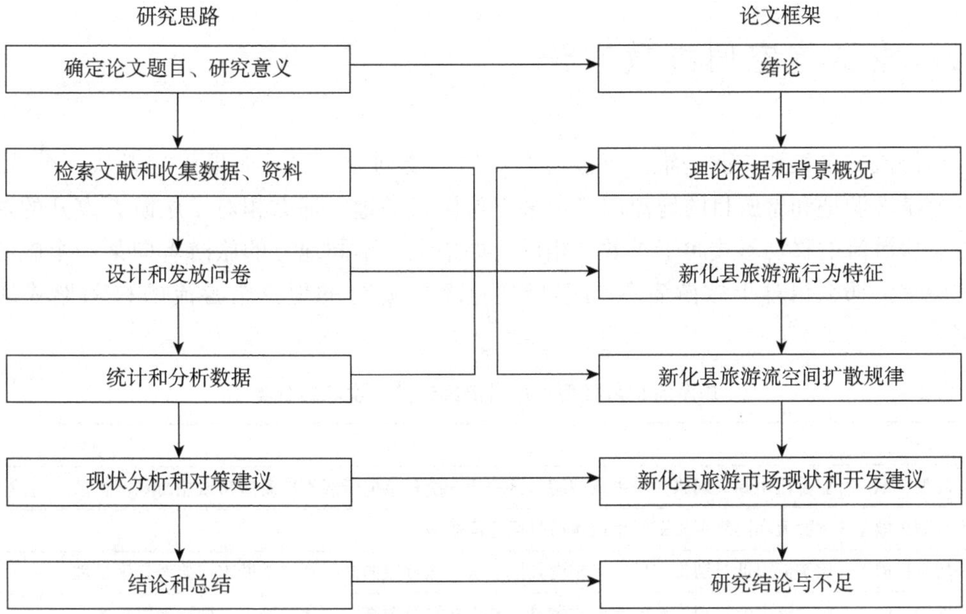

图 1-1　研究技术路线

第 2 章　旅游流研究的理论基础

2.1　旅游流概述

相当长的一段时间里，人们认为旅游流就是游客从常住的地方前往旅游目的地，从而形成的具有流向和流量特征的游客量。但是游客的流动并不是仅仅只具有人的流动这个单一属性，在流动过程中往往还伴随资金、物质、文化、信息等诸多因素的流动。学者们将这些伴生因素的流动称为旅游流的辅助流。随着研究的进一步发展，旅游的属性特征被进一步认识，旅游流并不能随意产生，它的形成与旅游目的地的吸引力、旅游目的地的交通条件、旅游者的动机和经济状况等驱动力条件存在着密不可分的关系。旅游流的主要形式也渐渐被熟知，不是集聚就是扩散的特点逐渐将旅游流研究引向深入。关于旅游流空间集聚特点和空间扩散特点的探讨与研究使旅游流相关理论在帮助旅游业发展这样的实际应用方面的贡献越来越大。鉴于此，旅游流的定义也越来越丰富、全面，具体来讲，指在一定驱动力条件下，形成的在目的地与客源地不断积聚和扩散，以旅游客流为主体，伴生资金、物质、文化、信息等辅助流的流集合。但是，为了方便本文对中小城市旅游流规律的探析，本文所指旅游流均简化为旅游客流。

2.2 旅游流空间扩散理论

旅游流的聚集和扩散是旅游流移动形式的主要划分方法。如果旅游者从一个地方，包括旅游客源地和旅游目的地流向其他多个旅游目的地，那么相对于旅游者离开的这个地方，旅游流的移动形式属于扩散。相反，如果来自不同地方的旅游者向某一个旅游目的地流动，那么相对于旅游者共同选择的这个旅游目的地，旅游流的移动形式属于聚集。

表 2－1　　旅游流扩散类型按旅游流经过的层次等级分类

类别	内容
递降型扩散	旅游流由高级别旅游城市或旅游景区一级一级逐级向低级别旅游城市或旅游景区扩散
平级型扩散	旅游流在同级别旅游城市或旅游景区之间扩散
递增型扩散	旅游流由低级别旅游城市或旅游景区一级一级逐级向高级别旅游城市或旅游景区扩散
跳跃型扩散	旅游流由低级别旅游城市或旅游景区越级式跨级向高级别旅游城市或旅游景区扩散
混合型扩散	旅游流在扩散过程中，既有由低到高的，也有由高到低的旅游城市或旅游景区间的扩散

2.2.1 旅游流扩散类型划分

旅游流扩散类型根据划分的标准不同，可以分为多种，一般可以按旅游流经过的层次等级、经过的站点和扩散强度进行划分；若按旅游流经过的层次等级分类，则可以细分为五种类型，分别为递降型扩散、平级型扩散、递增型扩散、跳跃型扩散和混合型扩散（见表 2－1）。若按旅游流经过的站点分类，则可以分为两大类，分别是“一站式”扩散和“多站式”扩散（见表 2－2）。若按旅游流的扩散强度分类，同样可以分为两大类：一个是强扩散流，另一个则是弱扩散流（见表 2－3）。

表 2－2　　旅游流扩散类型按旅游流经过的站点分类

类别	内容
“一站式”扩散	旅游流先从旅游客源地汇聚到旅游目的区域内的一个旅游中心城市再扩散到旅游目的地，之后返回这个中心城市从该地回到客源地；或者从客源地直接流向旅游目的地后直接返回客源地
“多站式”扩散	旅游流从旅游客源地汇聚到旅游目的区域内的一个旅游中心城市以后扩散到其他旅游城市或旅游景区，之后会再进行一次以上扩散，直至返回客源地

表 2－3　　旅游流扩散类型按旅游流的扩散强度分类

类别	内容
强扩散流	向旅游目的地扩散的流动量比较大的旅游流
弱扩散流	向旅游目的地扩散的流动量比较小的旅游流

其中，“一站式”扩散只有两种表现形式，一种是旅游者从旅游客源地出发，经过旅游中心城市，然后前往旅游目的地，最后经过旅游中心城市返回旅游客源地；另一种则是旅游者从旅游客源地直接前往旅游目的地，旅游完成后直接返回旅游客源地（见图2－1）。

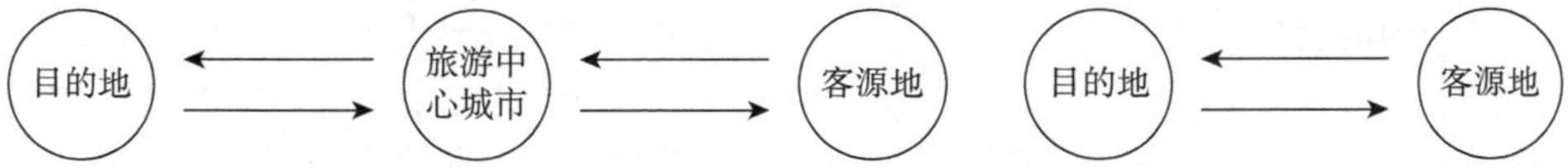

图2－1　“一站式”扩散表现形式

旅游流的扩散强度并不是绝对的，都有其相对的一面，很多旅游流受区域和季节影响大，比如黑龙江冰雪旅游因为季节不同、旅游流的大小不同，所以旅游流的扩散强度差异巨大。在湖南，环境优美的新化县由于地处湖南中部，县域内的旅游流和地处省会长沙的长沙县县域内的旅游流相比较，其扩散类型属于弱扩散流；但是其相对于隔壁的重工业城市冷水江市（县级市）而言，其旅游流的扩散强度明显就强不少，旅游流的扩散类型就可以相对地称为强扩散流。同样，在县域内，往各个景区扩散的旅游流之间也存在强弱的区别。

2.2.2 旅游流扩散路径

旅游流由旅游中心城市向旅游目的地扩散的表现形式有很多种。正是因为旅游流流动扩散的表现形式不同，所以旅游流扩散的特点不同，由此形成的旅游流空间扩散的路径也不相同。按照旅游流扩散的特点，旅游流的扩散路径可以分为以下两类，一类是闭合式空间扩散路径，另一类是开放式空间扩散路径。

在一定的旅游区域和旅游范围内，旅游者从客源地流出或者以某个旅游中心城市扩散开以后，不论游历哪个旅游目的地，游览多少个景区、景点，前往哪个城市，最终都会回到该客源地或者旅游中心城市，形成的完整闭合的旅游路径，则被称为旅游流闭合式空间扩散路径。它又可以被分为直游式扩散路径、多次单站往返式扩散路径、多站串联式扩散路径和多站闭合式扩散路径。直游式扩散路径是指旅游流由旅游区中心城市扩散至旅游目的地，完成游览以后，返回区域中心城市。多次单站往返式扩散路径是指旅游流以旅游区中心城市为中心，依次向多个旅游目的地扩散后，返回区域中心城市，期间形成多个往返路径。多站串联式扩散路径是指旅游流以旅游区中心城市为中心，依次向多个旅游目的地扩散后，再向其他一个或多个旅游目的地扩散后才会返回区域中心城市。多站闭合式扩散路径是指旅游流由旅游区中心城市扩散至旅游目的地后，继续向其他多个旅游目的地扩散，游览完所有旅游目的地后，最终返回区域中心城市（见表2－4）。

表 2－4　　旅游流闭合式空间扩散路径

类别	内容	图示
直游式	旅游流由旅游区中心城市扩散至旅游目的地，完成游览以后，返回区域中心城市	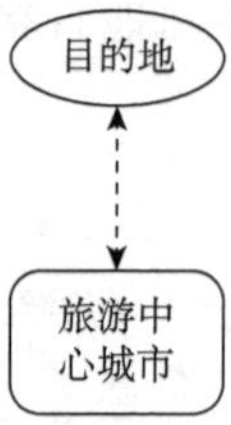
多次单站往返式	旅游流以旅游区中心城市为中心，依次向多个旅游目的地扩散后，返回区域中心城市，期间形成多个往返路径	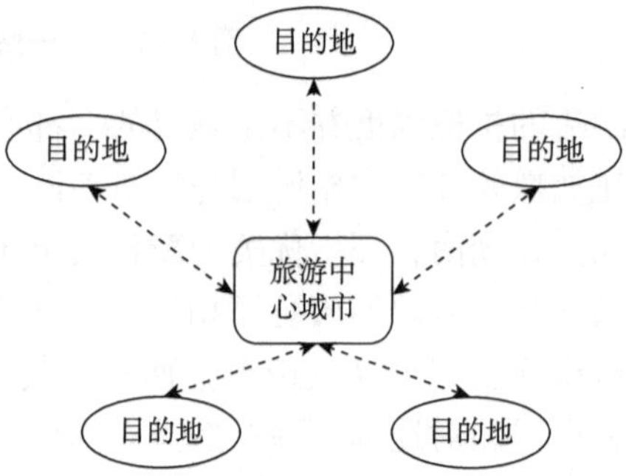
多站串联式	旅游流以旅游区中心城市为中心，依次向多个旅游目的地扩散后，再向其他一个或多个旅游目的地扩散后才会返回区域中心城市	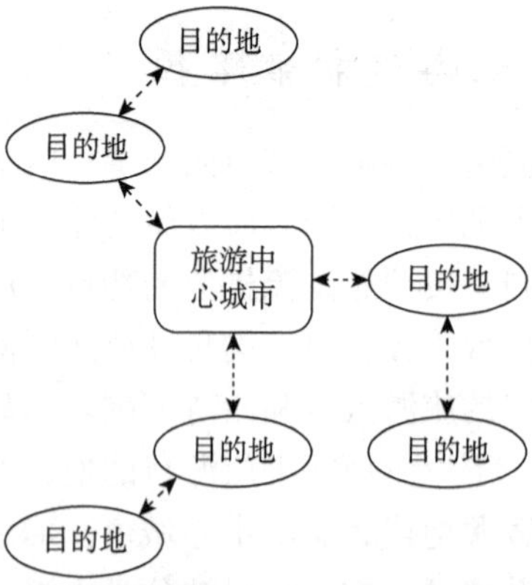
多站闭合式	旅游流由旅游区中心城市扩散至旅游目的地后，继续向其他多个旅游目的地扩散，游览完所有旅游目的地后，最终返回区域中心城市	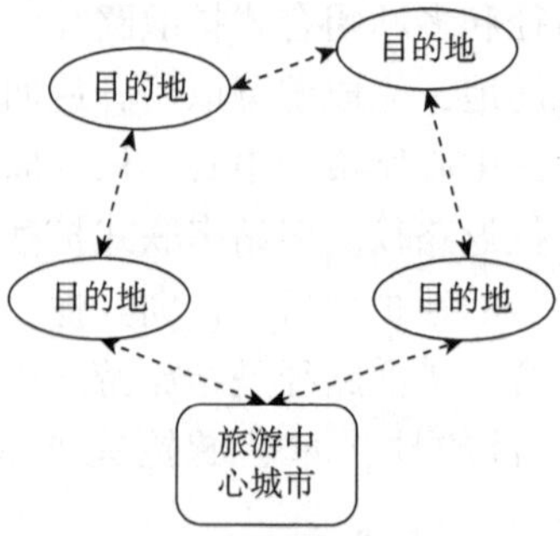

与闭合式空间扩散路径不同，开放式空间扩散路径是指在一定的旅游区域或者旅游范围内，旅游者从客源地流出或者以某个旅游中心城市扩散开，完成对旅游目的地，或者景区、

景点的游览以后，会离开该旅游区域或者旅游范围，不会返回客源地和旅游中心城市。同时，它又可以被分为“一站式”开放扩散路径和“多站式”开放扩散路径（见表2－5）。

表2－5　　旅游流开放式空间扩散路径

“一站式”开放	旅游流由旅游区中心城市分别扩散至多个旅游目的地之后，直接离开该旅游区	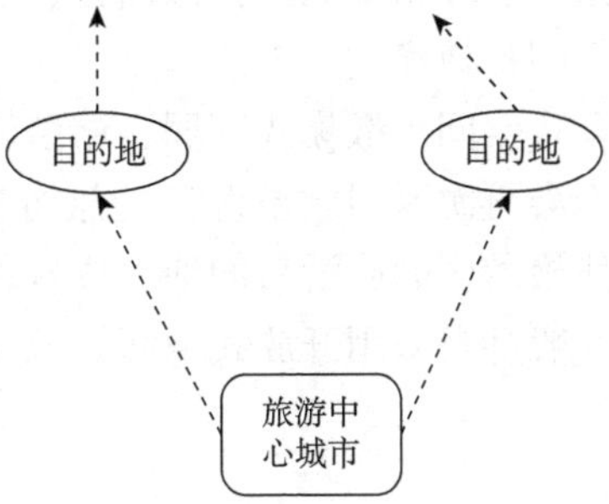
“多站式”开放	旅游流由旅游区中心城市连续扩散至多个旅游目的地后，直接离开该旅游区	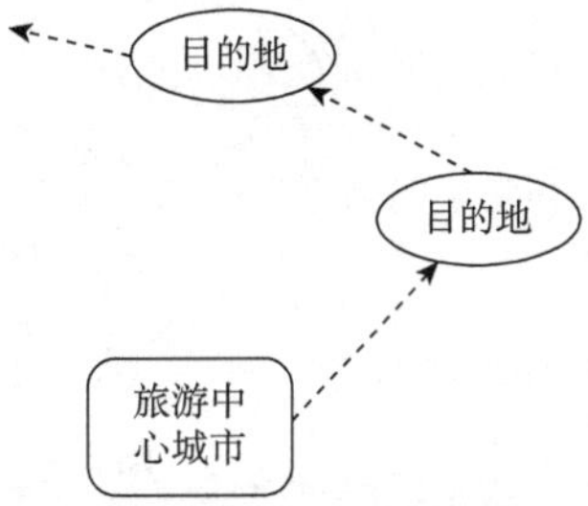

2.2.3　旅游流空间扩散模式

旅游流的空间扩散模式通过前述关于旅游流类型和旅游流扩散路径的分析，可以概括为以下两个类型，一个是闭合式空间扩散模式（见图2－2），另一个是开放式空间扩散模式（见图2－3）。

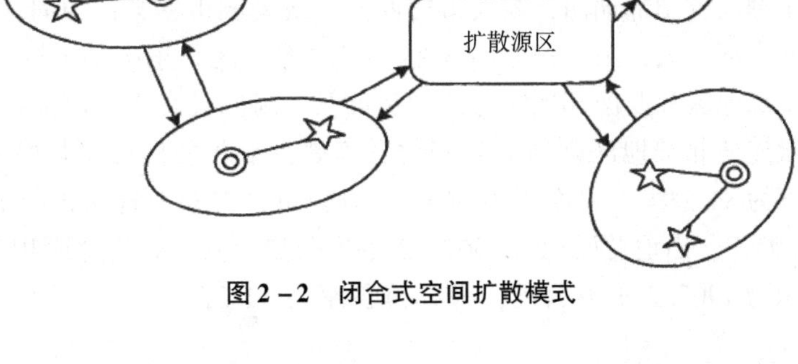

图2－2　闭合式空间扩散模式

旅游流在闭合式空间扩散模式下，无论如何扩散，最终都会回到扩散开始的地方，也就是旅游源区。旅游源区可能是旅游区中心城市，既可能是旅游客源地，也可能是旅游路径上某一个旅游目的地。由此可以得知，旅游流按照直游式扩散路径、多次单站往返式扩散路径、多站串联式扩散路径、多站闭合式扩散路径所进行的空间扩散模式都属于闭合式空间扩散模式。

与闭合式空间扩散模式不同，旅游流在开放式空间扩散模式下，从旅游源区扩散出去以后，不会再次返回旅游源区。旅游流会从最后游览的旅游目的地流出该旅游区域，扩散至其他旅游区的旅游目的地，或者返回客源地。鉴于此，旅游流在开放式空间扩散模式下，一般都是采用开放式空间扩散路径进行扩散[88]。

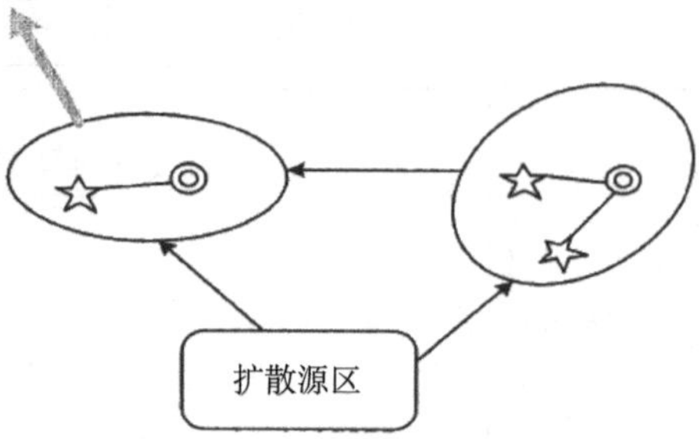

图 2－3　开放式空间扩散模式

第 3 章　新化县的旅游发展现状与其旅游流的游客行为特征

3.1　新化县的旅游发展现状

3.1.1　新化县的基本概况

新化县位于湖南省中部偏西，娄底市的西部，属娄底市辖县；四周地势较高，处于雪峰山脉主脉西南部，天龙山、桐凤山北部。东北部地区和东南部地区与娄底涟源市、新化县接壤，南部地区和西南部地区与邵阳新邵县、隆回县交界，西部地区和西北地区与怀化溆浦县毗连，北部地区则与益阳安化县为邻；南北最长直线距离为 69 公里，东西最宽直线距离为 84 公里，总面积为 3642 平方公里，占湖南省面积的 1.693%，占娄底市面积的 43.95%。土地总面积为 3567.13 平方公里，其中：耕地面积为 484.53 平方公里，林地面积为 1907.2 平方公里，森林覆盖率为 52.37%。全县下辖 19 个镇、7 个乡，分别为上梅镇、石冲口镇、琅塘镇、洋溪镇、圳上镇、槎溪镇、吉庆镇、水车镇、炉观镇、文田镇、奉家镇、游家镇、孟公镇、温塘镇、西河镇、田坪镇、白溪镇、桑梓镇、曹家镇、维山乡、科头乡、荣华乡、天门乡、油溪乡、金凤乡、坐石乡。2012年末总人口规模达到141万人，人口密度387人每平方公里。

新化县位于中亚热带季风气候区。因此，新化四季分明，气候温暖，阳光充足，雨水丰沛，但春温多变，寒潮频繁，降水时空分布不均匀。年平均气温为16.8～17.3℃，地面温度年平均为19.0～19.5℃，年平均无霜期有280天。降水全年都有，春末夏初时比较集中。据统计，新化县年平均降雨量达1455.9毫米。

新化县作为国家级贫困县，经济发展主要以农业为主，工业相对落后。2012年，全县地区生产总值完成149.53亿元，增长12%，完成财政总收入10.21亿元，增长23.3%，完成公共财政预算收入5.76亿元、增长37.7%；人均GDP跨越万元大关、达到1.22万元，农民人均纯收入3342元（约545美元），城镇居民可支配收入1.38万元（约2250美元），分别增长23%、22.6%、13.7%。

目前，进入新化县的交通以公路为主、铁路为辅。东西走向的省道S312线和南北走向的省道S217线在新化县县城所在地上梅镇交汇。

省道S312线：湘乡至怀化线简称湘怀线，原为县道，2001年调升为省道，由湘乡城关镇经娄底、涟源、冷水江、新化至怀化黄茅园，全程342.143公里。省道S217线：益阳至永州线，由益阳梅城镇经新化、冷水江、新邵、邵阳大祥区至永州冷水滩区，全程约240公里。省道S312线和南北走向的省道S217线是新化县与周边县市联系的主要交通。

2012年12月，娄新高速正式通车。新化县从此结束了没有高速公路的历史。更为重要的是，娄新高速与潭邵高速对接，大大缩短了新化县与长株潭城市群的时间距离。从长沙市到新化县的旅行时间由原来的4个半小时缩短到3个小时。未来，随着往西通往怀化溆浦方向的新溆高速的通车，新化县的交通网络将进一步完善。

尽管新化县的交通状况在近几年有很大的改观，但县域内的交通基本以低等级公路为主，公路通行能力比较低。全县共有公路8362公里，其中县乡公路和村道就占到总公路里程的98%，分别为1876公里和6327公里；二级以上公路仅有54公里，只占总公路里程的0.6%。县内公路网络以上梅镇为中心呈辐射状向县内各个乡镇点对点发散。

铁路方面，湘黔铁路在新化县境内67公里，并设有新化站。湘黔铁路东起湖南省株洲市，西到贵州省贵阳市，全长905公里；共有车站108个。它是横贯我国江南东西向铁路大干线——沪昆线的重要组成部分。因此，它也是中远程游客进入新化的主要交通工具。新化站现开通列车55列，其中“T”字头特快列车2列，“K”字头快速列车53列。除现有铁路外，沪昆高铁也在新化设站，目前在建高铁32.6公里。一旦沪昆高铁顺利建成通车，新化县与长沙的时距将缩短为1个小时。

3.1.2 新化县旅游资源概况

新化县的旅游资源十分丰富，不仅数量多、种类齐，而且品位高、结合优，拥有巨大的发展空间，因此新化县的旅游资源不论数量、品质，还是开发条件均位于湖南省的前列。全县拥有约200个旅游景区、景点，涵盖地文景观、水文景观、古迹遗址、宗教文化、动物植物、风俗民情和休闲娱乐7个类别，这其中，有11处一级旅游资源，包括新化县目前最具有代表性的旅游资源，分别是以水车镇紫鹊界自然风景名胜区、大熊山国家森林公园、油溪乡梅山龙宫风景区为代表的自然旅游资源和以中华始祖之一蚩尤为代表的梅山文化旅游资源。

紫鹊界梯田风景名胜区地处新化县西南小镇——水车镇，坐落于雪峰山支系奉家山上，约有120平方公里的总占地面积；属于国家自然文化双遗产、国家级风景名胜区、国家AAAA级旅游景区、国家水利风景区。紫鹊界梯田最早出现在距今两千余年的先秦，所以又叫秦人梯田；由苗、瑶两族历经艰辛创建，巧妙地将渔猎文化和农耕文化，生产需要和自然环境融合为一体，是人与自然和谐相处的杰出代表。层次分明、错落有致的梯田以紫鹊界为中心，以30度至50度的坡度，在海拔500米至1200米的雪峰山系之间，或上或下向四面八方绵延多达500余级，近8万余亩的山地面积。梯田上方没有任何可以蓄水的山塘、水库，但由于草木茂盛，植被完整，自然生态环境优越，梯田依靠雪峰山脉独特的水源：基岩裂隙孔隙水和由草木森林、田埂、土质形成的特有的综合储水、保水系统，构成了纯天然全自动绿色环保灌溉工程。得益于雪峰山脉奉家山系变幻莫测的地貌，呈现出千姿百态、千变万化的梯田美景，有秀丽亦有大气，有险峻亦有飘逸，既有自然美，又有古朴美，既有外在形态美，又有内涵文化美，风格鲜明、特色独具，从而也有“梯田王国”的美誉。

大熊山国家森林公园位于距离新化县县城62公里的新化县北部。2002年11月由国家森林公园评审委员会审批合格，成为国家级森林公园。公园总占地面积7623公顷，其中森林覆盖面积就达到7089公顷，覆盖率高达93%。40余座千米山峰巍然矗立，错落有致，云雾缭绕。公园主峰大熊山九龙峰以其1622米的海拔成为湖南省中部第一高山峰。另外，大熊山国家森林公园也是湖南省中部地区唯一的物种基因库，植物品种有1800余种，国家级保护植物不胜枚举，其中中华金星凤丫蕨在全国绝无仅有，极为珍贵；云豹、草号鸟等20多种珍稀物种在山冈林间出没，嬉戏于崇山峻岭之中。三万亩原始次生阔叶林生长相伴而生，十分茂密。大熊山国家森林公园的山体宏伟雄壮，绝壁鬼斧神工，森林茂盛繁密，溪流清澈秀丽，人文景观与风土人情、悠久的历史与古老的传说融汇交织，险山幽涧与古树怪林、珍禽异兽与奇花异草共生共荣，由此绘制出大自然最奇异的画卷，因此也形成了大熊山国家森林公园独一无二，古朴神秘的风景特色。清朝乾隆皇帝游览至此，感慨美景的同时，还留下了“十里屏开独标清胜，熊峰鼎峙半吐精华”的名言。

梅山龙宫风景区地处新化县西北部的油溪乡，位于风景秀丽的资江西岸；是以梅山龙宫为主体的风景区。梅山龙宫是一个属于以旱洞为主的水旱洞性质的地下溶洞群，内部有九层洞穴，紧密分布着上万个溶洞。此外还有一条伏流式地下河，和大熊山国家森林公园的九龙峰、九龙池一脉相通。整个溶洞群现在已经探明的溶洞洞道长度约2876米，目前开发的面积有58600平方米，其中可供游客观光游览的线路长度为1896米，包括一段长466米世界罕见的伏流式地下河水上观赏线路。不仅是国内少有的伏流式地下河洞穴，梅山龙宫还是国内“峡谷层楼式”洞穴的典型代表，即既是层状洞穴系统，又是峡谷洞穴系统。其独特的地质构造使其洞内景观丰富而且多样化，不但有千姿百态的石笋、石瀑、石幕让人应接不暇，还有色如白雪的雾凇美景令人啧啧称奇。除此之外，溶洞内的断面形态和蚀余的小形态景观更是千变万化、奇幻莫测、美不胜收。

除了以上景区外，还有风光无限好的柚溪河风景区，梅城“绿岛”上梅镇狮子山公园，“小千岛湖”琅塘镇苏溪湖，奇峰异石林立的古台山森林公园，风光秀美的车田江水库，如此等等，山水奇观，比比皆是，举不胜举。

除了丰富的自然旅游资源，这里的文化旅游资源也十分独特。一是蚩尤文化。蚩尤和黄帝、炎帝都是中华民族历史上的英雄人物和民族首领，并称为中华三始祖。蚩尤重农耕、冶铜铁、制五兵、创百艺，为中华文明的发展作出了巨大贡献。梅山一带最早是蚩尤领导的蛮夷部落。梅山是苗瑶民族始祖蚩尤的故里。大熊山至今仍留有蚩尤坪、蚩尤屋场、春姬坳等遗址。二是梅山文化。梅山文化繁荣深厚、历史悠久、源远流长，是湘楚文化的重要组成部分。宗教、饮食、武术、歌谣、服饰等梅山文化元素异彩纷呈、各具特色。关于梅山文化的古迹遗址在新化县内也是随处可见。梅山寺、熊山古寺、八仙庵、文昌阁等具有鲜明文化色彩的古迹，都是难得的人文景观。梅山文化也孕育出一大批青年才俊，即便是在近现代也是人才济济、英雄辈出。辛亥革命先驱陈天华、谭人凤，爱国抗日名将方鼎英，教育家、著名学者、无产阶级革命家成仿吾，著名将领陈正湘，国际主义战士罗盛教，艺术名家罗赤子等，他们或有名作墨宝、或有故居遗物、或有精神思想散落留存在县境，传承着梅山文化。此外，紫鹊界风景名胜区的梯田文化也是新化县文化领域里一颗璀璨夺目的明珠。

3.1.3 新化县旅游业发展概况

近几年，新化县以“发展大旅游、引领大发展”为主题，致力把新化打造成新兴的省旅游强县，希望以此改变湖南旅游产业的传统格局。虽然财力有限、基础薄弱，但新化县的旅游业凭借自身良好的旅游资源优势，扎实推动实现旅游发展的战略目标，实现了较大的发展。尤其是最近几年，新化县旅游业的发展可谓异军突起，“一枝独秀”，迅猛的增量使其逐步发展成为新化县举足轻重的战略性新兴产业（见表3-1）。

表3-1　新化县旅游业发展状况

年份	2006	2007	2008	2009	2010	2011	2012	2013
总人数（万人次）	46.4	60.3	122.4	162.4	169.8	358.5	580	708
总收入（亿元）	2.3	3.02	5.8	8.2	13.1	22.3	38.9	48.5

无论是从旅游人数来看，还是从旅游收入来看，新化县的旅游发展大致可以分为三个阶段，即2007年以前的低速发展阶段，2007—2010年的缓慢发展阶段和2010年以后的高速发展阶段（见图3－1和图3－2）。

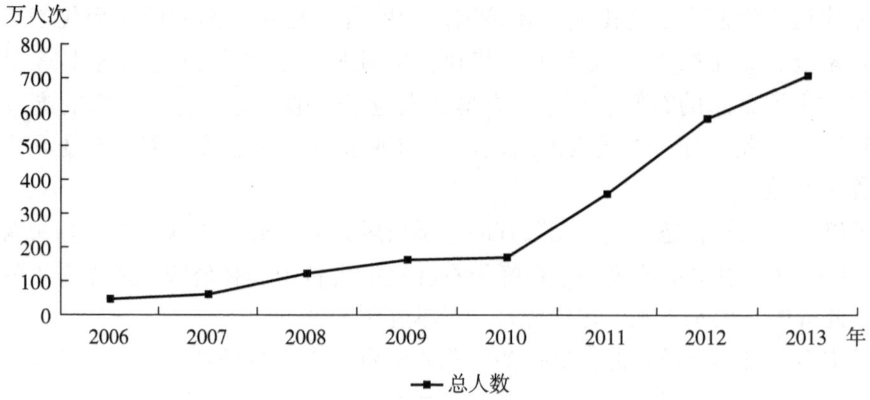

图3－1　新化县旅游流流量变化情况

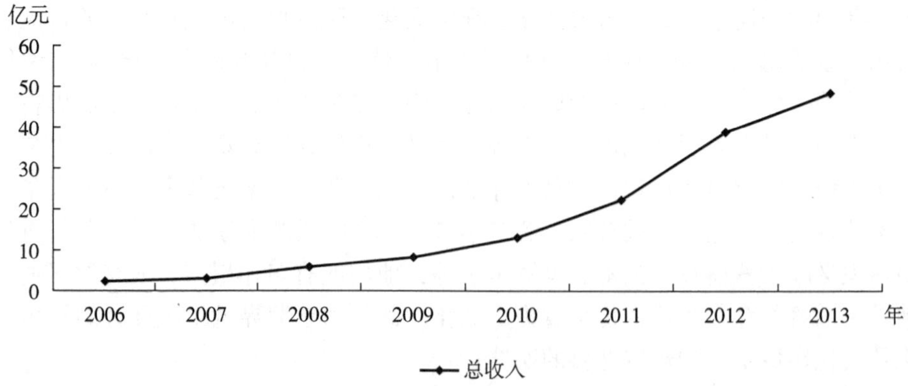

图3－2　新化县旅游收入发展状况

2007年以前，新化县的旅游几乎没有什么发展，处于非常低的水平，相对于一个常住人口将近150万人的县，年旅游总人次却不足百万。自2008年开始，新化县的旅游流流量加大，旅游总人次快速增加，增长率有所突破，达到102.98%；与此同时，旅游总收入也快速增加，增长率高达92.7%。2010年以后，新化县旅游业迎来爆发式发展，2011年旅游总人数增长率再创历史新高，达到111.13%。在这以后，旅游总人数和旅游总收入增速虽然有所下降，但增量显著。旅游总人数以每年超百万人次的速度，旅游总收入以每年超十亿元的速度陡增。

总而言之，新化县在自身经济基础薄弱、区位条件普通的基础上，依托级别相对较高的旅游资源，实现了自身旅游业的成长与发展。同时，旅游业在新化县的经济社会发展中所发挥的作用也越来越大，不仅增加了就业岗位和财政收入，还优化了产业结构，已经成为新化县实现可持续绿色低碳发展的重要力量。

3.2 新化县旅游流的游客行为特征

旅游流的主体是旅游客流的流向和流量，主要与游客的行为特征相关，因此可借助旅游流移动过程中游客的行为特征来研究旅游流的流向和流量特征，具体包括旅游者的旅游方式、旅游目的、旅游时间、旅游频次、旅游花费，旅游者对交通工具的选择等特征。通过研究新化县内旅游者的行为特征，进而研究该区域内旅游流的流向和流量特征，有助于分析新化县旅游流的空间扩散规律。

3.2.1 问卷设计与实施

根据本文所涉及的关于新化县旅游流空间扩散研究的内容，设计了新化县游客抽样调查问卷，内容主要分为旅游行为调查和基本信息调查。旅游者的旅游行为调查主要包括旅游方式、旅游目的、影响因素、交通方式、停留时间、重游情况、旅游路径、旅游花费等内容，其中旅游者的旅游路径调查是本文分析研究的重要依据，所以也是重点调查的内容之一。为了分析旅游者个体的特征对旅游行为和该区域内旅游流的影响，问卷还设计了旅游者的基本信息调查项，包括旅游者的性别、年龄、文化、收入和职业等。

本着客观、真实的原则，笔者于 2013 年 10 月 1 日至 2014 年 1 月 30 日分别在新化县的主要旅游目的地紫鹊界风景名胜区（发放问卷 100 份）、大熊山国家森林公园（发放问卷 100 份）、梅山龙宫景区（发放问卷 100 份）、狮子山公园（发放问卷 100 份）、柚溪河风景区（发放问卷 100 份）共计发放抽样调查问卷 500 份进行抽样调查，回收有效问卷 435 份，有效回收率 87%。

3.2.2 人口统计学特征

在这次对新化县旅游者抽样调查的样本中，男性旅游者占总样本数的 53.33%，女性旅游者占 46.67%。男性旅游者所占比例比女性旅游者多出 6.66%，这说明男性旅游者略微多于女性旅游者。从景区来看，男性旅游者相较女性旅游者依然保持着多数。狮子山公园的男性旅游者比例最高，最高是 55.32%。梅山龙宫风景区的女性旅游者比例最高，最高是 48.84%。另外，狮子山公园的男性旅游者所占比例与女性旅游者所占比例之间的比例相差最大，两者相差 10.64%；梅山龙宫风景区的男性旅游者所占比例与女性旅游者所占比例之间的比例相差最小，男性旅游者仅比女性旅游者多 2.32 个百分点。紫鹊界风景名胜区、大熊山国家森林公园和柚溪河风景区的男女旅游者所占比例之差分别为 5.62%、8.7% 和 5.4%（见表 3－2）。

表3-2 旅游者的性别 单位：%

性别	男	女
县域内	53.33	46.67
其中：		
紫鹊界	52.81	47.19
梅山龙宫	51.16	48.84
大熊山	54.35	45.65
狮子山	55.32	44.68
柚溪河	52.70	47.30

年龄影响着旅游者的消费偏好、出游方式、出游天数和空间行为，从而影响到区域旅游市场的发展[89]。对旅游产品的需求会由于旅游者年龄段的不同而产生差异。从年龄结构来看，各个年龄段中，占样本数比重最大的是25～44岁这个旅游群体，比重为44.60%，接近一半；45～64岁的旅游者占21.15%，排名第二；15～24岁的旅游者占14.02%，排名第三；65岁以上和14岁以下的旅游者分别占13.33%和6.90%。毫无疑问，中年人是这里旅游者中的主体。他们的主要特征是拥有稳定的事业与家庭。而且在子女长大成人以后，他们拥有更多的时间和精力出去游玩。15～64岁的旅游者对狮子山森林公园缺乏兴趣，所占比重都很低，比例仅为31.91%。但65岁以上和14岁以下的游客确十分偏爱这里，分别占比42.55%和25.53%。地处新化县县郊的狮子山公园随着城镇化进程的加快，新化县县城范围已经扩张至狮子山公园附近，因此也吸引了大量城市居民在附近居住。由此也可以说明65岁以上和14岁以下的游客比较偏爱距离比较近，交通比较方便的景区（见表3-3）。

表3-3 旅游者的年龄分布 单位：%

年龄	14岁以下	15～24岁	25～44岁	45～64岁	65岁以上
县域内	6.90	14.02	44.60	21.15	13.33
其中：					
紫鹊界	1.12	19.10	49.44	21.35	8.99
梅山龙宫	2.33	20.93	50.00	24.42	2.33
大熊山	3.26	8.70	53.26	27.17	7.61
狮子山	25.53	6.38	14.89	10.64	42.55
柚溪河	0.00	14.86	60.81	22.97	1.35

表 3-4　　旅游者的文化程度　　单位：%

文化程度	小学及以下	初中	中专/高中	大专	本科	研究生及以上
县域内	13.10	11.95	21.15	32.41	19.77	1.61
其中：						
紫鹊界	4.49	8.99	25.84	35.96	21.35	3.37
梅山龙宫	2.33	4.65	26.74	37.21	27.91	1.16
大熊山	8.70	13.04	20.65	36.96	18.48	2.17
狮子山	44.68	21.28	9.57	10.64	13.83	0.00
柚溪河	1.35	8.11	24.32	44.59	20.27	1.35

在文化程度上，大专学历旅游者占调查样本的比例最大，达到32.41%。中专或高中学历旅游者占调查样本的比例比大专学历旅游者占调查样本的比例略低，有21.15%。相比之下，高学历的旅游者相对较少，本科学历和研究生及以上学历旅游者所占比例之和也只有21.83%，特别是研究生及以上学历旅游者所占比例仅为1.61%。从景区来看，学历越低，越喜欢去狮子山公园，这部分群体多为老年人，便利性成为他们的首要考虑因素（见表3-4）。

旅游者的收入水平会影响旅游者对旅游目的地的选择，一方面在旅游目的地进行消费需要基本的金钱保障；另一方面前往旅游目的地的远近也会影响旅游者的开支。以旅游者的月平均收入进行分析，月平均收入在2001~3000元的旅游者占样本的比重最大，为31.72%，超过三分之一；其次是月平均收入在1001~2000元的旅游者，为27.13%，接近三分之一；再次是月平均收入在3001~5000元的旅游者，为19.31%；排名其后的是月平均收入低于1000元的旅游者，为15.63%；最后是月平均收入在5000元以上的旅游者，不足10%，只有6.21%。高收入的旅游者更倾向于游玩规模略大、档次略高的景区，比如紫鹊界风景名胜区和梅山龙宫等，月平均收入在2000元以上的游客都喜欢选择这里；低收入的旅游者则正好相反，偏向狮子山公园这样较低档次的景区，月平均收入在2000元以下的游客都喜欢选择这里（见表3-5）。

表 3-5　　旅游者的月平均收入　　单位：%

月收入	≤1000元	1001~2000元	2001~3000元	3001~5000元	5000元以上
县域内	15.63	27.13	31.72	19.31	6.21
其中：					
紫鹊界	6.74	21.35	43.82	19.10	8.99
梅山龙宫	12.79	22.09	31.40	24.42	9.30
大熊山	15.22	19.57	34.78	23.91	6.52
狮子山	38.30	42.55	10.64	6.38	2.13
柚溪河	1.35	27.03	40.54	27.03	4.05

最后从旅游者的职业来看（见表3-6），在抽样调查的样本中，只有职业是企事业单位人员所占比例超过20%，为22.07%。其他职业所占的比例均低于20%，其中占比超过10%的职业有公务员、专业技术人员、商贸人员、学生和离退休人员，他们所占的比例依次为18.62%、12.87%、16.78%、11.49%和10.34%。剩下占比不足10%的职业有工人、农民和其他职业，所占比例依次为1.15%、4.83%、1.84%。商贸人员比较喜欢在柚溪河游玩；企事业单位人员喜欢去的地方很多，大熊山森林公园、紫鹊界风景名胜区、梅山龙宫风景区和柚溪河风景区等都能让他们感受到旅游的快乐；公务员们则青睐紫鹊界风景名胜区；工人、农民旅游意愿则偏低，两者所占比例之和也只有5.98%。离退休人员对狮子山公园尤为钟爱。

表3-6　旅游者的职业　单位：%

职业	公务员	企事业单位人员	专业技术人员	商贸人员
县域内	18.62	22.07	12.87	16.78
其中：				
紫鹊界	26.97	21.35	10.11	20.22
梅山龙宫	19.77	25.58	15.12	23.26
大熊山	18.48	27.17	21.74	10.87
狮子山	9.57	7.45	3.19	1.06
柚溪河	20.27	31.08	16.22	29.73

职业	工人	农民	学生	离退休人员	其他
县域内	1.15	4.83	11.49	10.34	1.84
其中：					
紫鹊界	2.25	3.37	3.37	8.99	3.37
梅山龙宫	1.16	1.16	12.79	1.16	0
大熊山	2.17	10.87	5.43	2.17	1.09
狮子山	0	6.38	31.91	36.17	4.26
柚溪河	0	1.35	1.35	0	0

3.2.3 旅游流的游客行为特征

根据抽样调查结果，大多数到新化县游玩的旅游者都喜欢与亲朋结伴出游，而独自出游和参加旅行社的旅游者显然比较少。由此可见，新化县旅游者的个人情感需求比较强烈，非常乐意与家人、朋友等关系密切的人一同出去游玩。大熊山国家森林公园、紫鹊界风景名胜区、梅山龙宫和柚溪河风景区是旅行社组织旅游者游览的主要区域（见表3-7）。

表 3-7　旅游者旅行方式的选择　单位：%

旅行方式	参加旅行社	亲朋结伴	独自旅游	单位组织	会议商务	其他
县域内	12.87	60.46	6.44	12.18	6.21	1.84
其中：						
紫鹊界	17.98	52.81	7.87	17.98	3.37	0
梅山龙宫	24.42	48.84	5.81	10.47	9.30	1.16
大熊山	20.65	55.43	7.61	11.96	0	4.35
狮子山	0	87.23	9.57	0	0	3.19
柚溪河	20.27	56.76	0	22.97	0	0

新化县旅游者以放松心情、欣赏风景、探亲访友为目的旅游者的比例达到80%（见表3-8）。休闲是旅游者的主要目的。在县域范围内，没有多少旅游者选择以好奇猎险为旅游目的，说明大多数旅游者对于新化县的旅游景区景点已经比较熟悉。以欣赏风景为主要旅游目的的旅游者会选择自然风光好的旅游区，比如紫鹊界风景名胜区、大熊山国家森林公园等。梅山龙宫风景区和大熊山国家森林公园是旅游者好奇猎险的主要旅游目的地。

表 3-8　旅游者的旅游目的　单位：%

旅游目的	放松心情	欣赏风景	探亲访友	商务会议	好奇猎险	健康疗养	其他
县域内	37.93	23.91	18.16	7.59	7.13	2.30	2.99
其中：							
紫鹊界	37.08	37.08	22.47	3.37	0	0	0
梅山龙宫	30.23	20.93	17.44	9.30	20.93	0	1.16
大熊山	27.17	35.87	19.57	0	13.04	0	4.35
狮子山	58.51	10.64	17.02	0	0	10.64	3.19
柚溪河	41.89	28.38	13.51	8.11	1.35	0	6.76

关于新化县旅游者的信息来源（见表3-9），从总的样本来看，信息主要来源于亲朋推荐。由此可见，口碑已经成为新化县各个景区的重要无形资产。口碑的好坏将直接影响游客的数量。网络这一新型传播媒体成为除亲朋推荐以外，旅游者旅游信息的最大来源。传统媒体的作用不明显。各大景区通过广播、电视、报纸、网络和旅行社推销等渠道传播旅游信息的情况差异不大。

表 3-9　旅游者的旅游信息来源　单位：%

信息来源	广播	电视	报纸	网络	亲朋推荐	旅行社推销	其他
县域内	1.84	5.29	4.37	18.85	56.78	1.84	11.03
其中：							
紫鹊界	1.12	6.74	4.49	24.72	57.30	3.37	2.25
梅山龙宫	2.33	4.65	5.81	25.58	51.16	2.33	8.14
大熊山	3.26	3.26	7.61	29.35	50.00	2.17	4.35
狮子山	0	2.13	0	0	77.66	0	20.21
柚溪河	2.70	10.81	4.05	25.68	48.65	1.35	6.76

旅游者对交通工具的选择，无论如何都会受到地理位置等各种客观因素的限制。在新化县，公路交通是主要交通方式，特别是在娄邵高速开通以后，从长沙到新化走公路和铁路的时间相差无几，有的时候甚至更快、更方便。因此，旅游者主要选择公共交通工具旅游，自驾车也成为旅游者旅游的重要交通方式。船舶主要得益于流经梅山龙宫等景区的资江，也在小范围内被应用。火车、飞机等交通受新化县交通设施的影响，其便利性的优势在新化县完全发挥不出来。以上这些与抽样调查的结果都是相吻合的（见表3－10）。

表3－10　旅游者对交通工具的选择　单位：%

交通工具	火车	飞机	公共汽车	船舶	自驾车
县域内	0	0	64.37	1.84	33.79
其中：					
紫鹊界	0	0	62.92	0	37.08
梅山龙宫	0	0	56.98	9.30	33.72
大熊山	0	0	64.13	0	35.87
狮子山	0	0	85.11	0	14.89
柚溪河	0	0	52.70	0	47.30

从调查来看，旅游者在新化县更加青睐短程的一日游和两日游，只有不到3%的极少数游客游玩时间在两天以上（见表3－11）。总而言之，旅游者在新化旅游的逗留时间比较短。在紫鹊界风景名胜区和大熊山国家森林公园的选择游玩两天的旅游者比较多，分别占各自景区旅游者的71.91%和63.04%。狮子山公园的游客基本上都是一日游的游客。

表3－11　旅游者的旅游时间、频次　单位：%

时间、频次	一天	两天	三天及以上	一次	两次	三次及以上
县域内	59.08	38.16	2.76	56.78	20.92	22.30
其中：						
紫鹊界	23.60	71.91	4.49	71.91	20.22	7.87
梅山龙宫	61.63	34.88	3.49	60.47	24.42	15.12
大熊山	33.70	63.04	3.26	73.91	13.04	13.04
狮子山	90.43	7.45	2.13	21.28	18.09	60.64
柚溪河	83.78	16.22	0	62.16	27.03	10.81

旅游目的地的不同，旅游者的旅游消费也会呈现出差异。总体来看，旅游者在新化县的旅游花费人均支出一般都在900元以下，这部分群体占样本的比重是86.59%。分景区来看，旅游者在狮子山公园的旅游花费最低，89.36%的旅游者人均支出在400元以下。人均支出在400元以上的旅游者集中在紫鹊界风景名胜区、大熊山国家森林公园和柚溪河风景区（见表3－12）。

表 3－12　　旅游者的人均支出　　单位：%

人均支出	400 元以下	400～600 元	600～900 元	900 元以上
县域内	27.36	28.05	32.18	12.41
其中：				
紫鹊界	7.87	15.73	57.30	19.10
梅山龙宫	13.95	29.07	39.53	17.44
大熊山	6.52	31.52	42.39	19.57
狮子山	89.36	10.64	0.00	0.00
柚溪河	12.16	54.05	27.03	6.76

通过对新化县旅游者的抽样调查结果进行分析，新化县各个旅游景区的旅游者在性别、年龄、文化、收入、职业等方面都存在一些共性，同时也存在一定的差异性；县内旅游流的行为特征由于各个景区旅游者的共性或差异性，也存在或多或少的相同点和不同点，从而产生多种多样各具特色的旅游流。男性旅游流与女性旅游流，大龄旅游流与中青年旅游流，高收入旅游流与低收入旅游流，高学历旅游流与低学历旅游流，还有职业不同产生的不同的旅游流等，它们共同作用，相互影响，形成了新化县旅游流的游客行为特征。

第 4 章　新化县旅游流的空间扩散规律

通过对旅游流的游客行为特征进行分析，进一步探讨旅游流在新化县县域内的扩散规律，主要研究以新化县县城所在地为旅游中心城市进行扩散的旅游流的空间扩散规律，包括从外地进入本区域产生的旅游流和本区域自发形成的旅游流的空间扩散方向、扩散路径、扩散类型和扩散模式等。

4.1　旅游流总的扩散方向和扩散路径

根据调查数据所得的统计结果显示，在新化县县域内的旅游流，以新化县上梅镇为中心城市，向西北、东北和西南三个方向进行空间扩散。新化县旅游流在县域内的扩散路径有七条，第一条是上梅镇—紫鹊界—上梅镇，第二条是上梅镇—大熊山—上梅镇，第三条是上梅镇—梅山龙宫—上梅镇，第四条是上梅镇—梅山龙宫—上梅镇—紫鹊界—上梅镇，第五条是上梅镇—梅山龙宫—上梅镇—大熊山—上梅镇，第六条是上梅镇—狮子山—上梅镇，第七条是上梅镇—柚溪河—上梅镇。

由于所有的调查数据都是在景区按几乎相同的样本数取得，不便反映全县旅游流的流动状况。为了更加准确地研究新化县旅游流的扩散路径，通过将样本数据按新化县各主要景区2013年度旅游人数进行等比例换算，使各景区样本容量符合各主要景区之间旅游流流量比例，由此，得出旅游流在新化县内的扩散路径及相应的流量数（见表4－1）。

表4－1　旅游流在新化县内的扩散路径

路径	上梅镇—紫鹊界—上梅镇	上梅镇—大熊山—上梅镇	上梅镇—柚溪河—上梅镇
人数比例	15.457%	15.498%	8.769%
路径	上梅镇—梅山龙宫—上梅镇	上梅镇—梅山龙宫—上梅镇—紫鹊界—上梅镇	
人数比例	20.895%	13.904%	
路径	上梅镇—狮子山—上梅镇	上梅镇—梅山龙宫—上梅镇—大熊山—上梅镇	
人数比例	15.928%	9.551%	

西北方向的路径上梅镇—大熊山—上梅镇，上梅镇—梅山龙宫—上梅镇，上梅镇—梅山龙宫—上梅镇—大熊山—上梅镇，以及先往西北方向再转西南方向的路径上梅镇—梅山龙宫—上梅镇—紫鹊界—上梅镇，占到总数的59.848%。因此，新化县旅游流扩散路径的主要方向在上梅镇城区的西北方向。

由新化县旅游流扩散方向和扩散路径可见，该区域内旅游流的空间扩散方向和扩散路径与该区域内较高级别旅游景区、景点的分布有着十分紧密的联系。通常来讲，因为较高级别的旅游景区、景点相对较低级别的旅游景区、景点对游客的吸引力较大，所以较高级别旅游景区、景点的分布地往往是旅游流主要的扩散方向和分布地区。同时，大部分扩散路径的形成都依附于通往较高级别的景区、景点的交通道路，彼此之间关系密切。位于省道217线旁的梅山龙宫比大熊山和紫鹊界更受旅游者欢迎。

4.2　基于游客人口统计特征的旅游流扩散方向和扩散路径

旅游流根据内部组成结构的不同，主要是人口统计特征的不同，可以进一步细化，进而探析区别于总体空间扩散情况的旅游流空间扩散特征。本文将根据新化县旅游者的性别、年龄、文化、职业和收入的差异对该区域内7条主要的旅游流进行细分，并逐一分析研究，从而全面了解新化县旅游流的空间扩散规律。

4.2.1　旅游者的性别、年龄与空间扩散

就旅游者在新化县内的扩散方向和路径而言，男性游客和女性游客大致相同。选择上梅镇—梅山龙宫—上梅镇进行游览的男女性游客占各自性别组的比例是最多的，男性游客选择这条路径的人数占该性别组总人数的20.97%，女性游客占20.85%。选择上梅镇—柚溪河—上梅镇进行游览的男女性游客占各自性别组的比例是最少的，男性游客仅占8.71%，女性游客仅占8.83%（见表4－2和图4－1）。

表 4-2　　不同性别旅游者在新化县的扩散方向和路径

性别	路径一	路径二	路径三	路径四	路径五	路径六	路径七
男	15.53%	15.76%	20.97%	13.29%	9.12%	16.51%	8.81%
女	14.69%	15.26%	20.85%	14.67%	10.53%	15.26%	8.73%

注：路径一：上梅镇—紫鹊界—上梅镇；路径二：上梅镇—大熊山—上梅镇；路径三：上梅镇—梅山龙宫—上梅镇；路径四：上梅镇—梅山龙宫—上梅镇—紫鹊界—上梅镇；路径五：上梅镇—梅山龙宫—上梅镇—大熊山—上梅镇；路径六：上梅镇—狮子山—上梅镇；路径七：上梅镇—柚溪河—上梅镇。

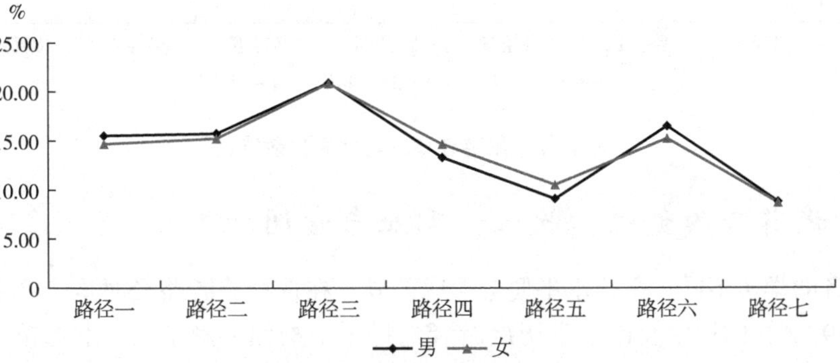

图 4-1　旅游者性别与空间扩散路径

两种性别的游客在路径的选择也存在一些差异，男性游客选择上梅镇—紫鹊界—上梅镇，上梅镇—大熊山—上梅镇，上梅镇—梅山龙宫—上梅镇，上梅镇—狮子山—上梅镇和上梅镇—柚溪河—上梅镇这五条路径的比例比女性游客高；女性游客选择上梅镇—梅山龙宫—上梅镇—紫鹊界—上梅镇和上梅镇—梅山龙宫—上梅镇—大熊山—上梅镇这两条路径的比例比男性游客高。这说明男性游客相比女性游客，更喜欢选择直游式扩散路径，女性游客则更倾向于选择多次单站往返式扩散路径，比男性游客更愿意在一次行程中游览更多的景点。

上梅镇—梅山龙宫—上梅镇是 44 岁以下年龄段旅游者在新化县的主要旅游线路，其中 25～44 岁的旅游者又占多数，所占比例为 25.37%。上梅镇—狮子山—上梅镇是 45 岁以上年龄段旅游者的主要旅游线路。另外，选择上梅镇—大熊山—上梅镇和上梅镇—梅山龙宫—上梅镇—大熊山—上梅镇两条路径的，也以 45 岁以上年龄段的旅游者居多，前者占 11.88%，后者占 10.38%。不难发现，45 岁以上年龄段对森林公园类的景区更加青睐（见表 4-3 和图 4-2）。

表 4-3　　不同年龄旅游者在新化县的扩散方向和路径

年龄	路径一	路径二	路径三	路径四	路径五	路径六	路径七
24 岁以下	14.63%	10.03%	23.11%	14.26%	7.18%	21.50%	9.28%
25～44 岁	15.03%	11.14%	25.37%	13.66%	10.02%	13.17%	11.61%
45 岁以上	14.56%	11.88%	18.36%	14.02%	10.38%	24.41%	6.40%

注：路径一：上梅镇—紫鹊界—上梅镇；路径二：上梅镇—大熊山—上梅镇；路径三：上梅镇—梅山龙宫—上梅镇；路径四：上梅镇—梅山龙宫—上梅镇—紫鹊界—上梅镇；路径五：上梅镇—梅山龙宫—上梅镇—大熊山—上梅镇；路径六：上梅镇—狮子山—上梅镇；路径七：上梅镇—柚溪河—上梅镇。

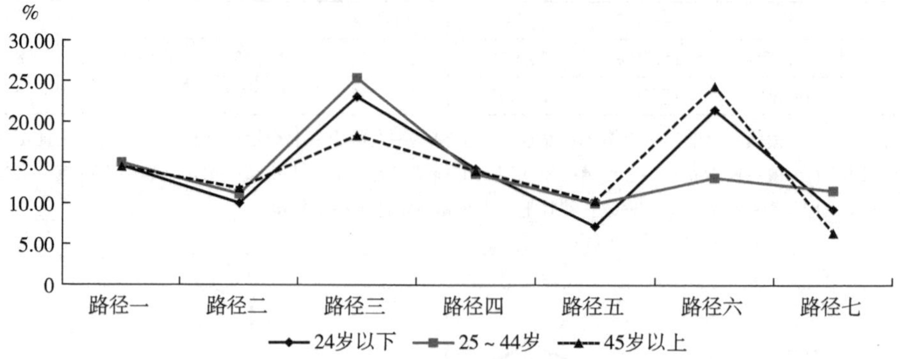

图4－2　旅游者年龄与空间扩散路径

4.2.2　旅游者的文化、收入、职业与空间扩散

旅游者的学历不同，文化水平便会形成差异，在选择旅游路径时也会产生不同程度的影响。49.26%的初中及以下学历旅游者选择了上梅镇—狮子山—上梅镇，说明学历越低的旅游者越喜欢简单、方便、成本低的旅游线路。他们对游览的景区级别要求并不高，所以对上梅镇—梅山龙宫—上梅镇，上梅镇—梅山龙宫—上梅镇—紫鹊界—上梅镇，上梅镇—梅山龙宫—上梅镇—紫鹊界—上梅镇这样的相对较高级别景区组成的旅游线路，兴趣并不高；相反学历较高，则更在意景区的知名度。中专、高中、大专和本科及以上学历的旅游者对上梅镇—梅山龙宫—上梅镇选择比例都比较高，分别为27.67%、21.63%和26.66%（见表4－4和图4－3）。

表4－4　　不同文化旅游者在新化县的扩散方向和路径

学历	路径一	路径二	路径三	路径四	路径五	路径六	路径七
初中及以下	15.53%	16.27%	6.42%	3.21%	5.42%	49.26%	3.89%
中专/高中	18.58%	13.50%	27.67%	16.06%	7.77%	6.84%	9.57%
大专	12.45%	17.39%	21.63%	20.29%	11.41%	5.09%	11.76%
本科及以上	16.71%	14.00%	26.66%	12.51%	12.41%	9.52%	8.20%

注：路径一：上梅镇—紫鹊界—上梅镇；路径二：上梅镇—大熊山—上梅镇；路径三：上梅镇—梅山龙宫—上梅镇；路径四：上梅镇—梅山龙宫—上梅镇—紫鹊界—上梅镇；路径五：上梅镇—梅山龙宫—上梅镇—大熊山—上梅镇；路径六：上梅镇—狮子山—上梅镇；路径七：上梅镇—柚溪河—上梅镇。

经济条件是旅游者出游的重要基础条件。在新化县，收入不同，旅游者的消费开支也不同，对较低级别的景区的选择也会存在较大的差距。月平均收入在2000元以下的旅游者和月平均收入在2000元以上的旅游者对狮子山森林公园的选择就明显不同，前者所占百分比比后者所占百分比多56.03%。其中，月平均收入低于1000元的旅游者去狮子山森林公园的人数比例达40.99%，而月平均收入在5000元以上的旅游者去狮子山森林公园的人数占该收入组的1.82%。也说明高收入的旅游者在新化县选择旅游路径主要是

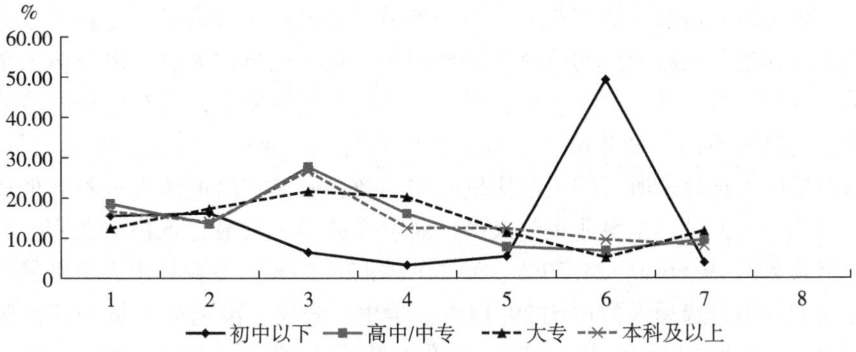

图 4-3　旅游者文化与空间扩散路径

向知名度较高的旅游景区扩散。从数据来看，无论是高收入的旅游者，还是低收入的旅游者，在新化县内都会游玩紫鹊界、梅山龙宫和大熊山这类知名度较高的景区，这些景区的旅游者的收入阶层分布比较均匀。特别是选择上梅镇—梅山龙宫—上梅镇扩散路径的旅游者的人数在各收入阶层所占的比例都比较高，从低收入到高收入群体，所占比例依次为 20.72%、19.13%、17.83%、25.23% 和 29.23%（见表 4-5 和图 4-4）。

表 4-5　　不同收入旅游者在新化县的扩散方向和路径

收入	路径一	路径二	路径三	路径四	路径五	路径六	路径七
≤1000 元	11.13%	18.65%	20.72%	4.60%	3.11%	40.99%	0.80%
1001～2000 元	13.21%	10.15%	19.13%	9.08%	11.93%	27.04%	9.46%
2001～3000 元	17.74%	15.58%	17.83%	21.50%	11.28%	5.19%	10.88%
3001～5000 元	16.27%	18.18%	25.23%	13.51%	10.18%	4.99%	11.64%
5000 元以上	19.63%	19.74%	29.23%	16.65%	7.87%	1.82%	5.06%

注：路径一：上梅镇—紫鹊界—上梅镇；路径二：上梅镇—大熊山—上梅镇；路径三：上梅镇—梅山龙宫—上梅镇；路径四：上梅镇—梅山龙宫—上梅镇—紫鹊界—上梅镇；路径五：上梅镇—梅山龙宫—上梅镇—大熊山—上梅镇；路径六：上梅镇—狮子山—上梅镇；路径七：上梅镇—柚溪河—上梅镇。

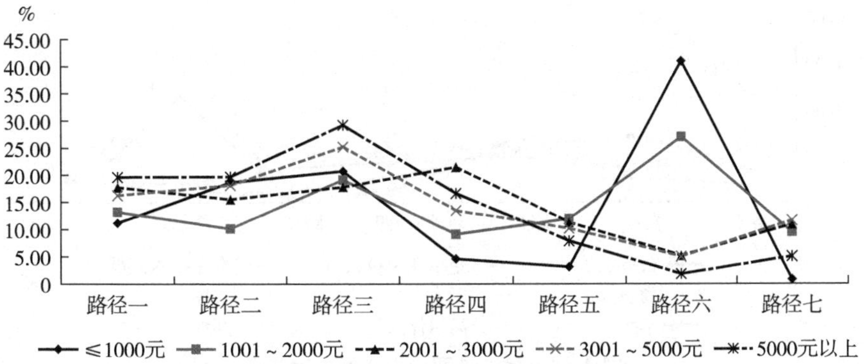

图 4-4　旅游者收入与空间扩散路径

职业不同的旅游者对景区的选择存在比较大的差异（见表4－6和图4－5）。比如农民、学生、离退休人员和其他职业人员与公务员、企事业单位人员、专业技术人员、商贸人员和工人在近郊旅游景点的选择上差异明显。企事业单位人员、离退休人员和学生与公务员、专业技术人员、商贸人员、工人、农民和其他职业人员在选择游览紫鹊界的人数所占比例略有不同。公务员、企事业单位人员、专业技术人员、商贸人员、工人、学生在知名景区的选择上所占的人数比例基本一致，农民、离退休人员和其他职业人员又与他们不同。公务员、企事业单位人员，商贸人员和工人最青睐梅山龙宫，分别占各自职业分组人数的19.66%、24.39%、30.39%和25.24%；专业技术人员则最青睐具有原始气息的大熊山，选择人数占比29.14%；学生、农民、离退休人员和其他职业人员更加青睐经济实惠的狮子山，选择人数占比分别为46.40%、39.01%、67.66%和59.02%。

表4－6　不同职业旅游者在新化县的扩散方向和路径

职业	路径一	路径二	路径三	路径四	路径五	路径六	路径七
公务员	15.63%	15.28%	19.66%	17.50%	15.14%	7.75%	9.03%
企事业单位人员	7.37%	13.38%	24.39%	20.54%	16.92%	5.28%	12.13%
专业技术人员	16.36%	29.14%	22.85%	12.20%	5.14%	3.77%	10.54%
商贸人员	16.32%	12.31%	30.39%	19.14%	5.42%	1.00%	15.42%
工人	20.34%	17.04%	25.24%	20.34%	17.04%	0.00%	0.00%
农民	17.93%	15.11%	7.62%	8.75%	9.02%	39.01%	2.57%
学生	7.56%	10.56%	28.14%	6.25%	0.00%	46.40%	1.08%
离退休人员	5.17%	6.26%	7.93%	5.17%	6.57%	67.66%	1.24%
其他	17.37%	13.32%	5.22%	4.13%	0.95%	59.02%	0.00%

注：路径一：上梅镇—紫鹊界—上梅镇；路径二：上梅镇—大熊山—上梅镇；路径三：上梅镇—梅山龙宫—上梅镇；路径四：上梅镇—梅山龙宫—上梅镇—紫鹊界—上梅镇；路径五：上梅镇—梅山龙宫—上梅镇—大熊山—上梅镇；路径六：上梅镇—狮子山—上梅镇；路径七：上梅镇—柚溪河—上梅镇。

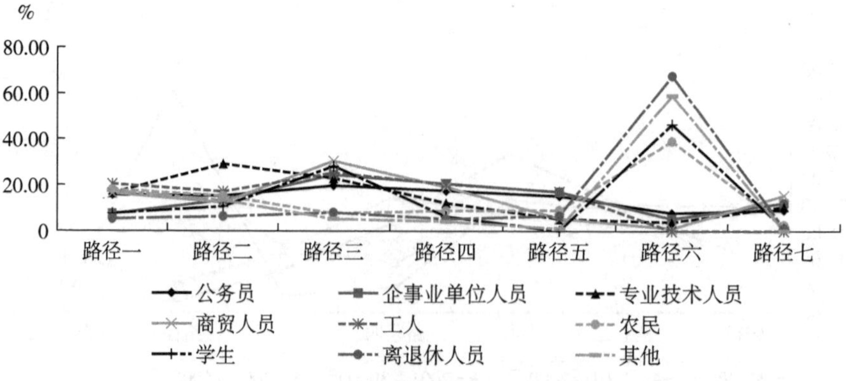

图4－5　旅游者职业与空间扩散路径

4.3 旅游流在新化县内的空间扩散类型与路径模式

旅游流的扩散方向和路径是分析旅游流的类型、扩散路径和模式的基础。通过对新化县旅游流的扩散方向和路径的分析，从而将该县旅游流予以分类，确定各个旅游流的扩散路径和模式，只有这样，才能为进一步分析新化县旅游流的空间扩散规律提供依据。

4.3.1 旅游流在新化县内的空间扩散类型

根据旅游流空间扩散归类方式，结合旅游流在新化县内空间扩散方向和路径，可以将新化县内的旅游流的空间扩散类型进行分类。按新化县旅游流所经过的层次等级分类，可以分为两种类型。第一种是平级型扩散，如上梅镇向狮子山的扩散，上梅镇向柚溪河的扩散以及梅山龙宫与大熊山、紫鹊界之间的扩散；第二种是递增型扩散，如上梅镇向梅山龙宫扩散，上梅镇向紫鹊界扩散和上梅镇向大熊山扩散。若按新化县旅游流的扩散强度进行分类，则上梅镇向狮子山、紫鹊界、大熊山和梅山龙宫以及梅山龙宫向紫鹊界的扩散较强，属于强扩散；上梅镇向柚溪河扩散和梅山龙宫向大熊山的扩散相对较弱，属于弱扩散。

4.3.2 旅游流在新化县内的空间扩散路径模式

从旅游者在新化县内的空间扩散方向、空间扩散路径和空间扩散的节点（景点）数来看，新化县旅游流空间扩散的主要路径模式为闭合式空间扩散模式，其空间扩散路径分为两类，一类是直游式空间扩散路径，另一类是多次单站往返式扩散路径。直游式空间扩散路径，如上梅镇—紫鹊界—上梅镇，其空间扩散流量占新化县旅游流流量的15.457%；上梅镇—大熊山—上梅镇占15.498%；上梅镇—梅山龙宫—上梅镇占20.895%；上梅镇—柚溪河—上梅镇占8.769%；上梅镇—狮子山—上梅镇占15.928%。多次单站往返式扩散路径，如上梅镇—梅山龙宫—上梅镇—紫鹊界—上梅镇和上梅镇—梅山龙宫—上梅镇—大熊山—上梅镇，空间扩散流量分别占新化县旅游流流量的13.904%和9.551%。

新化县旅游流空间扩散的主要路径模式之所以为闭合式空间扩散模式，这与新化县所处的地理位置、交通条件、住宿条件以及景区景点的分布有着密不可分的关系，进出新化县的交通线路少。旅游者无论是进入或者离开新化县，还是前往新化县的各个景区，都必须以上梅镇为枢纽，搭乘公共交通工具前往目的地。除此之外，各个景区的住宿条件较差，也使外地进入新化县的旅游者在游览完如梅山龙宫这样的景区以后，不得不再次返回新化县县城所在地上梅镇住宿。正是因为以上原因，形成了新化县旅游流闭合式空间扩散模式（见图4－6）。

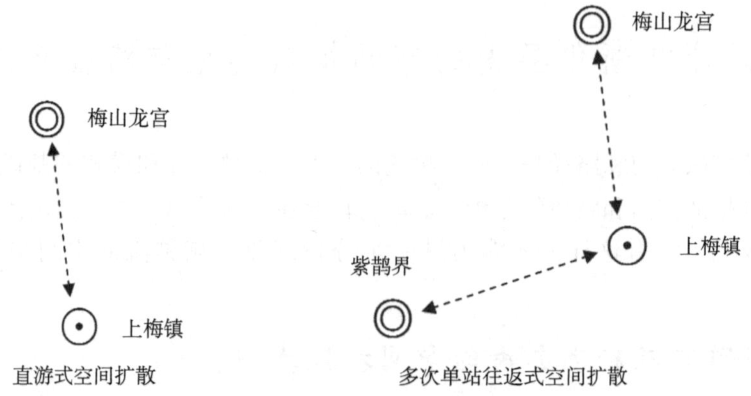

图 4－6　新化县旅游流空间扩散路径模式

4.4　新化县旅游流空间扩散的度量分析

随着对旅游流研究的深入，各种各样量化分析旅游流的公式模型被发现，并广泛应用于实践。本文从衡量旅游流向旅游目的地扩散能力的大小和空间扩散的均衡状况出发，采用旅游流空间扩散矢量强度模型和空间扩散均衡度模型[88]分别对新化县的旅游流进行分析。

4.4.1　新化县旅游流空间扩散矢量强度度量分析

旅游流空间扩散矢量强度公式通过测算旅游流扩散能力的大小，从而反映出旅游流向旅游目的地的扩散能力，其表达公式为：

$$W = S_i \times D_i \times \frac{1}{K^2} \tag{4-1}$$

$$K = \sum_{j=1}^{n} j \times \eta_j \tag{4-2}$$

其中，W 表示旅游流空间扩散的矢量强度；S_i 表示旅游流流入第 i 个旅游目的地的流量；D_i 表示旅游流到达第 i 个旅游目的地扩散路径上的空间到达距离；K 表示旅游流空间扩散的矢量强度系数；j 表示第 i 个旅游目的地在旅游流空间扩散路径上的顺位数；η_j 表示旅游流流入扩散路径第 j 顺位旅游目的地旅游量的百分比。

根据式（4－1）和式（4－2），本文以新化县梅山龙宫、紫鹊界、大熊山、狮子山、柚溪河 5 个景区 2007 年至 2013 年接待的平均游客量作为旅游流流入该景区的流量 S_i，以新化县县城所在地上梅镇到梅山龙宫、紫鹊界、大熊山、狮子山、柚溪河 5 个景区的公路距离作为旅游流到达该景区的空间到达距离 D_i。同时，根据前文分析得出，新化县县域内的旅游流进入后的空间扩散模式属于直游式扩散路径模式和多次单站往返式扩散路径模式，由此可以得知，旅游流进入梅山龙宫、狮子山、柚溪河 3 个

景区的顺位数 j 都等于 1，且旅游流流入量占该扩散路径上旅游流流量的百分比 η_j 都是 100%。紫鹊界、大熊山 2 个景区的顺位数根据所处的扩散路径模式不同，顺位数 j 分别等于 1 和 2，旅游流流入量占该扩散路径上旅游流流量的百分比 η_j 分别为 62.92%、72.83% 和 37.08%、27.17%。根据旅游流空间扩散的矢量强度系数 K 的计算公式，不难得出新化县内梅山龙宫、狮子山、柚溪河 3 个景区的 K 值都为 1，紫鹊界和大熊山两个景区的 K 值分别为 1.37 和 1.27。将 S_i，D_i，K 分别代入旅游流空间扩散的矢量强度 W 计算公式，进而得到旅游流在新化县县域内向上述 5 个景区进行空间扩散的矢量强度，结果如表 4-7 所示。

从表 4-7 的各个数据可以看出，越是高级别的旅游景区或者景点，流向该区域内旅游流的空间扩散矢量强度的数值就越大，因为越是高级别的旅游景区或者景点，其矢量强度就越强，如梅山龙宫矢量强度最强，达到 1796.93；紫鹊界和大熊山的矢量强度也都超过 1000，分别为 1256.92 和 1201.4，梅山龙宫和大熊山、紫鹊界之间因为强矢量强度的空间扩散，因而进一步形成上梅镇—梅山龙宫—上梅镇—紫鹊界—上梅镇和上梅镇—梅山龙宫—上梅镇—大熊山—上梅镇两条多次单站往返空间扩散路径。狮子山和柚溪河因为空间扩散的矢量强度较小，导致旅游流的扩散能力较弱，因而只能形成上梅镇—柚溪河—上梅镇和上梅镇—狮子山—上梅镇这样的直游式空间扩散路径。

表 4-7　旅游者流向新化县主要景区进行空间扩散的矢量强度

景区	距离（公里）	流量（万人次）	K 值	矢量强度
大熊山	62	31.254	1.27	1201.41
紫鹊界	47	50.194	1.37	1256.92
梅山龙宫	28	64.176	1	1796.93
狮子山	3	46.54	1	139.62
柚溪河	32	14.38	1	460.16

注：距离指旅游景区至新化县上梅镇的公路距离；流量为 2007 年至 2013 年接待的平均游客量。

4.4.2　新化县旅游流空间扩散均衡度度量分析

旅游流空间扩散均衡度计算公式能够评价旅游流向各个目的地景区空间扩散的均衡程度，从而得知旅游流的空间扩散状况，其计算公式为：

$$r = 100 \times \sqrt{\sum_{i=1}^{n}\left(\frac{S_i - \bar{S}}{T}\right)^2} \qquad (4-3)$$

其中，r 表示旅游流空间扩散均衡度度量指数；S_i 表示流入第 i 个旅游目的地的旅游流人数；$\bar{S}$ 表示流入该区域内各个旅游目的地的旅游流平均人数；T 表示流入该区域内各个旅游目的地的旅游流总人数；n 表示该区域内旅游流经过的人数统计数据的旅游目的地的个数。

一般来讲，旅游流空间扩散均衡度度量指数数值越小，越接近 0，说明旅游流向该区域内各个旅游目的地空间扩散分布越均衡；相反，旅游流空间扩散均衡度度量指数数值越大，则说明旅游流向该区域内各个旅游目的地空间扩散分布越不均衡。

将新化县内2009年至2013年各个主要景区所接待的旅游人数、该年度各个主要景区的平均接待人数和该年度各个主要景区所接待的总人数分别代入旅游流空间扩散均衡度计算公式，通过计算，得到表4－8和图4－7。

表4－8　新化县旅游流空间扩散均衡度

年份	2009	2010	2011	2012	2013
$\bar{S}$值	26.22	30.898	37.36	51.166	60.9
T值	131.1	154.49	186.8	255.83	304.5
r值	22.35244	20.63807	20.48464	18.56296	15.95823

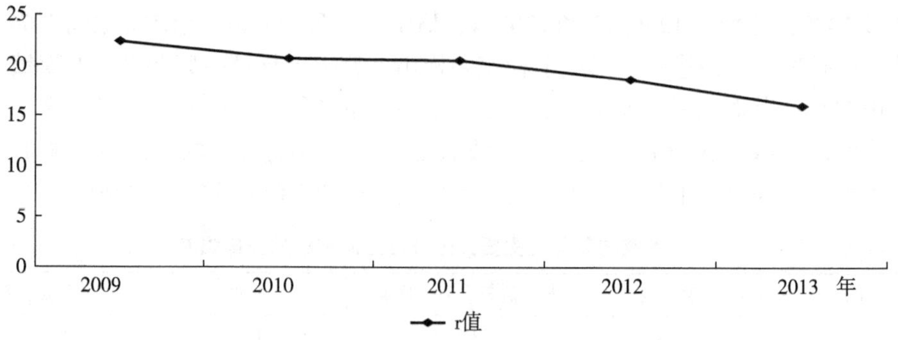

图4－7　新化县旅游流空间扩散均衡度年度变化

2009—2013年，新化县旅游流空间扩散均衡度度量指数介于15.9～22.4，说明新化县内旅游流所呈现的旅游流空间扩散态势并不均衡，但是2009—2013年新化县旅游流空间扩散均衡度度量指数由2009年的最大值22.35244逐年减小，到2013年达到近几年的最小值，只有15.95823，说明2009—2013年新化县旅游流空间扩散方向和路径每年都在发生较大的变化，而且旅游流在空间扩散上表现出越来越均衡的趋势。

无论是新化县旅游流的空间扩散层次等级特点，还是其空间扩散的路径模式，抑或是该区域内的空间扩散矢量强度，都说明等级和品位高的旅游景区更容易吸引旅游流移动。梅山龙宫、紫鹊界和大熊山等较高等级和品位的旅游景区，因为具备对旅游者较强的吸引力，对新化县旅游流的流量和流向影响都较大。

从年龄、职业、收入等要素的分析来看，结果都不同程度地反映出旅游者的经济实力对旅游流有着较强的影响力。旅游资源等级较高，地理位置距离较远，旅游逗留时间较长的景区，如大熊山和紫鹊界，都需要旅游者花费更多的旅游时间和旅游支出。因此，旅游者的出游能力对新化县旅游流空间扩散的影响同样较大。

最后，由新化县旅游流空间扩散的路径和方向，以及其路径模式可知，新化县旅游流的空间扩散的方向和强度与新化县的主要交通道路有着密切的关系。新化县旅游的交通便利性对新化县旅游流空间扩散的影响较大。

第5章　新化县旅游流空间扩散影响因素分析及旅游发展建议

通过分析新化县旅游流的游客行为特征和空间扩散规律可以发现，影响该区域旅游流空间扩散的因素主要来自三个方面，一是旅游目的地的吸引力，二是旅游者的出游能力，三是到达旅游目的地的交通便利性。因此，新化县的旅游发展应根据其旅游流的规律，科学地设计旅游线路。

5.1　新化县旅游流空间扩散影响因素分析

5.1.1　旅游目的地的吸引力对旅游流空间扩散的影响

梅山龙宫、紫鹊界和大熊山相对狮子山和柚溪河，不仅资源品位好、资源等级高，而且文化积淀深厚，75%以上的游客选择前三个景区游玩，表现出对旅游者更强的吸引力；而且由于这些景区吸引形成的旅游流的强度也相对较强，矢量强度指数都在1200以上，远高于狮子山和柚溪河的矢量强度指数139.6和460.1。由此说明，旅游目的地的旅游资源种类、旅游资源品位等级和旅游资源的空间分布是影响该区域内旅游流空间扩散的重要因素。

旅游资源的种类越丰富、旅游资源的品位等级越高和旅游资源的空间分布越集中，旅游目的地对旅游者的吸引力也就越大。与此同时，旅游资源的种类、旅游资源的品位等级和旅游资源的空间分布影响着旅游线路的设计和规划，而旅游线路又会对旅游流空间扩散的方向和路径产生影响，很多情况下起着决定性的作用。除此之外，旅游目的地的吸引力还会受到当地自然、历史、社会和文化等因素的影响，虽然这些因素不直接作用于旅游的空间扩散，但是与旅游流的形成关系密切。旅游目的地的自然环境、历史沿革、社会生态、当地居民的生活习惯和风俗文化，以及政府和旅行社等机构的推动，无不对旅游者或多或少地产生吸引力，或排斥的作用力，促进或阻碍旅游流的形成。

旅游目的地基础设施建设的好坏对旅游目的地的吸引力也会产生至关重要的影响。良好的基础设施，如星级宾馆、餐饮以及配套齐全的娱乐、购物场所等，可以提高旅游者的旅游体验水平和旅游满意度，增加旅游者的逗留时间，从而提高旅游目的地的吸引力；反之，则会降低旅游目的地的吸引力，进而影响旅游流的形成和空间扩散方向、路径。

梅山龙宫与大熊山原本处于同一方向和路径上，如果站在节约车程和时间的角度，旅游流的扩散路径应该是上梅镇—梅山龙宫—大熊山—上梅镇，然而现实则是上梅镇—梅山龙宫—上梅镇—大熊山—上梅镇，旅游流的扩散路径模式由多站串联式等级扩散变成了多次单站往返式等级扩散，究其原因就是由于梅山龙宫的住宿条件相对较差，无法吸引旅游者逗留，使旅游者不得不返回上梅镇寻求良好的住宿服务，从而改变了旅游流的空间扩散方向和路径。

总之，对旅游者有较大吸引力的旅游目的地容易形成大流量的旅游流；反之，对旅游者没有吸引力的旅游目的地，制约着旅游流的形成和流量。

5.1.2 旅游者的出游能力对旅游流空间扩散的影响

经济实力较强的25～44岁的旅游者在新化县的旅游者中占44.60%，为绝对多数，他们最喜欢游览梅山龙宫，选择路径上梅镇—梅山龙宫—上梅镇的占25.37%；路径上梅镇—梅山龙宫—上梅镇—紫鹊界—上梅镇占13.66%；路径上梅镇—梅山龙宫—上梅镇—大熊山—上梅镇占10.02%。与梅山龙宫相关的3条旅游流路径总占比高达49.05%。除了年龄、职业、收入不同，旅游者的行为不同，对旅游流也有较强的影响力。年龄、职业、收入等要素最直接表现的是经济实力的不同，表现出旅游者出游能力的差异。上梅镇—梅山龙宫—上梅镇—大熊山—上梅镇，上梅镇—梅山龙宫—上梅镇—紫鹊界—上梅镇两条旅游流的扩散路径不仅线路较长，旅游的景区、景点数量也较多，景区、景点距离中心城市也较远，显然需要旅游者拥有更多的闲暇时间。

旅游者的出游能力主要受闲暇时间和可自由支配的收入的限制。闲暇时间是指人们在劳动、工作时间以外，除去满足生理需要、家庭劳动需要和社会交往需要等生活所必需的时间支出，剩余下来的，可以由个人自由支配的时间。随着我国社会经济的快速发展，周末、法定节假日和带薪休假等假期制度的进一步完善，人们的闲暇时间越来越多。闲暇时间的充裕程度对旅游业的发展至关重要。闲暇时间的多少决定了旅游者选择旅游目的地的空间距离和游览景区、景点的数量，由此影响旅游流的空间扩散的范围、方向和路径，进而影响旅游流的空间扩散路径模式。在新化县，上梅镇—狮子山—上梅镇无疑是对旅游者闲暇时间要求最少的路径。

可自由支配的收入主要由旅游者的经济状况决定，是旅游者出游的重要影响因素。经济收入是衡量旅游者出游能力的重要标准。没有一定的经济条件为基础，旅游者便无法支付旅游所需要的花费。通过对旅游流概念的探讨，可以知道旅游流并不是人的简单流动，而是伴生资金、物质、文化、信息等辅助流的流集合。可自由支配的收入的多少，直接决定旅游者的旅游消费能力和对旅游目的地远近和景区级别的需求，通常情况下，可自由支配的收入越高，旅游者的活动范围就越大，旅游流的空间扩散半径也就越大，扩散方向也就越广，扩散类型也越丰富。可自由支配的收入低，旅游消费也会少，旅游流也就只能远距离向低等级旅游景区或者景点扩散，扩散类型单一。可以说，可自由支配的收入，对旅游者的空间扩散范围、方向、路径、类型有着不同程度的影响。

旅游者的闲暇时间和可自由支配的收入与旅游者的职业有着十分紧密的联系。职业不同，便意味着旅游者闲暇时间和可自由支配的收入不同。农民的作业时间集中，因此闲暇时间比较多，但是收入却较低，选择的旅游景点多为近郊的低等级旅游景点，空间扩散的半径极为有限，如新化县的农民就选择近郊的狮子山森林公园作为旅游目的地。而闲暇时间较多、收入较高的商贸人员和时间、收入都比较稳定的公务员在近郊的扩散就比较少，选择的旅游目的地多为级别较高的景区、景点，而且空间扩散的路径选择比较多。

5.1.3 交通便利性对旅游流空间扩散的影响

就新化县内各个景区而言，级别相近的景区如梅山龙宫和紫鹊界、狮子山和柚溪河相比较，交通更为便利的路径梅山龙宫和狮子山有着更有利的发展条件。旅游流路径上梅镇—梅山龙宫—上梅镇比旅游流路径上梅镇—紫鹊界—上梅镇更受欢迎，是因为前往紫鹊界只能走县道，而前往梅山龙宫走的是省道；省道不仅让旅游者更加舒适，而且节约时间成本。旅游流路径上梅镇—狮子山—上梅镇比旅游流路径上梅镇—柚溪河—上梅镇旅游的人数要多得多，最主要的原因是狮子山比柚溪河距离新化县县城要近的多，交通工具的选择也是多种多样，部分县城居民仅靠步行或者自行车就能到达。

相比大城市而言，交通便利性对新化县这样的中小城市旅游更加重要。一方面，新化县以公路交通为主的交通方式比较单一；另一方面，新化县的公路等级较低，公路覆盖面窄和公路通路里程数少，使这些中小城市交通便利程度低，很难吸引旅游者形成旅游流，造成许多旅游资源无法被充分利用和开发，形成资源浪费。

旅游目的地的交通便利程度是衡量和鉴别一个区域内旅游业发展程度高低好坏的重要标志，也是影响旅游流空间扩散的重要因素。旅游目的地通过不同交通方式连接区域内各个旅游资源、景区景点和各种服务要素，以支持区域内旅游流的集中和扩散。

旅游目的地的交通便利性直接影响旅游目的地吸引旅游者，形成旅游流的可能性及效率性。交通便利性高、可进入性好的旅游目的地很容易引起旅游者的兴趣和关注，提高被旅游者选择为旅游目的地的可能性；相反，交通条件不佳、可进入性受到诸多限制的旅游目的地，很难吸引旅游者的到来，形成旅游流，使旅游资源市场开发受到冷落，从而影响旅游资源的综合利用和全面开发。

5.2 新化县旅游发展建议

旅游业属于朝阳产业，具有产业覆盖面广、关联度高、经济带动作用大、增加就业多、社会综合效益好的特点，是既可以节约资源，又能保护环境的绿色可持续产业，还能惠民利民、创造财富的富民产业。为了进一步推动新化县旅游业发展，实现旅游业做大、做强的目标，结合新化县旅游发展的一些特点和规律，提出以下建议。

5.2.1 发挥政府的引导作用，促进旅游产业发展

充分发挥政府对市场的引导作用，用财政资金的杠杆效应带动社会资本参与新化县旅游资源的开发，特别是参与区域内旅游资源的配套设施建设。科学合理地统筹调配、使用旅游产业发展专项资金，根据实际情况，不断完善和优化资金使用结构，全面统筹协调，着力突出重点，集中有限的财力、物力对旅游产业发展的关键环节和重要领域进行扶持。通过政策倾斜，扶持旅游产业人才队伍建设。通过引进县内外先进管理方法、专业管理人才和优秀管理团队，推动旅游产业跨越式发展。

实施政府主导、企业参与、市场化运作的旅游产业发展战略，实施区域一体化营销战略。以政府推介为平台，以梅山文化为背景，举办各种旅游文化艺术交流活动，提升本土旅游品牌知名度，扩大旅游资源影响力。新化县要引导、鼓励和帮助旅游企业整合开发同类别旅游资源，做精、做大、做强差异化资源，做好旅游产业发展这块“蛋糕”。进一步完善旅游产业链条，改变传统以看为主，单纯依靠门票的旅游产业，积极扩充旅游景区、景点的数量和种类，促进观光旅游景区向度假休闲旅游和专项消费旅游景区转变，逐步建立包含吃、住、行、游、购、娱全部要素的旅游产业链条，能把旅游者吸引来，留得下，使旅游者多娱乐，多消费。完善旅游业公共服务体系。建立健全游客集散中心或旅游咨询中心，完善社会公益服务，适时解决自驾游旅游者出游遇到的问题，进一步提升新化旅游业的品牌形象。

5.2.2 推行旅游景区、景点的精品建设

旅游产品和其他产品一样，没有自身的特色，便无法吸引旅游者的关注。任何旅游资源都有其特殊性，都有其侧重点。景区、景点的精品建设并不是要求把景区都建设成为高档的、现代化的景区，而是要结合景区的独特性，充分发掘旅游资源的优势和特点，不断提高开发程度，不断提高管理水平，不断完善景区、景点的基础设施，将景区和景点建设成人无我有、人有我优，形似而神不同、神似而形不同的精品旅游目的地。山水溶洞旅游结合的梅山龙宫、山地水田风光结合的紫鹊界和梅山文化的发源地大熊山，新化县内的旅游资源各有特色，但是开发程度普遍较低，基础设施普遍落后。因此，新化县应抓住自身文化特色，尤其是突出“蚩尤故里·天下梅山”这个主题形象，加强旅游景区、景点精品建设，提升景区、景点的旅游品质。

根据新化县旅游流的空间扩散规律特点，梅山龙宫已经成为新化县旅游的一张亮丽名片，因此有必要着重加强梅山龙宫的精品建设，以梅山龙宫的发展带动大熊山和紫鹊界的精品建设，逐步形成新化县—紫鹊界—梅山龙宫—大熊山—新化县等品质较高的精品旅游线路，在吸引旅游者形成旅游流的同时，增加旅游者的逗留时间，提升旅游者的旅游体验，最终提高新化县旅游景区、景点的整体发展水平。

5.2.3 立足市场需求，树立正确发展定位

任何一个中小城市不可能面向所有旅游者发展旅游业。各个景区、景点也不可能同

时满足所有旅游者的旅游需求。一座城市，一个景区、一个景点只能吸引某一类具有基本相同旅游需求的旅游者群体，这个群体就是形成一个旅游流。如年龄比较大的旅游者构成的旅游流主要流向狮子山公园，收入比较多的旅游者构成的旅游流主要流向梅山龙宫。根据不同的标准划分，就会有不同的旅游流。旅游流既可以按年龄划分，也可以按收入划分，还可以按职业划分。不同的旅游流有着不同的旅游需求、流向和空间扩散路径。因此，像新化县这样的中小城市要发展旅游业，就必须从自身的旅游资源条件、地理区位条件、人力资源条件等具有优势的条件出发，瞄准特定的旅游流，按照旅游流的特点，提供与之相应的旅游产品和旅游服务。

随着国家经济水平的快速提升，城乡居民的收入不断增加，短程休闲旅游的需求也逐渐旺盛起来。新化县的旅游流主体以本地游客为主，要抓住本地区旅游者的需求，着力开发一些适合青少年的游乐设施、主题公园旅游和合适中老年人的家庭式旅游项目，留住本地区的旅游者。同时，新化县要充分发挥自身的优势条件，在重点发展以观光、度假为主的旅游的基础上，探索发展以娱乐、体验等旅游方式为主的旅游项目，吸引周边冷水江等娄底市范围内的中小城市和长株潭城市群的旅游者。

5.2.4 加强区域旅游配套设施建设

加强区域旅游配套设施建设，主要加强新化县交通路网设施建设和升级改造和景区、景点服务场所建设。当前，新化县发展旅游的交通“瓶颈”仍然客观存在，局部地区十分突出。通往大部分景区、景点的道路都是条件较差的县级道路，离旅游公路的标准还有比较大的差距。必须通过财政投入、民间融资和招商引资来加大对道路交通基础设施和景区、景点服务场所的建设和维护。

新化县人口密集，主城区道路拥挤，乡镇公路路径单一，道路开放性较差，因此首先要进一步完善道路交通路网的建设，避免道路单一、拥挤造成堵塞，特别是加强通往梅山龙宫、紫鹊界、大熊山等旅游流流量较大的道路建设，科学合理规划，新建、扩建通往景区的道路、公路；其次要加大直达景区的绿色通道的建设力度，重点要开通旅游专线，使旅游专线与一般的客运班车区别开来；再次要加强现有道路路面的维护和低等级公路路面的扩展升级，降低旅游者前往景区的交通成本、时间成本，提高道路通行的安全度和舒适度；最后要加强集休闲、娱乐、餐饮于一身综合性的服务设施的建设，同时也要非常注重水电、医疗服务设施的建设。

总之，旅游业是一个新兴行业，也是朝阳产业。关联度高、综合性强的旅游业的发展也有着与众不同的发展规律和发展特点，尤其是它以人的流动为条件，以人的消费为基础，对交通、住宿、娱乐等配套设施、资源区位和资源等级等方面的要求是比较高的。因此，发展旅游业也存在比较大的风险和挑战。为此，新化县发展旅游业，一定要因地制宜，立足自身特点和优势，遵循旅游产业发展规律，创新旅游产业发展模式，完善旅游产业发展体制、机制，编制科学的发展规划，推动旅游业全面、合理、有序发展。

第6章　结论与展望

6.1　研究结论

通过以上对新化县旅游流行为特征和旅游流空间扩散规律的分析，可以得出以下结论：

一是新化县的旅游流以放松心情和欣赏风景为主要目的，亲朋结伴是主要旅游方式，大、中专学历的中青年旅游者是旅游流的主体，占旅游者的多数。

二是新化县的旅游流以上梅镇为中心城市，主要向西北方向扩散。旅游流在县域内的扩散路径有七条，第一条是上梅镇—紫鹊界—上梅镇，第二条是上梅镇—大熊山—上梅镇，第三条是上梅镇—梅山龙宫—上梅镇，第四条是上梅镇—梅山龙宫—上梅镇—紫鹊界—上梅镇，第五条是上梅镇—梅山龙宫—上梅镇—大熊山—上梅镇，第六条是上梅镇—狮子山—上梅镇，第七条是上梅镇—柚溪河—上梅镇。

三是不同性别的旅游流所表现的差异不大，不同年龄、职业、收入、学历旅游流差异明显。具体分析，大龄旅游流与中青年旅游流，高收入旅游流与低收入旅游流，高学历旅游流与低学历旅游流的空间扩散方向和路径模式完全不同。不同职业间的旅游流拥有各自的特点。

四是旅游流在新化县的空间扩散按所经过的层次等级分类，可以分为平级型扩散和递增型扩散；若按扩散强度进行分类，相对地，可以分为强扩散和弱扩散。旅游流在新化县空间扩散的主要路径模式为闭合式空间扩散模式。直游式空间扩散路径和多次单站往返式扩散路径旅游流在新化县的空间扩散路径。

五是旅游景区或者景点的等级和品位越高，该景区或者景点的空间扩散矢量强度的数值就越大，矢量强度就越强。梅山龙宫、紫鹊界和大熊山的矢量强度大于狮子山和柚溪河的矢量强度。旅游流在新化县内空间扩散的方向和路径每年都在变化，并且表现出越来越均衡的趋势。

6.2　研究不足与展望

本文主要对新化县旅游流空间扩散规律进行研究，经过总结分析，发现存在以下不足，有待进一步加强：

一是研究数据采集不够全面，研究不够深入。调查研究中，受人力、财力等条件的影响和限制，旅游者的样本数量相对较少，调查范围局限于新化县的各个主要景区，调查时间间距只有一年，虽然能够大致反映出新化县内旅游流的空间扩散规律，但是由于缺乏多年连续地抽样调查数据，很难精确地描绘、分析新化县内旅游流的移动情况。

二是研究方法采用的是常规的方法，创新性不够。本文通过市场调查收集新化县关于旅游流的相关数据，运用 Excel 建立数据库，根据不同的指标采用常用的频数和频率对比分析方法，使用旅游流矢量强度模型和旅游流均衡度模型，探讨新化县旅游流的空间扩散规律属于旅游流分析的常规方法，在研究方法和研究途径上有待进一步拓展。

参考文献

[1] 保继刚，楚义芳．旅游地理学［M］．北京：高等教育出版社，1999：7－16.

[2] Leiper N. Tourism attraction systems [J]. Annals of Tourism Research, 1990 (13): 367 – 383.

[3] Bowden. A cross – national analysis of international tourist flows in China [J]. Tourism Geographies, 2003, 5 (3): 257 – 279.

[4] Williams A V, Zelinsky W. On some patterns in international tourist flows [J]. E-conomic Geography, 1970, 46 (4): 549 – 567.

[5] Jansen – Verbeke M, Spee R. A regional analysis of tourist flows within Europe [J]. Tourism Management, 1995, 16 (1): 73 – 80.

[6] Uysal M, Crompton J L. Determinants of demand for international tourist flows Turkey [J]. Tourism Management, 1984, 5 (4): 288 – 297.

[7] Gormsen R. Tourism in Latin America – spatial distribution and impact on regional change [J]. Applied Geography and Development, 1988, 4 (32): 65 – 68.

[8] Oppermann M. International tourists flows in Malasia [J]. Annals of Tourism Re-search, 1992, 19 (13): 482 – 500.

[9] Fennell D A. A Tourist space – time budget in the Shetland Islands [J]. Annals of Tourism Research, 1996, 23 (4): 811 – 829.

[10] Leiper N. Main destination ratios analyses of tourist flows [J]. Annals of Tourism Research, 1989, 16 (4): 530 – 541.

[11] Hwang Y H, Gretzel U, Fesenmaier D R. Multicity trip patterns: tourists to the U-nited States [J]. Annals of Tourism Research, 2006, 33 (4): 1057 – 1078.

[12] Murphy P, Keller C. Destination travel patterns: an examination and modeling of tourist patterns on Vancouver Island, British Columbia [J]. Leisure Sciences, 1990, 12: 49 – 65.

[13] Lew A, McKercher B. Modelling tourist movements: A local destinati – on analysis

[J]. Annals of Tourism Research, 2006, 33 (2): 403 -423.

[14] Christian M R. Gustav V. International tourist flows and urban tourism in South Africa [J]. Urban Forum, 2006, 17 (2): 199 -213.

[15] Rogerson C M. Regional tourism in South Africa: A case of "mass tourism of the South" [J]. Geo Journal, 2004, 60 (3): 229 -237.

[16] Wu B, Cai Liping, A spatial modeling: suburban leisure in Shanghai [J]. Annals of Tourism Research, 2006, 33 (1): 179 -198.

[17] Dickinson J P. Some statistical results on the combination of forecasts [J]. Operational Research Quarterly, 1973, 24 (2): 253 -260.

[18] Baxter M, Ewing G. Models of recreational trip distribution [J]. Regional Studies, 1981, 15 (5): 327 -344.

[19] Smith S. Recreation Geography [J]. London and New York: Longman, 1983, 29 -31.

[20] O'Kelly M E, Song W, Shen G Q. New estimates of gravitational attraction by linear programming [J]. Geographical Analysis, 1995, 27 (4): 271 -285.

[21] Briassoulis H. Methodological issues: tourism input - output analy - sis [J]. Annals of Tourism Research, 1991, 18 (3): 485 -495.

[22] Sasaki K, Harada M, Morino S. Economic impacts of theme - park development by input - output analysis: A process toward local industriali - zation of leisure survice [J]. Manageing Leisure, 1997, 2 (1): 29 -38.

[23] Witt S F, Martin C A. Econometric models for forecasting international tourism demand [J]. Journal of Travel Reasearch, 1987, 25 (3): 23 -30.

[24] Dharmaratne G S. Forecasting tourist arrivals in Barbados [J]. Annals of Tourism Research, 1995, 22 (4): 804 -818.

[25] Kulendran N, King M. Forecasting international quarterly tourism flows using error correction and time series models [J]. International Journal of Forecasting, 1997, 13 (3): 319 -327.

[26] Kulendran N, Witt S F. Cointegration versus least squares regress - ion [J]. Annals of Tourism Research, 2001, 28 (2): 291 -311.

[27] Webber A. Exchange rate volatility and cointegration in tourism demand [J]. Journal of Travel Research, 2001, 39 (1): 398 -405.

[28] Huybers T. Modelling short - break holiday destination choices [J]. Tourism Economics, 2003, 9 (4): 389 -405.

[29] Dritsakis N. Cointegration analysis of German and British tourism demand for Greece [J]. Tourism Management, 2004, 25 (1): 111 -119.

[30] Song H, Witt S F. Forecasting international tourist flows to Macau [J]. Tourism Management, 2006, 27 (2): 214 -224.

[31] Lim C, McAleer M. Forecasting tourist arrivals [J]. Annals of Tourism Research, 2001, 28 (4): 965 – 977.

[32] Gallet C A, Braun B M. Gradual switching regression estimates of tourism demand [J]. Annals of Tourism Research, 2001, 28 (2): 503 – 507.

[33] Kima J H, Moosa I A. Forecasting international tourist flows to Australia: A comparison between the direct and indirect methods [J]. Tourism Management, 2005, 26 (1): 69 – 78.

[34] Smith M J. Distance distributions and trip behavior in defined regions [J]. Geographical Analysis, 1977, 9 (4): 332 – 345.

[35] Eymann A, Ronning G. Microeconometric models of tourists'destin – ation choice [J]. Regional Science and Urban Economics, 1997, 27 (6): 735 – 761.

[36] William G, John D H. Method to collect detailed tourist flow information [J]. Annals of Tourism Research, 1988, 15 (1): 159 – 165.

[37] Deasy G F, Griess P R. Impact of tourist facility on its hinterland [J]. Annals of the Association of American Geographers, 1966, 56 (2): 290 – 306.

[38] 杨森林. 论国际旅游流的动态特征 [J]. 商业经济与管理, 1990, 2: 74 – 76.

[39] 唐顺铁, 郭来喜. 旅游流体系研究 [J]. 旅游学刊, 1998 (3): 38 – 41.

[40] 张红. 我国旅游热点城市境外游客旅游流空间分布特征分析 [J]. 人文地理, 2000, 15 (2): 56 – 57.

[41] 邓明艳. 成都国际旅游市场旅游流特征的分析 [J]. 经济地理, 2000, 20 (6): 115 – 117.

[42] 袁宇杰. 旅游流的研究及旅游"双流"系统的构建 [J]. 旅游科学, 2005, 19 (1): 6 – 11.

[43] 张海涛. 旅游流概念研究探讨 [J]. 旅游纵览, 2013 (3): 52, 55.

[44] 谢彦君, 陈元泰. 锦州市国内旅游流的产生和移动规律 [J]. 渤海大学学报: 哲学社会科学版, 1993 (2): 116 – 118.

[45] 朱同林. 九华山国内旅游流时空分布研究 [J]. 池州师专学报, 1997 (3): 36 – 42.

[46] 张红. 昆明境外游客空间流动规律研究 [J]. 陕西师范大学学报, 2000, 28 (1): 110 – 113.

[47] 张红, 李九全, 杨兆萍, 等. 西安境外游客结构特征及时空动态模式研究 [J]. 干旱区地理, 2000, 13 (2): 165 – 169.

[48] 张红, 李九全. 桂林境外游客结构特征及时空动态模式研究 [J]. 地理科学, 2000, 20 (4): 350 – 354.

[49] 张阳生, 张红. 昆明境外游客结构特征及时空动态模式 [J]. 西北大学学报, 2000, 30 (5): 438 – 441.

[50] 刘静艳, 马耀峰, 张红. 上海境外游客旅游空间流动趋势研究 [J]. 中山大学学报, 2001, 40 (S2): 119 – 122.

［51］马耀峰，李永军．中国入境后旅游流的空间分布研究［J］．人文地理，2001，16（6）：44－46.

［52］涂建军．四川省入境旅游客流时空动态模式研究［J］．长江流域资源与环境，2004，13（4）：338－342.

［53］刘玲．新疆旅游者行为的时空分布研究［D］．乌鲁木齐：新疆大学，2004.

［54］李永军．西安海外旅游流时空动态分析［D］．西安：陕西师范大学，2000.

［55］马耀峰，李永军．中国入境旅游流的空间分析［J］．陕西师范大学学报，2000，28（3）：121－124.

［56］王洁．海外旅游流的网络相关性［J］．运筹与管理，2002，11（1）：50－53.

［57］刘小蓓．广西边境旅游发展研究——以广西东兴市为例［D］．成都：四川大学，2004.

［58］高仁华．大连国内旅游流空间流动规律的实证分析［D］．大连：东北财经大学，2005.

［59］韩一武．太原旅游区旅游流空间结构研究［J］．太原城市职业技术学院学报，2009（4）：3－5.

［60］刘自锋，杨晓霞．河南省南阳市国内旅游流空间流动模式探析［J］．南阳师范学院学报，2010，9（3）：53－56.

［61］闫玮．河南省国内旅游流空间扩散规律研究［D］．西安：西北大学，2011.

［62］高珊珊．甘肃临夏州国内旅游流空间结构分析及优化［D］．兰州：西北师范大学，2011.

［63］袁小林．西安旅游区入境旅游流时空演变研究［J］．中小企业管理与科技，2012（1）：179－181.

［64］唐兵，袁桂花．重庆国内旅游流网络结构特征分析［J］．资源与产业，2012，14（1）：150－156.

［65］韩德宗．旅游需求预测重力模型和旅行发生模型［J］．预测，1986（6）：66－67.

［66］张凌云．旅游流空间分布模型：普洛格理论在定量研究中的推广［J］．地域研究与开发，1988，7（3）：11－12.

［67］王洁．以广深为起点的海外旅游流的流动分析［J］．统计与信息论坛，2002，17（55）：13－16.

［68］王洁．主要热点城市海外旅游流客源分析［J］．纺织高校基础科学学报，2002，15（1）：34－37.

［69］王洁．沪苏杭地区海外游客的流动分析［J］．科学技术与工程，2003，3（3）：291－292.

［70］陈文晖．我国国内旅游需求的空间特征与空间优化研究［J］．中国软科学，2003（5）：12－16.

［71］王秀兰，甘枝茂．陕西省入境旅游市场分析及发展对策［J］．干旱区资源与

环境，2003，17（1）：41－44.

［72］宣国富，陆林，汪德根，等．三亚市旅游客流空间特性研究［J］．地理研究，2004，23（1）：115－124.

［73］丁正山．南京国内旅游流时空演变研究［J］．旅游学刊，2004，19（2）：37－40.

［74］吴晋峰，包浩生．旅游流距离衰减现象演绎研究［J］．人文地理，2005，（2）：62－65.

［75］杨国良，张捷，艾南山，等．旅游流齐夫结构及空间差异化特征——以四川省为例［J］．地理学报，2006，61（12）：1281－1289.

［76］杨国良，张捷，刘波，等．旅游流流量位序—规模分布变化及其机理——以四川省为例［J］．地理研究，2007，26（4）：662－672.

［77］颜磊，许学工，章小平．九寨沟世界遗产地旅游流时间特征分析［J］．北京大学学报，2009，45（1）：171－177.

［78］李山，王铮，钟章奇．旅游空间相互作用的引力模型及其应用［J］．地理学报，2012，67（4）：526－544.

［79］李创新，马耀峰，张颖，等．1993—2008 年区域入境旅游流优势度时空动态演进模式——基于改进熵值法的实证研究［J］．地理研究，2012，31（2）：257－268.

［80］马耀峰，李永军．中国入境游客旅游选择模式研究［J］．西北大学学报，2003，33（5）：575－580.

［81］马晓龙，吴必虎．西安旅游区旅游流空间结构研究［J］．地理与地理信息科学，2004，20（5）：95－97.

［82］杨国良，钟亚秋，王李清潆，等．四川省旅游流空间扩散方向及路径［J］．地理科学进展，2008，27（1）：56－63.

［83］王鹏，戴学军．GIS 的中国旅游流信息系统的建模方法研究［J］．衡阳师范学院学报，2001，22（6）：91－93.

［84］朱立巍．基于 GIS 的中国入境旅游流信息系统研究［D］．西安：陕西师范大学，2004.

［85］张恩祥，郁广健．基于旅游流空间下的信息流灰色系统综合评价方法［J］．统计与信息论坛，2006，21（4）：57－59.

［86］丁正山．城市旅游流的空间结构与集散研究［D］．南京：南京师范大学，2004.

［87］钟士恩，张捷，韩国圣，等．旅游流空间模式基本理论：问题分析及其展望［J］．人文地理，2010（2）：31－36.

［88］杨国良．旅游流空间扩散［M］．北京：科学出版社，2008：7－35.

［89］钟章奇，李山，张秀云，等．旅游者中位年龄的几个市场指示意义［J］．旅游学刊，2013，28（7）：73－81.

附　录

新化县游客抽样调查问卷

（共2页）

调查地点：＿＿＿＿＿＿　调查时间：＿＿＿＿＿＿　调查人：＿＿＿＿＿＿

一、关于您在新化县的旅游行为（打✓进行选择或者填空）：

1. 您此次在新化县旅游方式是：

①参加旅行社　②亲朋结伴　③独自旅游　④单位组织

⑤会议商务　⑥其他＿＿＿＿（请注明）

2. 您在新化县旅游主要是为了：

①放松心情　②欣赏风景　③探亲访友　④商务会议

⑤好奇猎险　⑥健康疗养　⑦其他＿＿＿＿（请注明）

3. 您选择此次旅游主要是受什么因素影响？

①广播　②电视　③报纸　④网络　⑤亲朋推荐

⑥旅行社推销　⑦其他＿＿＿＿（请注明）

4. 您在新化县旅游的主要交通方式是：

①火车　②飞机　③公共汽车　④船舶　⑤自驾车

5. 您打算在新化县停留的时间：

①一天　②两天　③三天或更长

6. 您是第几次在新化县旅游？

①第一次　②第二次　③第三次　④第四次及四次以上

7. 请按您在新化县的时间顺序写出您旅游过和即将前往旅游的景区、景点或城市名称：

从新化县城或＿＿出发—①＿＿＿＿景点或城市—②＿＿＿＿景点或城市—③＿＿＿＿景点或城市—④＿＿＿＿景点或城市—⑤＿＿＿＿景点或城市—⑥＿＿＿＿景点或城市，最后前往⑦＿＿＿＿景点或城市，完成行程。

8. 您此次来旅游的人均花费总额大约是：

①200元以下　②200～300元　③300～500元　④500元以上

二、关于您的个人基本信息（打✓进行选择或者填空）：

1. 您的性别是：

①男　②女

2. 您来自哪里？

＿＿省＿＿县（市、区）＿＿乡（镇、街道办事处）

3. 您的年龄是多大?

①14 岁以下　②15 ~ 24 岁　③25 ~ 44 岁　④45 ~ 64 岁　⑤65 岁以上

4. 您的文化程度是:

①小学及以下　②初中　③中专/高中　④大专　⑤本科

⑥研究生及以上

5. 您每个月的平均收入大约是多少元?

①≤1000 元　②1001 ~ 2000 元　③2001 ~ 3000 元　④3001 ~ 5000 元

⑤5000 元以上

6. 您现在所从事的主要职业是:

①公务员　②企事业单位人员　③专业技术人员　④商贸人员

⑤工人　⑥农民　⑦学生　⑧离退休人员

⑨其他________（请注明）

安徽寿县人文旅游资源开发研究

作者：戴克清
指导教师：杨永德

摘要：人文旅游资源是人类历史长河中遗留的一笔宝贵的精神财富和物质财富，也是人类文明的结晶，反映了不同时代和不同民族的政治、经济、文化和社会风俗等。在人类遗址遗迹中，历史文化名城是人文旅游资源富集的区域，在旅游业快速发展的今天，学术界对于历史文化名城人文旅游资源开发给予了很多关注，如如何实现保护性开发、如何发掘其巨大的经济价值和社会价值都成为研究的重点。

安徽寿县是第二批国家级历史文化名城，拥有2000多年历史的古城蕴藏着丰富的人文旅游资源，但是寿县人文旅游开发不足成为地方旅游业发展的瓶颈问题，本文从寿县人文旅游资源赋存现状、旅游产品开发现状、旅游业发展现状对寿县人文旅游资源进行深度研究，同时借助于专家群决策的方式，构建评价体系，运用层次分析法（AHP）对寿县人文旅游资源开发价值进行了较为全面的评价。寿县人文旅游资源赋存丰富、资源价值高、开发潜力大，但是目前资源利用率较低、经济价值差，需要对人文旅游资源进行深度的整合开发。

本文基于对寿县人文旅游资源现状和开发价值的定性和定量分析，提出在历史文化名城旅游开发过程中遵循“可持续发展的活化开发理念”，同时提出开发寿县为“文化型游憩功能城市”的概念和目标，并构建了“主—亚核联动开发模式”，对寿县人文旅游资源开发提出具体实施对策和措施。希望研究的结果能够促进寿县人文旅游资源的合理开发，提高资源开发的经济效益、社会效益和环境效益，最终通过旅游业的发展实现对区域经济的拉动作用，促进地方经济实现跨越式发展。

关键词：寿县；人文旅游资源；开发；AHP评价

第1章 绪 论

1.1 研究的背景和意义

1.1.1 研究的背景

旅游源起至今，虽然在经济社会发展的推动下产生了许多新的变化，但旅游出现之初就是源自对大自然的追寻和对文化的体验：Herodotus 在《历史》一书中暗示古典时期罗马城的高收入群体为了躲避夏季的酷暑与炎热，出游海滨寻求清凉的环境；Towner（1996）评论说过：为了重拾并肯定自己的信仰和习俗，远赴希腊去寻找向往的文化[1]。可见，无论今天在多元业态下旅游业以什么形式展现，其本质都离不开对自然与人文的体验。

随着时代的发展，人们出游的目的从单纯追求新、奇、特，到如今对健康、休闲、知识的追求，因而在旅游资源开发过程中对文化内涵的提升就成为开发的重点，对于人文旅游资源的开发和保护，旅游目的地的转型升级，旅游产品品质品位的提升，无一不是对旅游文化内涵的提升提出了要求。旅游在微观上是游客的个人经历和体验，在宏观上却是一种社会文化现象，经济行为是其外壳而文化体验却是其内核。因而对人文旅游资源的开发将会成为旅游业转型升级的关键。

中国旅游业发展的步伐加快，产业地位得到确立。从邓小平论提出："搞旅游业要千方百计地增加收入。既然搞这个行业，就要看看怎样有利可图"[2]，到 2009 年《国务院关于加快发展旅游业的意见》印发，推动中国旅游业从缓慢发展进入高速发展期，从产业地位不明确到国民经济战略性支柱产业地位的确立，大大激励了各地发展旅游业的信心与决心，其中安徽省也不例外。作为史前文明重要发祥地安徽除了拥有壮丽而秀美的自然资源，丰富而多样的人文资源是其重要特征，历史悠久的安徽是我国重要的文化大省。安徽省旅游开发战略也从单一的重视皖南区的旅游资源开发："打好黄山牌，做好徽文章，唱好地方戏""'抓两山一湖'，带安徽旅游，促全省经济"，到把皖江、皖北等多区域旅游开发纳入全省旅游开发战略，"大皖南国际旅游区""新皖北区域性旅游区""皖江城市带旅游区""合肥经济圈旅游区"四大板块的形成，将助力安徽从旅游资源大省向旅游经济大省甚至是旅游经济强省迈进。

1.1.2 研究意义

旅游业发展所带来的经济收益以及所产生的乘数效应已被广泛认可，其中，旅游业的创汇能力，为目的地政府带来的税收效益，为提供旅游服务或投资的企业带来的商业利润，为社会创造的就业机会，对相关产业所形成的拉动效应等都是旅游经济收益的主要表现。而最为重要的一点是旅游业的发展对于传统经济落后地区调整收入结构和改变就业状况的积极作用，这一点是很多学者最为看重的。因为就一般情况而言，但凡名胜古迹富集的区域或自然风光优美的地方通常都是处于经济落后的地带，正是落后的经济对这些宝贵的旅游资源形成了良好的保护[3]。而在商业全球化和交通网络化的推动下，对这些资源富集区旅游资源开发和利用的研究极具意义。本文以寿县为研究对象，意义如下：

（1）在区域旅游业发展中的地位重要

寿县地处皖江城市带和合肥经济圈北端，同时连接新皖北旅游区，在安徽旅游开发战略的四大板块中的地理位置极为特殊，也是安徽省七大旅游重点发展城市之一。

（2）旅游业发展滞后，亟待开发

虽然资源赋存在很大程度上决定了旅游业的发展，但是深藏于寿县宋城墙内外极为丰富的人文旅游资源开发的不足，导致整个古城旅游产业发展落后，旅游经济的贡献率与其拥有的丰富的旅游资源极不匹配，人文旅游资源亟待开发。

（3）寿县旅游业遇上发展新机遇，对其研究具有现实意义

目前寿县旅游业发展的两大机遇：申报世界文化遗产以及交通条件的改变。2014 年明清城墙联合申遗，寿县古城墙名列其中，2013 年安徽省新机场西迁选址寿县境内并已投入使用，面对旅游业发展的新机遇，对寿县人文旅游资源开发的研究就极具意义且迫在眉睫。

所以本文研究历史文化名城寿县的人文旅游资源开发极具价值，旅游业发展对于寿县经济社会和文化发展都具有重大意义。希望本文的研究能为寿县旅游业发展提供一定的智力支持。

1.2 国内外人文旅游资源开发研究综述

1.2.1 国内文献综述

国内对人文旅游资源开发的研究多从两个角度进行切入：一是基于人文旅游资源中的某一类型对特定区域的人文旅游资源开发进行研究；二是基于可持续发展理论，从经济学的角度探讨旅游资源开发的模式、方法或产业化途径。

对特定区域人文旅游资源的分类、评价及提出开发对策的研究主要有以下几个方面：历史文化、遗址遗迹、宗教文化、民族特色、民俗节庆、红色文化、旅游商品、特色美食、风景名胜区、工业遗址、灾难事件等。其中，研究最多的就是前六种，从历史文化、遗址遗迹角度，赵克礼、张俊、潘立新[4~6]分别对关中地区、四川成都、安徽凤阳的人文旅游资源的水平及特点进行评价分析，并相应地给出开发对策。从宗教文化和

民族特色角度，韩国河、李万兵[7~8]分别对河南省和武陵源景区人文旅游资源开发进行了研究。从红色旅游资源开发角度，黄光文、王力峰、黄细嘉[9~11]分别论述了不同区域红色旅游资源开发的形式和方法及其所产生的功效。从民俗节庆、旅游商品开发角度，洪静、赵磊，苏建军、赵多平等[12~13]，分别对山东省节庆旅游资源开发和晋城社火节庆旅游资源开发进行了研究，前者提出节庆旅游资源是旅游资源的重要组成部分，是保护和利用传统文化的有效措施，应在遵循旅游资源开发普遍规律的同时，制定适合地方特点的开发策略；后者则是通过构建节庆旅游资源评价指标体系，运用层次分析法（AHP）对晋城社火节庆旅游资源进行定量分析和评价，并根据评价结果给出相应的资源开发对策。

从人文旅游资源开发问题、模式和方法等方面的研究也是很多的，如保护与开发的博弈、人文资源与旅游融合的产业化发展道路等。王立刚、刘世杰（1980）[14]指出，我国旅游资源最大的特色就是具有鲜明的民族特点和地方特色，这也是对旅游者最大的吸引之处，应该充分开发利用并通过兴建具有民族特点和地方特色的旅游设施与旅游风景区相协调，以起到保护人文旅游资源的作用。陈文峰（2007）[15]指出，人文旅游资源开发尚处于初级阶段，粗放的开发方式会对人文旅游资源造成“建设”性破坏，应该在充分评估人文旅游资源价值，科学统一规划，分期分步地实现保护性的开发。张胜等（2003）[16]从环境经济政策角度讨论了人文旅游资源价值提升的对策，提出作为旅游吸引物与旅游产品交集的人文旅游资源可以通过完善经济激励机制、实现资产化管理、通过综合考虑开发、补偿和维护费用以消除人文旅游资源开发的外部性问题，来实现人文旅游资源的价值提升。陶伟（2000）[17]通过对“世界遗产”可持续开发的相关问题和矛盾的研究，提出世界遗产地开发中需要正确处理的几个问题：旅游保护与旅游开发、旅游文化与旅游经济、旅游供给质量与旅游项目数量等方面的问题并寻求可持续发展的对策。吴必虎、余青（2000）[18]在中国民族文化旅游开发研究综述里对民族文化旅游资源开发研究做了归纳，并就其开发与保护的措施提出：加强引导形成合理的开发机制，加强民族文化旅游理论研究，突出特色统筹规划建立立体开发网络，提高民族旅游资源开发的质量和品位，树立特有的旅游形象。保继刚（2004）从旅游开发过程中目的地商业化问题，以丽江和周庄为样本进行了研究，并与2014年再度以西递古镇旅游开发过程中商业化控制问题进行论证，并得出政府的前瞻性控制措施是控制历史城镇在旅游开发过程中商业化的有效手段[19~20]。

在对人文旅游资源内涵的研究中，有学者将其定义为人文旅游吸引物与旅游产品的交集，因而对于人文旅游资源开发的研究有从人文旅游产品开发的角度切入的，尤其是从历史文化名城类旅游地旅游产品的开发，设计与发展角度的就有很多。另外，人文旅游资源开发研究与文化旅游开发研究是有部分重合之处的，认为旅游地文化就是一种潜在的旅游资源，通过发掘其精华将潜在价值转化为旅游产品，实现旅游开发，尤其突出研究人文景观的文化开发，这类论文也颇多[21]。对于人文旅游资源开发所涉及相关问题，如开发过程中遗产活化与古迹重修的选择，传统保护与现代化进程的矛盾，旅游业开发发展与社区居民之间的关系等问题。对于人文旅游资源中历史文化与古迹遗址在开发过程中所形成的破坏结果研究也占有很大比例，其中对历史文化名城预防破坏的开发模式大约有三种：旧城外建新城、保护旧城核心延伸边缘地带为新城、少部分保留旧城大部分改造为新城[22]。

总的来说，对于人文旅游资源开发问题的研究一直是学术界研究的热点问题。对旅游资源科学合理地开发与规划是旅游业发展的先导，也是旅游业良性发展的保障。对旅游资源中人文旅游资源的开发研究也尤为重要，因其所具有的特殊的历史性和文化性，这就对开发及利用提出了更高的要求。

1.2.2 国外文献综述

国外对于旅游资源开发的论述很多但角度各有不同，对人文旅游资源（Humanistic and Cultural Tourism Resources）相关的研究主要有以下几类：旅游规划方法研究的角度（Tourism Planning）、旅游可持续发展的角度（Sustainable Tourism）、遗产旅游开发与保护的角度（Heritage Tourism Resource）、人文旅游开发社会经济影响的角度（Economic and Social Efficiency）、旅游文化资源开发的角度（Tourism and Culture）、人文旅游资源开发社区参与的研究（Tourism and Community）、旅游资源开发的政策研究（Governance of Tourism Planning）等。

Paul 和 Luiz（2014）[23]选取 1995—2013 年七大主流旅游研究学术刊物上对于在旅游业和接待业的战略规划进行系统研究中提到关于人文旅游资源战略规划问题，反思已有的方法论的不足，并探寻新的方法。Katerina 和 Gabriela（2012）[24]对能实现可持续发展的旅游资源规划做了研究，认为实现旅游业可持续发展不是指当代人为了旅游业的利益对自然和人文旅游资源或旅游者所享有的相关资源的开发，而是以对后代人负责的态度对这些资源进行保护，只有基于对旅游资源的这种可持续性的规划才是真正实现了旅游开发及发展的成功。诺亚特（Nuryanti，1996）[25]从遗产旅游的角度研究人文旅游资源开发，认为旅游与遗产的复杂关系是一种传统和现代矛盾的反映，遗产与旅游融合会面临四个重要问题：社区居民和游客对遗产的理解、现存遗产的营销、遗产地规划、遗产旅游与当地社区的相互依存性。奥迪穆（Ondimu，2002）[26]论述了 Gusii 社区文化遗产及其重要性，对当地居民进行随机问卷调查和访谈，并通过 SPSS 的因子分析法对结果进行处理，提出遗产地旅游发展模式，并使用了旅游中心和外围中心概念进行解释，以引导地区旅游规划与开发。赫伯特（Herbert，1996）[27]以法国 3 个小镇为例说明了名人遗址遗迹旅游地对有辨别能力的游客具有较强的吸引力，这些游客不仅包括大众旅游者，还包括专项游客，游客对此类旅游地的感知和期望是旅游地发展的重要促进因子。贝斯克尼迪（Besculides，2002）[28]使用利益引导法对有着西班牙人和非西班牙人居住的美国科罗拉多州（Colorado）居民文化旅游感知进行了调查，结果显示西班牙居民因为文化旅游能给其带来重要利益，对有关社区文化旅游氛围的保护和管理表现出更多的关心。Onetiu 和 Predonu（2013）[29]提出效能是一切发展的基础，而旅游业的发展对一个国家社会和经济发展应该起着非常重要的促进作用，也是国家发展不可分割的经济体；旅游业的开发与发展所产生的经济效益显而易见，而旅游业发展所吸引的游客及其活动对于资源利用和产生的作用，却不仅仅会产生经济效益，同时也会带来巨大的社会影响；旅游业发展是与人类文明和文化相互依存的，所以需要将对自然资源和人文资源合理利用置于对经济效益追逐之前，只有这样的开发和利用才能实现旅游产业经济和社会效益的增长，并对人文资源形成保护，促进人类文明的进步。Gnoth 和 Zins[30] 从文化旅游的角度进行研究，运用游客文化接触测量法，借助 CCS 来对游客兴趣和地方旅游文化开发之间的契合程度做了相关研究。Mathilda（2014）[31] 探寻南非 2011 年到 2012 年旅游业发展的巨大成就及其打造友好热情而极具活力的旅游目的地成功的原因，提出南非成功的原因在于提倡社区参与地方旅游业总体规划发展中相协调的重要性，提出旅游资源开发规划过程中，社区参与往往与其整体规划有诸多不协调的地方，而这些“阻碍”是由于开发与发展过程中利益主体、知识结构和文化背景的局限及差异造成的，同时提出在旅游开发过程中，政府在实现利益主体平衡和保障社区参与的重要作用。Connell 和 Page 等（2009）[32] 就新西兰对旅游业可持续发展规划为例，研究了政府监管对旅游资源开发规划与管理的作用，以新西兰旅游业发展为研究对象，提出脆弱的自然和文化资源在旅游业飞速发展下面临的严峻挑战，而当地政府在资源开发管理，以及制定相关旅游政策和促进资源管理法案实施过程中的作用，是实现新西兰旅游业可持续发展的关键。

国外近些年已有相关研究表明，人文旅游资源开发是一个广泛而复杂的研究课题。学者对人文旅游资源的研究也多是从其所蕴含的两个主要特性，即历史性和文化性两个角度切入的，所关注的焦点是可持续发展，政府和社区等利益相关者在人文旅游资源开发过程中的作用，以及开发所产生的经济效益、社会效益和环境效益等问题。

1.3 研究方法及技术路线

1.3.1 研究方法与资料来源

本文研究方法主要有以下几个。

文献分析法。在广泛阅读 CNKI 数据库中相关论文，充分查阅广西大学图书馆相关文献，以及实证研究案例当地图书馆和地方志等资料的基础上，结合网络检索工具和相关网站电子资料，对人文旅游资源开发进行深入探讨。

田野调查法。实地考察寿县人文旅游资源开发状况。

专家调查法和深度访谈法。通过对部分专家进行问卷咨询的方式为定量评价提供依据，同时结合对当地居民和旅游业相关从业人员的深度访谈，对寿县旅游资源进行评价及提出相关开发建议。

定性与定量相结合。论文对寿县人文旅游资源的评价、开发现状及存在的问题，通过层次分析法（AHP），定性和定量相结合进行系统的评价与分析。

1.3.2 技术路线

本文将以相关人文旅游资源分类、评价及个案开发等研究成果为基础，结合新时期旅游业发展现状，分析寿县人文旅游资源价值和特点，以及开发存在的问题，通过评价该区域人文旅游资源的开发价值，提出可持续发展的活化开发理念，创新寿县人文旅游资源“主—亚核”联动开发的模式，以打造寿县为文化型游憩功能城市为目标，最后分析实现开发目标的具体实施对策。本文的研究思路和文章脉络用技术路线表述如图1－1所示。

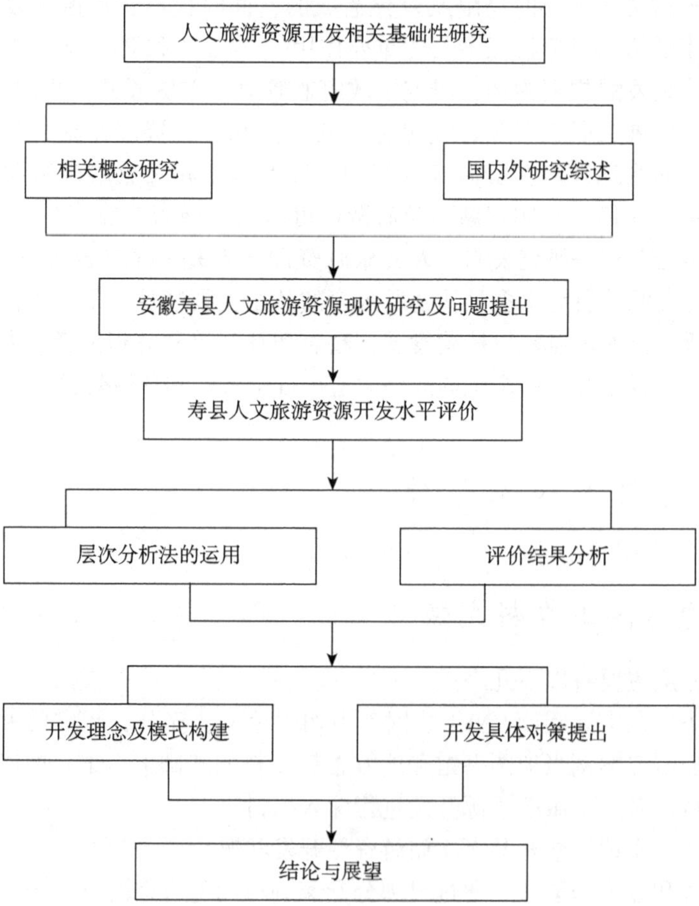

图1－1 技术路线

第2章　相关研究及理论基础

2.1　相关概念的界定

2.1.1　旅游资源

旅游资源首先是一种资源，资源在《辞海》中的解释是“资财的来源”，旅游资源可以说是一切旅游活动发生的基础，因而旅游资源是一个复杂而包容性广的特殊系统[33]，尤其随着旅游业不断发展，其可被开发利用的资源范围也在不断扩大，这种动态的扩张性让学术界对于它的定义至今没有统一，其中代表性观点有以下几种：

➢ 能够足以吸引旅游者的自然和社会因素均统称为旅游资源[34]。

➢ 凡能激发旅游者旅游动机的，能为旅游业所利用的，并由此而产生经济效益和社会效益的自然与社会的实在物[35]。

➢ 旅游资源是指对旅游者具有吸引力的自然存在和历史文化遗产以及直接用于旅游目的地人工创造物[36]。

➢ 自然界和人类社会凡能对旅游者产生吸引力，可以为旅游开发利用，并能产生经济效益、社会效益和环境效益的各种事物和因素，都可以视为旅游资源[37]。

➢ 旅游资源是一个开放的系统，如果说有标准或是有定义核心，那么这个核心就是旅游产品，只要具有开发为旅游产品的潜力的事项，无论是有形的还是无形的，都可以被视为旅游资源[38]。

由简要列举的定义可见，对旅游资源的认定基本是从自然界和与人类相关的有形的和无形的吸引物两个方面探讨的，而对旅游资源开发追寻的最终价值是能够产生经济和社会效益。张凌云（1999）引述了16种定义来认识旅游资源，并将定义分为三大类：一是从旅游者的角度讨论，旅游资源等同于旅游吸引物；二是从旅游业的角度去讨论旅游资源是旅游吸引物和旅游产品的交集，是既要吸引旅游者又要为旅游业所利用，并成为旅游产品，而产生效益；三是将旅游吸引物和旅游产品作为并集看待，提出旅游服务的价值并将其定义为旅游资源的一部分，并认同第二种将旅游吸引物和旅游产品的交集定义为旅游资源[39]。

2.1.2　旅游吸引物和旅游产品

要对人文旅游资源有准确的定义，除了对旅游资源的认识，同时还需要对旅游吸引物和旅游产品有较为清晰的认识。对旅游学科研究较早的西方学者，很多是用旅游吸引物（Tourist Attractions）来作为旅游资源的代名词的，而我国的部分学者讨论旅游吸引物时也将其等同于旅游资源。但还是有很多学者将其与旅游资源区分对待的，认为旅游吸引物是一个立体系统。国外学者 J. C. Holloway 认为，旅游吸引物须是那些给旅游者带来积极效益和特征的东西，它们既可以是海滨或湖滨，山岳风景、狩猎公园，也可以是有趣的纪念物或文体活动以及令人愉悦的舒适会议环境[40]。Neil Leiper（1990）[41]提出旅游吸引物是一个由旅游经历连接起旅游者、核心物和标识物的综合系统，作为游客或访客的旅游者寻求与休闲相关的经历，而这种经历总是与旅游核心物和标识物相伴而生的。同时 Leiper 也对核心物和标识物做了解释，认为这里所说的核心物是一种有层次集群化的旅游地系统，而标识物则是指旅游系统的早期模型。国内学者保继刚和楚义芳（1993）[36]提出旅游吸引物是促进游客去某地旅游的所有因素总和，包括了旅游资源、适宜的接待设施、优良服务和快速舒适的交通。而谢彦君（1999）[42]认为旅游地相关信息的标识物，如旅游解说系统也可以构成旅游吸引物。

对于旅游产品的定义也存在诸多分歧，我国理论界大致分为两种：广义上的定义和狭义上的定义。广义上认为在旅游经营者层面是其凭借旅游吸引物、交通和旅游设施，可以向旅游者提供满足其旅游活动需求的全部服务；而从旅游者角度则是其花费一定时间、费用和精力所换取的一种经历。狭义上如谢彦君认为旅游产品是指为了满足旅游者的愉悦需要而在一定地域上被生产和开发出来的以供销售的物品和劳务的总和[42]。因而有学者就认为，尚未开发的物质（或因素）是旅游资源，而已经被利用的物质（或因素）就称为旅游产品[43]。

结合国内外学者对于旅游资源、旅游吸引物和旅游产品的研究，本文作者认为，旅游吸引物是一个综合立体的系统，以旅游资源为核心，包含了与旅游业发展的相关辅助设施及环境；而旅游产品是旅游资源开发的成果表现形式。旅游资源开发的目的也是为了通过对资源的合理利用，开发出能够吸引游客的旅游产品，实现旅游业的三大效益。文章对于旅游资源、旅游产品和旅游吸引物三者关系从不同的角度思考形成相关概念关系图，如图 2－1 所示。

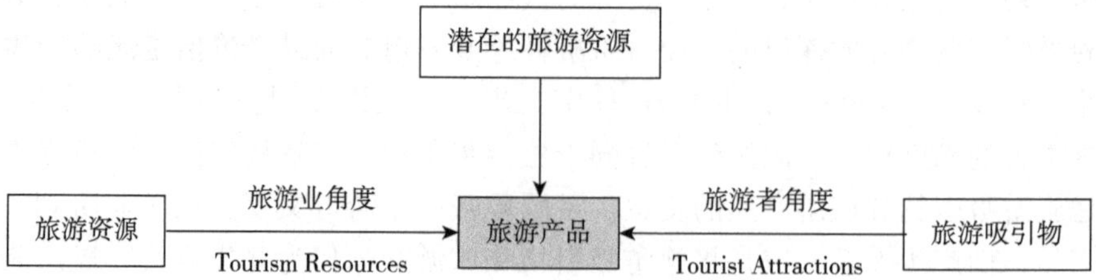

图 2－1　相关概念关系

2.1.3　人文旅游资源

旅游资源中由各种社会环境、人民生活、历史文物、文化艺术、民族风情和物质生产等构成的人文景观，以其特有的人文性吸引游客，称为人文旅游资源。基于国家旅游局公布的旅游资源分类表中，可以很清楚地区分出自然资源和人文资源，其中从 A—D 属于自然资源：地文景观、水域风光、生物景观、天象与气候景观。从 E—H 则属于人文资源：遗址遗迹、建筑与设施、旅游商品、人文活动。但是这种划分不是绝对的，因为自然资源中也有人文因素的存在，而人文资源中也并非所有的都可以开发为旅游产品而产生效益。所以笔者结合上文对旅游吸引物、旅游产品及旅游资源的理解，借鉴张凌云的第二类定义，从旅游资源开发的角度，将可以开发为人文旅游产品的旅游吸引物称为人文旅游资源，如图 2－2 所示。

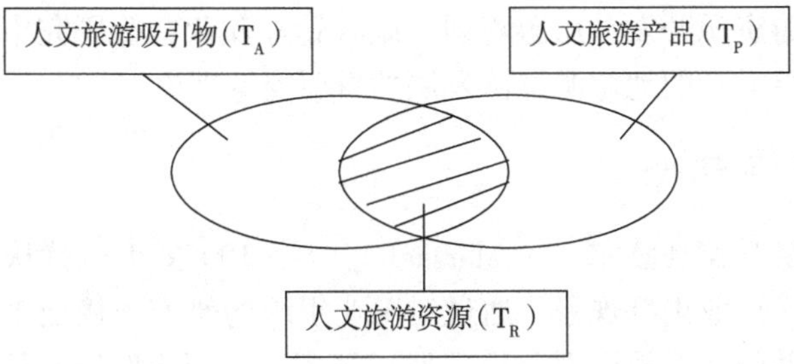

图 2－2　人文旅游资源概念

2.2　研究的理论基础

2.2.1　遗产活化理论

遗产活化理论源于建筑学，旅游界在对历史遗迹或是物质和非物质遗产研究时偶有使用，虽然理论渊源不是起源于旅游界，且学术界尤其是在旅游学术界对其研究也尚不深入，但是笔者认为其在当下中国历史文化名城旅游开发中可以起到指导性作用，依据此理论在历史文化性旅游目的地的人文旅游资源开发过程中，可以依据其自身特点对旅游地相关文物古迹或遗产进行强化，真正能够实现此类旅游地多功能活化。如吴必虎在《古城重建不如古城活化》[44]中就有对“活化理论”的说明：所谓“活化”，即为历史建筑寻得新生命，做一个新用途，让公众得以走进并欣赏这个历史建筑。“活化”并不是等同于所谓的拆迁翻新或重建，因而它既有别于急功近利的大拆大建对历史文化遗产造成盲目破坏，也不同于放弃对文化遗产真实性和完整性的尊重而大造仿古建筑，更不是把文物当作“架上古董”冻结保护而任其衰败。实际上“活化理论”是对文化遗产保护的“微循环”，它让静态的文物得以动起来，在外表更新的基础上，把建筑的商业、观赏功能进行深层次改造，把历史建筑再利用，强化公众参与度，在为历史文物古迹地带来生命的同时，为当地居民带来利益。

2.2.2 利益相关者理论

利益相关者理论最初源于管理学，被认为企业的经营活动需要以综合平衡各个利益相关者的利益要求而展开，因为任何企业的发展都离不开各种利益相关者的投入或参与。弗里曼将利益相关者定义为：任何可能影响组织目标实现或被该目标影响的群体或个人。自 20 世纪七八十年代，旅游学术界面临旅游业发展所带来环境、社会影响、平等发展等问题时将“利益相关者”（Stakeholder）这一概念引入旅游界开始至今，其衍生理论“旅游利益相关者”已得到学术界广泛认可，虽然研究的时间不长，但旅游利益相关者理论却在旅游资源开发，旅游规划、旅游管理和营销等研究中起到了举足轻重的作用，也成为研究旅游目的地旅游经济发展的重要支撑理论。

2.2.3 产业经济理论

英国著名的经济学家马歇尔（A. Marshall）早在 100 多年前就从新古典经济学的角度比较系统地研究了产业集群现象，通过对工业组织的研究间接地表明企业为追求外部规模经济而集聚，并将经济规模划分为：外部规模——产业发展的规模；内部规模——取决于从事工业的单个企业和资源、它们组织及管理的效率。生产和销售同类产品的企业或存在产业关联的上中下游企业集中于特定的地方，会使专门人才，专门机构、原材料产生很高的使用效率，这种高效率形成外部规模经济，从而促进企业集中在一起，形成产业集群。产业集群所形成的“产业区”（Industry District）里创新气氛十分浓郁，新工艺、新思想能很快被接受和传播，各个中小企业之间形成一个既能有效竞争又能合作交流的网络。马歇尔对于这样的产业区总结六大特点：一是与当地社区同源的价值观系统和协同的创新环境；二是生产垂直联系的企业群体；三是最优的人力资源配置；四是产业区理想的市场——不完全竞争市场；五是竞争与合作并存；六是富有特色的本地金融系统[45]。区域旅游业发展最为有效的一种途径就是集群化发展，因而人文旅游资源开发过程中必然要考虑到开发出的产品与产业内及其他相关产业的融合发展问题，因而产业经济的理论也是本文的重要理论基础。

2.2.4 可持续发展理论

可持续发展理论是在当今社会面临人口剧增、资源短缺、环境污染、生态破坏等严重阻碍经济发展和人民生活质量提高，继而威胁全人类未来生存发展严峻形势下，解决既满足当代人需求，又满足后代人需求的正确选择。对于研究资源规划的论文，可持续发展理论是重要的理论基础。就如 Simao（2010）[46]在《旅游业规划之于可持续发展的贡献》一文中提到：旅游业是为数不多的以自然环境和本土文化资源为基础的产业，从这种意义上说，正如一些科学组织和国际机构所倡导的那样，可持续发展应该是旅游业各部门发展的根本驱动力。因而从旅游目的地各部门的管理，到旅游利益者相关利益间的平衡，再到长期的旅游规划和开发，都应该与可持续发展息息相关。而对于人文旅游资源规划与开发的过程中，对于可持续发展的要求也是不言而喻的。Keitumetse

(2009)[47]基于可持续发展理论对博茨瓦纳（Botswana）文化遗产资源在旅游开发过程中的管理策略进行了研究，提出社区参与对于旅游业可持续发展的重要性，以及可持续发展对于有形的和无形的文化遗产的保护作用。旅游业是依赖于真实的文化元素来传递“地方能量”的，所以可持续发展理论对于旅游资源开发尤其是人文旅游资源开发的重要意义在于能够在真正意义上保证旅游开发的效益最大化。

第3章　寿县人文旅游资源开发现状及问题提出

3.1　寿县概况

3.1.1　自然及区位环境

寿县地处安徽省中部，淮河中游南岸，依八公山，傍淮河和淠河，同省会合肥接壤，与国家能源城市淮南市毗邻，行政区划隶属六安市。寿县位于东经116°27′～117°04′，北纬31°54′～32°40′，属于北亚热带季风半湿润气候，气候温和，四季分明，年均温度约15℃，年降水量886毫米。全县总面积2986平方公里，人口134万人。

寿县历史上处于三大文化区的边缘交错地带——中原文化区、楚文化区、吴文化区，自然边缘与文化边缘的同置地带，至今也依然保留着边缘文化的诸多景观特征。在现今，寿县又是处于安徽省着力构建的“大皖南，泛巢湖和新皖北”三大旅游板块的交界地带。尤其是作为皖北历史文化访古之旅的重要部分，皖江城市带中旅游三大基地之一，寿县在安徽旅游发展格局中占据了举足轻重的位置。

寿县交通条件在近几年有较大变化，外部交通的变化尤为巨大，寿县虽然地处六安市区最北端，离六安市101公里，但其与淮南毗邻，距离淮南高速公路出入口仅5公里距离，合淮阜高速公路、合徐、合宁、合芜等高速融贯互通，和合六武高速一同穿境而过。安徽新桥机场西迁至寿县炎刘镇，大大缩短了寿县距离机场的距离，而一旦建成古城到新桥机场的快速通道，两地之间距离仅10公里左右，这将极大地改变了寿县古城对外交通的便捷性，也为寿县旅游业发展带来了难得的历史机遇。

3.1.2　历史变迁

拥有2000多年历史的寿县，是楚文化的故乡，豆腐的发源地，淝水之战的古战场。史上四次为都，十次为郡，曾经多次为政治、经济、文化的中心。从夏禹定九州，就已有寿地。公元前241年，楚迁都寿春。越二年，秦划江淮及其以南地区为九江郡，并置寿春县。汉高祖立子刘长为淮南王，定都寿春。公元383年，前秦苻坚将兵攻占寿阳，淝水之战晋师大破秦兵，收复寿阳。徽宗政和六年（公元1116年）升寿州为寿春府。公元1865年，原治所辖州城6坊还属寿州。公元1912年废道府，改寿州为寿县，直隶于安徽省。1949年元月，寿县和平解放，2月寿县改隶于皖西行政公署；同时将凤台县所属的城北各山村划归寿县，置八公、北外2乡。6月，撤寿合县建制，原划出的瓦东地区仍归寿县；寿县隶于皖北人民行政公署六安专区。1952年8月隶于安徽省六安专区。1986年寿县作为入选国家历史文化名城。寿县历代名人辈出，文化底蕴丰厚，孕育了孙叔敖、孙家鼎、柏文蔚、方振武等一批杰出人物，诞生了“牢笼天地”的宏文巨著《淮南子》。承载几千年历史的寿州古城，珍藏国家一级文物160多件，三级以上文物6000多件，被誉为“地下博物馆”，是安徽省7个重点旅游城市之一。

3.1.3 寿县地格特征分析

任何旅游地都具有其自身独特的地方特性，或称为地格[48]。在有些研究中会用到地脉或者文脉来对区域地方性进行分析，笔者认为是不妥的，无论是自然地理特征或是历史文化特征，都不是单独存在的，在长期演化的过程中，相互影响并融合，形成旅游地的独有特质。每个旅游地都有其自身的地方性，就如人的性格一样，在长期的发展中，形成自身的地格特征。而对地格特征的分析是旅游地开发的着眼点，并且直接关系到旅游地的开发理念及形象定位。目前对于寿县地格特征的定位一直以来是沿用国家1986年赋予其的历史文化名城的称号，同时结合寿县曾是历史上的楚都以及拥有全国保存最完整的宋代城墙这两大地方特质，一直以来寿县地格都是被定为历史文化名城或是楚都宋城。

3.2 寿县人文旅游资源评价及产品谱系分析

3.2.1 寿县旅游资源定性分析

一是文化资源丰富，内涵深厚——“楚风汉韵，四朝为都”。寿县四朝为都，十次为郡，历史文化源远流长，作为国家历史文化名城，更有“文物古迹博物馆”之称。县城里孔庙、报恩寺、东岳庙，分别是儒教、佛教和道教圣地：县城内现尚存古城墙、孔庙、奎星阁、留犊寺等19处古建筑群；寿县历史名人和人文典故更是比比皆是，寿县的非物质文化遗产也极为丰富，包括音乐、舞蹈、美术、剪纸、插灯、名俗节庆和庙会等形式多样。

二是资源品级高——“一城道古今，一步阅千年”。已有2000多年历史的寿县，其古城墙与西安、平遥、兴城、商丘、荆州、襄阳、榆林、崇武一起被誉为国内仅有九座保存最为完整的古城墙。而围绕古城墙发生的“淝水之战”、王翦灭楚之战都是历史上较为重大的事件，在中国历史发展进程中占据了极其重要的地位。

三是街巷资源多元化——“传统肌理尚存，时代特征明显”。寿县古城街巷格局从明清至现代的300多年基本没有变化，虽然建筑翻修痕迹明显，仿古建筑较多，但是一些商店、钱庄、茶楼、旅店等仍然存在。

四是文化内涵难触摸——“可视化不足，原真性削弱”。文化是人文旅游资源富集区的灵魂，寿县人文旅游资源的丰度和深度决定了寿县古城的品位和个性，但是文化的难以触摸性将旅游开发的重心转移到对文化载体的挖掘与处理上。寿县现有的物质资源在自然环境、社会发展、人为活动的多项因素影响下受到不同程度的破坏，此外古建筑风蚀严重、古城内无序发展、古城居民住房没有统一标准的修建、古城商业化极其严重等，严重削弱了古城的原真性和适游性。

3.2.2 寿县人文旅游资源定量分析

在旅游资源分类《国家标准》中，将旅游资源分为八大主类，31个亚类和155个基本类型。其中A、B、C、D属于自然资源类，E、F、G、H属于人文资源类，在人文旅游资源的四个主类中包含了14个亚类和84个基本类型，但是在进行资源单体统计时，发现部分自然资源也同时具有人文旅游价值，比如水域风光里的护城河与古城墙在一起具有很高的人文价值，古银杏树等虽列在生物景观之中，却具有极高的人文观赏价值。根据统计可得：寿县旅游资源共有7个主类，占全部主类的87.5%；19个亚类，占全部亚类的61.29%；34个基本类型，占全部基本类型的21.94%，其中人文资源基本类型31个，占全县资源基本类型总数的91.18%，根据统计可以看出，所有资源单体中除八公山森林公园与八公山地质公园外，其余均为人文旅游资源，因而寿县是一个以人文旅游资源为主，历史文化积淀丰厚的地方。现将寿县全部旅游资源单体具体统计如表3－1所示。

表3－1　　寿县旅游资源单体统计

主类	亚类	基本类型	旅游资源单体
A地文景观	AA综合自然旅游地	AAA山丘型旅游地	八公山国家森林公园
	AC地质地貌过程形迹	ACC峰丛	八公山国家地质公园
B水域风光	BA河段	BAC古河道段落	护城河
	BB天然湖泊和池沼	BBA观光游憩湖区	瓦埠湖
		BBC潭池	城内池塘
	BD泉	BDA冷泉	珍珠泉
C生物景观	CA树木	CAA林地	万亩梨海
		CAB丛树	孔庙、清真寺及报恩寺内的古银杏树
E遗址遗迹	EA史前人类活动场所	EAA人类活动遗址	斗鸡台；青莲寺
		EBB军事遗址与古战场	寿州古城墙
		EBD废弃生产地	寿州窑
		EBF废城与聚落遗址	柏家台遗址

续表

主类	亚类	基本类型	旅游资源单体
F 建筑与设施	FA 综合人文旅游地	FAC 宗教与祭祀活动场所	报恩寺；清真寺；孔庙；关帝庙；东岳庙；福音堂
		FAE 文化活动场所	寿春楚文化博物馆
		FAG 社会与商贸活动场所	盛世批发商场等
	FB 单体活动场馆	FBE 歌舞娱乐场馆	音乐吧等
	FC 景观建筑与附属型建筑	FCC 楼阁	奎光阁
		FCI 广场	寿春广场
		FCK 建筑小品	石龟、寿字碑等
	FD 居住地与社区	FDB 特色街巷	状元街；南过驿巷；北过驿巷；税务巷；清真寺巷等
		FDD 名人故居与历史纪念建筑	寿州州署、东十房、郭家花园、许统领馆等
	FE 归葬地	FEA 陵寝陵园	蔡侯墓
	FG 水工建筑	FGB 水井	一眼井；二眼井；三眼井等
G 旅游商品	GA 地方旅游商品	GAA 菜品饮食	八公山豆腐；大救驾；正阳大美兴香干等
		GAB 农林畜产品及制品	郝圩酥梨等
		GAC 水产品及制品	瓦埠湖银鱼、瓦虾、淮王鱼等
		GAD 中草药材及制品	寿春柴胡等
		GAE 传统手工产品与工艺品	草席、扎彩、剪纸、紫金山石砚等
H 人文活动	HA 人事记录	HAA 人物	春申君；孙叔敖；廉颇；刘安等
	HB 艺术	HBB 文学艺术作品	《淮南子》
	HC 民间习俗	HCC 民间演艺	泰山庵古庙会；正阳关玄帝庙会等
		HCF 庙会与民间集会	曲艺、乐器、民间说唱；正阳肘阁等
	HD 现代节庆	HAD 旅游节	八公山旅游节
	HZ 民间传说	HZA 民间传说	一人得道，鸡犬升天；人心不足蛇吞象；投鞭断流；当断不断，反受其乱；豆腐；门里人；草木皆兵，风声鹤唳；当面锣对面鼓等

资料来源：六安市旅游局提供资料整理所得。

同时，对于寿县人文旅游资源赋存现状，也可从物质形态遗存和非物质形态遗存两个方面来进行分析（见表 3－2）。

表3－2　　寿县人文旅游资源遗存

物质形态遗存资源	非物质形态遗存资源
①古城墙和护城河 ②古城整体格局和建筑肌理 ③古建筑：古城门、古城涵、报恩寺、孔庙、州署、清真寺、东岳庙等 ④古墓葬：蔡侯墓等 ⑤历史文化街区：留犊祠巷、楼巷、南过驿巷、北过驿巷、清真寺巷、钟鼓楼巷、税务巷（古代收税官员居住的地方）、状元街（清朝咸丰九年即1859年状元、大学士、京师大学堂官学大臣孙家鼐生活过的地方）	①地方戏曲：曲艺、器乐、民间说唱、正阳肘阁 ②传说故事：一人得道，鸡犬升天；草木皆兵，风声鹤唳；当断不断，反受其乱；将相和，时苗留犊；人心不足蛇吞象；门里人；当面锣对面鼓等 ③民间工艺：扎彩、剪纸、雕刻、刺绣；紫金石砚 ④生活习俗：宗教信仰、风俗民情、乡风土语；庙会等 ⑤土特产品：八公山豆腐、大救驾、瓦埠湖银鱼、正阳大美兴香干、紫金山石砚等

资料来源：六安市旅游局提供材料整理所得。

3.3　寿县人文旅游资源开发现状及存在的问题

3.3.1　寿县人文旅游产品谱系及特征

旅游资源开发最终是以旅游产品的形式表现，而旅游资源开发的价值就在于能够吸引游客的旅游产品的形成。根据不同类型的资源可以开发出不同形式的旅游产品，基于对寿县旅游资源分类结果，结合寿县人文旅游资源已开发状况，分析寿县已开发人文旅游产品谱系特征，将其归纳为1个主类、2个亚类和8个基本类型，亚类主要是观光旅游产品和文化旅游产品。其中基本类型如表3－3所示。

表3－3　　寿县人文旅游产品谱系

主类	亚类	基本类型
A传统旅游产品	AA观光旅游	AAA名胜古迹观光
	AB文化旅游	ABA一般文化旅游；ABB遗产旅游；ABC博物馆；ABE民俗旅游与民俗风情旅游；ABF怀旧旅游与历史人物遗迹旅游；ABG祭祖旅游；ABH宗教旅游

旅游产品特征主要有以下几方面：

一是资源利用率不高，丰富的人文旅游资源没有充分发掘，游客是进城看城墙，出城看泉塘（珍珠泉和安丰塘），旅游产品没有生命力，无法吸引游客。

二是旅游产品较为单一，缺少新型旅游产品，而传统旅游产品品种也较为单一，度假旅游、休学旅游、文化主题等创新旅游产品开发较少。

三是旅游产品差异化不强，开发模式与全国大部分地区中小型历史文化名城相似，创新性不够。

综上所述，寿县人文旅游产品现在多还是初级产品，对人文资源的发掘、产品创新及开发都还不足，因而经济效益差，也没有真正通过旅游产品带动旅游业发展，实现旅游业的乘数效应。

3.3.2 寿县社会经济环境及旅游业发展现状

寿县是传统的农业大县，经济基础较为薄弱，是国家贫困县，虽然近些年来社会经济有较大发展，但总体发展缓慢。据统计数据显示：2006—2009 年寿县生产总值（GDP）不足百亿元，人均生产总值均不及全省平均水平，而第三产业固定资产投资额度也很少，同比安徽省整体发展属于落后县区，如表 3 – 4 所示。2010—2012 年生产总值有所提高，第三产业投入力度也明显加大，较之于之前旅游业统计数据的缺失，自 2010 年，寿县对于旅游业的重视程度也有所提升，如表 3 – 5 所示。虽然寿县被列为安徽省七个重点旅游城市之一，但其旅游业发展总体滞后。以 2012 年为截面，对比寿县相关经济指标与全省均指，如表 3 – 6 所示，社会经济发展与全省平均水平相差较远，就旅游业发展来说，虽然游客总量略高于全省平均水平，但是旅游业收入相对较低，旅游业对于地方经济贡献力较小。

表 3 – 4　　寿县历年社会经济与旅游业发展情况

年份	GDP（亿元）	人均生产总值（元）	第三产业固定资产投资额（亿元）	旅游总收入（亿元）	游客总量（万人次）	入境游客（人次）
2006	55.5	4185.6	5.48	0.68	62.3	—
2007	66.4	5007.5	8.95	—	—	—
2008	88.4	6160	9.15	2.5	64.5	—
2009	93.4	6850	18.84	3.5	90.8	—
2010	107.3	7832	28.53	10.5	120.3	3000
2011	103.6	10210	36.9	12	203.2	16000
2012	105.3	7648	47.34	17.95	294.9	—

资料来源：历年寿县国民经济与社会发展统计公报。

表 3 – 5　　安徽省历年社会经济与旅游业发展情况

年份	GDP（亿元）	人均生产总值（元）	第三产业固定资产投资额（亿元）	旅游总收入（亿元）	游客总量（万人次）	入境游客（万人次）
2006	6141.9	10044	1963.1	411.5	6239.1	80.4
2007	7345.7	12015	2713.8	576	7955.4	106.4
2008	8874.2	14485	3646.8	731.1	10070.3	132.1
2009	10052.9	16391	5026.6	908.9	12424.3	156.2
2010	12263.4	20888	6439.1	1151	15547.4	198.4
2011	15110.3	25340	8093.9	1900.6	22800	265.2
2012	17212.1	28792	10724.4	2617.8	29531.5	331.5

资料来源：历年安徽省国民经济与社会发展统计公报。

表 3－6　　2012 年寿县相关经济指标同比全省均指

项目	GDP（亿元）	人均生产总值（元）	第三产业固定资产投资额（亿元）	旅游总收入（亿元）	游客总量（万人次）	入境游客（万人次）
全省均指	170.42	28792	106.18	25.92	292.39	3.28
寿县	105.3	7648	47.34	17.95	294.9	—
差额	65.12	21144	58.84	7.97	－2.51	—

资料来源：根据历年安徽省国民经济与社会发展统计公报整理所得。

3.3.3　寿县人文旅游资源开发存在的问题

3.3.3.1　老城区保护不足，新城区特色模糊

随着社会经济发展和城镇化步伐的加快，各地历史文化名城尤其是中小历史文化名城从最初的古城“仿古现代化”到现在的城市空间拓展的运动——“跳出古城、建设新区”。[49]这样的发展过程让历史文化名城的风貌发生了巨大的变化：城内古旧建筑的拆除，建设仿古式的现代建筑；为了城市化发展需要，改变原有古城格局和街巷纹理；过度的城市亮化工程更是让古城失去古韵。而新城建设中没有与古城建筑风貌相统一，而是追随现代化的建设格局和式样，造成与古城的风貌脱节，古韵尽失。这一切变化可能是中国现有的125座历史文化名城中的很多县或市级的中小型历史文化名城所共同遭遇的“风貌危机”。

寿县古城墙围着的3.65平方公里居住了近12万人口，人口密度极高的古城内，各类仿古式建筑林立，成片的五到六层的居民楼加上木板雕花、琉璃屋顶便算是仿古，各种颜色的墙体斑驳，各类近代所谓的“仿古建筑”夹杂其中，古文庙三进式院落被横面切断，拓宽为街道。真正的一些古建筑却又被招牌、霓虹灯等所覆盖。寿县古城除了它较为完整的古城墙之外，城内很难感受其作为楚都或是宋城的韵味。而南门外新城区建设继续是仿古式与现代化建筑相夹杂，新城特色也很模糊。一座古城失去古韵，一座新城没有特色，作为文化型的旅游目的地便失去了灵魂，因而其旅游业发展遭遇困境。

3.3.3.2　理念问题导致经济与旅游发展的恶性循环

旅游资源的开发理念是一切开发活动及旅游业发展的前提，理念的缺失或错位会导致经济与旅游发展的恶性循环。一方面，准确的开发理念可以引导产品开发方向及特质，可以树立地方品牌形象并形成城市影响力，开发理念是需要细化并具有一定独特性的，只有这种理念才能引导寿县旅游业另辟蹊径，获得较快发展。

另一方面是旅游业发展的理念错位，寿县一直以来都将工业放在首位，而忽视旅游强县的功能。虽然是以农业为主的县域，也寄希望于招商引资引进工业带动县域发展，但多方面因素导致其招商引资难度大，工业难以发展。到2008年寿县出台新城区建设，提出“南工北旅的特色经济建设格局”。但是综观寿县区域位置，北与产煤大市淮南毗邻，南是六安地区的中心城市六安市，西与省会合肥相邻，东与铁矿大县霍邱相靠，而寿县除了古城资源，没有矿产资源赋存，没有中心城市的集散功能，也没有特殊的交通

优势，除了发展农业便只剩下历史赋予它的厚重的文化资源和旅游资源。但地方导向至今依然是将工业产业作为主导产业，引入小型的钢构厂，发展地方水泥厂，污染型的末类企业被引入寿县来充实所谓的“南部工业区”。以前曾有研究者认为，寿县旅游业在文物古迹保护与旅游资源开发的博弈中被围困而难以发展。笔者认为，合理的旅游资源开发可以促进文物保护，而错误的发展理念和环境的污染却足以毁了寿县仅存的文物古迹。寿县旅游业的滞后与旅游强县的信念缺失有着极大的关系，守着优厚的旅游资源，旅游业发展却得不到足够的重视，而重点发展的却又是破坏环境，破坏资源的产业，这才是对当地旅游业发展的严重制约。落后经济与不合理的发展理念无力支持旅游业的发展，旅游发展缓慢及其低经济绩效也无力反哺经济，在恶性循环中，寿县宝贵的旅游资源在消耗，而地方经济发展也得不到实质性的突破。

3.3.3.3　开发零散各自为政，难以形成产业集聚效力

寿县各景点隶属不同的开发公司或经营企业，各景点各自为政，零散经营，长期恶性竞争，没有充分整合，无法形成旅游产业集聚效力。在20世纪90年代前后，在很多经济落后的地方，政府无力开发旅游资源，将景点和景区以长期出租的形式，租给不同的开发商，寿县也不例外，现如今景点分属不同开发公司或是经营公司，这些私人公司以营利为目的，对资源的不合理开发和利用，与相邻景区的恶性竞争，资源的零散开发，旅游开发理念的不统一，旅游产品开发的同质性和协调性等问题，导致寿县资源利用不合理、产品开发不足、吸引力不够、创新性不强、整体管理无序、品牌效应差等问题，严重制约旅游产业的集群化发展，通过整合发展获得产业集聚能力，阻碍地方旅游业的发展。

3.3.3.4　公共政策对于旅游产业干预不足，利益相关群体向心力差

公共政策的干预对于旅游资源开发，产业形成并良性发展有着至关重要的作用，世界银行在1997年的发展报告中就曾指出：政府对一国经济和社会发展以及这种发展能否持续下去有举足轻重的作用，在追求集体目标上，政府对变革的影响、推动和调节方面的潜力是无可比拟的，当这种能力得到良好发挥，该国经济蒸蒸日上，但是若情况相反，则发展便会止步不前。[50]公共政策的推出是政府对旅游业作为的直接表现，而对于落后地区旅游业的发展，政府支持将会产生更为积极的作用。同时政府也是协调利益相关者的重要主体，政府的决心、政策及各项支持措施的落实对凝聚利益相关群体向心力也起着不可估量的作用。

寿县对于旅游业发展公共政策支持并不显著，无论从政府决心到具体实施，如基础设施的建设、政策人才的保障、协调多方利益等方面干预都是不足的。例如古城作为历史文化名城的核心，内部交通堵塞等问题如果通过公共政策调节及政府干预等手段是可以获得较快解决的。政府发展旅游业的决心不强，直接影响到当地居民对于旅游业发展的期望，企业不能从旅游业发展中获得丰厚利益，资源得不到进一步开发，旅游业发展各利益群体向心力不足，产业发展缓慢。

第4章 寿县人文旅游资源开发价值评价

4.1 评价方法选取及体系构建

4.1.1 论文方法选取及说明

基于上一章对寿县人文旅游资源开发存在问题的提出，开发理念缺失、政府支持不足、经济与旅游发展等问题，本章将通过对寿县人文旅游资源开发价值评价的研究来做进一步分析。

层次分析法（Analytic Hierarchy Process）[51]是由美国运筹学家 T. L. Saaty 提出的一种多目标、多准则的决策分析方法。基本原理是根据问题的性质和要达到的总目标，将问题分解为不同的组成因素，并按照因素间的相互关联、影响及隶属关系，将因素按不同层次组合，形成一个多层次的分析结构模型，并最终归结为最底层（如决策方案）相对于最高层（如总目标）的相对重要性的权重的确定，以及优劣次序的排列问题，从而为决策方案的选择提供依据。AHP 被广泛地应用于各个行业的评估与决策之中，在旅游业中较多地被用于旅游资源的评价及开发策略的研究中。最早是保继刚于 1988 年就在《旅游资源定量评价初探》[52]中建立评价模型树，采取专家群决策的方式对北京市旅游资源相关指标进行比较，获得各个层次权重，再依据这个权重标准对相关景点的赋值进行比较，评价北京市各景点资源优劣。而随着研究的发展，对于 AHP 运用也越来越灵活，其可以用于获取统一指标权重，解决各景点资源之间的评价比较，也可以用于某一目的地资源评价与开发策略研究。本文将根据寿县人文旅游特质，设计模型评价树，并通过专家群决策对寿县人文旅游资源开发中需要关注的相关方面进行两两比较并得出权重。

4.1.2 层次分析方法实施步骤

层次分析法在具体运用过程中大体分为五个步骤：明确问题、建立层次结构、对各因子进行赋值、构造判断矩阵、层次单排序及一致性检验、层次总排序和一致性检验[53]。具体操作如下：

第一步，明确问题——寿县人文旅游资源开发综合评价问题。依据国家对于《资源分类、调查与评价》的标准以及学术界对于资源价值开发研究较为深入的研究成果[54]，结合寿县人文旅游资源丰富的中小历史文化名城的特质，构建针对寿县人文旅游资源开发价值的评价体系。

第二步，建立层次结构——在对影响寿县人文旅游资源相关指标选取后，进行层次划分，分出目标层、准则层、指标层，构建寿县人文旅游资源开发评价模型树。主要包括目标层（A）：即层次分析所要达到的总目标；准则层（B）：即采取某种措施、政策、方案等来实现预定总目标所涉及的中间环节；指标层（C）：即对上两个层次会产生影响的各个指标；因子层（D）：也是基础层即对前面各层次产生影响的各因子。每层之间相互联系，具体可假定 A 层元素中 A_k 对次层次中的元素 B_1，B_2，B_3，…，B_n 有关系，如图 4－1 所示。

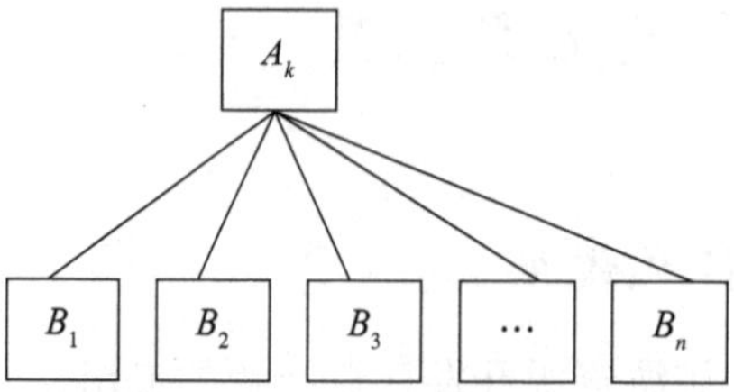

图 4－1　A_k—B 关联图

第三步，邀请专家以填表的方式对各因子进行赋值，满分为 10 分，从 1～10 分值对应因子层对目标层影响效力由弱到强。专家还需对各因子进行对比，按照等同重要、稍微重要、明显重要、强烈重要、极端重要等判别等级，分别以 1、3、5、7、9 或其倒数作为量化标准，对于同一层次的各因素相对于上一层次的某项因素的相对重要性给予判断，提出意见。

第四步，构造判断矩阵，根据专家打分，对同一层次的各因素对于上一层中相对应因素的影响重要性进行两两比较，构造判断矩阵，以 A_k—B 关系为例，构造矩阵如表 4－1所示。而评判指标及含义说明，在矩阵中 b_{ij} 相对于 A_k 来说，B_i 相较之 B_j 的相对重要程度，一般由 1～9 及其倒数标度，具体标度指标及含义表示如表 4－2 所示。

表 4－1　判断矩阵 B 层构造

A_k—B	B_1	B_2	B_3	…	B_n
B_1	b_{11}	b_{12}	b_{13}	…	b_{1n}
B_2	b_{21}	b_{22}	b_{23}	…	b_{2n}
B_3	b_{31}	b_{32}	b_{33}	…	b_{3n}
…	…	…	…	…	…
B_n	b_{n1}	b_{n2}	b_{n3}	…	b_{nn}

表 4－2　评判标度及含义

标度 a_{ij}	含义
1	B_i 比 B_j
3	B_i 比 B_j
5	B_i 比 B_j
7	B_i 比 B_j

续表

标度 a_{ij}	含义
9	B_i 比 B_j
2，4，6，8	指以上两判断之间的中间状态所对应的标度值
倒数	用 B_j 和 B_i 相比较，评判值为 $b_{ij}=\frac{1}{b_{ji}}$

第五步，层次单排序及一致性检验。层次单排序是指根据判断矩阵计算对于上层某元素而言，本层次，设为判断矩阵 B，与之有联系元素的重要性次序的权值，设为 W，根据：$W=[W_1, W_2, \cdots, W_i, W_n]\ T$，则有：

$$BW = n \cdot W$$

W 是判断矩阵 B 的特征向量，n 是 B 的一个特征值。根据线性代数知识可以证明，n 是矩阵 B 的唯一非零的，也是最大的特征值。求出满足：

$$BW = \lambda_{max} W$$

特征根与特征向量，式中 λ_{max} 为 B 的最大特征根，W 为对应于 λ_{max} 的正规化向量，W 的分量 W_i 即为所有对应元素 B_i 的单排序的权值。

同时本文采用和积法求解判断矩阵的最大特征根及其所对应的特征向量，具体计算过程如下所示：

（1）将判断矩阵每一列归一化：

$$\overline{b_{ij}} = b_{ij} / \sum_{k=1}^{n} b_{kj} \quad (i = 1,2,\cdots,n)$$

（2）对列归一化的判断矩阵，按行求和：

$$\overline{W_i} = \sum_{j=1}^{n} \overline{b_{ij}} \quad (i = 1,2,\cdots,n)$$

（3）将向量 $\overline{W} = [\overline{W}_1,\overline{W}_2,\cdots,\overline{W}_n]^T$ 归一化：

$$W_i = \overline{W}_i / \sum_{i=1}^{n} \overline{W}_i \quad (i = 1,2,\cdots,n)$$

（4）计算出最大特征根：

$$\lambda_{max} = \sum_{i=1}^{n} \frac{(AW)_i}{nW_i}$$

其中，$(AW)_i$ 表示向量 AW 的第 i 个分量。

由于判断矩阵是专家主观判断的数值矩阵，判断能力可能不准确，因而要对判断矩阵是否满足一致性的标准给出检验。若判断矩阵 B 满足完全一致性，设 B 的最大特征值为 λmax，一致性指标定义为 CI（Consistent Index）为：

$$CI = \frac{\lambda_{max} - n}{n - 1}$$

$CI=0$ 为完全一致，CI 值越大，偏离一致性越大；反之，则偏离一致性越小。

为了得到一个对不同阶数判断矩阵均适用的一致性检验临界值，需要考虑一致性与矩阵阶数之间的关系，因而引入平均随机一致性指标 RI 修订 CI，具体 RI 对应的1～9阶判断矩阵的值如表4－3所示。

表4－3　平均随机一致性指标 CI 的修正值 RI

阶数	1	2	3	4	5	6	7	8	9	10	11	12	13	14	15
RI	0	0	0.58	0.90	1.12	1.24	1.32	1.41	1.45	1.49	1.52	1.54	1.56	1.58	1.59

用 CR 代替 CI，进行一致性检验为：

$$CR = \frac{CI}{RI}$$

当 $CR<0.1$ 时，认为判断矩阵的一致性可以接受，否则就需要对判断矩阵进行重新修订。

第六步：层次总排序和一致性检验。层次总排序需要从上到下逐层顺序进行。对于最高层而言，其层次单排序的结果也就是总排序的结果。假如上一层的层次总排序已经完成，元素 A_1，A_2，…，A_m 得到的权重值分别为 a_1，a_2，…，a_m；与 A_j 对应的本层次元素 B_1，B_2，…，B_n 的层次单排序结果为 $[b_{1j}, b_{2j}, \cdots, b_{nj}]^T$（当 B_i 与 A_j 无联系时，$b_{ij}=0$）；那么，B 层次的总排序结果如表4－4所示。

表4－4　层次总排序计算

层次 A / 层次 B	A_1	A_2	…	A_m	B 层次的总排序
	a_1	a_2	…	a_m	
B_1	b_{11}	b_{12}	…	b_{1m}	$\sum_{j-1}^{m} a_j b_{1j}$
B_2	b_{21}	b_{22}	…	b_{2m}	$\sum_{j-1}^{m} a_j b_{2j}$
⋮	⋮	⋮	⋮	⋮	⋮
B_n	b_{n1}	b_{n2}	…	b_{nm}	$\sum_{j-1}^{m} a_j b_{nj}$

同层次单排序思想方法相同，层次总排序也需要进行一致性检验，一致性指标 CI 为：

$$CI = \sum_{j=1}^{n} a_j (CI)_j$$

其中，$(CI)_j$ 为与 A_j 对应的 B 层次中判断矩阵的一致性指标。

层次总排序的一致性指标的随机一致性指标 RI 为：

$$RI = \sum_{j=1}^{m} a_j (RI)_j$$

其中，$(RI)_j$ 为与 A_j 对应的 B 层次中判断的随机一致性指标。层次总排序的最终一致性检验指标 CR 为：

$$CR = \frac{CI}{RI} = \frac{\sum_{j=1}^{m} a_j (CI)_j}{\sum_{j=1}^{m} a_j (RI)_j}$$

当 $CR \leqslant 0.1$ 时，认为层次总排序的计算结果满足一致性要求，否则，需要调整判断矩阵，直至满足一致性。

最后结合专家多轮赋值结果，将其乘以相对应各因子权重值，测算出目标层即寿县人文旅游开发的综合评价的最终值。

4.1.3 评价体系构建及相关解释

评价指标体系构建，是使用层次分析法能够进行科学评价的最为重要的方面之一。本文将通过对已有研究的分析和筛选，再结合寿县人文旅游资源及开发的具体现状进行修正，构建适合研究地的评价指标体系。资源开发价值最终衡量标准是开发后对旅游业发展的影响，因而本文在已有的研究中所构建的指标体系作为指标海选范围，一是以旅游总体资源为评价对象的文献，保继刚（1988）[55]提出的旅游资源定量评价初探中所构建的指标体系具有一定代表性，其指标体系共选取资源价值、景点规模、旅游条件三大综合指标层、十大项目评价层及十一个评价因子层；张结魁（2003）[56]提出的旅游资源开发评价模型体系构想中，将旅游资源和旅游资源市场进行分开评价，并形成若干评价因子。二是从旅游目的地开发竞争力角度进行评价的文献，选取 Ritchie 和 Crouch（2003）[57]在 CR 评价模型中所提及的区域旅游目的地竞争力提升以及有关资源的核心评估要素；而在 Dwyer 和 Kim[58]的 DK 评价模型中将区域旅游开发重要特质归于三个主要方面，即资源禀赋、人造资源和支持资源。但二者都认为在对区域旅游目的地开发及竞争力评估时应将宏观环境，即社会、经济、政策及市场列入其中，认为在旅游资源产品开发过程中，这些都将成为影响并衡量其开发水平的重要方面。国内的郭舒、曹宁（2004）[59]根据对 64 位相关专业博士生的问卷调查，提出提升旅游目的地竞争力的核心六因素，而易丽蓉（2007）[60]提出的五因素模型，其中所提出的评价因子对本文构建评价指标体系都有一定的借鉴意义。由此挑选并汇总综合评价层和因子评价层的海选指标共 71 项（见表 4－5 和表 4－6）。

表 4－5　　综合指标层海选汇总

序号	海选指标	筛选	序号	海选指标	筛选
1	资源价值	√	9	经济环境	√
2	文化价值	√	10	人造资源	
3	旅游条件		11	支持因素	
4	开发条件		12	环境条件	√
5	旅游价值	√	13	竞争环境	
6	区位特征		14	宏观环境	√
7	资本市场	√	15	需求条件	
8	感知吸引力		16	政策及管理	

表4-6　　评价因子层指标海选汇总

序号	海选指标	筛选	序号	海选指标	筛选
1	观赏特征	√	28	产品开发适宜性	
2	愉悦感	√	29	资源质量	
3	奇特度	√	30	服务质量	
4	完整度	√	31	活动项目	
5	科学价值		32	设施状况	
6	科学考察		33	资源组合	
7	科普教育	√	34	增长见识	
8	文化价值	√	35	投资能力	
9	历史文化	√	36	资源规模	√
10	宗教朝拜		37	市场联系	
11	休养娱乐	√	38	活动组合	
12	景点地域组合		39	企业	√
13	旅游环境容量		40	接待业	
14	交通通信	√	41	目的地管理组织协调	
15	便捷	√	42	环境管理	√
16	安全可靠	√	43	人力资源开发	
17	费用		44	竞合分析	
18	饮食		45	产业结构	√
19	旅游商品	√	46	感知及形象	√
20	导游服务		47	社会文化	√
21	投资能力	√	48	安全保险	
22	政府管理	√	49	投资保障	
23	社区态度	√	50	政策保障	
24	用地条件		51	便利资源	
25	基础设施	√	52	价格竞争	
26	旅游设施		53	区位条件	√
27	景点集中度		54	景区环境	

资料来源：笔者整理。

根据本文的研究主题并结合寿县区域特质，参照以上两大层次指标体系，基于对寿县人文旅游资源开发价值评价的研究目标，确定评价准则层为 B_1 资源价值、B_2 经济价值、B_3 社会价值、B_4 文化价值、B_5 环境价值、B_6 旅游价值六个维度的评价标准，根据六个维度的内容，结合汇总指标，选取、归纳并修正出23个因子评价层，包括 C_1 观赏游憩价值、C_2 珍稀奇特、C_3 规模与丰度、C_4 完整性、C_5 旅游企业收入价值、C_6 旅游产业集群发展效力、C_7 财政收入贡献价值、C_8 旅游拉动就业水平、C_9 协调利益相关者作用、C_{10}

扩大城市影响力、C_{11}基础设施建设、C_{12}历史文化传承价值、C_{13}文化品牌价值、C_{14}科研价值、C_{15}教育价值、C_{16}文物古迹保护、C_{17}生态环境、C_{18}自然与人文环境协调、C_{19}体验价值、C_{20}纪念价值、C_{21}休养娱乐、C_{22}适游性、C_{23}可进入性。其中资源价值下的四项指标是与国家对资源评价因子相一致的。经济价值中的旅游企业收入主要指以旅游资源为依托的企业在旅游消费服务领域的盈利价值，这里以直接旅游企业，即旅游景点、旅行社、住宿企业、餐饮企业、旅游交通企业等为主。对于旅游产业集群发展效力，主要是指旅游产业内部的集聚程度及其发展对其他产业的影响效力。旅游利益相关者，主要是指旅游开发对政府、社区、企业及原住居民的利益影响及协调价值。基础设施建设主要指旅游开发对于为社会生产和居民生活提供公共服务的各项基础设施的改善作用。体验价值强调旅游即时消费产品，如寿县景观、旅游参与活动等对于游客的影响力。而纪念价值是强调旅游商品丰富程度及对游客的吸引力大小。

4.1.4 评价方案实施及专家咨询问卷的相关解释

本文对于寿县人文旅游资源开发评价采用层次分析法中专家群决策的方法，具体步骤如下：一是根据确定评价指标体系设计专家评分问卷，经过两轮专家填写问卷，修正相关指标及数值；二是以专家评分为AHP评价方法的各层次指标两两对比矩阵提供数据支撑，从而为运用层次分析法计算并确定各指标的归一化的无量纲权重向量（W_i）提供依据；三是为专家评分赋以权重，得出最终得分，通过对各层次因子权重、排序，以及相关性等数值的分析，研究每一类因素在寿县人文旅游资源开发中的价值。

专家咨询问卷共分为两个部分，第一部分是要求专家对寿县人文旅游资源相关价值赋分，如寿县人文旅游资源的观赏游憩价值有多高、珍稀奇特程度有多大等，满分10分，专家根据自己对寿县的了解和研究，为每一项因子赋分，而因子评价层相关指标分值之和就得出相应的上一层次分数。问卷第二部分是请专家就各个层次开发价值的重要程度进行比较并给出两两比较的权重，在成对比较过程中是基于层次分析法中Satty给出的9级比例尺的标度来作为评价尺度，即由数值尺度1、3、5、7、9和介于其中的折中值2、4、6、8组成，其中：1 = 同等重要、3 = 稍微重要、5 = 相当重要、7 = 明显重要、9 = 绝对重要，甲与乙比的时候是1 ~ 10数值，而乙与甲比则是1 ~ 10的倒数。因而一份问卷两个部分虽然指标和层次都是一样的，但是所要测度的内容是不同的，第一部分更偏重于测量各个指标价值本身大小，而第二部分则偏重于测度各个指标之间比较重要程度及开发价值的潜力大小，在开发中应该更加关注哪些方面，比如对于寿县人文旅游资源的珍稀奇特价值大家会认为较高，但在开发中不一定会认为是最重要。专家问卷见附录。

本次专家小组共30人，成员主要来源是六安市旅游局相关科室工作人员；六安市发改委相关工作人员；寿县旅游局相关工作人员；地方高校皖西学院资源环境与旅游管理学院、文化与传媒学院、经济与管理学院副教授及以上职称对寿县不同领域有研究的学者。问卷发放两轮，第一次发放问卷30份，回收30份，数据检验不通过的有问题问卷6份，不能够作为研究样本。对不通过问卷的问题进行梳理后，反馈专家并修正，第二轮反馈 6 份问卷，全部收回并通过检验。两次共发放问卷 36 份/次，回收有效问卷 30 份，问卷合格率 83.3%，通过对判断矩阵一致性进行检验，CR 值均小于 0.1，获取数据可用（见表 4－7）。

表 4－7　　专家问卷一致性检验结果

编号	专家 1	专家 2	专家 3	专家 4	专家 5	专家 6	专家 7	专家 8	专家 9	专家 10
CI	0.0269	0.0095	0.0474	0.0604	0.0445	0.0648	0.0792	0.0560	0.0824	0.0479
CR	0.0323	0.0121	0.0608	0.0704	0.0573	0.0707	0.0942	0.0675	0.0952	0.0571
编号	专家 11	专家 12	专家 13	专家 14	专家 15	专家 16	专家 17	专家 18	专家 19	专家 20
CI	0.0673	0.0618	0.0769	0.0707	0.0583	0.0650	0.0549	0.0836	0.0575	0.0580
CR	0.0806	0.0803	0.0978	0.0872	0.0729	0.0783	0.0671	0.0931	0.0706	0.0650
编号	专家 21	专家 22	专家 23	专家 24	专家 25	专家 26	专家 27	专家 28	专家 29	专家 30
CI	0.0463	0.0462	0.0657	0.0600	0.0573	0.0514	0.0516	0.0712	0.0715	0.0492
CR	0.0554	0.0553	0.0741	0.0743	0.0693	0.0591	0.0637	0.0827	0.0769	0.0594

4.2　具体评价结果及分析

4.2.1　各评价层计算结果

通过对 30 位专家对寿县人文旅游资源开发各层次指标重要程度比较，基于对问卷的分析和计算各层次判断矩阵，得出各层次单排序结果如表 4－8 至表 4－14 所示。

表 4－8　　准则评价层各指标对比判断矩阵综合计算结果

指标	B_1	B_2	B_3	B_4	B_5	B_6	W_i
B_1	1	1.12582	1.534957	1.655853	1.645371	1.351479	0.221799
	0.888242	1	1.574452	1.565328	1.478966	0.923991	0.196607
B_2	0.651484	0.635142	1	1.096249	1.109361	0.945337	0.144389
B_3	0.603918	0.638844	0.912201	1	1.191395	0.800466	0.136089
	0.607766	0.676148	0.90142	0.839352	1	0.775864	0.128722
B_4	0.73993	1.082261	1.057823	1.249272	1.288885	1	0.172393

表 4－9　　资源价值维度对比矩阵计算结果

B_1	C_1	C_2	C_3	C_4	W_i
C_1	1	2.012359	1.177636	1.552281	0.33347
C_2	0.496929	1	0.556586	0.584493	0.152383
C_3	0.849159	1.796669	1	0.946876	0.263809
C_4	0.644213	1.710885	1.056104	1	0.250338

表 4－10　　经济价值维度对比矩阵计算结果

B_2	C_5	C_6	C_7	W_i
C_5	1	1.589622	0.954446	0.379308
C_6	0.62908	1	0.91728	0.275394
C_7	1.047728	1.090179	1	0.345297

表 4－11　　社会价值维度对比矩阵计算结果

B_3	C_8	C_9	C_{10}	C_{11}	W_i
C_8	1	0.913686	1.773033	1.355152	0.291724
C_9	1.094468	1	2.213791	1.748753	0.343764
C_{10}	0.564005	0.451714	1	0.86983	0.164423
C_{11}	0.737925	0.571836	1.14965	1	0.200089

表 4－12　　文化价值维度对比矩阵计算结果

B_4	C_{12}	C_{13}	C_{14}	C_{15}	W_i
C_{12}	1	1.229008	0.660349	0.825292	0.222045
C_{13}	0.813665	1	0.582448	0.921128	0.200055
C_{14}	1.514351	1.716891	1	1.230681	0.327885
C_{15}	1.211692	1.085626	0.812558	1	0.250015

表 4－13　　环境价值维度对比矩阵计算结果

B_5	C_{16}	C_{17}	C_{18}	W_i
C_{16}	1	1.216774	1.325806	0.387862
C_{17}	0.821845	1	1.170501	0.326475
C_{18}	0.754258	0.854335	1	0.285664

表 4－14　　旅游价值维度对比矩阵计算结果

B_6	C_{19}	C_{20}	C_{21}	C_{22}	C_{23}	W_i
C_{19}	1	0.969919	1.115818	1.439917	1.373023	0.230193
C_{20}	1.031014	1	1.097279	1.48317	1.202074	0.228019
C_{21}	0.896203	0.911345	1	1.03241	1.361197	0.203797
C_{22}	0.694485	0.674232	0.968607	1	1.075704	0.171838
C_{23}	0.72832	0.831895	0.734648	0.929624	1	0.166153

依据层次分析法相关公式，经过计算得出准则层评价层最大特征值 $\lambda_m = 6.0183$，一致性指标 $CI = 0.0037$，根据平均随机一致性 RI，6 阶修正值 1.24 修正后，一致性比率 $CR = 0.0029$。而对于 B_1、B_2、B_3、B_4、B_5、B_6 的 λ_m 值见表 4－15，而各个判断矩阵的 CR 值皆小于 0.1，因而在表 4－15 中所列矩阵各个指标及特征向量 W_i 均是有效的。

表 4-15 各维度最大特征值及一致性比率汇总

项目	B_1	B_2	B_3	B_4	B_5	B_6
最大特征值 λ_m	4.0125	3.0200	4.0044	4.0106	3.0006	5.0138
一致性指标 CI	0.0042	0.0100	0.0015	0.0035	0.0003	0.0035
平均随机一致性指标 RI	0.9	0.58	0.9	0.9	0.58	1.12
一致性比率 CR	0.0046	0.0172	0.0016	0.0039	0.0005	0.0031

通过以上分析已经得出准则层六个维度向量的权重和因子评价层 23 个指标所对应的判断矩阵的特征向量，即它们的单排序权重值，现在用因子评价层 23 个因子的单排序权重值去乘以各自所对应的准则层六个维度的权重值，即可以评估出因子评价层对于目标评价层的最终权重值 W 及总排序结果，因子评价层各维度各指标权重之和等于上一层次相应维度权重，以资源价值及其相关因子指标权重为例：

$B_1(0.221799) = C_1(0.073963) + C_2(0.033798) + C_3(0.058513) + C_4(0.055525)$，其他各层次也是一样。而准则层各权重之和为 1，即

$$A(1) = B_1(0.221799) + B_2(0.196607) + B_3(0.144389) + B_4(0.136089) + B_5(0.128722) + B_6(0.172393)$$

专家赋分结果也是每个层次相关维度分值之和等于上一维度分值之和。具体如表 4-16所示。

表 4-16 因子评价层总排序结果

准则层 / 因子层	B_1	B_2	B_3	B_4	B_5	B_6	W
	0.221799	0.196607	0.144389	0.136089	0.128722	0.172393	
C_1	0.33347						0.073963
C_2	0.152383						0.033798
C_3	0.263809						0.058513
C_4	0.250338						0.055525
C_5		0.379308					0.074575
C_6		0.275394					0.054144
C_7		0.345297					0.067888
C_8			0.291724				0.042122
C_9			0.343764				0.049636
C_{10}			0.164423				0.023741
C_{11}			0.200089				0.028891
C_{12}				0.222045			0.030218
C_{13}				0.200055			0.027225
C_{14}				0.327885			0.044622
C_{15}				0.250015			0.034024
C_{16}					0.387862		0.049926
C_{17}					0.326475		0.042024

续表

准则层 / 因子层	B_1	B_2	B_3	B_4	B_5	B_6	W
	0. 221799	0. 196607	0. 144389	0. 136089	0. 128722	0. 172393	
C_{18}					0. 285664		0. 036771
C_{19}						0. 230193	0. 039684
C_{20}						0. 228019	0. 039309
C_{21}						0. 203797	0. 035133
C_{22}						0. 171838	0. 029624
C_{23}						0. 166153	0. 028644

根据上述计算得出寿县人文旅游资源开发各个指标层次开发重要程度综合评价参数，具体如表 4 – 17 所示。

表 4 – 17　　安徽寿县人文旅游资源开发价值综合评价参数

目标评价层 A	准则评价层 B	权重	因子评价层 C	权重
安徽寿县人文旅游资源开发价值综合评价 权重：1	B_1资源价值	0. 221799	C_1观赏游憩价值	0. 073963
			C_2珍稀奇特	0. 033798
			C_3规模与丰度	0. 058513
			C_4完整性	0. 055525
	B_2经济价值	0. 196607	C_5旅游企业收入价值	0. 074575
			C_6旅游产业集群发展效力	0. 054144
			C_7财政收入贡献价值	0. 067888
	B_3社会价值	0. 144389	C_8旅游拉动就业水平	0. 042122
			C_9协调利益相关者作用	0. 049636
			C_{10}扩大城市影响力	0. 023741
			C_{11}基础设施建设	0. 028891
	B_4文化价值	0. 136089	C_{12}历史文化传承价值	0. 030218
			C_{13}文化品牌价值	0. 027225
			C_{14}科研价值	0. 044622
			C_{15}教育价值	0. 034024
	B_5环境价值	0. 128722	C_{16}文物古迹保护	0. 049926
			C_{17}生态环境	0. 042024
			C_{18}自然与人文环境协调	0. 036771
	B_6旅游价值	0. 172393	C_{19}体验价值	0. 039684
			C_{20}纪念价值	0. 039309
			C_{21}休养娱乐	0. 035133
			C_{22}适游性	0. 029624
			C_{23}可进入性	0. 028644

同时将咨询问卷第一部分，专家为寿县人文旅游资源开发各指标评分结果汇总，如表4-18所示。

表4-18　寿县人文旅游资源开发各指标评分结果汇总

指标	得分	指标	得分	指标	得分
观赏游憩价值	6.73	协调利益相关者作用	5.8	生态环境	7.4
珍稀奇特	7.3	扩大城市影响力	7.1	自然与人文环境协调	7.03
规模与丰度	6.33	基础设施建设	6.4	体验价值	6.97
完整性	6.53	历史文化传承价值	8.43	纪念价值	7.53
旅游企业收入价值	6	文化品牌价值	7.87	休养娱乐	6.3
旅游产业集群发展效力	5.87	科研价值	7.67	适游性	6.43
财政收入贡献价值	5.8	教育价值	7.67	可进入性	6.93
旅游拉动就业水平	5.77	文物古迹保护	8	总分	6.32

4.2.2　分析评价结果

将各专家对寿县因子指标层的各指标评分，并将所得分数与其各自所得权重相乘，获得各个专家得分，并进行加权平均，可以得出寿县人文旅游资源开发价值评价总分为6.32分。相对于评分阈值10分来说，专家对其评价也只是在中等稍稍偏上的水平，从赋分可见，专家对寿县人文旅游资源禀赋是持肯定态度，但对其开发所产生的现有价值评价不高，可见当地人文旅游资源开发存在诸多不足，没有充分实现资源价值向经济价值和社会价值的转化。下面就各个指标的权重进行具体分析。

对于矿产资源匮乏、经济落后的寿县来说，历史所赋予它的积淀成为这个地方最为宝贵的财富。但是观察资源价值层下的四个因子指标层中观赏游憩价值、珍稀奇特、规模与丰度、完整性这四个子指标的权重，我们可以发现此次研究的重要意义所在。按照寿县以往旅游规划和开发中，打造与宣传的重点一般是在“寿县拥有保存完好的宋代古城墙、有规模较大的古建筑群落、是国家历史文化名城，资源特质珍稀。”但是在实际研究中，可以看出，寿县一直最为强调的，作为打造重点的“珍稀奇特”价值确实权重最低，只有0.0338，可以充分说明寿县古城在多年的城市化进程中已遭受严重的破坏，其珍稀奇特价值严重受损。而规模与丰度和完整性分别只占到0.0585和0.0555，都是远低于观赏游憩价值0.0740的。而观赏游憩价值意味着什么？这里不仅有观赏，观赏古建筑，观赏古遗迹，同时还要有“游憩”，包含了修养和娱乐两层含义，因而对于寿县人文旅游资源开发价值不仅仅存在于其赋存丰厚的历史文化，更要发掘其游憩价值。

经济价值（0.1966）权重仅次于资源价值，这也充分体现了寿县开发人文旅游资源的经济意义以及发展的巨大潜力。对于寿县这个国家贫困县经济效益是至关重要的一点，从旅游的经济因素和旅游的经济影响两个层面来说，寿县都是属于较弱的区域。一般经济发展与旅游发展是呈正相关的，但是旅游作为可以有效带来就业机会和提高收入的经济体，通过旅游经济体的发展拉动经济增长的也屡见不鲜，国内云南发展、栾川模式、凤凰奇迹都是旅游业推动经济发展的典型例子。因而经济价值对于寿县人文旅游资源开发的价值来说是最被关注的，其之下的三个指标权重相差不多，其中专家对于旅游企业收入价值提升的关注度相对较高。

另外便是旅游价值（0.1724），旅游价值可以说是旅游活动效益的一种体现，对于旅游目的地主体，旅游价值体现在其经济性和社会性，也是之于旅游目的地发展非常重要的两个方面，而对于游客来说休养娱乐、体验、纪念等都是旅游价值所在，而其中纪念价值权重最高说明，目的地之于游客的纪念性对于旅游价值的实现非常重要，例如代表旅游目的地特色的旅游商品就极具纪念意义，而旅游商品不仅可以满足游客实现游客所需求的纪念意义，还可以有效地宣传目的地，同时也为旅游目的地企业带来经济收益，因而其获得价值权重较高。

社会价值（0.1444）在寿县人文旅游资源开发过程中也是重要的因素，其中拉动就业水平、协调利益相关者以及扩大城市影响力都是寿县人文旅游资源开发价值实现的指标性体现，社会价值与经济价值在某种意义上来说是相辅相成的，而旅游业发展的本质就是极具社会性的。

文化价值（0.1361）与环境价值（0.1287）所获得权重相对较低，说明虽然寿县将楚文化作为地方性特色文化，但却不具备独占性，追溯楚文化的主源是中原文化，而早期楚文化中心是在湖北省大部和河南西南部，楚文化晚期的中心是江苏、浙江、安徽，因而很难将楚文化完全聚焦在寿县。对于寿县另一张名片是历史文化名城，截至2014年8月17日，全国已有125座历史文化名城。因而以上两点虽是寿县特征但同质性太强，尤其是在寿县古城不断地开发和建设过程中，掺杂了太多的现代建筑，修旧不能如旧的破坏，导致专家对其文化价值与环境价值权重评价较低。

将因子评价层指标 $C_1 \sim C_{23}$ 的专家权重进行降维排序，便可清晰地看到各个指标在寿县人文旅游资源开发中的价值现状及重要程度（见图4－2），可见所有指标中，权重最大的指标是旅游企业收入价值，其次是观赏游憩、财政收入，寿县人文旅游资源开发对当地经济发展产生的助推作用是不可小视的。可进入性的问题随着现在寿县交通地位的提升已经不再是阻碍其旅游业发展的主要问题，而传统的历史文化名城的品牌价值已经不足以成为扩大其城市影响力的绝对优势所在，因而其价值权重排位较低，而这些都将成为本文需要讨论与解决的问题。

综上所述，寿县人文旅游资源开发价值综合评价指标体系基本能够合理地反映寿县作为以人文旅游资源为主的旅游目的地在人文旅游资源开发价值中，各指标的影响力及潜力。某种意义上说，从评价结果可以看出专家对于寿县人文旅游资源开发更多的是看重其经济效果的体现，而对于寿县人文旅游资源开发亟待提升的地方是对其历史性和文化性的深层次发掘，以及差异化产品的开发及品牌的创新发展。

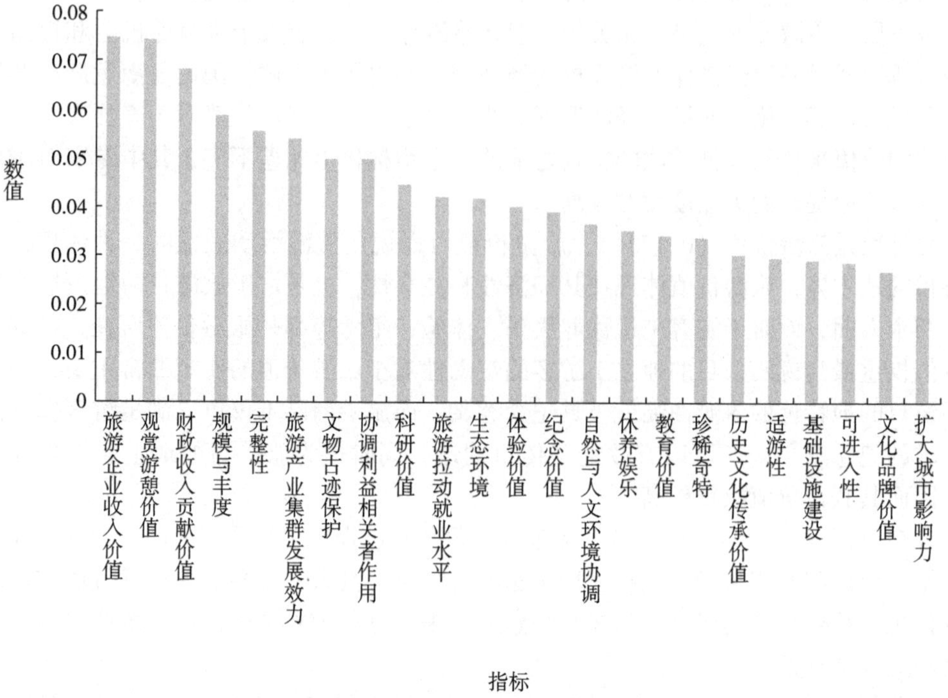

图4－2　因子评价层指标权重排序

第5章　寿县人文旅游资源开发对策

5.1　寿县人文旅游资源开发理念及模式构建

5.1.1　确立古城活化开发理念

基于上述对于寿县人文旅游资源的评价与分析，历史文化名城寿县作为特殊的文化产业，以及其资源的特殊性，本章将寿县人文旅游资源开发的理念定为：可持续发展的活化开发理念。可持续发展是因为寿县是以人文旅游资源为主，其中历史文物古迹等单体资源数量较多，因而对于古迹遗址等的开发必须要考虑到可持续发展的问题，必须要做到保护与开发并重，以开发促进保护的实现。活化开发，即指在保护继承的基础上实现旅游的开拓与创新。如何实现“活化开发”？下文将通过寿县人文旅游资源开发目标的确立和资源开发模式的构建进行具体说明。

5.1.2 人文旅游资源开发目标及开发模式构建

依据前文研究的各项结论，结合现阶段旅游业发展的环境及背景，本章提出采用“主—亚核”联动开发的模式构建寿县为文化型游憩功能城市的目标。对此具体有以下说明：

一是关于文化型游憩功能城市的解释：其关注的主要是“文化型”与“游憩功能”两点。所谓“文化型”可以是历史文化、民俗文化或其他特色文化等，但都是具有其文化独特性或独有性。而这种文化在开发过程中需要具体化、突出化。所谓“游憩功能”强调的是在对旅游目的地开发过程中凸显其休闲度假功能，既要能创造闲适无压的休养环境，又能够提供城市的各种便捷功能。在这里提出打造寿县旅游目的地的游憩功能的原因一方面是结合前文研究，在专家的评价中寿县人文旅游资源开发价值权重较高的是观赏游憩价值这一指标。另一方面是旅游业快速发展的时代背景，在一国或一个地区国民生产总值达到3000美元时，即表示这个区域进入休闲度假市场快速发展的阶段。[61]从2010年中国人均GDP达到4461美元来看，我国在4年前就已经进入了休闲度假旅游阶段，而到2013年中国人均GDP已经达到5414美元。尤其是从2009年《国务院关于加快发展旅游业的意见》文件出台后，为了进一步满足人民群众日益增长的旅游休闲需求，促进旅游休闲产业健康发展，在2013年初国家又发布了《国务院办公厅关于印发国民旅游休闲纲要（2013—2020年）的通知》，明确提出到2020年要切实落实全民带薪休假制度。在2014年8月《国务院关于促进旅游业改革发展的若干意见》文件中，提出的积极发展休闲度假旅游、大力发展乡村旅游、创新文化旅游产品以及积极开展研学旅行。国家这一系列政策的推出是本章提出依托人文旅游资源，开发文化型游憩功能城市的时代依据。

二是对“主—亚核”文化型游憩功能城市开发的具体布局，通过实现逐片专用目的地开发的方式，形成“主—亚核”的联动开发模式。这里“主核”就是绵延7公里城墙所围着的3.65平方公里的古城，主要以创新文化旅游产品以及研学旅游产品开发为主。“亚核”是指依托散落在郊区的人文旅游资源单体，划片开发并建立专用旅游目的地，如乡村旅游目的地、野外宿营地、休闲运动目的地等，可以形成多个“亚核”共同发展的开发格局。每个“亚核”都有其特定的游憩功能可以满足不同游客一系列深层次的心理需求。根据Cohen（1979）、Crompton（1979）、Mathieson和Wall（1981）[62~64]的研究表明，游客的心理需求主要包括：逃离世俗的心理需求、放松的心理需求、娱乐的心理需求、强化家庭关系的心理需求、身份地位的心理需求、社会交往的心理需求、学习的心理需求、自我实现的心理需求、实现愿望的心理需求和购物的心理需求等。这些心理需求将影响着人们对于度假类型的选择，而采用“主—亚核”联动开发模式，以文化型游憩城市开发为目标，希望通过开发多样化的旅游产品来迎合游客的不同心理需求，以达到吸引更多游客的目的。具体如图5-1所示。

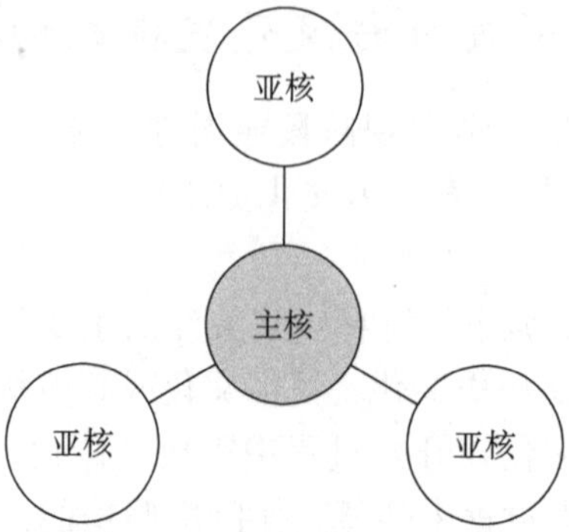

图5-1　文化型游憩功能城市“主—亚核”联动开发模式

5.2　寿县人文旅游资源开发具体对策分析

5.2.1　主核改造与亚核开发

5.2.1.1　古城风貌恢复及相关改造

如前文所述，寿县古城内部风貌已经遭到严重破坏，“修旧不如旧，仿古不似古”让古城变得“古不古，洋不洋”，而在2014年7月寿县与其他七座古城墙一起正式踏上“申遗”之路。无论申遗是否成功，古城内建筑风貌的保护、恢复与改造工作将成为古城保护与旅游发展的重要内容。在近些年许多历史文化名城或世界遗产地的建设经验中，建筑风貌延续是关注的焦点，如安徽绩溪、西递、宏村等遗产地在改造与建设中为了较好体现当地风貌和特色，大量采用白墙黛瓦和马头墙等传统元素，虽然也有学者提出风貌延续与特色塑造的困惑，提出有关“审美疲劳”的质疑，但是不得不说这种统一的外部建设风格和色彩，凸显了当地的文化特色，形成徽州地区特有的文化标识，起到了很好的宣传效果，对游客也产生了强大的吸引力。再如，苏州园林城市，其建筑风貌延续苏州园林的小巧精致、古典而风雅，也是采用自己带有标志性的建筑风貌。因而对于一座历史文化名城，既然是有历史有文化，那首要的是发掘清楚到底是什么历史和什么文化，从中萃取出最具代表性又能独一无二的一段历史或一种文化，来统一古城建筑风貌，而不是采用笼统的普遍存在的“仿古建筑”，古城是否能够活化，“仿”什么古很重要。对寿县而言，就现有研究表明，值得称道的历史主要是后楚时期，而城墙及部分古建筑群又属于宋代时期，因而寿县在古城风貌恢复前首先要确定以哪一段历史为主，选择什么样具有标识性可以与其他历史文化名城相区别的建筑风貌，改造古城内近现代建筑使其与历史文化和现存古建筑群落能在建筑风貌与外观色调上保持一致。

关于古城内拥堵情况的改造。这里拥堵的一个原因是居民太多，虽然现在政府已经在着手将城内居民外迁，但至今城内居住人口依然庞大，不利于旅游开发及发展。城内当地居民数的控制及限制，是发展古城旅游的另一个关键问题所在。拥堵的另一个原因是城内车辆过多，内部交通现状亟待改变，寿县古城内需要通过禁止机动车量及各种非机动车辆进入，推行绿色观光游览车的方式来解决城内拥堵问题。而游览车的设计也需要结合寿县整体文化风韵，与建筑风貌相协调，甚至可以还原历史交通工具，使用部分牲畜车，对于游客也是真正体验和融入寿县古城文化氛围的一种参与方式。寿县古街巷是当地一笔宝贵的人文旅游资源，因其或以姓命名，或以巷叙事，或以巷记史，各具特色。比如“留犊寺巷”名称就有千年历史，据载是东汉末年寿春县令时苗上任时带一辆牛车，后“居官岁余，牛生一犊”，离任时说，犊为此地所生，遂留犊而去。寿春人为纪念他的清正廉洁，以此为巷命名。这种故事在寿县很多，可以说寿县每一个街巷都有源远流长的史事与传说，但已有开发却没有在街巷文化上深度发掘，街巷中的部分单体资源没有与古城整合开发。因而按照寿县街巷纹理设计游览线路，以统一的绿色游览车串接寿县街巷，形成特色旅游线路，结合史事传说，深度发掘景点，都将成为寿县人文旅游资源开发的重点。为游客营造在古朴宁静的街巷中感受古城深厚历史和文化的氛围。

5.2.1.2 新城功能定位

寿县在建新城基本是按照现代化的设计形式而建造的，虽然也掺杂一些仿古建筑，但已然全无古韵。因而对于新城的功能定位为喧闹的娱乐和购物区，刚好与古城内的静逸游览相配合。新城区建设力主功能完备，设施方便，各项基础设施配套到位。打造多样化娱乐场所，也可效仿丽江古城和阳朔西街，打造酒吧文化和演绎文化，形成时尚动感的娱乐区，与古城相映成趣，满足不同游客的需求，让东部游客不用千里迢迢往西部感受酒吧文化，近在咫尺，周末度假，放松休闲，既能感受文化的厚重，沉静自己的心境，又可以休闲娱乐充分放松自己，感受时代的气息。

这里要提到的寿县现在正在推行的“南工北旅”，这里北旅不成问题，“南工”要用什么样的工业，不应该是污染性工业，而是要严格控制企业类型，污染型企业是绝对不能作为引进对象的，同时也不该全是靠费尽心思的招商引资，而是需要组织并发挥地方自营企业的力量，发展地方特色产品，发掘新的文化型旅游产品。环境是寿县旅游业发展的根本保障，生态环境破坏了，再深厚的历史文化资源也会失去开发的价值。

5.2.1.3 “亚核”专项旅游目的地开发

“亚核”专项旅游目的地开发是基于寿县除古城外，周边也散落很多的遗址遗迹，因为分散，所以一直以来都呈现各自为政，散状经营的状态。通过“亚核”专项旅游目的地的开发，可以有效地将各个散落的文化景点联系起来，形成规模经营和集群效应。这里“专用旅游目的地”这个名词在国外旅游研究中早已不是什么新鲜词汇，Eric Cohen 和 Chris Ryan 都有提及并倡议建立专用旅游目的地，他们在研究中提及建立这类旅游目的地的目的是避免游客进入未被破坏的自然景区，具有环境友好的特征。笔者所提出的建立“专用旅游目的地”既沿用他们所提出的以环境友好为目标，同时结合中国旅游业发展现状及国民需求，在本章提出每一个专用旅游目的地为一个亚核，每一个“亚核”有特定的主题，比如以距古城约30公里的安丰塘景区，古称“芍陂”，是春秋时期“楚相孙叔敖”所造，至今已有2500多年历史，是我国古代著名的四大水利工程之一，也被誉为“天下第一塘”。有这么深厚文化底蕴的安丰塘却是游客寥寥，究其原因，游客说：来就看一个大水塘和一个小亭子，其他什么也没有了。文化景点过于单一化的孤立开发是造成寿县周边散落景点吸引力不强的原因。因而可以依托每一个散落的文化景点，开发“亚核”专项旅游目的地，每一个“亚核”有一个主题，通过这种方式实现单体人文旅游资源的多元化开发。以安丰塘为例，就可以以它为中心形成一个休闲运动“亚核”区，主要以各类户外运动为主，如垂钓、山地车、高尔夫等，接待自驾游的游客，推行“4+2”家庭周末度假游模式，即到了这个“亚核”景区，自驾游家庭可以自带自行车，也可换乘租用当地自行车，主推休闲的家庭周末度假主题。再如，古城西郊原寿西湖农场附近可形成休闲农业“亚核”度假区，主推观光农业，采摘体验，可以通过租用给游客小块土地种植权利的方式，让游客自己种植，游客不在时由管理人员照看，周末或假期游客来自己照看，等收获时游客可以自己采摘，享受劳动成果。这对于出生在城市的孩子，也具有很好的教育和科普作用。同样在城北的八公山区也可以结合山上古庙遗址，以及每一年庙会等节庆活动开发创意旅游产品，形成一个独立“亚核”。

通过这种“亚核”专用旅游目的地的开发，结合“主核”——古城人文旅游资源开发，打造寿县成为文化型游憩功能城市，历史文化名城赋予寿县文化旅游产品开发的金字招牌，既贴近乡村又不失城市各项便捷设施的新城和周边各个特色“亚核”旅游区，都将着力打造寿县成为“文化之城、休闲之都”，把到寿县观光的游客变成度假的游客，只有招来了游客，留住了游客，才能让寿县人文旅游资源发挥其旅游开发的经济价值和社会效益。

5.2.2 品牌重塑与客源市场定位

5.2.2.1 品牌重塑

寿县从1986年开始打着“历史文化名城”的金字招牌至今，旅游业却依然是缓慢发展状态，原因之一就是寿县大而化之地用“历史文化名城”作为它的城市旅游形象和品牌，是不足以凸显其人文旅游资源特色与旅游目的地品牌形象的。全国历史文化名城125座，安徽省就有5座。寿县只有重塑旅游品牌，才能和众多历史文化名城相区别，也才有可能从众多历史文化名城中脱颖而出。根据上文分析，本章将寿县人文旅游资源开发的形象定位为“文化之城、休闲之都”，主要通过特色旅游产品打造“历史文化型休闲度假胜地”。传统上，提及“休闲度假胜地”人们都会想到名山大川或是海滨胜地，而如何将历史文化名城打造成休闲度假胜地，就是上文已经说明的“主—亚核”联动开发模式，依托历史文化名城资源整合，开发“专用旅游目的地”的特色产品，塑造寿县全新的旅游品牌形象。

5.2.2.2 客源市场分析及定位

国内旅游市场现今处于转型期，通过研究可以将其归纳为以下八个方面的主要特点：一是游客行为从传统的观光游览向休闲度假型转变；二是节假日旅游兴起，短途旅游需求旺盛；三是自助游和散客游将逐步占据市场成为出游主体；四是出游时间趋短，旅游者偏好充分放松的旅游方式；五是旅游者对文化旅游产品的需求日益迫切；六是游客对旅游过程中的参与性和体验性要求更高；七是自驾车旅游时代的到来；八是家庭旅游将成为流行趋势。

根据国内旅游市场的分析，对于寿县的客源市场定位，目前一级市场主要就是以寿县为核心的皖江和皖北城市带，在寿县周边资源型城市居多，工业发展的城市多为客源地，而旅游发展的地方即为目的地，将寿县开发成区域重要的旅游目的地城市。在周边自驾车4小时城市圈范围内的城市，寿县应该是最适宜发展旅游的，可以作为这些工业城市以及经济和政治中心城市的后花园。随着发展，寿县客源市场可以扩展到自驾车6小时城市圈，不仅可以成为安徽大部分城市游客的度假地，同时可以成为湖北、河南等周边省份城市的度假地。总而言之，对于目前的寿县主要定位就是打造周边居民短线旅游目的地，大力推广周末游和短期休假游。部分“亚核”景区可以实施会员制，对寿县除新城之外的“主—亚核”目的地实施“限游式”管理，以景区最佳容量为上线，而非是最大容量，为游客提供舒适的休闲环境。因为对于这类资源独占性不强的旅游目的地并不能单纯依靠资源特色来占领市场，而且还需要靠特色产品、定制化服务和优化的管理来获取市场份额。因而对于寿县客源市场的另一个层面的定位，就是打造部分精品化旅游目的地，实施定制化管理，优化度假环境，为分时度假的小众游客提供高质量的度假环境与服务。

5.2.3 政府作用与政策支持

5.2.3.1 政府作用

发展旅游业政府作用无可替代，而政府对于发展旅游业的信心、决心以及政策的支持力度也将直接影响着旅游业的繁盛程度。政府在协调社会各方面力量，统筹各部门，进行旅游目的地整体形象宣传，都起着积极的作用。但是也有很多地方政府旅游管理部门权力小、职能弱，难以统筹各相关部门推动旅游业的发展也是客观存在的问题。在现行旅游行业发展过程中，政府行为大致可以划分为三个层次：一是中央政府的宏观决策，二是地方政府的综合管理职能，三是各级旅游主管部门的行业管理职能。在现阶段，从中央政府宏观决策层面，对旅游业的发展重视程度是有目共睹的，尤其是国务院旅游工作部际联席会议制度的确立，把旅游工作放在了一个更高的战略协调机构中，也是对全国旅游工作制度的重大调整。从地方政府层面，近年来地方政府发力推进旅游业发展的例子层出不穷，如云南省就是采用政府主导型发展模式，设置强有力的旅游行政管理部门，对地方旅游业实行垂直管理，并实施旅游业优先发展的产业政策，在云南省政府强势推动下，实现了旅游经济的快速增长。可见政府的支持对于旅游发展的重要程度，因而在很多地方，政府主管旅游部门旅游局相继升格为旅游发展委员会，如云南、海南、江西、广西等多个省（自治区），以及海口、杭州、黄山等多市。升格后的旅游主管部门被赋予更多职能，也拥有协调多个部门，统筹发展旅游业的能力。对于寿县现在就是存在政府作用小、功能差和能力弱的问题，尤其是涉及历史文化和遗址遗迹的旅游地资源开发，对于政府能力的要求更是不可忽视。而这就需要通过部门机构配置的调整，部门职能的升格等措施来提升旅游主管部门能力。

5.2.3.2 公共政策支持

公共政策的支持及政策导向是寿县人文旅游资源开发的前提条件，旅游公共政策干预可以拓展人文旅游资源开发的深度及广度，公共政策的干预可以加快区域旅游产业发展的速度，实现产业发展促进资源开发，资源开发服务产业发展的良性循环。对于寿县人文旅游资源开发过程中，地方政府的公共政策支持主要集中在以下几点。

一是人文旅游资源开发的各项优惠政策的保障，其中包括土地政策、财政政策以及金融货币政策等，而这些政策组合的干预方式实施也是政府促进目的地旅游项目开发，加快旅游产品转型升级的有力手段和措施。

二是加大地方投入，兴建基础设施。基础设施是旅游业发展最为重要的辅助性条件，也是人文旅游资源开发最为重要的配套服务设施，基础设施建设的好坏直接影响到旅游资源开发品质的高低，也影响着旅游者的旅游体验，关系到游客的满意度。但因其公共属性，必须要由政府牵头，给予强有力的政策支持才能实现基础设施的兴建与优化。

三是内外部交通的疏通及便捷的交通网络的建立。可进入性是人文旅游资源开发的先决条件，人文旅游资源开发再好，景区进不去或者出不来，流速流量不匹配，交通辅助设施跟不上，都将大大削弱人文旅游资源开发的效果。

四是政府统一宣传和营销的支持政策，由政府主持的旅游目的地推介会等各种营销手段，对市场的开拓有着不可替代的效果，政府宣传和营销的角度是针对整个旅游目的地的整体营销，能够产生各个旅游经营者单体营销所无法达到的效果。

五是规范旅游开发以及旅行社、景区、旅游交通、饭店等旅游企业的运营及服务。对历史文化型景区的人文旅游资源开发需要政府的协调与监管，确保人文旅游资源的保护性开发与可持续发展。而对于旅游企业的运营及规范化服务的监管，都是对地方旅游业的健康持续发展起到有力的保障作用。

六是旅游人才的保障。人才是一切发展的根本性条件，科学的开发，合理的经营，规范的管理以及优质的服务都需要人才的保障。通过政府统筹与地方高校和研究机构的合作，以及引进部分高端人才的方式，可以切实保障优质的人力资源输送。

5.2.4 统筹规划与市场参与

5.2.4.1 统筹规划

对于寿县人文旅游资源统筹规划是必须重视的一点，统筹规划的主体一般是政府或行业协会，统筹规划的目的：

一是统筹规划有助于破除各景点间的恶性竞争。寿县很多现有景点是以长期承包的方式分散在各个承包经营者手里，运营过程中形成恶性竞争的市场环境，这就需要政府或行业协会协调各个经营主体共同发展，也只有统筹规划，才有可能实现寿县“主—亚核”联动开发模式。

二是统筹规划有利于旅游产品开发差异化战略的实施。区域内同质产品很多，如安徽境内国家级历史文化名城就有5座，统筹规划可以打破产品同质化、单一化，实现差异化发展。同时还可以破除高等级旅游目的地的“遮蔽”效应，如安徽黄山历史文化名城歙县对于寿县就会产生较大的遮蔽。通过统筹规划，实施差异化旅游产品开发战略可以有效规避上述问题。

三是统筹规划可以在旅游产业集群自组织和被组织的演化过程中起到有力的推动作用[65]。旅游产业集群是一个庞大的系统，虽然在自然界和社会长期演化选择和演化过程中可以形成优化的进化方式，但是统筹规划的外力作用能使其在较短的时间内形成一套效率较高的循环方式和演化道路，尤其是对大系统下无法自觉与主系统保持一致的小系统的协调，起到很好的规范作用。

5.2.4.2 市场参与

鼓励市场参与，是寿县人文旅游资源“主—亚核”联动开发模式实现的关键。政府财政支持是有限的，需要实现寿县人文旅游资源全面开发与深度发掘，必须鼓励社会资金的参与。在《国务院关于促进旅游业改革发展的若干意见》中也明确提到：“建立公开透明的市场准入标准和运行规则，打破行业、地区壁垒，推动旅游市场向社会资本全面开放。”社会自营资本参与寿县旅游规划与发展不仅是为寿县旅游业发展注入强劲力量，同时也是实现寿县人文旅游资源开发中社会价值的直接手段。社会资本参与不仅可以解决政府投资不足的问题，同时可以带动旅游企业创收，增加就业岗位，为本地居民谋福祉，实现政府、企业、社区居民多方利益相关者的协调作用，延展旅游业发展的社会效应。

5.2.5 协调利益相关者

在寿县人文旅游资源开发过程中涉及的相关利益主体主要有政府、景区承包经营者、旅游开发公司、当地居民以及相关的私营企业，所面临的焦点问题有以下几个。

一是政府将资源承包给景区私人承包商，承包期未满，如何协调私人承包商放弃短期利益，接受人文资源统筹开发；

二是旅游开发公司如何与文物保护部门协调，实现人文旅游资源的活化；

三是在与当地居民访谈的过程中发现有不少居民不愿迁出古城，如何协调居民利益与古城开发的问题；

四是古城内在开发过程中，尤其是对部分建筑的开发利用可能会涉及相关私营企业经营场所变动和改造的问题。

对于在寿县人文旅游资源开发过程中所涉及相关利益主体协调的问题时，协调主体应该是政府部门或行业协会，在协调利益相关者过程中可以遵循“谁开发，谁受益；谁支持，谁受益”的原则，以补偿式发展，突破人文旅游资源开发过程中的诸多主体间矛盾。详细地说，比如相关景区私人承包商的利益问题，政府可以通过互相参股的方式，将独立的私人承包商的利益联结起来，让大家有“一荣俱荣，一损俱损”的集体感，可以成立景区管委会或协调会，来协调各个私营景点统筹开发。对于旅游开发公司是在不违背可持续发展的原则下，政府要遵循“简政、放权、搞活”的管理思路，赋予开发企业一定的权力，既有利于人文旅游资源的活化开发，又可兼顾协调开发企业的利益。对于居民外迁和私营企业支持的问题，可以通过一些鼓励政策来实现或者可以实施古城内居民和企业参股的方式，居民和私营企业支持旅游资源开发，旅游业发展了补偿相关居民和企业。

第6章　结论与展望

6.1　研究结论提出

6.1.1　相关概念的界定与理解

本章对于旅游资源、旅游产品、旅游吸引物和人文旅游资源开发等相关概念做了研究，从不同角度形成旅游资源、旅游产品及旅游吸引物的概念图，同时对旅游吸引物及人文旅游的具体概念做了界定。

6.1.2　构建寿县人文旅游资源开发价值评价体系

本章结合多位学者的研究成果，并基于寿县人文旅游资源现状，设计模型评价树，形成三大层次，二十三项细化指标的层次评价体系。通过专家群决策，运用层次分析法对寿县人文旅游资源开发价值进行深度评价，得出对于旅游企业价值提升期望较大，对寿县人文旅游资源开发中观赏游憩价值普遍认可。同时结合专家对于寿县人文旅游资源开发现状以十分制标准进行赋分，得分为6.32分，可见寿县人文旅游资源开发现状并不理想，还存在诸多问题。

6.1.3　提出可持续发展的古城活化开发理念

基于对寿县人文旅游资源的全面评价与分析，提出古城在开发过程中要遵循的“可持续发展的活化开发理念”，对于以古迹遗址为主的遗产地类旅游目的地开发起到很好的引导作用，理念旨在突出保护与开发并重的可持续开发观念。

6.1.4　提出“文化型游憩功能城市”的开发目标

通过对寿县人文旅游资源开发现状的深度分析，结合其资源状况，创新提出打造“文化型游憩功能城市”的目标，树立寿县“文化之城，休闲之都”的历史文化名城新品牌形象。

6.1.5　构建“主—亚核”联动开发模式

根据开发理念及目标，本文创新提出“主—亚核”联动开发模式，即以古城为主核，依托周边散落的人文资源景点开发“专用旅游目的地”，打造多个亚核区，与主核区形成联动效应，产生规模效益。

6.2 讨论与展望

本文依托对安徽寿县人文旅游资源及其开发现状、价值的全面分析与评价，形成开发理念，提出开发目标，构建开发模式，并全面分析了具体实施对策，基本达到预期的研究目标。但是仍然存在诸多不足，需要在以后研究中进一步探讨和完善。

6.2.1 层次分析法发展及运用

本文运用层次分析法的理论原理，但是并未按照传统 AHP 的使用方法用于多个研究对象的评价，构建一个指标体系，计算权重，再对多个研究对象赋分并基于同一指标权重进行对比研究。本文则是针对一个研究对象的不同方面进行构建指标体系，获得权重，探讨研究对象内部各个方面的问题。因而在层次分析法的这种运用方式上值得进一步探讨。

6.2.2 相关理念和模式的深化研究

本文虽然是以历史文化名城寿县的人文旅游资源开发为研究对象，属于实证研究，但是寿县作为中小型历史文化名城，其人文旅游资源开发及发展过程中所遭遇的“瓶颈”问题，具有一定的普遍性，而在本文最后提出的“文化型游憩功能城市”建设和“主—亚核”开发模式，是否在一定意义上具有普遍适用性？是否能够成为全国 125 座历史文化名城中类似于寿县这样的中小型名城且旅游业发展滞后的古城所适用？这些问题值得进一步探讨。

参考文献

［1］ Agarwal，S. Restructuring Seaside Tourism：The Resort Life – cycle，Annals of Tourism Research，2002，29（1）：20 – 60.

［2］ 邓小平．邓小平论旅游［M］．北京：中央文献出版社，2000：4.

［3］ Chris Ryan. 游憩旅游学——旅游需求与影响［M］．马晓龙，黎筱筱，译．天津：南开大学出版社，2010：125 – 153.

［4］ 赵克礼．关中历史人文旅游资源的区域特征与综合开发［J］．陕西师范大学学报（哲学社会科学版），2002，31（3）：102 – 108.

［5］ 张俊．整合历史文化资源打造特色旅游城市——浅析成都市人文旅游资源开发与管理［J］．城市建设，2010（2）：66 – 68.

［6］ 潘立新．历史文化名城凤阳旅游资源开发利用研究［J］．旅游科学，2001

(2): 22 - 24.

[7] 韩国河. 河南省潜在宗教文化旅游资源开发研究 [J]. 郑州大学学报（哲学社会科学版）, 1995 (4): 77 - 81.

[8] 李万兵. 武陵源景区的民族生态旅游资源开发研究 [J]. 贵州民族研究, 2013, 34 (154): 147 - 150.

[9] 黄光文, 朱龙凤. 红色旅游资源开发中的红色文化传承 [J]. 求实, 2008 (6): 92 - 95.

[10] 王力峰. 百色市红色旅游资源开发研究 [J]. 改革与战略, 2005 (10): 38 - 41.

[11] 黄细嘉. 红色旅游资源开发与中部崛起战略实现 [J]. 江西社会科学, 2009 (11): 86 - 90.

[12] 洪静, 赵磊. 山东省节庆旅游资源开发研究 [J]. 理论学刊, 2013 (12): 106 - 109.

[13] 苏建军, 赵多平. 基于AHP法的晋城社火节庆旅游资源开发研究 [J]. 旅游经济, 2012 (6): 122 - 124.

[14] 王立刚, 刘世杰. 发展我国具有民族特点的旅游事业 [J]. 社会科学战线, 1980 (4): 108 - 110.

[15] 陈文峰. 人文旅游资源开发中应注意的问题及建议——以历史文化名城商丘为例 [J]. 生产力研究, 2007 (10): 82 - 84.

[16] 张胜, 毛显强. 提升人文旅游资源价值的环境经济政策分析——以世界文化遗产平遥古城为例 [J]. 中国人口·资源与环境, 2003, 13 (3): 66 - 70.

[17] 陶伟. 中国"世界遗产"的可持续旅游发展研究 [J]. 旅游学刊, 2000 (5): 35 - 41.

[18] 吴必虎, 余青. 中国民族文化旅游开发研究综述 [J]. 民族研究, 2000 (4): 85 - 88.

[19] 保继刚, 苏晓波. 历史城镇的旅游商业化研究 [J]. 地理学报, 2004, 59 (3): 427 - 436.

[20] 保继刚, 林敏慧. 历史村镇的旅游商业化控制研究 [J]. 地理学报, 2014, 69 (2): 268 - 277.

[21] 彭华. 关于旅游地文化开发的探讨 [J]. 旅游学刊, 1998 (1): 43 - 46.

[22] 王钠云. 传统保护与现代化进程的矛盾——以四川为例看历史文化名城保护与开发存在的问题 [J]. 四川大学学报（哲学社会科学版）, 2007 (3): 130 - 135.

[23] Paul Phillips, Luiz Moutinho. Critical review of strategic planning research in hospitality and tourism [J]. Annals of Tourism Research, 2014, 48 (5): 96 - 120.

[24] Katerina Angelevska - Najdeska, Gabriela Rakicevik. Planning of sustainable tourism development [J]. Procedia - Social and Behavioral Sciences, 2012, 44: 210 - 220.

[25] Wiendu Nuryanti. Heritage and postmodern tourism [J]. Annals of Tourism Re-

search, 1996, 23 (2): 249 - 260.

[26] Kennedy I Ondimu. Cultural tourism in Kenya [J]. Annals of Tourism Research, 2002, 29 (4): 1036 - 1047.

[27] DT Herbert. Artistic and literary places in France as tourist attractions [J]. Tourism Management, 1996, 17 (2): 77 - 85.

[28] Antonia Besculides, Martha E Lee and Peter J Mc Cormick. Residents perceptions of the cultural benefits of tourism [J]. Annals of Tourism Research, 2002, 29 (2): 303 - 319.

[29] Anda Nicoleta Onetiu, Andreea - Monica Predonu. Economic and Social Efficiency of Tourism [J]. Procedia - Social and Behavioral Sciences, 2013, 92 (10): 648 - 651.

[30] Jürgen Gnoth, Andreas H. Zins. Developing a tourism cultural contact scale [J]. Journal of Business Research, 2013, 66 (6): 738 - 744.

[31] Mathilda van Niekerk. Advocating community participation and integrated tourism development planning in local destinations: the case of South Africa [J]. Journal of Destination Marketing & Management, 2014, 3 (2): 82 - 84.

[32] Joanne Connell, Stephen J. Page, Tim Bentley. Towards sustainable tourism planning in New Zealand: Monitoring local government planning under the Resource Management Act [J]. Tourism Management, 2009 (30): 867 - 877.

[33] 郭来喜，吴必虎，刘峰．中国旅游资源分类系统与类型评价 [J]．地理学报，2000，55 (3)：295 - 297.

[34]《旅游概论》编写组．旅游概论 [M]．天津：天津人民出版社，1982.

[35] 孙文昌．应用旅游地理 [M]．长春：东北师范大学出版社，1990.

[36] 保继刚，楚义芳，等．旅游地理学 [M]．北京：高等教育出版社，1993.

[37] 国家旅游局资源开发司，中科院地理研究所主编．中国旅游资源普查规范（试行稿）[M]．北京：中国旅游出版社，1993.

[38] 吴必虎．区域旅游规划原理 [M]．北京：中国旅游出版社，2004.

[39] 张凌云．市场评价：旅游资源新的价值观——兼论旅游资源研究的几个理论问题 [J]．旅游学刊，1999 (2)：47 - 52.

[40] 梁明珠．旅游资源开发与规划——原理、案例 [M]．广州：暨南大学出版社，2008.

[41] Neil Leiper. Tourist attraction systems [J]. Annals of Tourism Research, 1990, 17 (3): 367 - 384.

[42] 谢彦君．基础旅游学 [M]．北京：中国旅游出版社，1999.

[43] 马耀峰．旅游资源开发及管理 [M]．北京：高等教育出版社，2010.

[44] 吴必虎．古城重建不如古城活化 [J]．凤凰资讯，2012 (11)：126 - 127.

[45] 梁吉义．区域经济通论 [M]．北京：科学出版社，2009：64 - 68.

[46] Joao Neto Simao, Maria do Rosario Partidario. How Does Tourism Planning Contribute to Sustainable Development? [J]. Sustainable Development, 2012 (20): 372 - 385.

[47] Susan O Keitumetse. Sustainable Development and Cultural Heritage Management in Botswana: Towards Sustainable Communities [J]. Sustainable Development, 2011 (19): 49 -50.

[48] 吴必虎，宋治清．一种区域旅游形象分析的技术程序 [J]. 经济地理，2001，21 (4): 496 -499.

[49] 兰伟杰．中小历史文化名城风貌延续问题研究 [J]. 中国城市规划设计研究院，2011: 5 -7.

[50] 麻学锋．旅游产业转型的理性构建与自发演进 [J]. 经济问题，2009 (2): 124 -126.

[51] 萨蒂 (T. L. Saaty)．层次分析法 [M]. 许树柏，等译．北京：煤炭工业出版社，1988.

[52] 保继刚．旅游资源定量评价初探 [J]. 干旱区地理，1988，11 (3): 57 -60.

[53] 张延飞，颜七笙，丁木华．管理运筹学——模型与方法 [M]. 上海：同济大学出版社，2013: 1 -6.

[54] 杨永德．旅游规划理论与技术应用 [M]. 南宁：广西科学技术出版社，2006: 88 -94.

[55] 保继刚．旅游开发研究——原理·方法·实践 [M]. 北京：科学出版社，1996: 30 -34.

[56] 张结魁．区域旅游资源评价体系构想与实证研究 [J]. 资源科学，2003，25 (3): 90 -97.

[57] Ritchie J R, Crouch G I. The Competitive Destination: A Sustainability Perspective [J]. Tourism Management, 2000, 21 (1): 2 -9.

[58] Larry Dwyer, Chulwon Kim. Destination Competitiveness: determinants and indicators [J]. Current Issues in Tourism, 2003 (5): 369 -420.

[59] 郭舒，曹宁．旅游目的地竞争力问题的一种解释 [J]. 南开管理评论，2004，7 (2): 95 -99.

[60] 易丽蓉，李传昭．旅游目的地竞争力五因素的实证研究 [J]. 管理工程学报，2007，21 (3): 98 -110.

[61] Robert H Wood: Important Issues for a Growing Timeshare Industry [J]. Connell Hotel and Restaurant Administration Quarterly: Ithaca, Feb. 2001: 4.

[62] Cohen, E.: Phenomenology of sociology of tourism [J]. Sociology, 1979 a (13): 179 -201.

[63] Crompton, J: Motivation for pleasure vacations [J]. Annals of Tourism Research, 1979, 6 (4): 408 -424.

[64] Mathieson, A. and Wall, G.: Tourism, Economic, Physical and Social Impacts [M]. Longmans, Harlow, Essex.

[65] 卞显红．基于自组织理论的旅游产业集群演化阶段与机制研究——以杭州国际旅游综合体为例 [J]. 经济地理，2011，31 (2): 328 -332.

国际化视角下桂林旅游产品价值提升研究

作者：高静

指导教师：凌常荣

摘要：桂林作为我国首批面向全世界推介的最佳旅游目的地之一，也是开展入境游最早的一批旅游胜地之一，同样也是我国具有代表性的国际旅游目的地，但是根据近四年国家旅游局官方入境游的数据，我国的入境游人数有所下降，桂林入境游的发展也面临影响，同时桂林的国际影响力和地位也受到威胁。因此，提高桂林旅游的国际市场份额，重新获得国际化地位，推动桂林的国际化旅游目的地建设的步伐已迫在眉睫。

本文旨在立足于国际化视角下，以入境游为背景，选择桂林（包括整个桂林市区及其所有行政区域）作为研究对象，首先收集桂林所有相关的研究背景和文献资料，并以游客感知价值理论为基础支撑，通过国外游客对桂林旅游产品感知价值的问卷调查和实地调查相结合，分析桂林旅游产品价值内涵、外延以及体现，然后根据游客感知价值理论和游客满意度理论，构建出游客感知价值链框架模型进行诊断分析，从而找出桂林旅游产品价值出现的问题和原因，继而针对所出现的问题并结合现状，对桂林旅游产品价值进行针对性的提升，为确保建设性的对策能够实施，也提出了相应的保障性措施。最终，加快桂林国际旅游目的地发展建设以及旅游产品的结构升级，提高其国际竞争力，使之实现全面的产业国际化，致力于将桂林打造成为世界旅游图腾地。

关键词：国际化；桂林；旅游产品；价值

第1章　绪　论

本文为整篇文章的概述部分，通过研究背景、研究意义与目的、研究内容和创新点、研究方法与技术路线四个方面对本文进行简单的概要阐述，明确本文研究的宗旨。

1.1　研究背景

旅游产品的研究一直是旅游学研究中热点问题，对于旅游产品价值的研究则是对其更深一步的探索。国际化视角下，入境游的发展以及桂林旅游业的发展都对桂林旅游产品价值体现存在不同程度的影响。

1.1.1　我国入境游的背景

我国是历史悠久、风景优美的旅游资源大国。纵观我国旅游业的发展历程，起步较晚，自1973年以来，历经了四十三年的发展历史，随着国家经济改革开放的发展，旅游业发展也有了突飞猛进的进步，可以说新中国的旅游业创造了一个奇迹。进入21世纪后，我国的旅游业成为热点问题，并逐渐步入了全民旅游时代。1978年邓小平同志最早提出，“旅游业大有文章可做，要突出地搞，加快地搞”[1]。巨大的发展成就与国家政府和政策的支持同样也是分不开的。2005年在全国文明风景旅游区的表彰大会上，国家旅游局局长邵琪伟提出，旅游业已成为国民经济新的增长点，并完成了从旅游资源大国发展成世界旅游大国的进程。2009年末印发的《国务院关于加快发展旅游业的意见》中，首次提出“将旅游业培育成国民经济的支柱产业”。2013年是中国旅游业发展史上影响和意义重大的一年，先后颁布了《国民旅游休闲纲要》《中华人民共和国旅游法》，使全国旅游行业发展能够有法可依，并确保我国旅游业能够持续健康的发展。2014年国务院发布了《关于促进旅游业改革发展的若干意见》，对我国旅游业的整体改革发展观念、动力、空间、环境和政策都做出了明确的解释并且具体了重点任务分工和进度安排，为我国未来旅游业的发展指明了方向。据UNWTO预测，到2020年，中国将成为全世界第一大旅游目的地和第四大客源国①。

虽然我国旅游业发展现处于快速增长的势头，但是近几年我国的入境游却出现了下滑的态势（见表1-1）。

① 资料来源于世界旅游组织报道。

表1-1　我国近六年入境游外汇收入与入境游接待人数

指标＼年份	2009	2010	2011	2012	2013	2014
入境游客人数（万人次）	12647.59	13376.22	13542.35	13240.53	12907.78	12849.83
同比增长（%）	-2.73	5.76	1.24	-2.23	-2.51	-0.45
入境过夜游客（万人次）	5087.52	5566.45	5758.07	5772.49	5568.59	5562.21
旅游外汇收入（亿美元）	396.75	458.14	484.64	500.28	516.64	522.49

资料来源：中华人民共和国国家旅游局和统计局的统计数据。

由表1-1可以看出，2009—2014年，除了2010年和2011年入境游人数有所增长，其他年份的入境游人数都出现了负增长的现象。导致我国入境游人数下滑的原因是多方面的，针对此现象，我们应该重视入境游，强化旅游业国际化的发展。

1.1.2　桂林旅游发展的背景

1973年，国务院批准桂林成为对外开放旅游城市，使之成为中国旅游开发的“先行者”。桂林同样也是广西壮族自治区重要的旅游城市及中心，是广西旅游发展的龙头，辐射作用非常显著，素有“桂林山水甲天下”的美称。据统计，曾有150多位国外政要到过桂林旅游考察。足以可见，桂林是货真价实的享誉全球。

桂林得天独厚的旅游优势，带动了当地旅游企业的快速发展。2000年5月桂林旅游股份有限公司成功上市。

2005年，阳朔成为世界旅游组织在中国的首个旅游观测点。

2009年12月，国务院将桂林确立为国家旅游综合改革试验区。

2012年，国家发改委确立桂林国际旅游建设为国家战略①。

2013年，广西壮族自治区主席陈武在全区旅游发展大会上，明确桂林成为国际旅游金三角的核心之一。

截至2014年12月，世界旅游组织等在桂林举办了八届旅游论坛会议。

综上所述，在全国入境游总体下滑的趋势和桂林良好的旅游发展环境下，桂林的入境游也将会出现结构性调整，国际游客对桂林旅游产品价值的需求也将面临诸多问题和挑战，提高桂林旅游吸引物的魅力价值以及提升桂林国际化的核心竞争力已是迫在眉睫。

1.2　研究意义与目的

本文对桂林旅游产品价值的研究，旨在推动桂林国际化旅游目的地建设的步伐。

1.2.1　研究意义

2012年，《桂林国际旅游胜地建设发展规划纲要》提出桂林国际旅游胜地的建设，

① 桂林国际旅游胜地建设发展规划纲要（2012—2020年）（以下简称《纲要》）。

但是对于桂林如何加快国际化的进程和建设旅游产品创新路径，仍然没有具体措施。因此，本文的研究意义为：在国际化背景下认清桂林旅游产品价值的内涵、外延和体现，根据发展现状，透过现象看本质，探讨提升价值的路径；扩大桂林国际化市场的份额，构建国际化升级体系；从而加快国际化目的地建设的步伐，也为桂林发展以及其他国际旅游目的地提供价值，提升发展和创新范式。

1.2.2 研究目的

在实践方面，桂林旅游产品价值的优化升级路径的建立，能够解决桂林目前国际化进程中的困境，升级为旅游产业发展的一项路径，旨在促进桂林国际旅游目的地建设，也为其他国际旅游目的地发展提供一些具体的借鉴和措施。

在理论方面，本文从游客感知价值理论出发，结合游客满意理论和体验经济理论，界定了国际化旅游产品价值的内涵、外延和体现，并构建了游客感知价值链框架模型，形成旅游产品价值体系。既为旅游产品价值结构的优化升级提供理论基础，也为以后价值理论的深度研究提供指导性意见。

在方法上，认清国际化视角下游客对旅游产品的价值诉求所在，厘清满意度与忠诚度的关系，论证旅游产品价值提升与旅游产品创新的耦合程度，为实现国际化的产业升级路径做出方法性指导。

1.3 研究内容与创新点

1.3.1 研究内容

本文旨在从国外游客对桂林旅游产品价值的感知满意度出发，把握桂林旅游产品价值的发展现状，提出相应的提升对策，从而对桂林的旅游产品的结构升级及其国际化发展提供一定的指导意义，致力于将桂林打造成为世界旅游图腾地。

本文共分为 7 章，核心章节为第 5、第 6 章，各章主要内容如下：第 1 章绪论。明确本文研究的核心概况，主要介绍桂林旅游产品发展和价值体现所处的国际化背景以及本文的研究意义和目的、研究内容、研究方法、技术路线、创新之处等。

第 2 章文献综述与相关理论研究基础。本章首先介绍本文研究内容相关的重要概念，分别是旅游产品、旅游产品价值和国际化三个概念的综述；然后对相关重要理论依据进行详细阐述；最后就国内外对其研究的现状综述分析。本章为整篇论文提供了理论支撑。

第 3 章国际化视角下桂林旅游产品价值体现。本章首先介绍全国入境游的发展历程和优劣势分析、桂林市的旅游发展环境和入境游的发展状况；然后通过在这些环境背景下，对桂林旅游产品的发展现状进行描述；最终从中挖掘出桂林旅游产品价值的内涵、外延、形成、体现，发现桂林旅游产品价值的影响因素。

第 4 章国际化视角下桂林旅游产品价值诊断研究。本章主要根据国外游客对桂林旅游产品感知价值的问卷调查和相关人员的个人深度访谈，获得数据进行整理分析，通过游客感知价值链模型进行诊断研究，得出桂林旅游产品价值存在的问题，并对此进行原因分析。

第 5 章国际化视角下桂林旅游产品价值提升对策。本章主要根据前面章节中提出的问题，有针对性地对桂林旅游产品价值从提升的原则、技巧和对策方面进行解决问题。

第 6 章保障措施。本章针对上述的对策具体地提出了针对性的保障措施，主要从加强理论研究、服务新诉求方面、创新人才培养进行的保障性措施。

第 7 章研究结论与不足。本章主要根据上述的数据和模型诊断，对桂林产品价值的提升研究做出重要结论，并对此研究提出不足之处和对未来研究的展望。

1.3.2 创新点

（1）研究角度的创新

本文从国际化的视角出发，对桂林旅游产品价值进行分析研究，探索出了研究的新视角。

（2）价值理论的创新

本文在现有的旅游产品概念和游客感知价值理论的基础上，结合桂林旅游发展现状，提出了旅游产品价值层次和维度，建立了游客感知价值链框架模型，形成系统的旅游产品价值评价体系。

（3）实践指导的创新

探索出桂林旅游产品价值国际化提升的创新性技巧和保障性措施，对实践起到指导意义。

1.4 研究方法与技术路线

1.4.1 研究方法

本文综合运用了旅游哲学、旅游社会学、旅游市场学等旅游学的相关学科理论和知识展开研究并进行系统分析。同时采用经济科学研究常用到的文献分析法、实地考察法、个案访谈分析法、问卷调查和定性分析与定量分析等方法进行综合分析，具体主要有以下几个方面。

（1）文献分析法

本文通过大量收集国内外相关的文献资料以及所有相关的理论和研究成果，认真分析桂林旅游的政策方针，系统分析国内外关于旅游产品和旅游产品价值的研究现状，最终通过站在巨人肩膀上进行深入细致的梳理、归纳、演绎，准确充分地掌握资料，保证了文章资料信息的可靠性和系统性，为本文具体的提升研究提供了理论支撑。

（2）实地考察法

笔者为了保证本文数据真实性、客观性，同时也为了全面客观地了解桂林旅游产品发展的现状，故对桂林进行了实地考察，收集掌握到第一手资料与数据，从而能够进行合理的分析与评估，为本文写作提供了可靠的基础数据资料。

（3）个案访谈分析法

实地考察确保了本文的真实性，那么个案访谈则能更深一步地了解桂林旅游产品的具体情况，补充实地考察所获得资料，也为本文调查数据得到了有力的佐证。

（4）问卷调查法

根据本文核心分析问题进行科学的问卷设计，采用抽样调查的方式，并对调查数据进行 SPSS 信度统计分析，为桂林旅游产品价值提供了有力的依据。

（5）定量分析与定性分析的研究相结合

定量分析比定性分析更加精确与精细，定量分析与定性分析的完美结合是经济学研究中经常使用的方法。通过对桂林旅游发展的历史数据特征、关系和变化进行定量分析，结合发展成效再进行归纳和预测，则可以了解桂林旅游的发展现状和未来趋势，对其发展进行定性分析。

1.4.2 技术路线

本文首先以所有与桂林旅游相关的文献资料以及相关基础理论作为依据，通过相关数据整理和收集、实地调查、分析桂林旅游产品价值发展现状和存在问题，在信度较高的问卷保障下，结合游客感知价值链模型诊断分析，建立桂林旅游产品价值的新体系，最后提出如何提升其价值的对策和一系列的保障性措施。根据本文研究的过程，技术路线如图 1－1 所示。

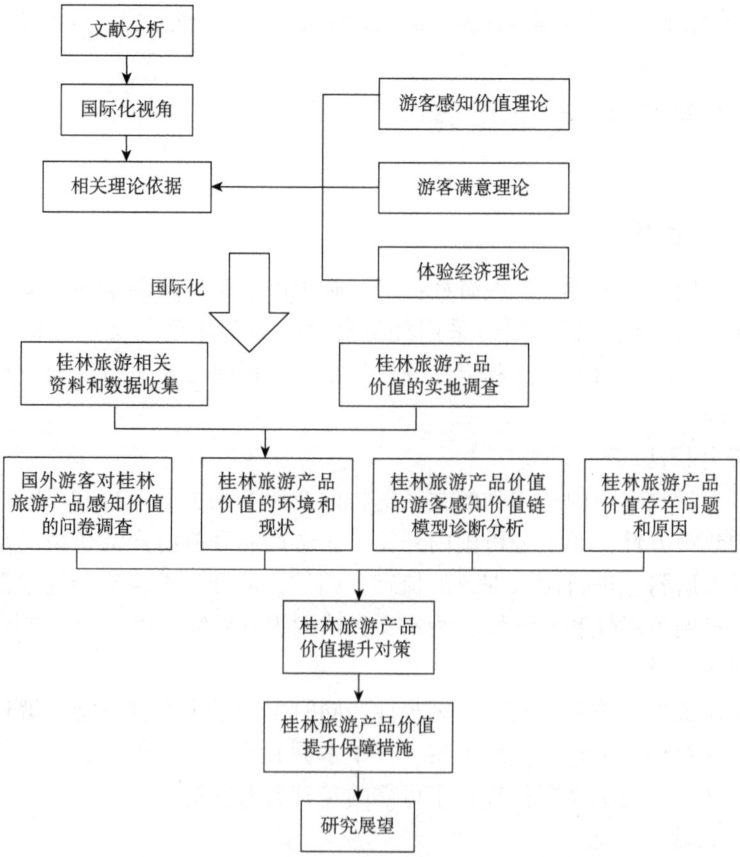

图 1－1 技术路线

第2章 文献综述与相关理论研究基础

本章首先对旅游产品价值的相关概念进行界定，深刻分析游客感知价值理论、游客满意理论和体验经济理论，并对目前国内外对桂林旅游产品价值研究的现状归纳总结，准确把握所有相关理论资料，既为分析桂林旅游产品价值的现状提供理论支撑，也为笔者后期的研究开阔了视野角度，并为整篇文章的后续研究分析做好铺垫。

2.1 相关概念的界定

界定相关概念是研究的根本。本文在国际化视角下研究旅游产品价值的构成，就需要根据研究的核心内容，对旅游产品、旅游产品价值、国际化三个概念进行界定，明确研究问题的本身。

2.1.1 旅游产品

旅游产品可以说是旅游各项活动的核心，在旅游业的发展中和经济收入方面起着举足轻重的作用，同时受到了国内外学者对旅游产品的重视研究。目前国内外学者对旅游产品的定义众说纷纭，国内外对旅游产品的概念也没有得到统一的共识。在英文中，通常用 tourism product，意为旅游产品，而在国内会出现 tourism commodity，tourism resources 等概念的混淆。

（1）国外旅游产品的定义

国外对旅游产品的研究比我国较早，大致可以分为以下两个阶段，20 世纪 80 年代前，学者主要将研究精力放在实证研究上；80 年代后，对旅游产品的基础理论研究开始越来越多。

国外对产品的定义，最具代表性的是科特勒（1997）从市场学的角度指出满足人们需求提供给市场的所有物品[2]。可以看出此产品的定义是从人的需求出发的。

国外对旅游产品的定义主要是结合了旅游和产品本身的概念，然后根据旅游过程形成，从整体上和产品要素分类进行定义的。典型的观点如下：

国外有些学者从整体旅游产品的角度研究，Renaghan（1981）将旅游产品定义为是有形产品和无形服务的组合[3]。Cooper 和 Gilbert（1993）则认为，旅游产品是旅游目的地为游客提供的所有设施和服务，可以用 4AS 表示，即 Attraction（旅游资源）；Access（可进入性即旅游交通运输设施和服务）；Amenities（旅游生活便利设施）；Ancillary Service（旅游辅助服务设施）[4]。

而 Middleton 则指出了与之对应的单项旅游产品（the specific product），认为是整体旅游产品的某部分。并且，Middleton（2001）将旅游产品定义为游客在离家到回家的整个旅游过程中经历的所有要素的组成[5]。

Smith（1994）提出了旅游产品的概念模型，从旅游者的角度出发，分为物质基础、服务、接待、自由选择和参与自由五个核心部分[6]。

Alastair Morrison（2013）教授从旅游目的地方面对旅游产品进行了分类，提出每个目的地（DMO）由有形产品、人力资源、包价产品、活动项目四个要素组成[7]。

（2）国内旅游产品的定义

国内对旅游产品概念的研究从我国旅游业发展开始就一直没有停止过，从旅游产品的整体、构成、要素、经历、供需、旅游目的地、融合等不同方面进行研究，但同样也没有得到统一的共识。

但是，通过笔者大量的文献收集整理，将国内对旅游产品定义最典型的分为以下几类：

（1）整体观和要素观

将旅游产品作为整体研究的学者，普遍认为，旅游产品是个复合的概念，甚至将旅游产品定义为多个要素组合在一起的综合整体。魏小安、冯宗苏（1991）认为，旅游产品是供游客消费的各种要素的总和，典型的旅游产品是旅游线路[8]。陶汉军、林南枝（1994）提出了游客在食、住、行、游、购、娱六要素的旅游过程中产品和服务的总和[9]。王大悟（2000）[10]则更强调是各种服务的组合。曹诗图（2007）认为是物质和精神产品的总和[11]。谢彦君（2008）将旅游产品看作游客旅游中有形的利益与无形满足的总和[12]。除此之外，于荀、张晓桐、屈永超（2015）[13]，孙莎莎（2015）[14]等学者都对整体总和的观念比较认同。然而对旅游产品概念要素的观念也是在整体的观念基础上的，将旅游产品整体分为若干要素组成。可以看出，持整体观念的学者都是将旅游产品分成了若干的要素或层次。王大悟、魏小安（1998）将旅游产品分为整体或单项的，指出旅游者可以根据旅游需要购买整体产品（如包价旅游）或某一个单项旅游产品（如酒店客房）[15]。王琳（2009）将旅游产品形成体系，分为单项旅游产品、旅游线路产品和区域旅游产品[16]。谢彦君（2011）将旅游产品分为原初形态和终极形态，即核心旅游产品和组合旅游产品[17]。

（2）经历和体验观

持此观点的学者将旅游产品看作游客在旅游全程中的全部经历和体验。林南枝、陶汉军对旅游产品的经历也是提倡者，从游客的角度认为旅游产品就是一次旅游经历，整个过程的体验感受[18]。此观点与国外学者麦德里克和密德尔顿等是保持一致的。邹统钎（2002）更加偏重旅游的经历，还认为旅游经历可作为独立的核心概念[19]。同样认为旅游产品是旅游经历观点的学者还有杨森林（1996）[20]、秦宇（2000）[21]等。

（3）供需观

持此类观点的学者，把旅游产品看作供需双方即旅游者和旅游目的地或旅游经营者之间通过所需交换的产品和服务总和。有的学者可能对供需二者中一方面的侧重，也有的学者结合二者之间的综合。林南枝、陶汉军（1994）就是对供需的综合，在《旅游经济学》中，就从不同的角度对旅游产品进行定义，主要是从旅游目的地和旅游者的角度出发，可以说从两个供需的双方在旅游过程中所提供的产品和服务等[22]。李天元（2000）[23]和凌常荣、刘庆（2013）[24]对旅游产品的定义也是偏于供需二者的综合。肖潜辉（1991）则偏向于从旅游经营者的角度出发，并将旅游产品分为旅游吸引物、接待和交通三个部分，并将旅游吸引物放在首位[25]。罗明义（1997）[26]和谢彦君（2011）[27]对旅游产品研究都偏向于从旅游者的角度出发，前者认为旅游产品是在整个活动中旅游者用货币购买的单项产品和服务的综合产品，后者则是认为满足旅游者一切旅游需要的所有物象和劳务的总和。

（4）融合观

通过众多学者对旅游产品的研究分析，后来的学者则借鉴和整合前人的研究结论，形成旅游产品的整体和要素融合，整体和经历融合、概念性和技术性的融合等。例如，林南枝、黄晶（2010）[28]将旅游产品分为总体旅游产品和单项旅游产品，综合了国外学者 Cooper 和 Middleton 的观点，实现了整体和要素的整合。厉新建、张辉（2002）则将旅游产品从旅游者和旅游企业交换的过程与旅游经历的两个过程整合研究[29]。曲玉镜（2002）则强调旅游者组合生产的功能[30]。秦宇（2000）则将旅游产品从概念性和技术性两个方面进行区分和定义[31]。

对以上旅游产品概念的分类并不是绝对的，只是根据各位学者对概念界定的侧重点不同分类的。对概念的归纳总结固然重要，但是不能一味地盲目进行组合，也需要根据自己所研究内容的侧重点，提出针对性的概念，当然也不能偏激与片面。谢彦君（2011）[32]就曾在《基础旅游学》一书中指出，定义旅游产品取狭义而且单一的视角比较好。

因此，笔者根据本文研究的国际化和旅游者感知的角度进行概括，旅游产品是指能在整个旅游过程中满足旅游者身体和心理精神上愉悦需求的产品，以及旅游目的地能够提供的全部有形物象和无形服务的总和。

对于旅游产品的分类，按照性质和功能也有不同的划分。

根据国家旅游局文献资料，结合吴必虎（2001）[33]和陈昱（2009）[34]的分类，按照性质的划分，笔者整理归纳如表 2－1 所示。

表 2－1　　旅游产品的类型

	亚类	类型
传统旅游产品	观光旅游产品	山水观光、草原观光、名胜古迹等
	升级的观光旅游产品	人文观光、主题公园、微缩景观等
	度假旅游产品	海滨度假、温泉度假、度假区、休闲旅游等
	商务旅游产品	政务旅游、会议旅游、奖励旅游等
	文化旅游产品	博物馆、寻根祭祖、宗教旅游等
新兴专项旅游产品	军体旅游产品	军事旅游、体育旅游等
	生态旅游产品	森林旅游、草地旅游、湿地生态、国家公园等
	节庆旅游产品	旅游节、民族节日、文化节等
	教育旅游产品	修学旅游、夏令营等
	购物旅游产品	购物街、免税店等
	农业旅游产品	新农村、农业培育基地等
	工业旅游产品	厂房参观、葡萄酒庄园旅游、工矿旅游等
	乡村旅游产品	民俗村、农家乐等
	医疗旅游产品	康体旅游、保健旅游、养老旅游、康复旅游等
	刺激型旅游产品	探险旅游、赛车旅游、狩猎旅游等
	……	……

资料来源：国家旅游局文献，1999 年。

按照功能，旅游产品可划分为以下四个层次：基础层、提高层、发展层、升华层，如表2－2所示。

表2－2　旅游产品的层次分类[35]

层次	特征	项目内容	产品功能
基础层	观光式旅游	山水观光、人文观光、名胜古迹等	旅游活动的基本形式，旅游者的基本需求
提高层	表演式旅游	舞台表演、少数民族歌舞表演，如印象刘三姐	基础层的提升，结合文化内涵，能够解决游客体验的需求
发展层	亲身体验参与式	亲身体验与游戏娱乐，如采摘	满足游客的自主选择、投身其中的个性选择，是形成旅游品牌特色与吸引游客持久重复消费的重要方面
升华层	学习提升式	娱乐于教，阅历和知识提升，如修学旅游	满足游客的心理和精神追求，提升游客的阅历和文化知识，可以将旅游活动提升新的境界

根据上述两种分类方法，本文主要也通过对旅游产品功能的划分，结合游客感知价值来对旅游产品价值进行划分。

2.1.2　旅游产品价值

由于旅游产品概念的研究本身就存在分歧，没有达到共识，对旅游产品价值的研究则有更多不同的角度进行分析。目前，经济学术界存在三大价值理论，即马克思劳动价值理论、斯拉法价值理论和新古典均衡价值理论[36]。这些价值理论主要是从经济学的角度来评价价值的构成。

国内学者多以经济学的价值理论为基础，将旅游产品的价值从经济的角度分为价值和使用价值。最具代表性的观点：白永秀、范省伟（1999）就提出了旅游产品作为商品在市场经济条件下进行交易，具有价值和使用价值，最终给旅游经营者带来经济效益[37]。张陆、徐刚、夏文汇（2001）根据旅游产品的价值和使用价值分析了对其价格的影响，并进一步提出附加价值[38]。接着，国内的学者逐渐开始在原来经济角度的基础上，意识到了游客在市场中的重要性，结合了游客的需求层次理论和感知理论，逐渐提出了以游客为中心的旅游产品价值。涂佳（2011）也与以上学者的价值和使用价值观点保持一致，并提出旅游产品价值由顾客体验决定[39]。袁国宏、张月芳（2006）则认为，旅游产品价值是旅游者在旅游过程中获取的一切经济价值，包括初级资源、有形商品、无形服务、难忘的体验、引导的转型[40]。曹诗图（2008）从旅游哲学的角度，对旅游价值论进行分析，提出了精神价值[41]。褚士永，孙根年（2010）认为，旅游产品价值不局限于使用和交换，还有一个隐藏的价值，便提出了旅游产品的第三种价值，即符号价值[42]。谢彦君（2011）通过对旅游产品的构成分析，也将旅游产品价值从旅游者和旅游企业角度出发，构成满足旅游者审美和愉悦的效用和价值、旅游企业围绕核心价值做出的多重价值追加[43]。蒋薇（2012）根据游客感知价值理论对乡村旅游产品构建了价值模型，分为审美价值、实用价值、信息价值、体验价值、心理价值[44]。黄炜、陈听、王丽（2013）也是从顾客价值需求角度，对民俗旅游产品创新研究，将顾客对民俗旅游产品的价值维度分为功能性价值、情感性价值、认知性价值和社交性价值[45]。

综上所述，笔者结合旅游哲学和价值理论，从旅游者的需求角度出发，将旅游产品价值分为基础层和延伸层两个层次，四个部分：①旅游产品的本真价值、好客价值、美学价值；②游客消费旅游产品的游憩价值、精神价值、文化价值；③游客消费旅游产品的时间价值、空间价值、体验价值；④游客消费旅游产品的象征价值、图腾价值、自由价值。这些价值的顺序也是根据旅游者需求的层次排列的。

2.1.3 国际化

“国际化”一词是由英语 Internationalization 翻译来的，《韦氏新国际字典》（第三版）中，从动词和名词将国际化定义，动词界定为：使……在关系、影响或范围上成为国际性的；名词界定为：这样的活动或者过程[46]。国际化最早运用在全球各国关系和政治方面，后又应用于经济、贸易方面和各跨国企业等领域中，随着我国加入 WTO，国际化更加成为我国各领域发展的一种观念意识，更是一种创新的方式。

美国学者理查德·D. 罗宾逊（Richard D. Robinson，1989）曾指出，就经济学角度来说，国际化是企业有意识地追逐国际市场的行为体现，包括产品和生产要素的国际流动[47]。奈特（Jane Knight，2004）指出，国际化已在政治科学和国家关系运用了数世纪，在 20 世纪 80 年代早期开始后又在教育部门广泛运用[48]。

国际化在各个领域都得到了广泛应用，目前，旅游领域内国际化的概念还没有统一的共识，国内外学者对旅游国际化的概念研究多以某个或多个侧面表述。

国外学者 Fayed H（2002）[49]和 Johnson C（2005）[50]认为，国际化是旅游经济发展的动力，是一个中心特征，Sam 则认为旅游国际化是在激烈的国际市场竞争、国际标准等环境下，存在供给、资本和全球性的旅游需求[51]。

国内学者则根据自身的研究方向为背景，对旅游国际化的概念表述，代表性的有以下几个：魏小安（2001）指出，旅游国际化是环境、运营和心态三个层面的国际化，对其内容加以总结[52]。王云飞（2007）则从旅游立法的角度，对旅游发展国际化进行定义，他认为国际化应在旅游立法的指导下，在旅游经济、文化传播交流等环境下，各国的制度、指标都与旅游体系融合接轨，同步进行最后达成一致的准则[53]。姚李忠（2010）则认为国际化是旅游城市发展的国际化，重要表现为客源市场和旅游产品的国际化，还强调旅游服务国际化的核心地位，应当与国际接轨，达到国际惯例的标准[54]。赵磊（2011）通过对国内外旅游国际化概念研究总结，最后定义为，是一个国家或地区旅游的要素、功能、知名度等都与国际接轨的过程[55]。李娜（2013）则是从对旅游城市国际化的角度，分析旅游城市的影响因素和指标体系来达到国际化的标准[56]。

通过总结得出，对国际化研究的角度不一样，得出的概念就会有差异，但是学者的研究具有共通点，都是从旅游各个发展要素和多个国家为整体环境背景的。本文的研究是以国际化为视角，笔者将国际化的概念定义为：在全球激烈竞争的复杂环境下，具有全球的开放式观念，以入境游为主线，旅游目的地通过满足国际游客的需求，进而使所有旅游要素顺应国际市场发展趋势，达到国际惯例标准的过程。

2.2 理论研究基础

本文研究主要依据游客感知价值理论，从国外游客对桂林旅游产品价值的感知入手，结合游客满意理论形成对桂林旅游产品价值的研究体系，并根据体验经济理论贯穿研究的实践成果。

2.2.1 游客感知价值理论

20 世纪 70 年代才开始了游客感知的研究[57]，游客感知价值理论是在顾客感知价值理论的基础上延伸而来的，从而提出了“游客感知价值理论”。

（1）游客感知价值的界定

Zeithaml（1988）[58]和 Morrison（1989）[59]等学者开辟了对感知价值的研究，将游客感知价值定义为，从游客心理对旅游产品的成本和利益做出的评价。他们认为，游客购买旅游产品不单单只是满意，而是因为感知价值，提出游客才是价值最大化的追求者。

Stevens（1992）则将游客感知价值表述为，旅游者对目的地购买产品和服务的评估结果[60]。而 Duman 和 Mattila（1998）则将游客感知价值的对象定为：游客在旅游过程花费的时间、金钱与旅游经历的比较[61]。

国内的学者则是随着旅游概念的完善，则进一步深化了游客感知价值理论。陆林等（1996）研究了山岳游客感知行为[62]，吴必虎等（1997）对我国游客的旅游目的地行为进行了感知研究[63]。王斌（2001）[64]做树状图对游客感知进行了分析。黄颖华、黄福才（2007）[65]，董大海（2003）[66]对顾客价值的定义延伸，然后将旅游产品认定为游客在旅游目的地的旅游经历，而游客的感知价值就是游客对旅游目的地的价值感知。蒋薇（2012）则通过对前人的总结，将游客感知价值定义为：游客在旅游过程中的感知得失权衡从而形成对旅游产品的总体评价[67]。

笔者认为，游客感知价值是旅游者在旅游目的地的整个旅游过程中，对旅游目的地提供的一切物象和服务的价值与游客内心标准价值进行比较的过程。

（2）游客感知价值的研究模型和维度

目前国内外学者由于研究的角度和分析要素不同，对其研究选取的维度也不同，从而形成的模型也有差异。

国外学者对感知价值的维度研究，目前主要分为以下两种，一种是单维度研究，感知价值与服务质量、满意度、忠诚度之间的关系，此类研究主要采用 1～5 点不同的测量，用来分析游客感知价值与其他的关系。另一种是多维度研究，这类研究从多综合体验的视角，结合旅游产品体验性质，侧重于探讨游客感知价值量表。但是对研究维度并没有达成一致。①单维度测量研究。Grönroos（1984）较早提出了游客感知和游客满意度为基础的测度模型[68]。Otto J E（1996）论证了游客感知与体验的重要性[69]。Kashyap 和 Bojanic（2000）[70]使用了一个题项 10 点量表，而 Duman 和 Mattila（2005）[71]运用了五个题项 7 点量表，来描述游客感知的单维度测量研究。Hui T K（2006）[72]和 Lee C K（2007）[73]则从不同角度论证了游客感知质量、满意度与游客行为之间的关系。②多维度测量研究。Petrick（2002）开发了游客感知价值量表（SERV－PERVAL），运用到了邮轮旅游中，并提出了服务产品感知价值的五大维度：质量、情感反应、货币成本、行为价格、名誉[74]。Sánchez 等（2006）研究游客购买旅行社包价产品时，编制了 24 个项目的 GLOVAL 量表，并提出了 6 个感知维度：旅行社的功能价值、工作人员的功能价值、旅游产品的功能价值、价格的功能价值、情感价值、社会价值[75]。Martina G. Gallarza 和 Irene Gi 1 Saura（2006）则提出了质量—价值—顾客满意—顾客忠诚链，用于研究大学生的旅游行为[76]。

目前，国内此类研究相对较少，学者大多认同感知价值是一个多维度的概念，对其维度的研究有两个思路，一个是从“利的得、失”，另一个是功能价值、情感价值、社会价值等角度划分，其中感知质量和价格这两个维度最受重视。

张淑青（2005）提出了游客对旅游目的地的感知价值维度：食住行程安排、交通运输、景点环境、服务态度和价格五个方面[77]。黄颖华和黄福才（2007）则提出感知价值包括感知质量、情感价值、社会价值、感知经济成本、感知非货币成本等维度的假设[78]。魏遐和潘益听（2012）编制了湿地公园游客的感知价值量表，包含 7 个维度：服务体验、特色体验、教育体验、成本体验、生态体验、信任体验、关怀体验[79]。

（3）游客感知价值述评

从以上可以看出，国内学者在国外学者的研究基础上，主要以游客感知的多维度进行研究，但是与国外的研究相比仍然差距较大，目前对某专项旅游产品的价值研究还未开发，所以研究深度和广度仍需加强。

2.2.2 游客满意度理论

游客满意度可以说是旅游产品和服务质量评判的标准之一，所以越来越多的国内外学者对其重视起来，通过大量游客满意方面的文献研究，目前国内外对游客满意理论的研究主要从以下三个方面入手。

（1）游客满意度概念研究

国外游客满意度研究起步比较早，也是依据顾客满意度理论发展而来的，最早由皮詹姆（Pizam，1978）提出，是此理论的奠基人。他指出游客满意是游客对目的地的心理期望和经历体验后比较的结果[80]。

Beard 等（1980）在皮詹姆的研究成果基础上，强调游客满意是正面积极的感知或感觉[81]。Kingchan（1994）则更强调游客期望和旅游环境的融合程度[82]。

Baker 等（2000）则全面地提出，游客满意度是游客对旅游地的所有景物、服务等方面满足其需求程度的综合评价[83]。Kozak（2001）还归纳了对其研究的四个方法[84]。Chon 等（2004）则从游客对旅游功能和形象满意的调和程度定义[85]。

国内对游客满意度起步较晚，对其定义的概括具有代表性的有以下几个：

岳怀仁（1998）等将游客满意分为物质、精神和社会3个递进的层次[86]。沈向友（1999）通过旅行社实证研究，讲述了服务实绩和旅游体验对游客满意度的影响[87]。李智虎（2003）等将其认为是一项心理活动，游客内心的期望和效果则决定游客的满意程度[88]。万绪才（2004）等则赞同Baker的定义概念[89]。符全胜（2005）等同李智虎一样认为游客满意度是心理状态，即游客所感知的旅游产品的质量与期望的差异[90]。

综上所述，将游客满意度定义为游客对旅游目的地所有旅游产品的期望与实际体验经历比较的心理过程。

（2）游客满意度的影响因素研究

游客满意度影响因素的研究对提升旅游目的地和旅游产品的水平具有关键作用。国内外学者对其的研究角度不同，侧重点也不尽一样。

Pizam等（1978）首次提出了影响美国麻省的科德角海滨的8个游客满意因子：海滩、游憩机会、成本、好客度、餐饮设施、住宿设施、环境、商业化程度[91]。Dorfman（1979）通过研究野营时，进一步提出了旅游地的各要素还有个人目的、天气环境和期望的影响因子。[92]。Whipple等（1988）则发现，某个单项的满意或不满意都会对旅游目的地总体的旅游产品影响[93]。Bowen（2001）构建模型将影响因素归纳为以下六个方面：期望、绩效、期望与绩效不一致、归因、情感、公平[94]。Akama等（2003）则认为，游客的满意度受到产品和服务的质量、价格和感知价值的影响[95]。Yoona和Uysal（2005）则强调，影响满意度的因素还有游客对旅游地的忠诚度的问题[96]。Spinks等（2005）则认为，游客的性别、年龄、文化程度和旅游经验是影响满意度的重要因素[97]。Hasegawa（2010）对北海道进行研究时，将餐饮、旅游商品、住宿、人员服务、交通、旅游基础设施、旅游地的风光归纳为影响游客满意度的最主要因素[98]。

而国内学者也从不同的角度分析了影响因素。李蕾蕾（1999）从旅游目的地的服务人员、当地居民、其他游客的行为以及当地居民对游客的态度是影响游客满意度的因素[99]。沈向友（1999）则提出影响的两个因素：旅游的服务绩效和体验[100]。陈桓敦和李贤升（2003）则将影响因素分为主观因素（个人属性、过去经验等）和客观因素（旅游地交通、服务设施等）[101]。董观志、杨凤影（2005）等认为，影响因素来自游客自身、旅游景点和游客自身感知三方面[102]。张雅亮（2009）认为游客满意度受认知性和感性两个因素影响[103]。郭静静（2011）则提出了影响游乐型主题公园的游客满意度的六个主要因素[104]。刘静（2012）确定了餐饮、住宿、交通、购物、景区、导游六项服务的六个影响因素[105]。杨新（2012）则证实住宿餐饮购物、旅游资源、基础设施、内部交通、旅游价格五个影响因素[106]。徐龙雁（2014）则认为应从实地考察，具体分析不同旅游目的地对游客满意度的影响因素[107]。黄大勇和陈芳（2015）根据对满意度相关文献进行综述得出，影响满意度的因素则与顾客满意度是相通的[108]。

总体来说，笔者认同陈桓敦和李贤升的看法，认为影响游客满意度的因素主要是两个方面的，游客自身（包括个人旅游经验、旅游次数、文化水平、旅游偏好等）和旅游目的地的整个环境（旅游产品、旅游的氛围、当地居民好客程度）。

（3）游客满意度测评模型研究

目前，国外对游客满意度理论和测评模型研究已经非常成熟。Parasuraman（1988）等运用了关于SERVQUAL量表的研究[109]。Laws（1998）则首次采用了SBA服务流程分析方法，为其测度研究设定测量指标提供了指导作用[110]。Joppe等（2001）对不同国家旅游者的满意度差异比较，利用了重要性—满意度方法，研究了多伦多的游客满意程度[111]。Akama等（2003）通过运用SERVQUAL模型对肯尼亚国家公园的游客满意度进行测度，增加了价格和感知价值设计出了七大属性的测量模型[112]。Petrick（2004）则通过数据的拟合，得出质量是重复购买意向的最佳预测因素[113]。Yuan和Jang（2008）利用方程结构模型研究得出，满意度是长假游客倾向产品积极和直接的影响[114]。Del Bosque和Martin（2008）运用了认知—情感模型，研究得出游客的情绪、满意度或忠诚度以及其他心理因素是影响满意度的重要因素[115]。Crotts等（2009）使用位置偏移分析法，得出高的满意度会促使游客重游并介绍给亲朋好友[116]。

我国学者对游客满意的研究晚于国外，综观国内的研究文献，主要集中在游客满意模型及测评体系研究和对城市的实证研究两大方面。

谢彦君等（2000）[117]、刘俊等（2004）[118]、张海燕（2005）[119]、马秋芳等（2006）[120]都通过利用期望—差异模型进而对游客满意度方面的研究。连漪等（2004）则构建了旅游地顾客满意度指数测评的因果模型和顾客满意度测评指标体系[121]。汪侠等（2006）构建了旅游地游客满意度（TDSI）模型并运用LISREL统计软件验证进而对桂林游客进行研究分析[122]。江波和郑红花（2007）创建了旅游地的服务质量评价模型（TDSQE），并在六大要素基础上增加了社区和人员服务品质要素[123]。王晓丹等（2007）则构建了观光农业游客满意度评价指标体系[124]。刘妍等（2009）结合I/P分析法，对入境游客满意度的调查和评价提供实践指导意义[125]。王金莲等（2010）研究了入境游客对我国非物质文化遗产的满意度及其度量模型[126]。黄宇（2011）构建了适合文化休闲景区的游客满意度测评模型[127]。杨刚（2012）利用期望差异模型对重庆入境游客满意度进行研究，进而提出针对性的相关对策[128]。翟东方（2013）通过构建城市游客满意度测评体系，从而提升其途径[129]。高静和徐长乐等（2015）使用了结构方程模型法分析了信息和经历熟悉对游客满意度评价的和旅游目的地的影响[130]。

通过以上分析得出，国内游客满意度的研究仍然需要进一步深化，增加其研究的广度和范围。

2.2.3 体验经济理论

（1）提出背景

“体验”（Experience）一词在《剑桥美国英语词典》翻译为：the Process of Getting，《辞海》翻译为亲自处于某种环境产生认识，同义词有经验、经历。对此词的定义都侧重于亲身的体会，是感性的认识。苏联学者瓦西留克（1984）则认为，体验是度过各种生活后恢复平衡时的思想活动[131]。国内学者童庆炳（1993）认为体验是人对生命价值的感性把握[132]。

（2）体验经济理论

“体验”一词运用到经济学中，最早由阿尔·托夫勒（1970）提出了“experience industry”。美国学者甘哈曼提出在21世纪会出现第四次浪潮——特种服务型经济，这就是体验经济的雏形[133]。继而约瑟夫·派恩和詹姆士·吉尔摩（1998）提出了“experience economy”[134]。后又在1999年合著的《体验经济》[135]中提出了体验经济的定义：企业分别以服务为舞台，商品为道具，消费者为中心，提供令消费者无法忘怀的体验，也为产品创造新的价值和空间。此书还提出两个观点，一个是他们将人类经济形态分为农业经济、工业经济、服务经济和体验经济四个阶段。另一个是他们将体验分为娱乐体验、教育体验、逃避体验和审美体验四个类型。这两个观点一直为国内外对体验经济的研究作出了基础贡献。随着体验经济的提出和发展，也让学者认为体验经济是人类社会发展的必然趋势，强调了顾客的主观感受和参与性的追求。最后，体验经济理论认为体验的营造需要五个步骤：为体验活动构思主题、用积极信号改善印象、淘汰消极印象、引入纪念品和重视感官刺激。

（3）旅游体验经济理论及其实证研究

体验经济理论的核心内容目前在国内外也都得到学者的共识。然而体验经济在旅游中的广泛应用，也受到了国内外学者的重视。旅游中体验更多的是游客的体验需求，从而使旅游目的地和旅游经营者创造开发出更具个性化和体验价值的旅游产品，来满足游客的需求，从而成为新的价值源泉，也成为旅游深度发展的趋势。

汉沃克尔和克拉普夫（1942）就提出旅游是一次体验，受到国际上的普遍认同。而Ryan（1997）在总结前人研究基础上，提出旅游体验是休闲活动，是游客内心和旅游吸引物之间的互相作用的感觉过程[136]。Cohen（1979）则认为不同的游客需要不同的体验，以此来区分旅游者[137]。Althea（1998）则把体验作为旅游的核心部分进行逐层的分类[138]。Luis 等（1999）则建立了旅游体验的态度影响因素的模型[139]。LiYiPing（2000）则研究了游客的认识和旅游体验的关系[140]。Prentiee 和 Witt（1998）则总结提出了研究旅游体验的五个模型。为以后旅游体验的实证研究提供了方法基础[141]。

国内学者对旅游体验经济理论方面的研究是集中在以体验经济的视角基础上，对旅游中体验需求的产品进行开发研究，如乡村旅游、主题公园、旅游景区、酒店业的研究。

国内是谢彦君教授在1999年最早提出旅游体验定义的，他在《基础旅游学》一书中强调旅游是综合性的体验。胡燕雯、张朋（2003）[142]和吴文智、庄志民（2003）[143]的研究则是和谢彦君的概念一致，认为旅游体验是一个综合的游客感受。邹统钎（2003）则提出了旅游体验的本质是体验的真实性[144]。曹新向（2004）将旅游本质定义为异地体验[145]。刘德谦（2006）[146]、林育彬等（2008）[147]、吕丽辉等（2011）[148]、唐欣然（2015）[149]则都是从体验经济的视角下分别对乡村旅游、饮食文化旅游产品、乡村旅游产品进行研究的。

根据以上研究文献得出，我国的体验经济研究还需要进一步加深，体验本身就是消费者的心理诉求，随着时代的发展，体验的诉求也有所不同，所以对体验经济的研究应当随着市场和环境的发展而变化。

2.3 国内外研究现状综述

国内外研究现状主要通过查到所有相关文献资料进行归纳整理，现综述如下。

2.3.1 国外研究现状综述

国外研究现状主要从旅游国际化、旅游产品和旅游产品价值三个方面的研究现状进行综述。

（1）国外对旅游国际化的研究综述

国外学者对旅游国际化的研究主要集中在影响因素方面、国际化与本土化的关系以及国际化对目的地影响的研究。

影响因素方面。①需求因素。旅游需求对国际化市场来说是基本因素，至关重要，旅游需求同样也受到很多方面的影响。国外学者 Sarat（2003）[150] 和克里斯丁等（2009）[151] 则分别构建了国际旅游需求模型和 ARMAX 模型从需求因素研究国际化的发展。②政策因素。国际化的大背景下，各国与地区的开放政策对旅游者来说也是选择的重要因素。阿基拉（2005）[152] 则将日本 1859—2003 年的入境游政策进行分析，他的研究对日本旅游国际化发展起到重要的指导作用。③创新因素。Allen 和 Gareth（2010）[153] 则提出了国际化本身就是创新的一种新形式。④基础设施因素。国外学者 Chew J（1987）[154]、Crouch G I（1995）[155] 和 Eilat Y 等（2004）[156] 都强调基础设施的条件是重要的旅游吸引力。Jameel 和 Booppen（2008）[157] 则说明交通设施是国际旅游的重要指标。⑤碳税因素。目前大气污染的严峻问题，受到了各界的广泛重视，交通运输是碳污染的一项重要来源。Richard（2007）则研究了航空燃料的碳税对国际化旅游的影响[158]。

国际化与本土化的关系方面。旅游国际化发展中，会出现国际化与本土化相对的两个概念，学者就注意到了如何处理二者的关系的问题。Peggy 和 Lim（2009）[159] 研究认为国际化中本身含有本土化因素，不能消除本土化。

对目的地影响方面。由于旅游业是综合的产业，它的国际化进程就会对目的地各方面产生影响。Harvey D（1989）[160] 和 Chang T C 等（1996）[161] 都提出了国际化的作用力量非常强大，可以消除旅游目的地与客源地的地域空间。Gunturd 等（2003）[162] 则利用一般均衡模型，量化计算了旅游国际化对印度尼西亚经济产生的影响。Stefan 等（2011）[163] 学者提出了一个动态模型，对安提瓜和巴布达进行研究来验证国际旅游需求对其小经济体的影响。

从以上综述可以看出，国外学者对旅游国际化的研究主要通过实证研究来挖掘国际化发展所有相关的问题，但是对国际汇率因素以及旅游目的地文化、环境等方面的影响还未挖掘，需要进一步研究。

（2）国外关于旅游产品的研究综述

国外对旅游产品的研究主要多以实证的形式进行研究，最具代表性的研究内容有以下六个方面：Smith（1994）最早提出了旅游产品的模型，并提出旅游产品的生产功能四个步骤，强调了自由选择的重要性[164]。Law. C. M.（1995）[165]，Coopers. Lybrand（1995）[166]同时对旅游产品开发进行研究。Alsino Cayffnl，Jnae，LLztl（1998）则对遗产旅游产品开发进行了研究[167]。Deepak Chhabra，Robert Healy 和 Erin Sills（2003）则分析了真实性对遗产旅游产品的质量和满意度的作用[168]。Da Conceicao，Goncalves. V. F. 和 P. M. Roque Agues（1997）则研究了生命周期对旅游产品的应用[169]。M. A. Clements，A Georgiou（1995）分析了政治稳定对旅游产品的影响[170]。Kelly，J. McKaay 和 J. Miehael Campbell（2003）通过调查分析了居民对狩猎旅游产品的态度[171]。

（3）国外关于旅游产品价值方面的研究综述

目前国外对旅游产品价值的研究主要从感知价值、服务质量、满意度和忠诚度等角度进行研究，感知价值研究的模型主要有以下三种类型[172]。

价格感知型。代表模型是由 Monroe 和 Krishnan 提出的“感知价值形成模型”。他们还提出了感知价值形成的过程。

质量感知型。代表模型是 Zeithmal 感知价值模型，强调顾客感知的重要作用。同时是对“感知价值形成模型”的修正。

多因诱发型。类型种类比较多，主要有 Oh 模型和 Cronin 模型等。Oh 模型则分析实际与感知价格、服务、满意度等因素之间的相关性。

国外的相关研究都比国内起步早，所以国内研究则要多总结和借鉴国外发展成熟的理论和模型，进而拓展思路和视角进行深度研究。

2.3.2 国内研究现状综述

国内研究现状主要从旅游国际化、桂林旅游和旅游产品及其价值三个方面的研究进行综述。

（1）国内对旅游国际化的研究综述

国内对旅游国际化的研究虽然起步较晚，但是内容的广度上已经达到了一定水平。

旅游目的地国际化研究。国内的学者主要对国际旅游目的地或景点利用文献分析、实地调查等方法进行国际化现状分析，提出相应的发展策略。万旭才（2008）[173]、周旋等（2010）[174]、朱梅等（2011）[175]和唐紫淇（2013）[176]分别提出了对南京、西安、江苏、张家界的旅游国际化发展战略。

旅游国际化教育研究。国内对教育的国际化发展还是非常重视的，主要集中在对人才培养、师资力量、学术研究等方面。如沈杨（2014）[177]和肖璇（2015）[178]则是分别对旅游人才培养和师资水平的国际化研究。

专项旅游国际化的研究。目前国内学者主要集中对休闲旅游、生态旅游、邮轮旅游等 18 个专项旅游或主题旅游进行研究。徐淑梅（2008）[179]通过借鉴国内外冰雪旅游的经验，运用 AHP 分析法，提出了开发战略。

旅游经济管理与国际化研究。此类研究，国内学者是对营销（如品牌、营销手段、网络营销等）和产业方面进行国际化研究。如张俞（2011）[180]对国际旅游岛海南营销中不正当行为进行研究。

旅游文化国际化的研究。主要从本土文化、民俗文化和饮食文化等方面以及跨文化的角度进行研究。王云飞教授（2007）[181]则从法制的角度提出了国际化与本土化的关系。李毅（2010）[182]描述黄山饮食文化来研究旅游的国际化进程。贾远先（2012）[183]则通过跨文化的角度对我国旅游国际化发展研究。黄艳（2013）[184]则通过桂林七星景区的英文标识来进行国际化研究。

旅游国际化研究方法的研究。这类的研究我国起步很晚，所以此类的研究也不多，主要是从旅游城市的评价体系和国际旅游需求的预测入手的。徐海军（2011）[185]等学者对城市的旅游评价体系入手研究，而陈俊等（2005）[186]和张侨、蔡道成（2010）[187]则更关注国际旅游需求的研究，分别运用了 BP 模型和灰色系统模型对云南省、海南中部进行了预测。

国内旅游国际化的研究主要在已有成果的基础上拓展，但是缺乏模型和基础性的深入研究。

（2）国内对桂林旅游的相关研究综述

桂林是首批对外开放的旅游城市，桂林的发展可在一定程度上代表我国的旅游业发展历程，具有代表性作用，对桂林旅游的研究，对于其他地区城市乃至全国的旅游业研究都有一定的指导性作用，同时对推动整个行业的发展具有重大意义。

笔者在知网从 1983 年开始搜索，到 1984 年有了第一篇关于桂林旅游的研究文章。陶法（1984）通过桂林旅游采用电脑化管理提出旅游设施管理的重要性[188]。随着旅游业快速发展，越来越多的学者重视对桂林旅游的研究。主要从以下三个方面对桂林旅游进行研究。

首先，对桂林整体旅游发展研究。王秋红（2001）提出了一条观光加度假休闲的提升桂林旅游发展的最佳途径[189]。朱元恩和李红梅（2005）提出五个新的思维方式提升桂林旅游竞争力水平[190]。阳国亮（2005）强调构建桂林漓江流域旅游圈是桂林旅游发展的新方向[191]。陆军和陆强（2006）则根据客源的主题定位，确定了桂林的休闲旅游新模式[192]。吴郭泉（2008）结合桂林发展现状，提出了提升旅游形象的对策[193]。凌常荣（2013）将桂林旅游发展划分为三个时代，还提出了桂林可持续发展的九大途径[194]。

其次，对桂林旅游产业的研究。如谭乐宁（2008）[195]、陈丽华（2011）[196]、宋婷婷（2014）[197]和王磊（2014）[198]都对桂林的产业进行研究，邓英璐（2014）[199]还融合了文化产业，从而提出了提升的策略来发展桂林旅游。

最后，对桂林旅游产品的研究。王兴斌（2000）做出了一个桂林旅游产品的总体布局设想[200]。杨永德和陆军（2006）则通过分析桂林旅游产品转型过程，提出了休闲旅游的创新型研究[201]。侯子健（2007）[202]和程琳（2008）[203]分别提出通过桂林旅游产品优化创新和转型来发展桂林旅游业。而左莉（2013）[204]则提出了桂林高端旅游产品的开发指导策略。还有学者也提出了从桂林某项旅游产品角度入手。林晓平等（2014）在新加坡召开的ICASS国际会议中提出了发展桂林佛教文化资源整合研究。连漪和樊志文（2015）[205]通过品牌生态为评价体系研究提出提升桂林国际品牌综合竞争力的建议。赵一雷（2015）[206]则对桂林的七星公园提出建设低碳景区的研究。黄传（2015）[207]则提出了桂林的婚庆旅游创新研究。柯球（2015）[208]对桂林代表性的旅行社研究提出了四种散客接待模式。任媛媛（2014）[209]提出了对桂林古村落文化旅游的开发策略。

从收集的文献资料来看，目前对桂林旅游产品价值的研究很少，本文在对桂林旅游研究把握的基础上结合游客感知价值理论提出了桂林旅游产品价值，并提出了12个价值维度来提升旅游产品价值，从而达到提升桂林竞争力和国际市场份额。

（3）国内关于旅游产品和旅游产品价值的研究综述

国内对旅游产品的研究主要可以分为以下三个阶段。第一阶段为起步阶段（1978—1990年），此阶段研究著作很少。第二阶段为发展阶段（1991—1998年），此阶段主要对旅游产品的特性、旅游产品开发及对策、旅游产品生命周期和市场营销的研究。第三阶段为发展阶段（1999年至今），主要有以下五个方面的研究：①生态旅游产品的开发研究。②文化旅游产品方面的研究。③旅游产品利用新的技术和方法进行开发。④旅游产品优化的研究。⑤对专项旅游产品的研究[210]。

国内学者对旅游产品价值的研究还比较少，集中体现在运用相关价值理论进行分析，主要运用的价值理论为CVM条件价值法、顾客感知价值理论、游客感知价值理论、游客满意理论、STP战略等。如目前国内学者多以马克思主义价值理论，将旅游产品的价值分为使用价值和价值。符全胜（2005）通过满意度测度模型分析游客对旅游目的地的质量价值进行了研究[211]。韩哲英等（2007）利用条件价值法（CVM）对森林生态旅游产品价值进行了评估[212]。黄颖华（2007）[213]则通过构建旅游者感知价值的结构模型，探讨旅游者如何形成对旅游经历价值的感知。李林（2009）对顾客期望价值和顾客感知价值的不同含义，在前人对顾客价值研究的基础上设计湖北旅游产品策略[214]。付新月（2013）以“莒文化”为例，基于STP战略对文化旅游产品价值进行研究，并将文化旅游产品价值分为核心价值、关联价值、延伸价值[215]。苏琨（2014）构建了旅游产品中文化遗产类旅游资源价值体系，将旅游资源价值评为总的经济价值体系，将其分为使用价值（包括直接使用价值、间接使用价值）和非使用价值（存在价值、遗产价值、选择价值）两大类[216]。

综上所述，国内对国际旅游目的地国际化视角研究还需要进一步加深，处处都要有国际化的观念和方针，对旅游产品价值的研究还需要从多角度全面系统地深入研究。

第3章　国际化视角下桂林旅游产品价值体现

立足于国际化视角，本章主要对桂林的概况进行描述，分析桂林发展旅游的条件，以及在国际化背景下桂林旅游市场和旅游产品的现状，剖析旅游产品价值，从而对旅游产品价值体现进行定位分析。

3.1 国际化视角下桂林旅游发展的环境分析

国际化视角下，想要对桂林更进一步的研究和分析，首先要把握和了解其整个旅游市场的环境，只有了解大背景以及自身发展现状，才能更好地结合实际情况，有针对性地解决问题。因此，首先了解国际化视角下，全国和桂林的旅游发展状况。

3.1.1 国际化视角下我国的旅游发展环境分析

入境旅游业是敏感性较强、较脆弱的行业，入境旅游受国家旅游政策、国际政治局势、旅游危机事件等诸多因素的影响，入境游客的波动性也会比较大[217]。但是入境游的发展同时也在一定程度上反映了一个国家的国力和经济的繁荣程度。

3.1.1.1 我国入境游的发展历程及现状

我国的入境游是伴随着经济改革开放的步伐稳步发展的。虽然其发展水平与旅游强国有着很大差距，但是我国的出入境旅游进入了一个全新的发展阶段。

本文将我国入境游发展大致分为三个阶段。第一阶段为起步阶段，此阶段是从改革开放 1978 年开始到 1991 年，1978 年的外汇收入仅为 2.63 亿美元，接待人数在世界排名第 41 位。1979 年在全国旅游会议中提出，将外事接待转为经济经营。第二阶段为稳步发展阶段，从 1992 年到 2011 年，从国务院确立旅游业的地位、作为经济的增长点到发展成为旅游大国，虽然在个别年份因为受到“9·11”恐怖事件、次贷危机以及“非典”等全球大事件的影响，此阶段我国的入境游还是保持着稳步增长。第三阶段为腾飞阶段，从 2012 年至今，见图 3－1，2011 年达到入境游人数的 1.35 亿人次，创下新高后，近几年来每年都比前一年发生了小幅度的下降，呈现出负增长，此阶段入境游迎来了一个新的时期，这从侧面反映我国的国际游客入境旅游遇到了困境，影响因素是很多的，但是对于我国入境游的发展只有客观清醒的认识，并创造性地寻求突围方式和路径，调整和完善我国入境游的结构战略，当然还是需要政策和全国各方的利益相关者努力配合，才能建立旅游强国，实现真正的腾飞。

3.1.1.2 我国入境游市场的优劣势分析

最近几年，我国通过举办世界性的活动（如 2014 年 APEC 峰会）等媒介向全球彰显了泱泱大国的实力和良好形象。这为我国入境游的开展奠定了良好的基础。

（1）优势分析

首先，无论我国的自然旅游资源、人文旅游资源还是世界文化遗产，都在全球位居前列。尤其是一些响彻全球的老牌旅游景区，如长城、兵马俑、少林寺、桂林山水等，这些景点在全球都是独一无二的。其次，我国入境游的社会环境非常稳定。我国的政局和治安非常稳定，对入境游客的人身安全还是做到了很好的保障。最后，我国入境游的旅游市场环境良好。我国综合国力不断提升，对旅游业发展也越来越重视，对其快速的发展进行了大量投入。如《旅游法》的颁布实施，保障了旅游市场的秩序；还有对国际

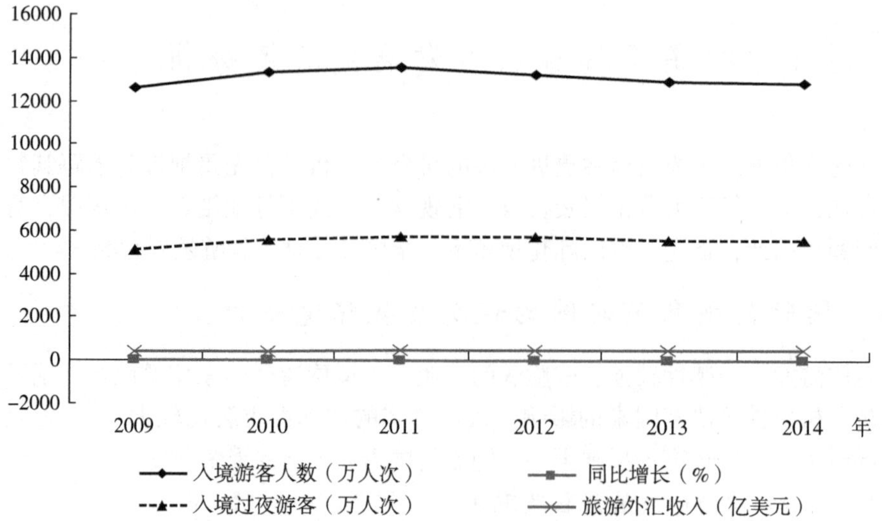

图 3-1 我国近六年入境游外汇收入与入境游接待人数

（资料来源：中华人民共和国国家旅游局和统计局的统计）

交通的建设投入，截至 2014 年末，我国的高铁和高速公路的总里程数均居世界第一。[①]与此同时，我国的食住行游购娱的一系列设施服务都随着经济发展有了很大提高。这些优势大幅度提高了国际游客在我国旅游目的地的停留时间和消费。

（2）劣势分析

我国入境游发展起步晚，发展还不成熟，还处于发展阶段，各项服务都还未达到国际化的标准，与发达国家相比存在很大差距，如全国各区域的入境游发展不平衡、旅游产品服务质量水平参差不齐等。与此同时，我国入境游还面临与相邻几个国家激烈的市场竞争。根据我国的地理位置，我国与泰国、新加坡、马来西亚相邻，还有日本和韩国，这些国家的旅游发展水平甚至旅游产品价格都能够对中国造成威胁，对前来的国际游客有分流的危险。

3.1.2 国际化视角下桂林的旅游发展环境分析

桂林是世界著名的风景游览胜地和中国历史文化名城，发展旅游具有得天独厚的优势，并且素有“桂林山水甲天下”的美称，享誉全世界，是令人神往的国际旅游胜地。

3.1.2.1 桂林市概况[②]

（1）自然概况

桂林市地处广西东北部，属典型的亚热带季风气候，夏长冬短，冬无严寒，夏无酷暑，气候温和，雨量充沛，可以说气候非常宜居。桂林具有经历数亿年风化侵蚀的典型的“喀斯特”地貌，形成千峰环立，一水抱城，洞奇石美的独特景观。

---

① 数据来源于中国高铁网和中国公路网。

② 桂林概况——桂林人民政府门户网站。

（2）社会概况

桂林市辖五个城区和12个县，有壮族、瑶族、回族、苗族等十几个少数民族。地处我国的西南部，享受着我国东南海以及西部大开发、东盟等优惠政策，并且成为它们沟通的桥梁和贯通的枢纽。桂林市已经形成了水、陆、空立体便捷的交通网。桂林有14所大中专院校、8所部省属科研院所、8处国家级和部级产品检测中心、9个国际贸易会展、科研交流、科技培训中心，每年可以向社会提供大量的较高素质人才。桂林历史悠久，历经了中国各朝代的变迁，也为桂林增添了浓厚的历史文化积淀。桂林也获得了众多的光辉荣誉，例如，1973年，桂林评为我国首批对外开放城市；1982年，被列为首批我国的历史文化名城、十大风景游览城市、中国优秀旅游城市等50余项。

（3）旅游概况

①旅游政策环境。桂林在43年旅游史中取得了巨大成就。

1973年，国务院批准桂林成为对外开放旅游城市，使其成为中国旅游开发的“先行者”。同样也是广西旅游发展的龙头，辐射作用非常显著。

2000年5月，桂林旅游股份有限公司成功上市。

2005年，阳朔成为世界旅游组织在中国的首个旅游观测点。

2009年12月，国务院颁布《国务院关于进一步促进广西经济社会发展的若干意见》（以下简称《意见》），其中对桂林的旅游业发展提出了应当充分发挥其自身的优势，建设成全球一流的旅游胜地和集散中心，并重点发展阳朔等旅游强县和特色城镇，也为其他旅游城市作出表率。《意见》的颁布实施为桂林旅游业发展指明了前进的方向。同月，桂林成为国家旅游综合改革试验区，也是全国唯一一个地级市的旅游改革试验区，对推动桂林旅游国际化的发展具有深远意义。

之后，2009年，广西壮族自治区党委和桂林市政府提出“三大名城”的战略定位，即现代国际旅游名城、历史文化名城、生态山水名城，为桂林未来旅游发展指明了方向。

“十二五”期间，桂林市委、市政府完善桂林旅游产业发展布局，提出了“一核、三级、三带”的布局，“一核”是指突出桂林城区旅游文化核心功能，“三级”是培育阳朔、兴安、临桂的旅游增长极，“三带”是由漓江流域旅游带、湘桂走廊旅游带、西南通道旅游带构建旅游发展经济区域①。

2012年11月，国家发展改革委批复《纲要》，标志着桂林旅游建设上升为国家战略②。

2013年，广西壮族自治区主席陈武在全区旅游发展大会上提出“旅游兴桂”战略，建立包括桂林在内的国际旅游“金三角”，成为全球著名的区域性国际旅游目的地和集散地。

自2007年起截至2014年12月，UNWTO等国际组织在桂林举办了八届旅游论坛会议，并永久落户桂林，使桂林旅游跃上了新的台阶。

②旅游经济环境。自2006年以来，桂林全市的生产总值（GDP）已连续8年持续增

---

① 桂林旅游“十二五”规划稿。

② 桂林国际旅游胜地建设发展规划纲要（2012—2020）。

长，虽然增长的速率不稳定，但是一直保持两位数增长。具体见图3-2，可见，桂林市的经济遇到了增长瓶颈。经济水平也会影响旅游发展的条件水平，整体上来说，桂林旅游业发展的经济环境相对较为稳定，但是需要加强经济增长的强项，多方面发展经济增长点。

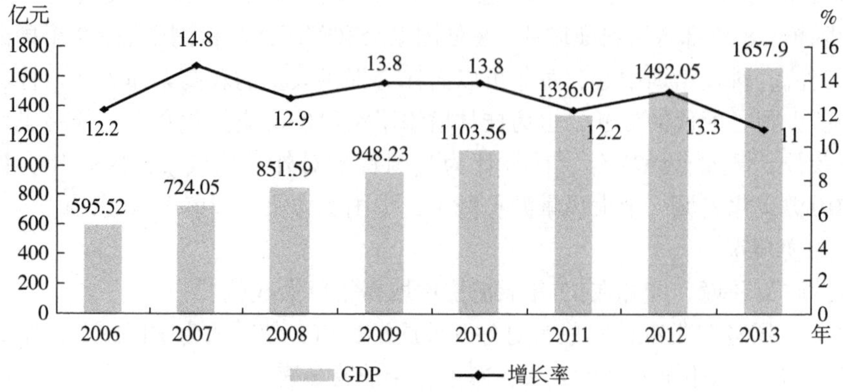

图3-2　2006—2013年桂林全市生产总值及增长率

（资料来源：桂林市统计局）

3.1.2.2　国际化视角下桂林旅游业现状分析

桂林作为一个享誉世界的国际旅游目的地，在中国的旅游业中也占有举足轻重的地位。相对于我国其他的国际旅游目的地，面对共有的客源国市场，面对激烈的竞争，桂林尤其要审视自身的地位，根据自身的情况，进行具体的提升。

（1）桂林入境旅游业在全国地位①

桂林入境游在全国的地位，本文主要从接待规模人数和外汇收入两个方面确定在我国入境游的地位。

①入境游接待规模的地位如表3-1所示。

表3-1　全国与桂林市入境人数对照　单位：万人次，%

年份	全国入境游人数	增长率	桂林入境游人数	增长率	占全国的比重
2008	13002.74	-1.40	201.02	2.0	1.55
2009	12647.59	-2.73	209.85	4.4	1.66
2010	13376.22	5.76	148.62	-15.2	1.11
2011	13542.35	1.24	302.79	21.0	2.24
2012	13240.53	-2.23	182	-11.0	1.37
2013	12907.78	-2.51	193.7	6.2	1.5

从表3-1和图3-3可以看出，桂林2008—2013年增长率分别为2.0%、4.4%、-15.2%、21.0%、-11.0%、6.2%，可以看出2010年和2012年出现比较大的波动，并且下降比较严重，2012年和2013年与2011年的入境游人数相比，也明显降低了近1倍的人数，这个数据是不容我们忽视的。

① 所有数据来源于中华人民共和国统计局、桂林市统计局和桂林市旅游局。

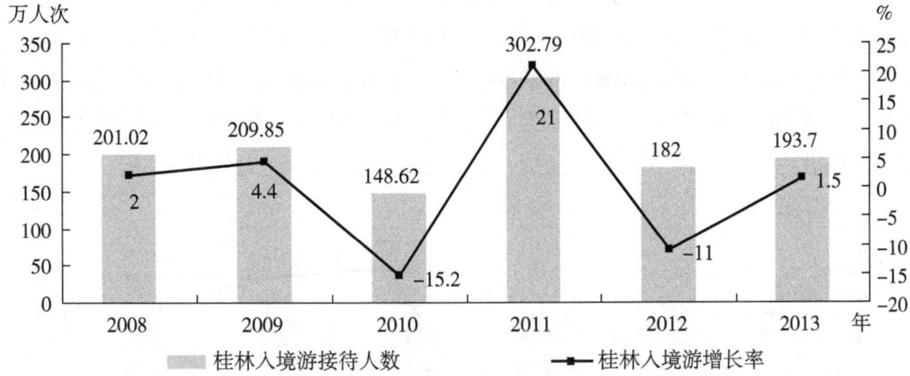

图 3－3　2008—2013 年桂林入境游接待人数与增长率

从图 3－4 中可以看出，2008—2013 年桂林的入境人数与全国的入境人数相比，可以说桂林占全国分量是举足轻重的，但是除了 2011 年占全国入境游总人数的 2.24%，其他几年都是稳定在 1.5% 左右。桂林作为我国首批对外开放的旅游城市，这个百分比与地位明显不相符，所以，桂林入境游发展还有很大空间，并且需要深度挖掘出来。

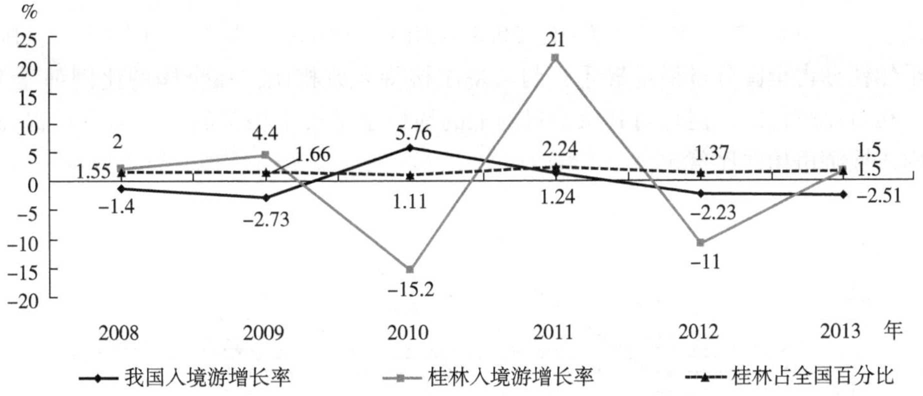

图 3－4　2008—2013 年我国入境游增长率与桂林入境游增长率对比

②旅游外汇收入的地位如表 3－2 所示。

表 3－2　　**全国与桂林市外汇收入对照表**　　单位：亿美元，%

年份	全国外汇收入	增长率	桂林外汇收入	增长率	占全国的比重
2008	408.43	－2.57	6.02	9.3	1.47
2009	396.75	－2.86	6.43	6.9	1.62
2010	458.14	15.47	5.49	－18.3	1.20
2011	484.64	5.78	6.45	17.6	1.33
2012	500.28	3.23	7.46	15.6	1.49
2013	516.64	3.27	8.66	16.1	1.68

从表3－2和图3－5可以看出，桂林2008—2013年增长率分别为9.3%、6.9%、－18.3%、17.6%、－15.6%、16.1%，可以看出唯有2010年桂林的入境游外汇收入下降幅度比较大，其余几年都是以持续增长的势头，与入境游人数相比，桂林的外汇收入能力相对比较乐观，入境游的外汇收入才是拉动经济的最根本目的。所以对于入境游的外汇收入，一定要采取各种措施去吸引国际游客的消费，尤其是比较有消费能力的欧美游客。

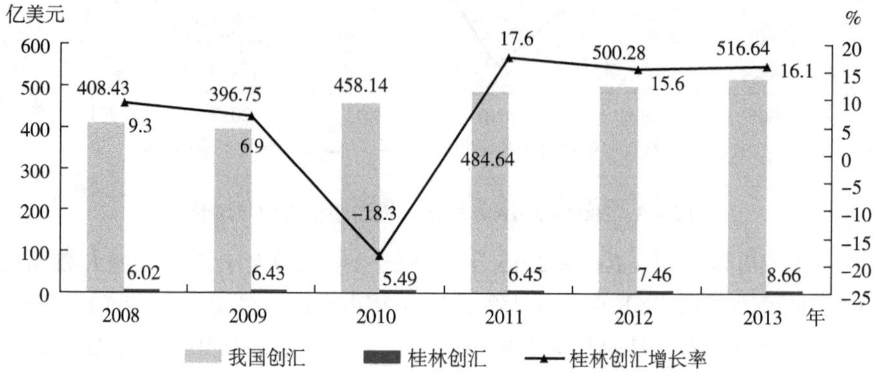

图3－5　2008—2013年我国入境游外汇收入与桂林入境游外汇收入及增长率

从表3－2和图3－6中可以看出，2008—2013年桂林的入境游外汇收入与全国的相比，虽然桂林占全国分量举足轻重，与入境游接待人数相比，在全国的比例都是1.5%左右，相对比较稳定，但是与其旅游目的地的地位也是极不相符的。应当重点提高在整个国内入境游市场的比重。

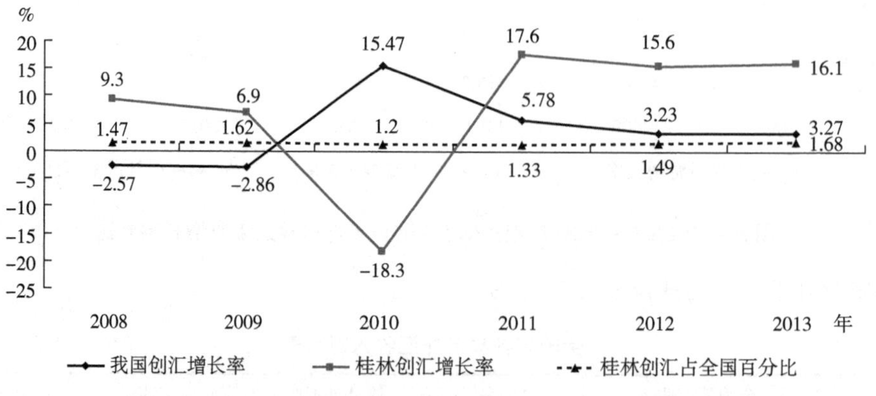

图3－6　2008—2013年我国入境游与桂林入境游外汇收入增长率对比

（2）桂林入境游与全国主要旅游城市比较分析①

桂林入境游的发展与全国其他的主要旅游城市相比，尤其是入境游的竞争对手，桂

① 数据主要来源于北京市、上海市、天津市、重庆市、黄山市、广州市、桂林市统计局发布的《国民经济和社会发展统计公报》。

林的地位又如何？根据我国主要的旅游城市——北京、上海、天津、重庆、黄山、广州和桂林的入境游接待人数和外汇收入两个方面进行比较。

①入境游接待规模比较。从表 3-3 可以看出，将 2008—2013 年桂林市的入境游人数与国内的北京、上海、天津、重庆、黄山、广州六个国际旅游目的地相比，无论从入境游人数还是增长率，桂林都只是排在中间位置。尤其与国内一流的广州市、上海市、北京市的入境游相比更是相差甚远，桂林的入境游人数只是广州入境游人数的约三分之一。

从增长率来看，2008—2013 年，只有天津、重庆和黄山一直在持续增长，广州、上海、北京、桂林的入境游人数增长率竟然出现了负增长，可以看出近几年入境游发展比较成熟的城市呈下降趋势，这需要这些旅游城市升级入境游的战略，强化或转型现有的旅游模式。

表 3-3　桂林与我国其他主要旅游城市入境人数和增长率对比　单位：万人次，%

年份	北京		上海		天津		重庆		黄山		广州		桂林	
	入境人数	增长率	入境人数	增长率	入境人数	增长率	入境人数	增长率	入境人数	增长率	入境人数	增长率	入境人数	增长率
2008	379	-13	640.37	-3.8	122	18.2	87	14.5	81	18.2	612.48	0.2	201.02	2
2009	413	8.8	628.92	-1.8	141	15.6	105	20.2	87.71	8.2	408.45	4.7	209.85	4.4
2010	490	18.8	851.12	35.3	166	17.8	137	30.7	105	19.7	814.8	18.2	148.62	-15.2
2011	520	6.2	817.57	-3.9	200.44	20.7	186	36	131.4	25.1	778.69	-4.4	302.79	21
2012	501	-3.8	800.4	-2.1	234.11	16.8	224	20.3	160.3	22	792.21	1.7	182	-11
2013	450	-10.1	757.4	-5.4	264.54	13	242.26	8	160.6	0.2	768.2	-3	193.7	6.2

②旅游外汇收入比较。从表 3-4 可以看出，2008—2013 年桂林市的旅游外汇收入在北京、上海、天津、重庆、黄山、广州六市中排在第 6 位，由此可见，桂林入境游对国外游客的消费动力还是不足，当然这其中也包含当地的消费水平，但是对于国际旅游城市定位的旅游目的地仍需要提高其创收外汇的能力。

表 3-4　2008—2013 年桂林与我国其他主要旅游城市旅游外汇收入和增长率对比

单位：亿美元，%

年份	北京		上海		天津		重庆		黄山		广州		桂林	
	旅游外汇	增长率	旅游外汇	增长率	旅游外汇	增长率	旅游外汇	增长率	旅游外汇	增长率	旅游外汇	增长率	旅游外汇	增长率
2008	44.59	-2.6	50.27	6.1	10.01	28.6	4.5	17.8	2.2	25.7	31.3	-1.9	6.02	9.3
2009	43.57	-2.3	47.96	-4.6	11.83	18.1	5.37	20	2.44	10.9	36.24	15.8	6.43	6.9
2010	50.45	15.8	64.05	33.5	14.2	20	7.03	30.9	3	23.4	46.89	29.4	5.49	-18.3
2011	54.16	7.4	58.35	-8.9	17.56	23.7	9.68	37.7	3.85	27.9	48.53	3.5	6.45	17.6
2012	51.49	-4.9	55.82	-4.3	21.47	22.3	11.68	20.7	4.82	25.2	51.45	6	7.46	15.6
2013	47.95	-6.9	53.37	-4.4	25.91	16.4	12.68	8.6	4.87	1	51.69	0.5	8.66	16.1

通过上述分析，可以得出如下结论：桂林市的入境游发展是伴随我国的入境游大趋势发展的，受到国内入境游发展趋势影响；同时桂林入境游也面临严峻的考验和挑战，需要进行升级转型来提高入境游发展的能力和水平，需要清楚地把握其横向和纵向的位置，洞察入境游发展市场，与其他主要城市也可以形成联盟，组成区域化，能够最大限度地提高国外游客的停留时间和消费。

3.2 桂林旅游产品发展现状

桂林市是享誉世界的旅游名城，对于最早的首批对外开放城市，旅游业发展开始也比较早，对于旅游产品也是相当丰富，当然旅游产品同时也存在不同的问题。

3.2.1 桂林旅游资源概况

桂林是祖国山河中璀璨的明珠，旅游资源也是独具一格，自然旅游资源和人文旅游资源相互映衬，造就了“桂林山水甲天下”的美名。桂林市更是城景交融的独特景致，为其旅游产品开发创造了得天独厚的条件。桂林丰富的旅游资源、民俗文化和历史底蕴也让桂林魅力倍增。已然形成了“吃、住、行、游、购、娱”一体的旅游产业体系。本文将桂林的旅游资源区主要分类如表3－5所示。

表3－5　桂林主要旅游资源

主类	亚类	主要资源
自然旅游资源	地文景观	象鼻山、叠彩山、伏坡山、独秀峰、猫儿山、月亮山、十里大峡谷
		喀斯特地貌、溶洞类：桂林市内的七星岩、芦笛岩，草坪的冠岩，兴安的世纪冰川，阳朔的银子岩和聚龙潭
		龙脊梯田、九马画山、鲤鱼挂壁、黄布倒影
	水域风光	漓江、漓江支流遇龙河、湘江、洛清江、浔江、资江、桂江、桃花江
		木龙湖、榕湖、桂湖、杉湖
		古东森林瀑布
		龙胜温泉、阳朔金水岩温泉、平乐仙家温泉、永福的金钟山温泉、全州炎井温泉、矮岭温泉
	生物景观	鱼鹰、鸬鹚、云豹、黄腹角雉、穿山甲、果子狸、鳗鲡、娃娃鱼、蝴蝶等、蝴蝶泉
		银杉、银杏、马尾松、桂花、毛竹、杉木等
人文旅游资源	遗址遗迹	靖江王府、八路军驻桂林办事处旧址、红军长征突破湘江烈士纪念碑园、桂海碑林、将军桥遗址、甑皮岩遗址、太平军攻城营房遗址、恭城烈士纪念馆、太平天国纪念馆、湘江战役纪念馆
		李宗仁故居、大榕树、大圩古镇、兴坪古镇

续表

主类	亚类	主要资源
人文旅游资源	建筑与设施	桂林日月双塔文化公园、阳朔西街、世外桃源、乐满地、刘三姐大观园、长寿乡永福
		两江四湖日月湾码头、解放桥码头、杨堤码头、朝阳码头
	旅游商品	桂林三宝：三花酒、辣椒酱、豆腐乳，漓江银针茶、桂花茶、桂林米粉、桂林糕点、板栗糕、桂花糕、香芋糕等，荔浦芋头、恭城油茶、壮锦、阳朔画伞、壮族绣球等
	人文活动	刘三姐、印象刘三姐、桂剧
		壮族歌节和牛魂节、瑶族龙胜红衣节、恭城桃花节、河灯歌节、侗族花炮节、瑶家踩门俗、龙脊春耕节、龙脊金秋文化节等
		国际山水文化旅游节

3.2.2 桂林旅游产品概况

从表3－5可以看出，桂林的旅游资源种类丰富，并且也非常具有特色，发展旅游的先天条件非常充足，旅游产品主要是以桂林山水为主。目前推出的桂林境内旅游线路多以一日游、两日游为主，主要集中在以下景点：桂林市区的两江四湖、漓江精华段、市内的十大名山象鼻山等、独秀王城、日月双塔等；阳朔的阳朔西街、印象刘三姐、十里画廊、图腾古道、聚龙潭、世外桃源、月亮山、大榕树、蝴蝶泉、遇龙河漂流、银子岩等、兴坪渔村和古镇、草坪乡冠岩、大圩镇古东、和平乡龙脊梯田、兴安县乐满地等①。

目前桂林旅游市场中，主要的旅游产品类型有以下几种：

观光旅游产品。桂林的旅游线路中，可以看出旅游产品主要依托桂林的山水资源，利用“山清水秀洞奇特”的特点作为主线。桂林市区内的山水景点基本都属于观光产品，在发展观光产品的同时，也结合了桂林的特有文化，如印象刘三姐，观看的同时也了解名人刘三姐的人物象征和文化内涵。此类产品是桂林旅游产品的支柱产品，也是桂林旅游产品的基石。

度假休闲旅游产品。我国国民生活水平的提高，伴随越来越沉重的生活压力，对假期的意识越来越关注，就更多地想追求度假休闲，此类产品也就应运而生。桂林的度假旅游产品仍以美好的山水为背景，主要以度假区的形式，如兴安县的乐满地度假区，也是国家首批5A级景区，其景区还融合了广西少数民族文化和乐满地欢乐文化，并且集主题、度假、高尔夫、商务会议为一体。

体验型旅游产品。桂林旅游线路中的体验型旅游产品同样也是在山水景点进行拓展开发的。例如龙脊梯田的春耕节，来自世界各地的游客，享受梯田美景和当地节日喜庆气氛的同时，还可以亲自尝试梯田劳作。漓江是桂林山水资源中最为宝贵的水资源，是

① 根据桂林各大旅行社的旅游线路汇总得出。

整个水资源的干线和精华，其支流遇龙河漂流也是游客乐于体验的项目，能使游客感受到融入山水间的心旷神怡。

会议型旅游产品。桂林既是名副其实的国际旅游名城，举办国际和国内的会议不胜枚举，又是 UNWTO 旅游会议的永久举办地，这也为桂林旅游增添了色彩。

其他类旅游产品。桂林在我国可以说是旅游的历史名城，当然旅游产品不能仅限于当前流行的旅游产品，还应有国际发展的眼光去创新和开发新的旅游产品。如自驾游产品、徒步旅游产品、自行车旅游产品、攀岩旅游产品、洞穴探险产品、游学旅游产品等。这些产品大多是散客旅游居多，市场需求还不是很大，但是这是趋势，可以作为桂林主线旅游产品的辅助产品，进行补充完善。

桂林目前仍然以山水观光型旅游产品为主，政府正努力加大高端旅游项目建设，对旅游产品进行丰富升级。2013 年，桂林共接待了入境游客 193.7 万人次，与 2011 年全年的入境游客最高值 302.79 万人次相比，桂林对入境游人数下滑的现象应该积极应对。针对桂林旅游产品方面，桂林应注重对老的旅游产品的完善和更新换代升级，对新的旅游产品进行开发和创新。

3.3 桂林旅游产品价值内涵、外延和体现

桂林旅游产品丰富多样，根据游客的感知价值理论和结合旅游哲学，将桂林旅游产品价值进行定义和延伸，并找出它们是如何体现的，从而找到具体指标提高价值，进一步对桂林旅游产品进行升级。

3.3.1 桂林旅游产品价值内涵

想要了解桂林旅游产品的价值，就必须了解旅游产品价值的分析角度，本文主要从“游客的感知价值理论”和旅游哲学中的“旅游价值论”来分析。

游客感知价值的定义。游客的感知价值是游客在整个旅游过程中通过亲身的体验对旅游产品所有相关方面的主观感受和评价。

旅游哲学的“旅游价值论”。本文主要是参考曹诗图教授的《旅游哲学引论》一书，本书中的“旅游价值论”结合了旅游内在价值和外在价值两个方面进行研究，主要是从旅游的本质论出发，对其进行价值的分析体现。

本文结合以上两个观点以及其他学者对旅游产品价值的分类，从游客感知价值的角度对旅游产品价值的基础部分划分为如下层次。

（1）本真价值的含义

本真性价值主要体现在旅游体验过程中，目前，对本真性研究，主要有两个方面：一方面是旅游对文化的本真性影响，另一方面是游客对旅游过程中是否体验到了本真性[218]。真实性就是游客对旅游目的地的旅游体验渴望，主要包括对旅游客体和旅游主体的本真性。游客出游最本质的价值诉求就是实现自我的存在主义真实性。因此，本章

根据游客感知价值理论，从游客的感知角度在旅游目的地对旅游过程的本真性追求，从而体现出的价值，即本真价值。

（2）好客价值的含义

好客价值主要是指旅游目的地当地居民、当地旅游企业服务人员以及政府官员对前来游客的好客态度，从而游客对当地的社会人文环境感知的好客价值评价。好客价值也体现了一个旅游胜地社区的友善好客，同时也显示了旅游目的地的形象，彰显了旅游地的软实力，这对游客的旅游体验也是最基本的诉求。试想没有任何一位游客愿意在充满冷漠敌意的旅游目的地享受放松的旅游时光。这是对桂林当地社区所有相关者的基本素质要求，也是中国人民好客本性的体现。

（3）美学价值的含义

正所谓“爱美之心，人皆有之。”自古以来人类就喜欢赏心悦目的美景。旅游产品的美学价值正是符合了人类的这个心理，对美的追求能够为身心带来愉悦。旅游产品的美学价值构成取决于旅游资源等级、稀缺程度、游客心理美的标准等。桂林的“山奇、水秀、石美、洞异”也正好满足国际游客对美学价值的追求。

（4）时间价值的含义

时间对旅游者来说是最宝贵的。犹如“一寸光阴一寸金”中所说的，对于旅游者和旅游供给者来说，时间可以说就是“金”。对于旅游供给者都是希望游客能够多停留，采用提高吸引力等方法，可以提高他们的经济收入。而对游客来说，时间是使他们能够停留下来真正的舒心享受和留下美好的回忆，所以时间的高性价比对游客来说尤为重要。这对游客和游客供给者来说就是一个矛盾体，所以在团体游中，导游的服务使游客在有效的时间内游览更多的地方，这样会在一定程度上降低游客的真正旅游体验。对旅游产品的开发和旅游产品价值提升来说，桂林需要找到两个矛盾体的平衡点才是亟待解决的问题。

（5）空间价值的含义

旅游的整个活动过程是个综合体，具有很广的空间范围，所以旅游的六要素能够包含旅游的整个基本活动。空间价值即是桂林整个旅游空间的全部要素所体现的价值，这对国际游客来桂林旅游提供了辅助必备的要素，对此的重视也是不容忽视的。

（6）体验价值的含义

旅游本身就是游客的体验过程。体验价值贯穿整个旅游过程，与所有旅游要素紧密相连。体验价值不仅受桂林目的地品牌形象的影响，还会受游客的心理需求和体验的满足感程度所约束。

3.3.2 桂林旅游产品价值外延

上述六个价值是游客对桂林旅游产品价值的基本诉求，但是旅游本身就是一项高端的活动，只有人们满足了温饱问题之余，才会追求旅游带来的精神慰藉。旅游发展终将成为中高端旅游产品的天下，迎合游客对旅游真正的内心追求和更高层次的精神索求。因此，本文将桂林旅游产品价值进一步地延伸了以下六个层次。

（1）游憩价值的含义

游憩是人们在闲暇时间，既能满足自我又能满足休闲目的的游乐活动。可以看出游憩对游客来说已有休闲的功能，游客在桂林市、景区、度假区等进行休闲活动时，如欣赏山水美景、自行车游十里画廊、游漓江等旅游活动时所产生的，能够满足游客休闲功能所带来的，就是游憩价值。

（2）精神价值的含义

人和动物最大的不同，就是人有思想过着有精神追求的生活。真正的旅游，应该是发自内心真心的喜欢和精神生活的方式。而桂林旅游产品能否满足人们对精神的追求，体现其价值，就要了解人们精神上真正的需求是什么。

（3）文化价值的含义

文化是旅游的根本属性，旅游对游客还有一个功能就是可以增长知识和阅历，了解当地的风土人情和文化，使游客能够与知识撞出火花。旅游与文化本就是相互渗透的关系，因此要充分结合二者，用文化支撑旅游，丰富旅游产品的文化内涵，提高核心竞争力，这也为整个人类的文明发展起到了推动作用。实现文化的价值，就要好好发挥旅游的文化功能。

（4）象征价值的含义

象征价值可以说是旅游目的地品牌的核心价值之一，象征价值对于一个旅游目的地来说也是相当重要的，决定了自身旅游的地位和定位。象征价值若充分发挥好，可以为旅游目的地带来良好的形象。同时营销宣传也需要准确定位，“桂林山水甲天下”的定位就一语道破了桂林旅游的天然优势。象征价值不仅是对桂林旅游地而言的同时也是对游客本身来说的。

（5）图腾价值的含义

图腾也是“标志”的意思，最早出现在原始社会，可以说图腾是灵魂的载体、神圣的象征，是人类历史的一种文化现象。现在图腾演变成为人们内心的一种心灵崇拜和心灵归宿的象征。桂林要建成为国际一流的图腾旅游胜地，就要令全世界游客对桂林有一种心灵的向往。

（6）自由价值的含义

自由可以说是人们一个本真的追求，都希望能够自由无拘无束，舒适和谐的心理状态。本身旅游就是休闲放松、身心愉悦的活动，游客就更需要自由，桂林能否给游客创造自由的旅游环境，这对桂林打造国际旅游目的地也是至关重要的。

3.3.3 桂林旅游产品价值体现及影响因素

桂林旅游产品的价值体现，也是本文研究其价值的出发点，只有把握具体的价值体现，才能更好地深入了解其价值，提升桂林旅游产品价值。

（1）本真价值的体现及影响因素

从游客感知的角度，本文从桂林的人文资源、历史文化、中国特色元素和游客体验四个方面进行游客对桂林旅游产品价值体验。可以说，《印象刘三姐》最具代表性，是建构本真旅游产品的典型。刘三姐的故事和精神也是桂林文化的重要组成部分，体现了其民族历史文化的魅力。

(2) 好客价值的体现及影响因素

好客主要是从桂林的整个社区的相关利益者中体现出来，这主要包括桂林的当地居民、当地的旅游企业服务和直接代表形象的导游服务、桂林政府相关单位的管理，只有这些方面形成合力，才能完全体现出桂林的好客水平和价值。尤其是导游的服务，直接代表了桂林的形象，也体现了桂林的好客精神和友善。桂林的治安对旅游环境也是相当关键，这就要求当地政府对旅游景区和繁华地带的治安管理需要加强，不能出现偷抢等行为，如果出现这种情况，将会造成特别恶劣的后果。

(3) 美学价值的体现及影响因素

来到桂林旅游的游客大多是冲着桂林的绝色美景，无一不对其表示赞美。当然桂林旅游产品的美学价值体现不单单在自然景观山水上，还应包含人文景观之美、民间艺术之美和整个体验过程的美感。桂林的少数民族文化和山水文化融为一体，才是桂林的绝美之处。

(4) 时间价值的体现及影响因素

桂林旅游产品需要迎合游客的旅游时间，在有限的旅游时间里，应当体现高性价比。首先，桂林应有令游客希望长时间停留下来的欲望。其次，桂林旅游产品时间与消费性价比高，值得让游客留下来。再次，桂林旅游产品应该能够有效结合游客的旅游时间并且全面。最后，桂林的旅游是否值得游客一年四季皆能前来。桂林市白天游山玩水，晚上可以游两江四湖；阳朔白天可以游漓江、十里画廊等，晚上可以看《印象刘三姐》逛阳朔西街，这些都是国际游客热衷的旅游项目。

(5) 空间价值的体现及影响因素

桂林的空间环境包括桂林核心吸引物、食住行游购娱相关设施、桂林公共基础设施、桂林其他相关旅游配套的服务，这些足以包含了桂林的整个旅游空间。桂林可以将空间进一步升级，打造成完美的国际旅游目的地，完全显示其空间的价值。

(6) 体验价值的体现及影响因素

桂林旅游产品的体验价值主要从其旅游产品的个性化、丰富性、主题型以及游客的满足感和满意度来表现的，这些足以体现出桂林旅游产品的体验价值。

(7) 游憩价值的体现及影响因素

桂林作为旅游胜地，能否达到游客游憩的条件、是否具有游憩圣地的资源、是否能够满足游憩的需求，这些还完全不够，桂林还应当能够保护好游憩资源，并能够长期发展。

(8) 精神价值的体现及影响因素

桂林作为旅游胜地，游客对其精神层面的追求，精神价值体现主要包括满足对旅游体验的心理诉求、满足对外部世界的精神追求、满足对世俗生活的灵魂超越、满足对精神世界的升华渴求，四者是依次递进的关系。

(9) 文化价值的体现及影响因素

桂林的文化底蕴深厚，历史源远流长，桂林旅游产品价值主要体现在以下四个方面，即历史文化价值、人文山水文化价值、中西合璧文化价值和现代都市文化价值。四者只有完美地融合开发，才能够真正体现出桂林的文化底蕴。

（10）象征价值的体现及影响因素

象征性不仅是对旅游目的地还是对游客而言的，桂林应该具有象征意义的旅游产品，使游客都能够趋之若骛。同时，作为旅游目的地有着极高的象征意义，作为游客而言，也是具有自我身份象征的意义。具有象征意义的旅游胜地对游客来说既可以作为奖励，也可以作为欣赏品位及收入的象征。

（11）图腾价值的体现及影响因素

桂林旅游产品的图腾价值体现在图腾文化、图腾艺术、图腾商品、是否真的达到图腾圣地。

（12）自由价值的体现及影响因素

桂林的自由旅游环境主要看是否能满足内心的自由诉求，是否自由舒适，最重要的是有没有强制购物消费的现象，总体上能否实现真正的自由之旅。

综上所述，本章将游客对桂林产品的感知价值，从以上十二个价值维度进行归纳总结，贯穿于“食、住、行、游、购、娱”六个要素中，形成桂林旅游产品价值链。但是此概念并没广泛应用推崇，桂林旅游产品价值是依托产品而体现的，从游客感知的角度，分为内涵和延伸两个方面的层次，价值的体现也是旅游产品开发程度和发展水平的反映。提升桂林旅游产品的价值，基础还是要从旅游产品角度抓起，从而提高游客的感知价值。

第4章　国际化视角下桂林旅游产品价值诊断研究

本章主要是通过问卷调查游客对桂林旅游产品的感知情况，构建游客感知价值模型进行分析，对桂林旅游产品价值进行具体把握，分析出其存在的问题和原因，并为探讨提升桂林旅游产品价值的对策和保障措施提供依据。

4.1　调查问卷设计

调查问卷是目前学术界研究常用的一种方法，对旅游市场调查可以获得第一手的资料，为后续的研究结论提供可靠的依据。然而调查问卷设计是一项专业性、技术性很强的工作，它的质量高低也是至关重要的，决定了研究结论的准确性。

4.1.1　调查问卷设计原则

结合旅游调查问卷的基础知识，本文的游客对桂林旅游产品价值感知调查问卷，遵循了以下原则。

（1）科学的原则

由于调查问卷的重要性，因此调查问卷必须要依照科学的调查问卷知识进行设计，才能保证其调查数据可靠的信度和效度。科学性也保证了调查问卷顺利地继续进行。这也是调查问卷设计的基础。

（2）主题鲜明的原则

调查问卷的问题一定要做到切题，并且明确，否则被调查的游客不明白用意，并且会产生厌烦的心理，出现主观性的理解误差。

（3）语言应简洁易懂

对于“游客”而言，填写调查问卷会耗费一些他们的时间，会为调查者带来一定的时间成本，并且游客每个人的文化、道德、修养都不一致，所以如若问题过于繁冗或专业化，会为游客带来一定的困扰，被调查者就会出现不耐烦、理解偏差或敷衍等现象，并且影响他们的判断，从而降低了调查质量。

（4）先易后难的原则

开始简单的问题能使被调查的游客更容易接受，可以增加填写问卷的信心和积极性。尤其是对外国人而言，较复杂的敏感问题置后，这样游客一般不会终止调查。另外对于敏感性的问题也要做好保密的工作，保护被调查者的隐私，充分做到对被调查者应有的尊重和诚信。

（5）多采用封闭式问题的原则

多采用封闭式问题，调查者方便作答选择，并且回收数据准确。开放式问题虽然获得的信息更多，但是不利于统计，因此，旅游问卷中酌情使用开放式问题，可以多使用封闭式提问。

4.1.2 调查问卷的设计及发放

对于旅游市场来说，游客是至关重要的，所以为了更好地提升旅游产品的价值，就要先了解游客对桂林旅游产品价值的感知评价，针对此目的，调查问卷设计发放如下安排。

（1）样本选取

本问卷主要采用定向抽样的方法，随机对桂林市各景点的外国游客进行问卷调查，并实地对桂林当地导游的深度访问，了解到一些地方是外国游客的集中地，此次发放问卷的地点主要包括：两江四湖、象鼻山、步行街、阳朔西街、喜来登酒店、桂林漓江大瀑布饭店等地。本次调查投放 500 份问卷，成功收回 465 份问卷，有效问卷为 450 份，有效问卷率为 90%。

（2）调查问卷内容及问卷设计

调查问卷共分为三部分内容。

第一部分是被调查游客的个人信息，包括长久居住地、性别、年龄、职业、教育背景和收入水平。从调查对象的人口特征来进一步分析其旅游的行为特征和习惯。

第二部分是被调查游客的基本信息。其中包括来桂林的旅游次数、停留时间、旅游方式、来桂林的目的、获得信息渠道、旅游消费额预算、对桂林的整体印象和期望以及对桂林的忠诚度等。

第三部分是被调查游客对桂林旅游产品感知价值的评分表。从调查对象感知的角度，对桂林旅游产品价值指标来进行评分，从而可以了解桂林旅游产品发展现状和价值体现程度，进而为桂林旅游产品的价值提升提出针对性的数据支持。

（3）实地访问调查

根据国外游客对桂林旅游产品价值感知的调查问卷，同时也选取了两名专业的旅游从业者进行了深度的访问，对调查问卷的数据进行更好的佐证。

第一位受访者简介：职业：导游；籍贯：桂林市；年龄：36 岁；国籍：中国；爱好：旅游，享受各地的美食。虽然这位导游不是外国人，但是选择作为调查对象的原因如下：一是此导游是从小在桂林土生土长的本地人，对桂林的景点、乡土人情、文化、历史背景等非常的熟悉，再加上其导游这个职业，有着 14 年丰富的导游工作经验，所以可以说是桂林的“活地图”。二是此导游 14 年的时间带领了很多批次国外入境游团体，对外国人的基本情况有一定程度的了解，以及对桂林旅游产品的偏好，桂林旅游产品价值的评价都能进行有依据的判断。三是熟悉桂林情况和外国游客的旅游行为偏好，以中国人的角度，能够全面地审视桂林旅游产品价值的优势和缺陷。四是正因为以上的原因也为笔者的调查研究提供了很多建议和帮助。

第二位受访者简介：职业：旅游专业教授（桂林旅游高等专科学校外聘）；国籍：加拿大；爱好：旅游。此位受访者可以说是对笔者的研究调查同样起到了指导性的帮助。首先，受访者是旅游专业的权威，对旅游方面的专业知识相当了解，对笔者的问卷翻译和内容方面都提出了宝贵的意见。其次，作为来自加拿大的游客，从外国游客的角度和旅游专业的角度去审视桂林旅游产品价值的体现，能够使此次研究得到更加专业的效果和结论。

4.1.3 调查数据统计结果与分析

本文对回收的 450 份有效问卷进行数据整理，首先对数据进行信度分析，进而对游客的基本信息、旅游行为及偏好信息、感知价值加权平均的统计分析。

（1）数据信度分析

信度分析主要是对数据的一致性和稳定性的测量分析，使调查结果更具有科学性。通过对数据信度分析能够显示问卷设计以及评价体系编制是否合理。

本文问卷共提出 52 个因素，其中包括 12 个价值维度和分别对应的 48 个因素指标，2 个满意度因素和 2 个忠诚度因素。将它们作为潜变量，48 个因素是前提变量，4 个因素是结果变量。

本文利用 SPSS18.0 软件，采用目前信度分析最广泛的方法——克隆巴赫系数法（Cronbach's Alpha），通过对每个因素数据的克隆巴赫系数的大小来判断信度的高低，即 α 值的大小（见表 4－1）。

表 4-1　总量信度分析可靠性统计量

Cronbach's Alpha	基于标准化项的 Cronbach's Alpha	项数
0.947	0.945	52

总体可信度 a = 0.945 > 0.7，具有很高的可信度。

每个潜变量的信度检验结果见表 4-2，量表的 Alpha 系数都在 0.94 左右，均大于 0.7，因此得出，此变量体系具有很高的可信度。

表 4-2　潜变量的信度检验

潜变量	可测变量个数	α
本真价值	4	0.9495
好客价值	4	0.94625
美学价值	4	0.94625
时间价值	4	0.946
空间价值	4	0.9465
体验价值	4	0.946
游憩价值	4	0.94625
精神价值	4	0.9455
文化价值	4	0.9465
象征价值	4	0.94625
图腾价值	4	0.946
自由价值	4	0.946
满意度	2	0.9455
忠诚度	2	0.9455

在显著性水平 0.05 的情况下（见表 4-3），Friedman 的概率为 0 远小于 0.05，拒绝原假设，即各变量之间不存在相关关系，各自独立，该变量体系可靠。

表 4-3　ANOVA 以及 Friedman 卡方检验

人员		平方和	df	均方	Friedman 的卡方	Sig.
人员之间		4706.471	449	10.482		
人员内部	各项之间	7557.327[a]	51	148.183	8580.159	0.000
	残差	12656.827	22899	0.553		
	总计	20214.154	22950	0.881		
总计		24920.625	23399	1.065		

注：总均值 = 3.3750。

a. Kendall 的和谐系数 W = 0.303。

（2）调查样本统计分析

针对回收的450份有效问卷进行统计与分析，将问卷分为三部分，分别得出如下分析结果：

第一部分：人口特征分析（见表4-4）。

表4-4　　　　调查样本人口特征统计

样本特征	变量	人数	比重（%）	样本特征	变量	人数	比重（%）
居住地	欧美加拿大	56	12.4	年龄	20岁及以下	22	4.9
	东南亚	106	23.6		21～30岁	195	43.3
	日韩	126	28		31～40岁	51	11.3
	中国港澳台地区	135	30		41～50岁	36	8
	其他	27	6		50岁以上	146	32.4
性别	男	196	43.6	受教育程度	高中及以下	53	11.8
	女	254	56.4		大专	133	29.6
职业	政府官员	21	4.7		本科	206	45.8
	专业技术人员	30	6.7		研究生	47	10.4
	商人	43	9.6		博士	11	2.4
	企业职员	45	10	月收入（美元）	2000以下	171	38
	工人	22	4.9		2001～3000	206	45.8
	教师	33	7.3		3001～4000	44	9.8
	家庭主妇	0	0		4001～5000	22	4.9
	退休人员	103	22.9		5001～8000	7	1.6
	学生	108	24		8001～1万	0	0
	军警人员	0	0		1万～2万	0	0
	农民	0	0		2万以上	0	0
	其他	45	10				

①游客居住地。本文将来桂林的入境游客居住地分为：欧美加拿大、东南亚、日韩等五个区域，也是结合来桂林的旅游距离和文化差异来划分的。通过调查数据显示，中国港澳台游客最多，占调查总人数的30%。其次就是日韩游客，占28%。接着是东南亚，占23.6%，这些东南亚地区的国家主要是印度尼西亚、泰国、越南等国家。接下来是欧美加拿大，占12.4%，这些地区的游客主要来自法国、美国、加拿

大、德国、西班牙、荷兰等国。其他占 6%，主要是吉尔吉斯斯坦、阿根廷、智利等国。此项调查数据可以判断出来桂林的入境游客的主要客源国，可以根据各国的文化差异等方法进行宣传或调整旅游产品等。

②性别。本次调查的国际游客中，男性占 43.6%，女性占 56.4%。可以看出，女性旅游市场在桂林的入境游市场中具有重要的作用，女性和男性对旅游活动的偏好选择会有所差异，桂林的旅游产品开发和产品价值体现应适当注重女性旅游市场特征。

③年龄结构。桂林的入境游客以 21~30 岁的青年所占的比例最高（见图 4－1），占整体人数的 43.3%，50 岁以上的老年人占 32.4%，31~40 岁的占 11.3%，41~50 岁的占 8%，20 岁以下的占 4.9%。可以看出 21~30 岁和 50 岁以上的入境游客居多，占据了桂林入境游客源的绝大部分，因此，青年市场和老年市场的开发宣传应当重视。

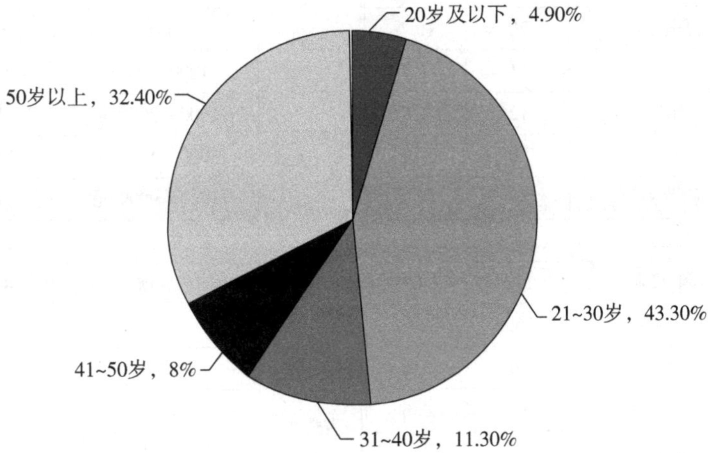

图 4－1 问卷调查入境游客年龄比例

④职业构成。本次调查中退休人员、学生、企业职员、商人和教师所占比例相对略高，其中家庭主妇、军警人员所占比例为零。

⑤受教育程度。表 4－4 显示，来桂林的入境游客中，主要集中在本科学历，高等学历本科、研究生和博士占总人数的 58.6%。学历越高，对旅游产品的要求就会越高，追求的旅游产品价值层次也会越高。因此，可以结合桂林国际游客的文化程度，提升桂林旅游产品的深层次价值，才能把握未来的国际市场。

⑥收入水平（月）。由表 4－4 得出，调查中 45.8% 的国际游客月收入水平在2001~3000 美元，占了最大的比例。月收入是衡量游客在旅游目的地消费能力的一个重要标准，同时与游客的出游选择、旅游目的地外汇收入等都会有影响。

第二部分：基本信息（见表 4－5）。

表 4－5　　调查样本基本信息

样本特征	变量	人数	比重（%）	样本特征	变量	人数	比重（%）
来桂次数	1 次	353	78.4	获取信息（多选题）	网络	297	66
	2 次	50	11.1		电视/广播	108	24
	3 次	9	2		报纸/杂志	81	18
	4 次及以上	38	8.4		微信、微博、博客、MSN 等平台	18	4
停留时间	1 天	2	0.2		旅行社介绍	36	8
	2～3 天	117	26		旅游宣传册	27	6
	4～7 天	217	48.2		亲朋好友	216	48
	8～15 天	10	0.2		户外广告	0	0
	16 天以上	104	23.1		小说等文学作品	0	0
与谁同游	家人	57	12.7		以前游览经历	63	14
	朋友	70	15.6		其他	63	14
	自己	21	4.7	消费预算（人民币）	1000 元以下	11	2.4
	同事	12	2.7		1000～2999 元	140	31.1
	情侣	20	4.4		3000～4999 元	234	52
	旅游团	264	58.7		5000～9999 元	36	8
	其他	6	1.3		1 万元以上	29	6.4
旅游目的	休闲/度假	112	24.9	消费比重（排序题）选择各项占最大比重的比例	餐饮	40	8.9
	观光/游览	159	35.3		住宿	94	20.9
	探亲访友	16	3.6		交通	98	21.8
	商务活动	16	3.6		游览	105	23.3
	会议	13	2.9		购物	68	15.1
	健康/疗养	0	0		娱乐	45	10
	公务	11	2.4		其他	12	2.7
	购物	2	0.4	物价水平	偏低	0	0
	文化/体育/科技交流	98	21.8		低	133	29.6
	其他	23	5.1		适中	259	57.6
					高	55	12.2
					偏高	3	0.7

①来桂林次数。表 4－5 显示，来桂林的入境游客中一次游占 78.4%，二次游占 11.1%，三次游占 2%，四次游以上占 8.4%。调查的入境游客大多还是初次到桂林，说明桂林的国际旅游市场还有很大的开发空间。

②旅游停留时间。具体见表 4－5 和图 4－2，来桂林的入境游客在桂林停留的时间天数主要集中在 4～7 天，所占比例为 48.2%，这主要也与目前桂林旅行团的旅游线路

有关，大多计划在5天内，2~3天所占比例为26%。可以看出，入境游客大多在桂林愿意停留2~7天，说明桂林的吸引力还是比较乐观的。

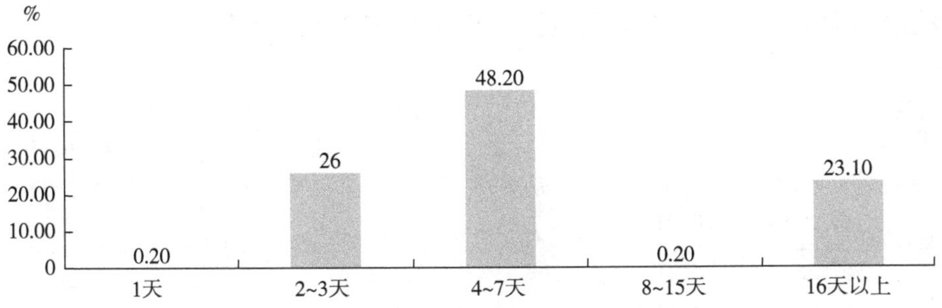

图4-2 停留天数所占比例

③同游方式。从表4-5可以看出来桂林的入境游客选择旅游团的占58.7%，大多数的入境游客还是偏向于选择旅行社。由于地域、语言等的不同，会造成游客偏向于选择稳定的旅游团和既定的精华路线，但还是有相当一部分的游客喜欢和自己的朋友、家人一起出游。因此，桂林也要注意家庭套房、套餐这类旅游产品的开发和价值体现。

④旅游目的。通过统计得出（见表4-5），来桂林的入境游客主要还是休闲/度假和观光/游览，他们分别所占比例为24.9%和35.3%，其次就是文化/体育/科技交流、其他、探亲访友、商务活动，所占比例分别为21.8%、5.1%、3.6%、3.6%。通过旅游目的结果，可以看出，目前桂林旅游仍以观光休闲度假游为主，但是随着旅游业发展，文化交流和商务会议活动将发挥重要的作用。

⑤获取信息途径。本问卷中入境游游客获取桂林旅游信息渠道，本题设为多选题，经统计得出：从网络获得比例为66%，亲朋好友推荐占48%，电视/广播占24%，报纸/杂志占18%，以前的游览经历和其他都占14%，户外广告和小说等文学作品所占比例为0。通过以上比例可以看出，网络和亲朋好友的推荐占了一半多比例，所以对网络的宣传还是比较成功的。还有就是以前游客的感知评价也很重要，它会影响现在或潜在的游客，因此，桂林在旅游活动中还要注意游客的口碑。虽然微信、微博、博客、MSN等平台是新兴的网络工具，所占比例也仅仅为4%，但是它的作用也是不容忽视的。另外还需要注意的是，欧美等国的入境游客更偏向于自助游，他们获取的方式还有work-away和guiding book，对这些国家的游客可以注重这几方面的宣传。从获取信息的途径可以总结，桂林的旅游营销可着重从以上途径进行重点工作。

⑥消费情况。本问卷中对消费情况的调查通过以下三个问题进行：入境游客对此次桂林的消费预算（单位：元人民币）、在桂林花费的最大支出项目和对桂林的整体物价水平的评价。具体数据见表4-5，入境游客对在桂林消费预算（单位：元人民币）主要是在3000~4999元，所占比例高达52%。消费比重问题是采用排序的方式，入境游客在桂林消费主要花销集中在游览、交通、住宿和购物，分别所占比例是23.3%、21.8%、20.9%、15.1%，外汇收入主要也是从这几方面获取的，外汇收入也可以从这

些方面加强来获得。57.6%的入境游客对桂林的整体物价水平的评价为适中。

从图4-3可以看出，人均消费除了2011年有些下降外，其他每年都在稳步上升，说明桂林创收外汇的能力也在提升，但仍然还需要开发高端旅游产品来提升桂林旅游的质量及增加桂林旅游产品的层次性，进一步激发游客消费的热情。

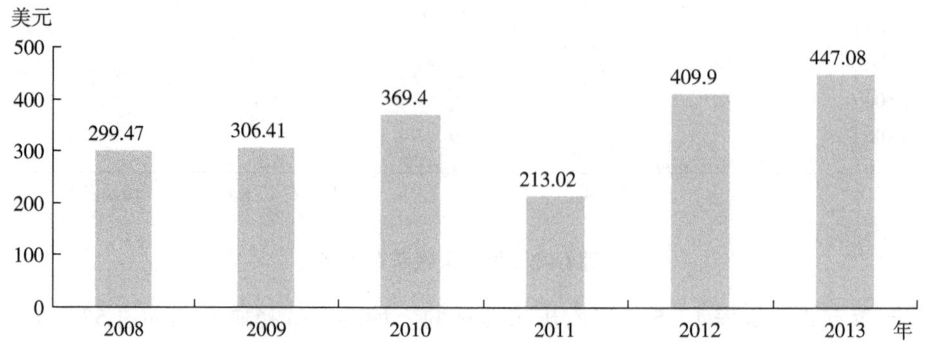

图4-3　2008—2013年桂林入境游客人均消费

⑦来桂林入境游客的满意度和忠诚度。对前来桂林入境游客的满意度和忠诚度进行调查，问卷中特设了四个问题进行调查，前两个问题是“入境游客对桂林的总体印象”以及“来桂林前后的印象是否一致”，这两个问题主要体现游客的满意度；后两个问题为“是否会重游”和“是否会介绍他人前来旅游”，体现游客的忠诚度。

从表4-6可以看出，58.2%的游客对桂林的总体印象还是比较好的，表示“差”和“非常差”的游客没有，但是表示“非常好”的游客仅有16.9%，所以对桂林的旅游质量还是有待提高的。46.4%的游客对来桂林前后的印象表示一致，这表示桂林对外的宣传和实际的旅游情况也是基本一致的。总体来说，入境游客对桂林旅游的满意度还是比较乐观的。

调查中的入境游客81.8%表示还是会来桂林重游，87.1%表示会介绍他人来桂林旅游，这个数据也是比较乐观的，入境游客对桂林的忠诚度表现良好。

表4-6　　来桂林入境游客的满意度和忠诚度调查

桂林的总体印象	非常好	好	一般	差	非常差
	16.9%	58.2%	24.9%	0	0
来桂林前后的印象是否一致	一致		基本一致		不一致
	31.1%		46.4%		22.4%
是否会重游	会		不会		不确定
	81.8%		2.4%		15.8%
是否会介绍他人前来旅游	87.1%		2.4%		10.4%

第三部分：被调查游客对桂林旅游产品感知价值评分情况（见表4－7）。

表4－7　　桂林旅游产品价值分值量表

	1分	2分	3分	4分	5分	平均分
本真价值						3.79
桂林人文资源本真性	2.44%	5.78%	36%	39.11%	16.67%	3.62
桂林历史文化本真性	2.67%	7.33%	26%	38%	26%	3.77
中国元素的本真价值	0%	2.45%	20.7%	54.2%	22.7%	3.97
游客体验的本真价值	0.89%	0.89%	31.6%	52%	14.7%	3.79
好客价值						3.51
桂林居民好客友善	0%	7.56%	26.89%	43.11%	22.44%	3.80
桂林导游服务良好	0%	5.78%	38.89%	50%	5.33%	3.55
桂林企业服务良好	2.44%	2.67%	51.78%	36.89%	6.22%	3.42
桂林政府管理良好	2.44%	18.22%	33.78%	42.89%	2.67%	3.25
美学价值						4.01
桂林自然景观之美	0	2.45%	16.2%	33.3%	48%	4.27
桂林人文景观之美	0	15.33%	17.56%	43.78%	23.33%	3.75
桂林民间艺术之美	0	3.56%	21.33%	35.78%	39.33%	4.11
整体旅游体验之美	0	0	26.7%	56.2%	17.1%	3.90
时间价值						3.43
桂林适宜长期停留	5.11%	2.67%	44.22%	42.67%	5.33%	3.4
桂林时间与消费性价比高	5.11%	5.11%	39.56%	39.56%	10.67%	3.46
桂林昼夜旅游项目全面	0	7.78%	45.56%	41.56%	5.11%	3.44
桂林四季皆适宜旅游	0	12.67%	47.56%	26.89%	12.89%	3.4
空间价值						3.36
桂林核心吸引物的价值	3.56%	10%	44.89%	31.11%	10.44%	3.35
桂林食住行游购娱的价值	5.78%	5.34%	49.78%	28.67%	10.44%	3.33
桂林公共基础设施的价值	3.56%	7.56%	38.44%	45.11%	5.33%	3.41
桂林相关旅游配套的服务价值	3.56%	2.67%	58.44%	27.56%	7.78%	3.33
体验价值						3.60
桂林体验产品是否个性化	0	7.78%	33.33%	31.78%	27.11%	3.78
桂林体验产品是否丰富化	0	7.34%	14.67%	40.22%	37.78%	4.08
桂林体验产品是否主题性强	2.67%	10.67%	34.44%	39.11%	13.11%	3.49
桂林体验产品是否得到满足感	7.78%	28.45%	27.78%	23.11%	12.89%	3.05
游憩价值						3.43
桂林具有游憩圣地的条件	2.45%	9.56%	29.56%	50.89%	7.56%	3.52
桂林具有游憩圣地的资源	0	11.78%	41.78%	33.78%	12.67%	3.47
桂林能够满足游憩的需求	0	6%	38.89%	47.56%	7.56%	3.57

续表

	1分	2分	3分	4分	5分	平均分
桂林能够保护游憩资源	2.67%	21.78%	34.89%	36.44%	4.22%	3.18
精神价值						3.56
满足对旅游体验的心理诉求	0	13.11%	30.89%	41.33%	14.67%	3.58
满足对外部世界的精神追求	2.45%	3.56%	39.11%	47.33%	7.56%	3.54
满足对世俗生活的灵魂超越	0	6%	34.44%	54.67%	4.89%	3.58
满足对精神世界的升华渴求	2.45%	5.33%	41.78%	38%	12.44%	3.53
文化价值						3.25
桂林历史文化价值	2.67%	7.11%	48.89%	38.89%	2.44%	3.31
桂林人文山水文化价值	2.67%	12.22%	45.3%	37.1%	2.7%	3.25
桂林中西文化合璧价值	5.11%	12%	54.22%	15.78%	12.89%	3.19
桂林现代都市文化价值	2.67%	14.89%	42.22%	35.33%	4.89%	3.25
象征价值						3.61
桂林山水是否具有象征意义	0	7.33%	39.78%	30.44%	22.44%	3.68
桂林文化是否具有独特价值	0	4.89%	33.78%	38.89%	22.44%	3.79
桂林旅游是否具有身份价值	0	4.89%	53.8%	30.9%	10.4%	3.47
桂林旅游是否具有自我赠礼价值	2.45%	6.22%	46.67%	27.78%	16.89%	3.50
图腾价值						3.26
桂林是否具有图腾文化	5.33%	13.56%	34%	42.22%	4.89%	3.28
桂林是否具有图腾艺术	5.33%	14.67%	31.33%	33.56%	15.11%	3.38
桂林是否具有图腾商品	5.33%	12%	44%	33.56%	5.11%	3.21
桂林是否旅游图腾圣地	10.22%	13.11%	32.89%	36.22%	7.56%	3.18
自由价值						3.44
是否满足内心的自由诉求	5.11%	5.11%	42.22%	34%	13.56%	3.46
是否有强制性消费现象	0	11.67%	47.56%	23.56%	18%	3.49
桂林旅游环境是否自由舒适	2.67%	7.78%	38.22%	40.22%	11.11%	3.49
能否实现真正的自由之旅	2.45%	10.22%	51.56%	25.78%	10%	3.31

表4－7将本文核心的12个价值的体现指标和影响因素通过五分量表进行分析，整体看来，从分值可以一目了然，其中美学价值分值最高，平均分为4.01分，但是其他11项价值的平均分基本都在3.5分左右，尤其是图腾价值和文化价值的分值最低，分别为3.26分和3.25分。从具体的因素来看，桂林体验产品的满足感程度分数最低，只有3.05分，而桂林自然景观的美学价值和民间艺术的美学价值分数最高，平均分为4.27分和4.11分。最后得出桂林深层次的价值还是表现不足，分数相对偏低的结论。由此看来，通过分值的体现，可以针对性地对其因素加强提升，尤其是桂林的体验性、专项、个性的旅游产品的开发，能够增强游客对其的热情和认同感。

4.2 对桂林旅游产品价值诊断分析

上述通过对桂林旅游产品价值的分类，桂林的实地调查和个别访谈，结合游客感知价值理论，对桂林旅游产品价值进行诊断，从而得出桂林旅游产品价值存在的问题和原因，为提升桂林旅游产品价值做出依据支撑。

4.2.1 桂林入境游客感知价值链框架模型构建

本文通过桂林旅游产品概况把握，以游客感知价值理论为基础，结合游客旅游的满意度和忠诚度，将桂林入境游客感知价值形成的价值链构建如图 4－4 所示。

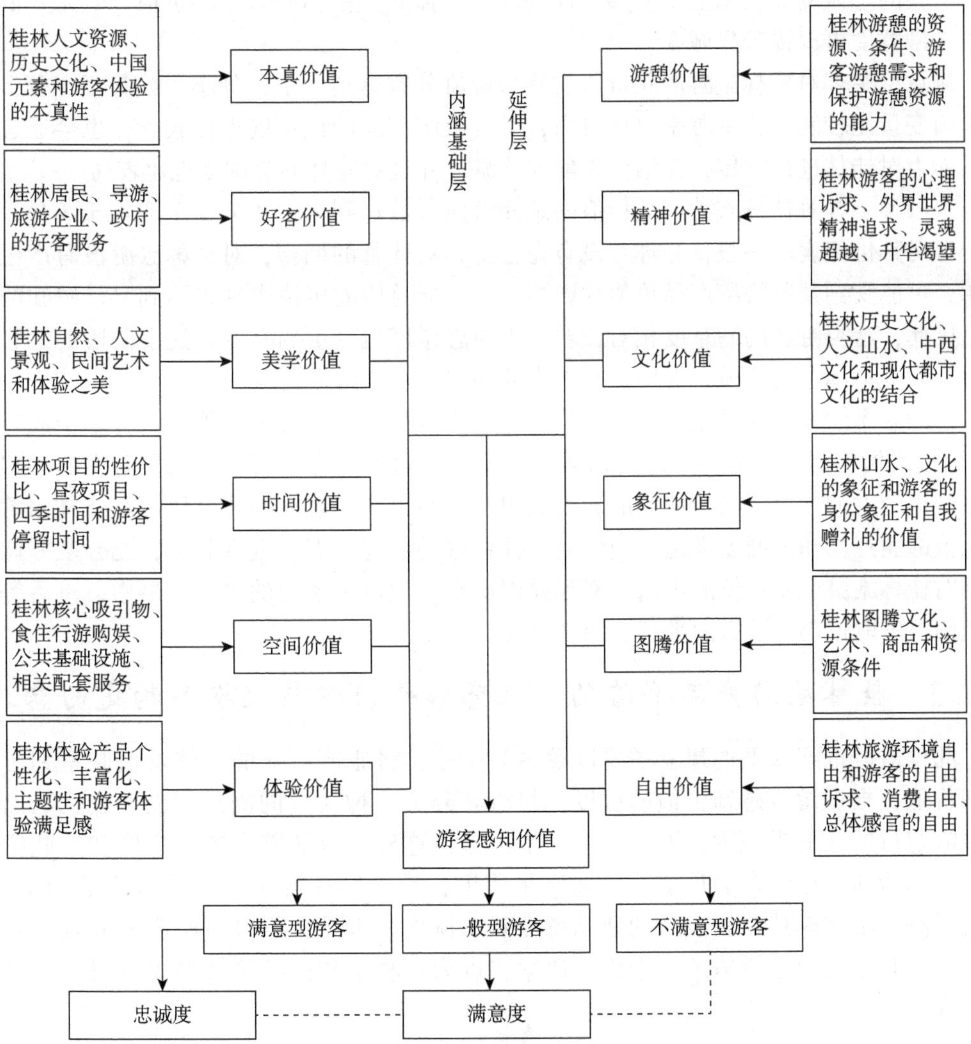

图 4－4　桂林旅游产品价值链模型

4.2.2 桂林旅游产品价值的游客感知价值链框架模型阐述

本文将桂林入境游客感知价值分为基础层和延伸层，分别为本真价值、好客价值、美学价值、时间价值、空间价值、体验价值六个内涵基本层和游憩价值、精神价值、文化价值、象征价值、图腾价值、自由价值六个延伸层。

游客的感知价值对以上十二个价值维度的具体变量因素进行五分值评分，通过分数的高低分为三个档次，1～2 分表示对其价值不满意，3 分表示对其价值一般，4～5分表示对其价值满意。通过量化对其价值进行衡量，从而通过游客的价值评分、满意度和忠诚度问题，也能将游客划分为不满意型游客、一般型游客、满意型游客。这三种类型的游客，也反映出了对桂林旅游产品价值的忠诚度和满意的程度。从而假设以上 24 个价值指标能够反映 12 个游客感知价值维度的发展水平，并且通过提升桂林旅游产品价值，游客对其的忠诚度和满意度也能够同样提高。即提升了桂林旅游产品价值，效果好的情况下，满意度可以提升忠诚度。

满意型游客对桂林旅游产品价值的感知价值分数达到大于 3 分小于或等于 5 分，对其价值变量比较满意，重游率也比较高，对其旅游产品的认可度也比较高，也会通过自己的能力对桂林进行宣传，介绍他人前来旅游，并且对桂林的忠诚度也比较高。

一般型游客对桂林旅游产品价值的感知价值分数达到大于 2 分小于或等于 3 分，这类游客对其价值表示一般，心理并没有完全达到对桂林的期望，对桂林旅游没有产生共鸣感，可能受到某些旅游产品价值的影响，也可能总体的价值表现未达到自己感知的标准。因此，这类游客的满意度相对较弱，进而忠诚度也会更弱一些。这个阶段的游客就可以提高其不满意的价值，促使这类游客的满意度和忠诚度提高。

不满意型游客对桂林旅游产品价值的感知价值分数达到大于或等于 0 分小于或等于 2 分，这类游客对桂林旅游产品价值表示完全不认可，并存在不满，这类游客的影响范围也是比较大的，会流失掉他们的购买欲望和一些潜在游客。因此，他们对桂林旅游产品价值的满意度和忠诚度都是相当低的，针对这类游客，需要重视起来，充分掌握调查他们对桂林旅游产品价值的不满因素和原因所在，制定一系列的事前、事中、事后等补救措施，争取这部分游客向满意型游客过渡。

4.2.3 桂林旅游产品价值的游客感知价值链框架模型构建的意义

此价值链框架模型的建立主要以游客为中心，将旅游产品的具体价值联系到游客感知价值，根据游客感知价值的程度，将游客分为三种类型的满意程度，也反映出游客对旅游目的地的忠诚度，形成系统的价值链，这样可以从游客的满意度和忠诚度的反映，判断桂林旅游产品价值的发展水平程度；反之则提升了桂林旅游产品的价值，也就提高了游客对桂林旅游目的地满意度和忠诚度。因此，可以说游客的满意度和忠诚度是提升旅游产品价值的一个重要依据，也为桂林旅游产品价值的提升研究提供了重要导向。

4.3 桂林旅游产品价值存在的问题及原因分析

通过以上分析，桂林旅游产品的确受到了全世界很多国家的游客青睐，但是同时也出现了很多问题，需要得到有关人士的关注，找到问题的关键，才能更好地改善现状，提升桂林旅游产品的价值。

4.3.1 存在的问题

（1）桂林旅游产品价值地位相对下降

桂林山水的旅游产品在全国的地位还是不可取代的，桂林入境游也在持续发展，但是桂林旅游产品价值的地位受到了挑战。如图4－5所示，2008—2013年，桂林入境游接待人数和外汇收入方面占全国的比例在2010年就有下降的趋势，尤其是2010年和2012年的入境游接待人数占全国的比例急剧下降。这表明，桂林的旅游产品对前来中国旅游的国际游客的吸引力在下降。还可以从图4－5中看出，桂林与比较发达的广州国际旅游目的地还有很大的差距，除了在2009年接待外国游客的比例最高，接下来的每一年都下降，尤其是外汇收入方面，所占比例也偏小。与此同时，国内其他国际旅游目的地也在不断地崛起和发展，对桂林的旅游产品价值也是一个巨大考验。与此同时，国际上各国都意识到了旅游业的重要性，也都在大力开发旅游产品，实施优惠的入境游免签或落地政策等。

在国内外的共同夹击下，虽然桂林的旅游各项指标增长缓慢，但其实相当于下降，旅游的地位和市场份额也是岌岌可危。

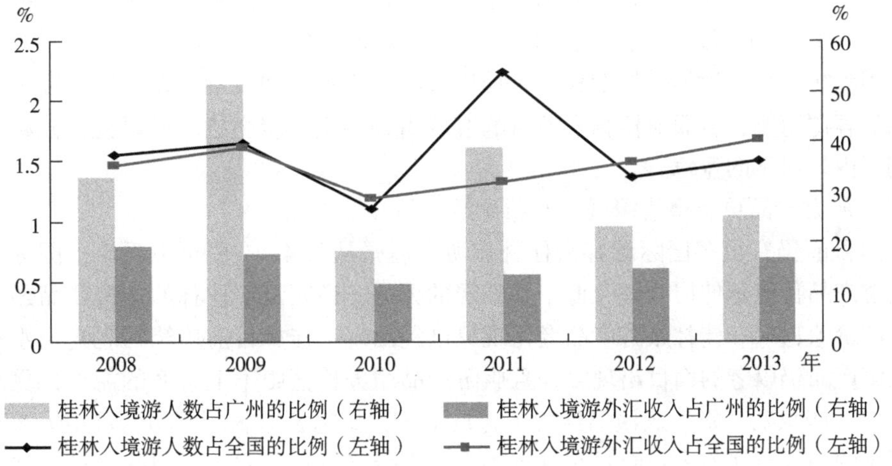

图4－5　桂林入境游人数和外汇收入占全国和广州的比例

（2）桂林旅游产品价值体现单一

表4－7显示，桂林旅游产品价值中的平均分在3.5分以上的主要集中在基础层，如

最高分美学价值就是由桂林山水体现的，还是以观光型产品占据主导，主要体现了基础层次的价值，体现也比较单一，并且受到季节性问题和游客停留时间问题的影响。时间价值就受到了季节的淡旺季问题，对于更深层次的价值体现，都表现为疲弱态势。居然还有游客反映旅游景区有小偷现象，这对桂林的好客价值中政府的管理是一大考验。旅游景区附近还有很多非导游、非工作人员乱兜售景点门票等不文明的现象，这对桂林旅游产品的自由价值也是挑战。这些问题都需要一一重视，制定一系列的制度和规划来整治和提高。

（3）桂林旅游产品价值深度不足

从表4－7中可以看出，桂林旅游产品价值在基础层和延伸层的具体体现评分中，最高的是美学价值，平均分为4.01分，平均分在3.5分以上的价值主要是在基础层，延伸层的最高分是象征价值，才3.61分。因此，桂林旅游产品价值目前还是深度不足，尤其是延伸层中文化价值和图腾价值，还有基础层的空间价值和时间价值都不足3.5分。因此，目前桂林旅游产品对国际游客高层次的价值需求还不能满足，延伸层的价值等都不能深度体现，并且能够体现这些价值的个性和特色的产品几乎没有，更不用说满足国际游客更多的要求。

总而言之，面对国际旅游市场的不断发展和变化，桂林旅游产品价值存在的问题和矛盾，决定了桂林旅游业以后发展的国际化进程，能否可持续的良性发展的步伐。

4.3.2 原因分析

（1）桂林旅游产品的国内外对手竞争激烈

从图4－5中可以看出，桂林入境游的发展在全国范围内受到激烈的竞争，不仅有发达的国际旅游目的地还有新兴的国际旅游目的地抢占全国入境游的游客，占据其市场份额。从表1－1中可以看出，我国的入境游人数近三年保持下降趋势，在国外，越来越多的国际旅游目的地加强旅游宣传，推出各项优惠价格和政策，在一定程度上也分散了我国的客源市场，从而对桂林入境游的客源市场产生一定影响。可以说，桂林旅游产品受到国内外对手的竞争。

（2）旅游产品更新换代缓慢，专项旅游产品开发不足

虽然目前仍有很多国际游客来桂林旅游，但是从表4－7中可以看出，国际游客对桂林旅游产品价值延伸层的评分低于基础层的评分，说明目前桂林的旅游产品还不能满足更高的价值追求。桂林旅游产品老化现象已经出现，桂林目前传统的观光山水和人文类的旅游产品仍以老的面目出现，并且旅游产品服务价值跟不上游客的需求，更新换代缓慢。如《印象刘三姐》表演已经历了将近十年，文化表达非常成功，每年依然有很多蜂拥而至的国际游客前去观看，并且每年都可以带来可观的收入，因此十年来并没有进行升级开发改进。但是对于未来的市场发展，此表演目前是远远不够的。在桂林山水这么好的旅游胜地，健康、疗养和度假这方面产品依然不足，还有专项产品（如攀岩等）都没有完全开发出来。旅游市场的生命周期会影响旅游产品的周期。因此，应当在桂林旅游目的地不同的时期，随着时代和市场的需要，开发出相应的产品，这才是与时俱

进，能够得到最高的效益。

（3）桂林的国际化服务意识不强

从表4－7中好客价值因素中桂林的当地居民、导游、企业、政府服务的综合评分为3.51分，这个分值在整个价值链中的评分并不算高。还有在桂林景区外部分服务人员只看到眼前的利益，如个人私自兜售景点门票等行为，这些服务人员眼光没有放长远，也完全没有体现出作为桂林代表的使命感。桂林的服务水平在很大程度上会直接影响旅游地的形象。旅游服务的国际化发展，不是一味地模仿学习国外发达的规范，而是要找到适合桂林的特色，具有国际的标准、发展的眼光来对其培训、指导等。

综上所述，虽然目前桂林旅游业发展蒸蒸日上，但是要想成为国际上一流的国际旅游目的地仍然还有很长的道路要走，还是非常严峻的。

第5章　国际化视角下桂林旅游产品价值提升对策

本章通过对桂林旅游产品价值的实地调查和分析，正确审视其价值，结合原则、技巧两个方面，提出有针对性的提升对策，对桂林旅游产品价值、开发、升级都有一些建设性的构想。

5.1　桂林旅游产品价值提升的原则

面对桂林旅游发展，无论是机遇还是挑战，对桂林旅游产品还是旅游产品价值的提升，都应该首先明确保证基本观念和坚定的原则，这样才能保障发展路径不跑偏，真正地脚踏实地提升发展。笔者主张从以下几个原则考虑：

第一，不变应万变的原则。用不变的桂林山水资源应对激烈竞争、复杂变化的国际市场，还要求所有的工作都要适应新的变化，做好以不变应万变的心理准备，做到保护不变的资源为核心，巧妙地来应对复杂的变化。

第二，有所为有所不为的原则。中国有句古话，任何事情都不可能尽善尽美。全面提升桂林旅游的所有方面也不现实，一味地盲目发展，也是不能够齐头并进的，要适合地整合资源共同发展，重点优先地发展其劣势部分。

第三，坚持可持续发展原则。桂林是一座集山水、历史、文化等多项的国际旅游名城，每年都有上亿人次游客慕名而来，对桂林的旅游环境和容量都是挑战，更应该让其发展与保护齐头并进，才能使桂林旅游可持续发展。对于旅游产品的开发和旅游产品价值的提升，更应该由相关专家制定科学的规划，考证后严格执行规划，保证有序地发展。

5.2 桂林旅游产品价值提升的技巧

坚持上述的提升原则，把握其方向，真正地提升桂林旅游产品价值还需要一定的技巧，这样能够起到事半功倍的效果。本文通过对旅游业发展规律的把握以及分析桂林旅游产品的发展周期，在此基础上进行战略性技巧对桂林旅游产品价值进行提升。

5.2.1 制订适应发展规律的旅游战略

提升桂林旅游业的发展和提高其旅游产品的价值固然重要，但是也不能一味地顺应市场，而是要有计划、有目的地结合现实情况进行开发、升级。美好环境是人类赖以生存的基本条件，如果一味地追求市场化，而要破坏原有的生态环境，这就是盲目地开发。因此，拓展国际化市场，面对机遇和挑战，就要进行科学的规划可持续发展的战略。

认识到规划的重要性，就要科学地采纳国内外专家的规划意见，充分考虑桂林本地的旅游资源和其他旅游环境的现状，把握未来的旅游发展趋势，一定杜绝目光短浅的开发，选取最佳适合的发展提升模式。例如，桂林独特的喀斯特地貌、漓江流域的自然环境、靖江王府等宝贵的资源应当采取保护和开发相结合的科学方式发展，同时还要重视可行性评估的重要性，通过专家的论证评估再结合实际情况后，加强监督和控制，才能有效地达到可持续的发展战略。

5.2.2 分析桂林旅游产品发展周期，建立桂林旅游产品价值提升路径

凌常荣教授（2013）根据 Danirl H. Pink（美）丹尼尔·平克《驱动力》（DRIVE）中人类社会的三个时代，也将桂林旅游目的地产品划分为三个时代，分别是硬件时代、软件时代和网络图腾时代[219]。

以此来划分桂林的产品代际，包括时间代际、功能代际、价值代际，形成一种旅游产业升级换代的理论方法和手段，提供桂林国际旅游目的地建设的独特方法和实践路径。以旅游产品为主线，审视旅游发展三个时代中桂林旅游产品的生命周期及其对应的消费特征，剖析发展过程中的桎梏，求证国际化趋势进程中市场对产品创新的诉求，探讨产品价值、产品文化、产品功能、产品消费的全新路径，设计并论证旅游产品创新与市场的耦合范式，扩展桂林旅游产品的科学性和技术性，使之实现全面的产业升级进化，破除旅游产品创新和产业发展缓慢的根本性障碍，从而进一步提升旅游产品的价值，才能为桂林国际旅游目的地的建设，开辟一条具有重大指导意义的发展通道。

5.3 桂林旅游产品价值提升的策略

根据本文中第4章构建的游客感知价值模型，从模型框架中十二个价值维度和四十八个指标入手，结合游客对桂林旅游产品价值的满意度和忠诚度的反映，最终提升桂林旅游产品价值主要从形象、品牌、文化、体验、服务、创新六个方面进行升级来实现。

5.3.1 形象升级

旅游目的地的形象可以说是游客对目的地的主观印象的总结评价。影响桂林形象的主要因素有以下四个方面：桂林本身旅游资源形成的现实基础、桂林所有旅游利益相关者、国际游客对桂林的主观感知、游客对桂林形象的满意度。

从桂林本身旅游资源形成的基础来说，桂林的形象基础主要依赖于桂林的山水奇洞的美景、悠久的历史文化、特色的少数民族文化以及代表性的事件等。桂林的形象定位和口号已经非常明确，定位就是“天下”，口号就是“桂林山水甲天下”。桂林的美景、历史文化、特色民俗是没法根本改变的，需要做的是以这些为基础进行宣传升级创新。首先，桂林可以结合举办一些国际性的活动来侧面宣传桂林，像昆明成功举办了中国花卉博览会后，昆明的各项旅游指标都有了大幅度的提高。因此，桂林若想提升更高的国际知名度，需要定期举办更大的国际活动来提升其形象。其次，桂林的宣传渠道方面需要整合升级。表4-5显示，66%的国际游客是通过网络来获得的，48%的国际游客是通过亲朋好友推荐的，24%的国际游客是通过电视/广播听取到的，14%的国际游客是通过以前游览经历获得，从这些数据可以看出，网络和媒体平台的重要性，同时对游览过桂林的国际游客也需要重点宣传，他们也是成本最低的宣传方式。还有4%的游客通过微信、微博、博客、MSN等新兴平台看到桂林旅游信息，虽然目前这个比例还比较小，但是新兴的传播平台也不容忽视，它的传播速度之快的特点正是旅游发展需要的。还可以利用文学作品来进一步提升宣传效果，如微电影、影视作品等。最后，对美景、文化和民俗方面的宣传可以采用整合的方式，根据目前国际游客的需求，整合出满足游客的线路。调查中有24.9%的游客是来桂林度假休闲旅游的，可以根据此需求整合出一条高性价比的休闲度假游。

桂林的所有利益相关者方面，主要包括桂林当地政府、旅游企业、当地社区居民、导游服务人员等。从表4-7中可以看出，好客价值中，居民好客方面平均分为3.8分，导游服务为3.55分，旅游企业服务为3.42分，政府管理服务方面为3.25分。另外，象鼻山景区门口附近还会有门票倒卖，随意拉客等不规范和恶性竞争，桂林市步行街繁华段还会时有小偷现象出现。这些现象都会很大程度上影响桂林的形象。因此，政府和旅游企业方面还需要进一步提高其管理服务水平，以有效提高其旅游形象。

从国际游客对桂林的主观感知和游客对桂林形象的满意度方面来说，国际游客对目的地的形象构成可以分为三个过程，第一是原有形象阶段，通过游客在未到达桂林前，有自己的一系列旅游计划，加上个人的履历经验等对桂林本地的一个原有认识。第二是次生形象阶段，游客确定旅游动机后，会通过各种渠道对桂林旅游进行收集准备，第三是综合形象阶段，此阶段会通过预想的所有环节比较后进行决策，包括时间成本、金钱成本等。然后再通过实地旅游感知，进行亲身体验后，结合自己阅历知识综合地进行桂林形象评价。了解形成的三个阶段，可以有针对性地在每个阶段进行提升。第一阶段可以加强桂林形象的良好定位和口号的宣传，第二阶段可以加强在国际上不同平台广泛的积极正面的宣传，第三阶段可以提高旅游整个过程中“食住行游购娱”要素的服务标准，能够做到让国际游客满意，并提高其忠诚度，这样就会推荐亲友来桂林旅游，能够形成良性循环。

综上所述，对于桂林国际旅游目的地的形象提升，应当根据旅游所处时代，对其进行针对性地提升，不能一味地加强宣传。现在的桂林在国际上已经有一定的影响力，应当充分利用现有的魅力并充分挖掘其深度，规范现有的旅游产品开发，强调市场和游客需求变化，着重开发个性化和差异化的旅游产品。对桂林目的地形象应有明确的定位、主题鲜明，才能打造成为国际旅游的图腾地。

5.3.2 品牌升级

品牌化能够使其在激烈的旅游市场竞争中立于不败之地，并且能够广泛传播，得到迅猛发展，这是大势所趋。品牌化与形象化存在一定的逻辑联系，品牌化则使其更加具有形象化与特色化。旅游目的地定位、品牌化也直接影响旅游目的地的形象。根据旅游者对目的地的感知形象，实施旅游目的地品牌化过程，树立旅游目的地的良好形象。当旅游目的地的形象与旅游者心中的感知形象越接近，则代表形象越好，市场口碑就越好，品牌化做得就越成功。

桂林素来有着“桂林山水甲天下”的美誉，这其实也是对桂林山水的一个品牌定位和宣传口号。桂林品牌化就是激起旅游者的旅游动机和情感向往的个性特征，使国际游客对其有总体的认知，能够吸引更多的国际游客，并为桂林带来社会效益和经济效益。与此同时，桂林的旅游企业和市场上的旅游产品也应打造品牌化，成为成功突破重围的新竞争力。

对于桂林品牌化构建，需要一系列的方法和步骤。第一，对桂林进行品牌化设计。在品牌化中，首先要对桂林的入境游市场、桂林旅游资源和主要的竞争对手进行综合分析来确定定位思想，再选择一系列品牌要素来传达该定位主题和相应的品牌本体形象，使国际游客对其品牌能够有强烈的识别感和忠诚度。第二，对桂林品牌化传播。品牌化传播也是相当重要的，将品牌信息传播给旅游者，就必须借助传播手段，需要综合利用传播手段，整合营销来进行传播，尤其利用现代旅游传播手段，如互联网、手机终端、微博、微信、MSN 等。第三，对桂林品牌化管理。品牌化管理需要涉及三个关键的因素，即利益相关者、危机、信息。对这三个重要因素进行合理的管理才能更好地做到品牌化管理。第四，对桂林品牌化和形象化进行评估。桂林对形象定位、品牌化设计、市场进行传播后，还需要桂林对形象与品牌进行测量和评价，并根据实际收集的反馈情况对品牌与形象进行完善。

5.3.3 文化升级

从游客的感知角度出发，本文从四个方面对桂林目前旅游产品的文化价值进行了调查，分别为桂林旅游产品的历史文化价值、人文山水价值、中西文化合璧价值、现代都市文化价值。其文化价值的平均分为3.25分，在其价值链中分值最低，如表4－7所示。

由此可见，桂林旅游产品的文化价值需要升级提升。文化是旅游的灵魂，提升旅游产品价值离不开文化。调查数据显示，其中人文山水价值在文化价值中得分最高，笔者认为应当抓住人文山水价值作为基础主线，再强化其他的文化升级。文化差异也是吸引国外游客前来旅游的动力。如阳朔西街，原有大量的外国游客闻名而来，后来由于喜欢桂林的人文山水环境停留下脚步，甚至定居下来。久而久之，这里形成了中西文化合璧的氛围，然而文化氛围形成后，会形成循环发展，还会吸引更多的外国游客，并且提高桂林的文化品位。因此，加深桂林文化的独特性就显得尤为重要，要深挖桂林的人物、历史、艺术、民俗、宗教等特色，不能被盲目的同化。这样也加深了桂林旅游产品美学价值中的民间艺术。

将现有的旅游产品和文化找到结合点，充分挖掘出桂林文化的底蕴，发挥二者的极致，形成文化系列产品，同时也满足了国外游客的文化审美诉求。加深文化就是提高旅游产品价值的差异化战略，只有真正地提高桂林旅游产品价值中的文化价值，才能提高桂林的软实力。

5.3.4 体验升级

本文将国外游客对桂林旅游产品感知的体验价值分为四个角度去分析，分别为旅游产品体验的个性化、丰富化、主题性和带来的满足感。体验产品带来的满足感的得分为3.05分，是本文构建的游客感知价值链中所有指标的最低分，说明国外游客对桂林旅游产品的体验性未能达到内心需求的标准。

体验型旅游产品是游客想要得到感官刺激和精神震撼的满足。加强桂林旅游产品的体验性，可以从深度和广度来升级。对现有的体验产品，可以根据游客的需求程度，对其进行加深开发。例如，桂林当地的少数民族习俗，可以设立假设场景，让游客通过服装等方面都能亲身体验。为了满足游客对体验性的要求，还可以多开发个性、丰富、主题性强的旅游产品，再如，桂林少数民族壮锦或画伞的加工作坊的体验，既能感受少数民族的文化氛围，也有了学习体验的乐趣。

旅游产品价值的体验升级，主要是对游客的满意度的提高。能够得到游客对体验的心理需求，也就把握了旅游产品的价值。

5.3.5 服务升级

国务院自1992年将旅游业确立为第三产业——服务业后，同时也非常重视服务质量。质量的高低直接影响桂林旅游业的发展水平以及游客的满意度和忠诚度。本文从游客感知价值中好客价值的四个方面来体现桂林旅游的服务质量，桂林的服务升级可以从这四个方面来针对性改善。

第一，桂林当地居民对国外游客的服务。这方面体现出了桂林的整个旅游氛围，没有任何一个游客喜欢去陌生的不友善的国家和地区去旅游享受美好时光。当地居民的服务是时刻存在的，这就要求当地居民首先具有友善帮助的意识和本性观念。例如，国外散客初次来到桂林，人生地不熟，问路则在所难免，这时当地的居民就要能够友善如实的告知。能够掌握英语或客源国家的语言，则显得尤为很重要了，这也是服务质量的一个方面。然后对于整个旅游环境的良好维护和创造也是很有必要的，当地居民是长期居住在本地的，不仅要为本市旅游形象也要为了自己的家园出一份力。再如，看到路上有垃圾，可以主动捡起丢进垃圾箱，这些都是很小的举动，但是人人都能做到便可以得到大的效果，创造干净卫生的旅游环境。因此，当地居民的服务是隐形于整个旅游过程中的，具备专业的服务知识很有必要，服务行为也应该从一点一滴积累起来。

第二，桂林的导游服务。导游是专业的旅游服务人员，具备专业的服务素养不必多说，是基本必备。同时可以说是国际游客体验旅游的拐杖。本文重点强调导游服务的意识，提高服务应该从根本出发，意识决定行为。导游要有时刻为国际游客的需求和满意出发，并具有代表桂林整个旅游形象的使命感，这样导游才能够真正地做好服务，才会积极主动地做到向导的职责。国际游客虽然存在文化语言的差异，但是心里是会感受到服务的真诚。

第三，桂林旅游企业服务。旅游企业包括多方面的，食住行游购娱所有相关的企业可以连成一个链条，相互制定其服务标准，进行良性竞争。同时国际游客的个性化要求，旅游企业也要灵活处理解决，后期制订完善的个性化方案来提高服务的水平。

第四，桂林政府管理服务。政府管理服务是主导，应该围绕整个桂林旅游系统来开展。本文重点强调政府的主导作用，建立起游客旅游后的满意度和忠诚度调查平台，通过反馈意见，针对性地管理并提高整个旅游行业的服务质量和水平。

服务的升级，是为桂林旅游形象、品牌、文化等的促进升级，只有把握其中各方面的关系，才能够有效的共同升级发展，真正提高桂林旅游产品的价值。

5.3.6 创新升级

创新是与时俱进的一个永恒话题，想要能够永不落后，就要推陈出新。本文中的创新要从以下几个角度去创新。

（1）旅游产品的创新

旅游产品是价值的体现载体，若想提高其价值，只有首先将旅游产品进行创新，才能对创新产品体现出的价值，进行有效体现和提升。根据桂林的国际市场需求对旅游产品进行改进和创新，包括挖掘特色、因地制宜和文化创意的手法，也可以从以下两个方面着手。

①对原有产品进行更新。旅游产品要根据市场变化进行更新换代。结合实情和凌常

荣教授提出的桂林旅游目的地的三个时代，将现有的旅游产品更新完善。第一，完善原有产品的功能，如桂林旅游中“六要素”不完备的，就增加和完善“六要素”。如果产品缺乏附加价值，就提升产品的附加价值。第二，增加文化内涵，如阳朔的《印象刘三姐》可以将举世闻名的桂林山水和“刘三姐”的传说巧妙地嫁接和有机地融合，将自然风光、民间传说、壮族民歌、民俗风情等完美结合，进而完善桂林旅游产品的文化价值。第三，增加新的旅游项目。如体验生活——农家乐旅游产品等；还可以增加体育健身的项目，如攀岩等。这个方面可以弥补其旅游产品的体验价值。第四，追随科学技术发展的足迹，把高科技成果运用到旅游产品中。如将灯光影像技术、3D 技术、智慧网络、智能机器等运用到旅游产品中。

②开发新的旅游产品。根据凌常荣教授提出“桂林旅游目的地的 3.0 时代”的观点，将来的桂林旅游市场趋势是发展成为能够使游客得到知识文化等方面的提高和身心的享受。因此，桂林开发出能让游客来到桂林，使其能提升自我文化素养的旅游产品，并且令他们还很向往。例如，山水画的画家和摄影师会到全球各处找景写生和拍摄，桂林的风景在全球堪称是独特的，对他们来说是宝贵的素材，因此，可以开发出专供全球美术和摄影爱好者甚至音乐家寻找美景和灵感之旅。此类新产品可以为他们带来多方面的收获，也为桂林本地的文化涵养提升了一个台阶，形成艺术的盛宴和天堂，并为将来有望成为国际上艺术界向往的图腾地。

(2) 战略创新

只针对旅游产品一方面的升级和创新是远远不够的，还应站在一定的高度，对所有的资源进行整合和创新。要充分把握所有资源，因此桂林不仅要从本市出发，还要从广西、全国甚至全球的资源去整合，形成战略计划。例如，桂林的旅游规划不仅要找到当地熟悉的专家，还可以从全国范围甚至全球的专家获取意见和资料，使桂林的发展不走弯路，顺应时代的发展而腾飞。

综上所述，本文根据游客感知价值链模型，从整个价值链的基础层和延伸层中的每个价值指标入手，使之成为提升桂林旅游产品价值的标准；通过游客对旅游产品感知的满意度和忠诚度来反映其价值的水平高低，成为重要的衡量尺度。

第 6 章 国际化视角下
桂林旅游产品价值提升的保障措施

桂林旅游产品价值的提升工作是一项长期的系统工程，为确保提升桂林旅游产品价值的对策得以实现，需要桂林市根据自身的优势资源进行优化，然后结构式规整组合，顺应旅游业的发展趋势，满足游客不同时期的真正诉求，坚持走可持续发展的道路。立足于国际化视角下，要保障提升桂林旅游产品价值的策略，主要提出以下三个方面的保障措施。

6.1 加强价值理论研究

总体来说，目前有关旅游产品价值理论相对较少，且因为旅游产品的概念内涵都没有统一的定义，进而旅游产品价值更没有了根本依据，也没有系统的价值理论能够支撑。

6.1.1 总结现有的价值理论，多角度研究相关价值理论

价值理论可以说是经济学中的理论基础与核心，研究价值理论意义也是重大的。目前，经济学术界存在三大价值理论，即马克思劳动价值理论、斯拉法价值理论和新古典均衡价值理论[220]。这三大价值理论都采用不同的角度和方法进行科学地分析，得出相似的结论。通过对三大理论的兼容并蓄，借鉴吸收各种价值的精髓，为今后价值理论的研究奠定了基础，使其更有说服力、更有科学性。

通过经济学的价值理论研究学习，在此基础上应该用更广的角度研究价值理论，并能够适合解决现在当今社会市场经济发展和经济建设中的现象与问题。对当前的旅游市场经济，目前大家都还停留在初期的经济学价值理论基础上的阶段，还没有更深一步地拓展研究。因此，以后的研究重点可以在原来的基础上，更多地从旅游哲学角度中的价值论、游客感知价值等方面，甚至可以具体到旅游产品价值、旅游目的地价值方面等，这些都是可以多角度地拓展研究。

6.1.2 深入旅游产品价值理论方面的研究

旅游产品是旅游业的核心，可以说任何旅游项目活动都离不开，在旅游业发展和经济收入中也起着不可忽视的作用。旅游产品在旅游业发展中的重要性，对其价值的研究，能更进一步为旅游产品开发、研究方面提供有效的指导。

本文对旅游产品价值方面的研究，就是从游客感知价值的角度出发的。然而，对游客感知价值研究的维度仍然比较少。目前，大量学者开始关注社会和情感两个价值维度。每位学者对其研究的目的以及研究产品的特性不同等原因，便会对游客感知价值维度的提出产生影响。因此，在此基础上本文也对旅游产品价值内涵进行了外延，增加为十二项价值体现。由于笔者的研究能力和水平有限，对于旅游产品价值理论方面的研究还不够深入，这更需要广大的学者专家能够对此项研究进行重视，深入研究，使价值理论研究更加系统、全面。

6.1.3 加强对旅游者心理需求方面的价值理论的研究

市场需求既可以说是现在市场发展的导向，对游客心理需求的把握，又可以说是对市场发展的需求趋势进行了主宰。游客心理需求方面的价值理论研究，不仅要对游客的行为进行研究，还要把握对其影响的因素，分析游客心理需求的变化趋势，从而对游客

的心理决策提供参考价值。与此同时，更要注意游客心理需求价值理论与心理学理论的结合研究，只有这样才能使游客心理需求价值理论研究更加深入和深刻。

6.2 不断紧跟国际化旅游者新的诉求

随着国际化环境的复杂性和日益变化的快速性，入境游和出境游日益暴涨，越来越多的国际游客涌入国际旅游目的地。全民旅游的时代正逐步到来，但是游客的诉求也会越来越多，要求越来越高。能够跟上国际旅游者新诉求的步伐，才能够与时俱进，发展立于不败之地。

6.2.1 把握目标客源国游客的需求

对目标客源国游客的需求把握，应当做到知己知彼，才能满足其对桂林旅游的真正需求。首先，真正地了解主要客源国游客。不仅需要了解游客的需求，还需要掌握国际旅游者的潜在心理动机和消费行为，同时还要了解已开发的产品与游客需求的差距。这就需要桂林所有相关的旅游企业（如旅行社、酒店、景区等）进行合作，形成一个市场调研平台机构，能够掌握到相关信息资料。其次，对国际游客需求加以分析。收集国际游客的信息本身就有很大的局限，收集到宝贵的资料后，应当进行深度分析、评估和预测。最后，要对目标客源国游客的相关需求分析结果充分运用，例如，游客对桂林的旅游建议和评价等信息资料，应当充分利用，指导开发与时俱进的旅游产品，满足国际游客的新诉求。这样一系列措施才能保证良性的循环，引导什么样的旅游产品应该开发，怎么才能提升其价值，什么样的旅游产品才能够满足国际游客可持续性的需求。

6.2.2 创新发展旅游产品和旅游服务，满足国际游客新诉求

作为桂林享誉世界的国际旅游胜地，若想重新获得以前的国际地位，占据更多的国际市场份额，应该对旅游产品和服务进行创新，通过国际游客对旅游目的地的需求定位，在核心产品的基础上进行改良和提升，提升其附加价值；旅游服务方面更应该与国际化标准接轨，可以提供标准化服务和个性化服务相结合，充分展现桂林的文化和旅游品位。

6.3 加强创新人才培养研究，与世界接轨

人才是发展一切的硬道理，是发展之根本，能够使政策的实施进行有力的保障。培养国际化人才是基础和关键，这需要桂林政府、相关企业、学校三方面的密切配合，才能够将人才培养推上发展的巅峰。

6.3.1 政府方面

（1）政策

桂林政府首先应该响应国家的“教育兴国”的方针，从国家相关政策方面全力支持对旅游专业创新型人才的培养。不仅对学校教育教学的工作支持，还应该拓宽视野，将能够推动人才培养的单位、机制、体制全部融合起来，建立一套系统、高效的旅游专业人才培养的体系和机制。并且政府也应该对旅游人才做出一个战略规划，此规划应该是旅游业发展总体战略规划的重要部分。使旅游人才发展的战略规划与旅游业发展相适应，与国际化发展标准相符合，与旅游业产业结构相协调，这样才能形成一个长期稳定的良性发展趋势。

（2）制度

桂林政府方面不仅应建立起做出相应的政策指导，还必须建立起与之相应的监督、管理制度来。只有单纯的政策，并不能有效地实施，还必须有相应制度实施评估、监督和管理，才能使其高效、有质量地协调发展起来。桂林政府还需要建立引进人才的具体制度和智能人才库。旅游人才同样需要开放式的吸纳八方贤才，这样既可以节省成本，也可以吸收到具有国际视野又熟悉本国文化氛围、本土化经营理念的优秀人才。

6.3.2 企业方面

（1）加强校企合作

桂林旅游企业的良好运营与高素质的旅游人才是息息相关的。良性的高素质人才输入对旅游企业来说也是相当重要的，与其大海捞针似的去发现高素质人才，不如为自己企业发展一个良性的招贤纳士的输入途径。与桂林甚至全世界的高校合作，对人才的培养方案可以有一定的了解，同时也可以合作进行其完善，加强其实践的能力。在此不只是单纯地进行合作关系，一定要深入地进行互相推进完善。只有高校明白与国际化社会接轨的旅游企业需要什么样的人才，才能建立合理的培养方案和计划。同样，企业只有完全了解高校的培养计划和方案，才能提前进行所需员工知识素质等方面的指导，这样才能良性循环，达到人才培养“就业为导向”的要求。

（2）建立有效的人才激励体制

桂林旅游企业内部应当对人才建立有效的激励评价体系，这样人才能够不断地努力提升。首先，对人才应当重视其教育培训和学习，形成一个良好的学习型组织团队。多了解国际的发展变化，能够顺应时代的发展，用国际化的视野去看事情，与时俱进。其次，创造一个公平竞争的工作环境，建立能力导向、绩效、创新三方面的一个激励体制。这样能够调动员工的积极性、主动性。最后，企业只有培养具有敏锐的观察力和洞悉发展趋势的国际化人才，才能够应对复杂且千变万化的国际市场。因此，旅游企业应当重视创新的重要性。必要时可以适当根据企业情况建立相应部门，进行专项的创新研发，并进行足够的激励奖励，有效地提高人才的创造性。

6.3.3 学校方面

旅游业是国际性行业。入境游和出境游逐年上升，因而旅游教育必须具有国际视野。对外语要求自然不必说，引进国外原版旅游教材可以迅速拉近国际语言差距。同时，与国外旅游院校互派师生、互认学分，取长补短，相互学习，共同提高，此外，进行国际交流也是一种值得提倡的方法。

(1) 树立培养国际化人才的观念

国际化创新人才的培养，重中之重是要树立培养国际化人才的观念，这样能够使任何体制和制度都有依据和导向。国际化人才必须要有国际化意识，用国际化的视野去看待发展问题，并且能力能够达到国际化水平。在现如今全球化激烈的竞争中能够把握机遇和争取主动，并且具有创新意识，才能从根本上与时俱进，与世界接轨。这就要求桂林高校从领导、教师到学生都要有国际化的观念。

(2) 建立健全的国际化教育培养人才的制度模式

建立健全的国际化教育培养人才的制度模式，是当今一所具有竞争力大学必不可少的。具体可从以下几个方面着手。

①系统的专业国际化知识。入境游客来自全球不同的国家和地区，每位游客的信仰、生活习惯、文化程度、兴趣、阅历等都不尽相同，如果国内旅游从业者对这些不甚了解，提供服务时势必会造成困扰或是冲突。因此，高校对国际化人才的培养，系统的专业国际化知识是基础，是不容忽视的。

②良好的跨文化交流能力。旅游行业最多的就是人与人之间的沟通，就入境游和出境游来说更多的是与国际上各国的游客进行交流。高校对旅游专业的国际化人才培养，应该注意以下几点：首先，语言关很重要，外语能力即跨文化沟通能力。必须要加强外语的学习，重点学习英语，适当地有针对性地培养小语种，尤其是旅游目的地客源国的语种，也要重视。其次，熟悉本专业的国际化知识，客源国的文化习俗和礼仪，并且要尊重他们的生活方式和价值观。最后，要有较强的运用和处理信息的能力。沟通过程中，难免会出现一些理解的偏差，对于旅游专业的人才，考验其处理危机的反应能力也是相当重要的。

③实践中的教材、软硬件、教师都要与国际接轨。面对复杂万变的国际化环境，不能只从理论方面下手，实践操作更为重要。学校可以形成从校内到社会再到国外的实践教学体系，并且要进行多元化开展，充分利用信息技术，整合校企合作中的各种资源，教材、软硬件设施、教师也要与国际化接轨。

④与国际化的创新人才培养方案接轨。国际化人才的培养还应当重视创新的观念，不仅学校对师生的培养应当有创新的意识，而且师生对学习以及发展的制度也应该有创新的态度。对于人才的培养应该打开视野的创新角度，只有努力创造良性发展的创新平台，不断地完善培养方案，才会使人才更加迅速地适应国际化环境的变化趋势。

综上所述，本文通过实地调查的数据分析得出相应提高桂林旅游产品价值的对策，但是真正的实施，也并非易事，需要把握必要的保障措施，才能更好地做到提升和发展，将桂林打造成永不落后的国际旅游目的地和国际游客心目中真正的“旅游胜地、旅游图腾地”。

第7章　研究结论与不足

7.1　研究结论

本文立足于国际化视角，以国内和桂林入境游发展为背景，基于游客感知价值理论、旅游哲学和游客满意度理论，将桂林旅游产品价值评价体系分为基础层和延伸层，包含12个价值维度、48个因素指标，以及2个满意度因素和2个忠诚度因素；通过对桂林国外游客问卷调查和实地调查，构建出游客感知价值链框架模型，对收回的450份有效问卷进行数据分析，得出桂林旅游产品价值存在的问题和原因。

桂林旅游产品价值存在的问题：桂林旅游产品价值地位相对下降；旅游产品价值体现单一；旅游产品价值深度不足。导致这些问题的主要原因：桂林旅游产品的国内外对手竞争激烈；桂林旅游产品更新换代缓慢，专项旅游产品开发不足；桂林的国际化服务意识不强。

提出相应的价值提升对策和保障性措施，促进桂林国际旅游目的地发展建设，并对产品结构升级起到借鉴作用，助其加快提高国际市场份额，更全面地实现产业国际化，建立成真正的国际旅游图腾地。

7.2　研究不足

本文通过旅游学中旅游哲学、体验经济理论、游客满意度理论、游客的感知理论中相关知识的融合运用，通过对桂林旅游产品现状和价值的体现分析，提出了一些提升其价值的对策。由于笔者的知识水平和能力有限，仍需要深入研究和进一步探讨与完善。

首先，由于现有对旅游产品价值理论研究方面还尚不深入，所以对于本章提出的桂林旅游产品价值的评价体系，仍然需要进一步完善。

其次，由于调查问卷设计的是中英文版，在调查的过程中可能会出现一些语言上沟通和理解的障碍，如普遍东南亚一些国家和韩国游客的英文水平不是很高，所以对于调查问卷的内容理解有一定的难度。

最后，为了使本文更好地达到实践的指导意义，所以对策和保障措施都是针对调查数据分析结果而提出的，具有一定的适用性和有限性，但是仍然需要进一步完善，从而能够系统全面地建立起一套有效的提升价值模式。

参考文献

[1] 国家旅游局. 邓小平与旅游 [M]. 北京：中国旅游出版社，2001.

[2] P. 科特勒. 营销管理：分析、计划、执行与控制 [M]. 上海：上海人民出版社，1999.

[3] 约翰·斯沃布鲁克. 旅游景区开发与管理 [M]. 北京：旅游教育出版社，2006，10：40.

[4] 李天元. 旅游市场营销纲要 [M]. 北京：中国旅游出版社，2009，3：160.

[5] 维克多·密德尔敦. 旅游营销学（第二版） [M]. 北京：中国旅游出版社，2001：111－112.

[6] Smith. S. L. J. The tourism product [J]. Annals of Tourism Research，1994（3）：582－595.

[7] Alastair Morrison，邵隽. 目的地管理与目的地营销：打造优质旅游目的地平台 [J]. 旅游学刊，2013，28（1）：6－9.

[8] 魏小安，冯宗苏. 旅游产品的基础、条件与创新 [J]. 中国旅游年鉴，1991.

[9] 陶汉军，林南枝. 旅游经济学 [M]. 上海：上海人民出版社，1994.

[10] 王大悟，魏小安. 旅游经济学 [M]. 上海：上海人民出版社，2000.

[11] 曹诗图. 旅游开发与规划 [M]. 武汉：武汉大学出版社，2007，9：86－90.

[12] 谢彦君，梁春媚. 旅游营销学 [M]. 北京：中国旅游出版社，2008.

[13] 于荀，张晓桐，屈永超. 沈阳市旅游产品开发现状及对策研究 [J]. 对外经贸，2015，29（1）：78－80.

[14] 孙莎莎. 旅游产品开发设计的实践研究 [J]. 统计与管理，2015，30（1）：98.

[15] 王大悟，魏小安. 新编旅游经济学 [M]. 上海：上海人民出版社，1998.

[16] 王琳. 旅游产品体系研究 [J]. 经济研究导刊，2009，5（19）：138－139.

[17] 谢彦君. 基础旅游学 [M]. 北京：中国旅游出版社，2011.

[18] 林南枝，陶汉军. 旅游经济学（修订版） [M]. 天津：南开大学出版社，2000.

[19] 邹统钎. 饭店战略管理：理论前沿与中国的实践 [M]. 广州：广东旅游出版社，2002.

[20] 杨森林. “旅游产品生命周期论”质疑 [J]. 旅游学刊，1996，11（1）：45－47＋79.

[21] 秦宇. 试析旅游产品定义问题 [J]. 北京第二外国语学院学报，2000（1）.

［22］同［9］.
［23］李天元．旅游学概论［M］．天津：南开大学出版社，2000，8.
［24］凌常荣，刘庆．旅游目的地开发与管理［M］．北京：经济管理出版社，2013，66.
［25］肖潜辉．我国旅游业的产品反思及其战略［J］．旅游学刊，1991（2）.
［26］罗明义．旅游经济学［M］．北京：高等教育出版社，1997.
［27］同［17］.
［28］林南枝，黄晶．旅游市场学［M］．天津：南开大学出版社，2010.
［29］厉新建，张辉．旅游经济学：理论与发展［M］．沈阳：东北财经大学出版社，2002.
［30］曲玉镜．旅游产品新论［J］．辽宁师范大学学报（社会科学版），2002（2）.
［31］秦宇．试析旅游产品定义问题［J］．北京第二外国语学院学报，2000（1）.
［32］同［17］.
［33］吴必虎．区域旅游规划原理［M］．北京：中国旅游出版社，2001.
［34］陈昱．基于后现代主义视角的香格里拉大峡谷旅游区旅游产品规划研究［D］．昆明：云南大学硕士学位论文，2009.
［35］马勇，舒伯阳．区域旅游规划——理论、方法与案例［M］．天津：南开大学出版社，1998.
［36］孟奎．经济学三大价值理论的比较［J］．经济纵横，2013（4）.
［37］白永秀，范省伟．旅游产品的重新界定及其现实意义［J］．当代经济科学，1999，21（3）：89－93.
［38］张陆，徐刚，夏文汇．旅游产品的内涵、类型划分及价值问题研究［J］．重庆工学院学报，2001，15（1）：9－14.
［39］涂佳．试论森林旅游产品价值提升的途径［J］．四川林勘设计，2011（1）.
［40］袁国宏，张月芳．基于体验经济理论的旅游产品价值分析［J］．桂林旅游高等专科学校学报，2006（4）.
［41］曹诗图．旅游哲学引论［M］．天津：南开大学出版社，2008.
［42］褚士永，孙根年．旅游产品的第三种价值初探［J］．技术与市场，2010，15（1）：9－14.
［43］同［17］.
［44］蒋薇．基于游客感知价值的乡村旅游产品升级研究［D］．兰州：西北师范大学硕士学位论文，2012.
［45］黄炜，陈听，王丽．民俗旅游产品创新中的顾客价值需求研究——以湘西自治州为例［J］．旅游学刊，2013，28（12）：64－70.
［46］申超．高等教育国际化概念辨析［J］．全球教育展望，2014，43（6）：45－53.
［47］理查德·D. 罗宾逊．企业国际化导论［M］．北京：对外贸易教育出版社，1989.

[48] Knight J. Internationalization Remolded : Definition, Approaches, and Rationales [J]. Journal of Studies in International Education, 2004, 8 (1).

[49] Fayed H, Flet Cher J. Globalization of Economic Activity Issues for Tourism [J]. Tourism Economics, 2002, 8 (2): 207 – 230.

[50] Johnson C, Vanetti M. Locational Strategies of International Hotel Chains [J]. Annals of Tourism Research, 2005 (32): 1077 – 1099.

[51] Sam C. A Logistic Tourism Model Resort Cycles, Globalization, and Chaos [J]. Annals of Tourism Research, 2009, 36 (4): 689 – 714.

[52] 魏小安. 旅游城市与城市旅游——另一种眼光看城市 [J]. 旅游学刊, 2001, 16 (6): 32.

[53] 王云飞. 国际化与本土化——对中国旅游法治的思考 [J]. 大连海事大学学报 (社会科学版), 2007, 6 (3): 1 – 4.

[54] 姚李忠. 黄山市旅游国际化发展战略思考 [J]. 黄山学院学报, 2010, 12 (4): 9 – 13.

[55] 赵磊. 国内外旅游国际化研究综述 [J]. 资源开发与市场, 2011, 27 (8): 760 – 763.

[56] 李娜. 黄山市旅游国际化研究——基于城市旅游国际化发展竞争力评价指标体系 [D]. 合肥: 安徽大学硕士学位论文, 2013.

[57] Belisle F J, Hoy D R. The Perceived Impact of Tourism by Residents: A Case Study in Santa Marta, Colombia [J]. Annals of Tourism Research, 1980, 7 (1): 83 – 101.

[58] Zeithaml VA. Consumer Perceptions of Price, Quality, and Value: A mean – end Model and Synthesis of Evidence [J]. Journal of Marketing, 1988, 52 (3): 2 – 22.

[59] Morrison. A. M. Hospitality and Tourism Marketing [M]. Albany N. Y: Delmar, 1989.

[60] Stevens, B. F. Price Value Perceptions of Travelers [J]. Journal of Travel Research, 1992 (31): 44 – 48.

[61] Teoman Duman. Anna S. Mattila. The Role of Affective Factors on Perceived Cruise Vacation Value [J]. Journal of Travel Research, 1998 (42): 78 – 82.

[62] 陆林, 焦华富. 山岳旅游者感知行为研究 [J]. 北京大学学报 (哲学社会科学版), 1996, 33 (3): 41 – 46.

[63] 吴必虎, 等. 中国城市居民旅游目的地选择行为研究 [J]. 地理学报, 1997, 52 (2): 97 – 103.

[64] 王斌. 旅游行为及其影响机制研究 [D]. 西安: 西北大学硕士学位论文, 2001: 21.

[65] 黄颖华, 黄福才. 旅游者感知价值模型、测度与实证研究 [J]. 旅游学刊, 2007, 22 (8): 42 – 47.

[66] 董大海. 基于顾客价值构建竞争优势的理论与方法研究 [D]. 大连: 大连理

工大学博士学位论文，2003：71 – 80.

[67] 蒋薇．基于游客感知价值的乡村旅游产品升级研究 [D]．兰州：西北师范大学硕士学位论文，2012.

[68] Grönroos C. A Service Quality Model and Its Marketing Implications [J]. European Journal of Marketing, 1984, 18 (4): 36 – 44.

[69] Otto J E, Ritchie J R B. The Service Experience in Tourism [J]. Tourism Management, 1996, 17 (3): 165 – 174.

[70] Kashyap R, Bojanic D C. A structural Analysis of Value, Quality, and Price Perceptions of Business and Leisure Travelers [J]. Journal of Travel Research, 2000, 39 (1): 45 – 51.

[71] Duman T, Mattila A S. The Role of Affective Factors on Perceived Cruise Vacation Value [J]. Tourism Management, 2005, 26 (3): 311 – 323.

[72] Hui T K, Wan D, Ho A. Tourists' Satisfaction, Recommendation and Revisiting Singapore [J]. Tourism Management, 2006, 27 (4): 607 – 616.

[73] Lee C K, Yoon Y S, Lee S K. Investigating the Relationships Among Perceived Value, Satisfaction, and Recommendations [J]. Tourism Management, 2007, 28 (1): 204 – 214.

[74] Petrick J F. Development of A Multi – dimensional Scale for Measuring the Perceived Value of A Service [J]. Journal of Leisure Research, 2002, 34 (2): 119 – 134.

[75] Sánchez J, Callarisa L, Rodríguez R M, et al. Perceived Value of the Purchase of A Tourism Product [J]. Tourism Management, 2006, 27 (3): 394 – 409.

[76] Martina G. Gallarza. Irene Gil Saura. Value Dimens Ions, Perceived Value, Satisfaction and Loyalty: An Investigation of University Students Travel Behavior [J]. Tourism Management, 2006, 27 (3): 437 – 452.

[77] 张淑青．观光旅游服务知觉价值因素构成与衡量题项 [J]．服务业管理评论，2005 (4)：105 – 128.

[78] 同 [65].

[79] 魏遐，潘益听．湿地公园游客体验价值量表的开发方法——以杭州西溪湿地公园为例 [J]．地理研究，2012，31 (6)：1121 – 1131.

[80] 符全胜．旅游目的地游客满意理论研究综述 [J]．地理与地理信息科学，2005，21 (5)：90 – 94.

[81] Beard J B & Raghed M G. Measuring Leisure Satisfaction [J]. Journal of Leisure Research, 1980, 12: 20 – 33.

[82] Kingchen K. Tourist Satisfaction in Relation to a Holiday in Thailand [A]. Greend. The Development and Evaluation of Activity Schedules for Tourists on One – Day Commercial Reef Trips [C]. Published by the Cooperative Research Centre for Ecologically Sustainable Development of the Great Barrier Reef, 1997: 3 – 4.

[83] Baker D A & Crompton J L. Quality, Satisfaction and Behavioral Intentions [J]. Annals of Tourism Research, 2000.

［84］Kozak M. Comparative Assessment of Tourist Satisfaction with Destinations Across Two Nationalities［J］. Tourism Management, 2001, 22（4）.

［85］Chon K S & Olsen M D. Functional Congruity and Self Congruity Approaches to Consumer Satisfaction/dissatisfaction in Tourism［J］. http：//scholar. Lib. VT. edu/ejournals/JIAHR/issue3/index. Html, 2004.

［86］岳怀仁. 风景旅游区经营与管理［M］. 昆明：云南大学出版社，1998，122.

［87］沈向友. 旅行社服务质量与游客满意感影响因素分析［J］. 旅游学刊，1999，14（5）：25－30.

［88］李智虎. 谈旅游景区游客服务满意度的提升［J］. 企业活力，2003（4）：39－41.

［89］万绪才，丁敏，宋平. 南京市国内游客满意度评估及其区域差异性研究［J］. 经济师，2004（1）：246－247.

［90］同［80］.

［91］Pizam A, Neumann Y, Reichel A. Dimensions of Tourist Satisfaction with a Destination area［J］. Annals of Tourism Research, 1978, 5：314－322.

［92］Dorfman P W. Measurement and meaning of recreation satisfaction：A case study in camping［EB/OL］. www. 2003. Ttra. Com/ pub/uploads/037. pdf.

［93］Whipple T W, Thach S V. Group Tour Management：Does Good Service Produce Satisfied Customers?［J］. Journal of Travel Research, 1988, 27（2）：16－21.

［94］Bowen D. Antecedents of consumer satisfaction and dissatisfaction（C S/D）on long－haul inclusive tours－a reality check on theoretical considerations［J］. Tourism Management, 2001（22）：49－61.

［95］Akama J & Damiannah M K. Measuring tourist satisfaction with Kenya's wildlife safari：A case study of Tsavo West National Park［J］. Tourism Management, 2003（24）：73－81.

［96］Yoona Y & Uysal M. An examination of the effects of motivation and satisfaction on destination loyalty：a structural model［J］. Tourism Management. 2005, 26（8）：45－56.

［97］Spinks W5Lawley M, Richins H. Satisfaction with sunshine coast tourist attractions：The influence of individual visitor characteristics［J］. Journal of Tourism Studies, 2005, 16（1）：12－23.

［98］Hasegawa H. Analyzing tourists' satisfaction multivariate ordered probit approach［J］. Tourism Management, 2010, 31（1）：86－97.

［99］李蓄蓄. 旅游地形象策划理论与实务［M］. 广州：广东旅游出版社，1999.

［100］同［87］.

［101］陈桓敦，李贤升. 基隆碧砂观光渔港游客满意调查之研究［EB/OL］. http：//www. ccmtc. edu. tw/cjcmt－web/cjcmt/person/teacher－reading%20result－date, 2003.

［102］董观志，杨凤影. 旅游景区游客满意度测评体系研究［J］. 旅游学刊，2005，1：27－30.

［103］张雅亮. 基于游客满意度的南戴河国际娱乐中心深度开发研究［D］. 秦皇

岛：燕山大学，2009.

［104］郭静静．游乐型主题公园游客满意度测评研究［D］．杭州：浙江工商大学，2012.

［105］刘静．延边旅行社服务质量与游客满意度实证研究［D］．吉林：延边大学，2012.

［106］杨新．基于三角模糊数庐山景区游客满意度测评研究［D］．南昌：江西师范大学，2012.

［107］徐龙雁．基于游客满意度理论的休闲农业实证研究——以武夷山嘉年华农业园为例［D］．福州：福建农林大学，2014.

［108］黄大勇，陈芳．国内外旅游满意度研究综述［J］．重庆工商大学学报，2015.

［109］Parasuraman A，Zeithaml V A & Berry L L. SERVQUAL：A mul – tiple – item scale for measuring customer perceptions of service quality［J］. Journal of Retailing，1988，64：12 –40.

［110］Laws E. Conceptualizing vistor satisfaction management in heritage settings：An exploratory blueprinting analysis of Leeds Castle，Kent［J］. Tourism Management ，1998，19（6）：545 –554.

［111］Joppe M，Martin D. W，Waalen J. Toronto's image as a destination：A comparative importance – satisfaction analysis by origin of visitor［J］. Journal of Travel Research，2001，39（3）：252 –260.

［112］Akama J & Damiannah M K. Measuring tourist satisfaction with Kenya's wildlife safari：A case study of Tsavo West National Park［J］. Tourism Management，2003（24）：73 –81.

［113］Petrick J F. The roles of quality，value? and satisfaction in predicting cruise passengers behavioral intentions［J］Journal of Travel Research，2004，42（4）：397 –407.

［114］Yuan J，Jang S. The effects of quality and satisfaction on awareness and behavioral intentions：Exploring the role of a wine festival［J］. Journal of Travel Research，2008，46（3）：279 –288.

［115］Del，Bosque I R，Martin H S. Tourist satisfaction：A cognitive – affective model［J］. Annals of Tourism Research，2008，35（2）：551 –573.

［116］Crotts J C，Mason P R，Davis B. Measuring guest satisfaction and competitive position in the hospitality and tourism industry：An application of stance – shift analysis to travel blog narratives［J］. Joumal of Travel Research，2009，48（2）：139 –151.

［117］谢彦君，吴凯．期望与感受：旅游体验质量的交互模型［J］．旅游科学，2000（2）：1 –4.

［118］刘俊，等．基于期望差异模型的 RBD 顾客满意度研究［J］．旅游学刊，2004（5）：14 –17.

［119］张海燕．关于旅游者期望差异的思考［J］．经济师，2005（8）：127 –128.

[120] 马秋芳，等．传统旅游城市入境游客满意度评价及其期望：感知特征差异分析——以西安欧美游客为例 [J]．旅游学刊，2006 (2)：30 – 35.

[121] 连漪，汪侠．旅游地顾客满意度测评指标体系的研究及应用 [J]．旅游学刊，2004 (5)：9 – 13.

[122] 汪侠，梅虎．旅游地游客满意度：模型及实证研究 [J]．北京第二外国语学院学报 (旅游版)，2006 (7)：1 – 6.

[123] 江波，郑红花．基于旅游目的地八要素的服务质量评价模型构建研究 [J]．商业研究，2007 (8)：148 – 153.

[124] 王晓丹，等．观光农业游客满意度评价指标体系的构建 [J]．现代农业科技，2007 (7)：120 – 121.

[125] 刘妍．成都大熊猫繁育研究基地入境游客满意度评价实证研究 [J]．旅游学刊，2009，24 (3)：36 – 41.

[126] 王金莲，汪德根，刘昌雪．入境游客对我国非物质文化遗产的满意度及其度量模型研究——以苏州昆曲为例 [J]．人文地理，2010，25 (6)：104 – 109.

[127] 黄宇．文化休闲景区游客满意度测评 [J]．价值工程，2011，30 (19)：314 – 315.

[128] 杨刚．基于期望差异模型的游客满意度研究 [D]．重庆：重庆师范大学，2012.

[129] 翟东方．河南省城市游客满意度测评及提升策略研究 [D]．郑州：郑州大学，2013.

[130] 高静，徐长乐，刘春济．熟悉度对旅游目的地游客满意度评价的影响研究——基于到访西安的中西方游客比较 [J]．华东经济管理，2015 (2)．

[131] [苏] 瓦西留克．体验心理学 [M]．黄明译，北京：中国人民大学出版社，1989.

[132] 童庆炳．现代心理美学 [M]．北京：北京出版社，1993.

[133] [美] 甘哈曼．第四次浪潮 [M]．北京：中国友谊出版公司，1984.

[134] Pine B J, Gilmore J H. The experience economy [J]. Harvard business review, 1998, 76 (6): 18 – 23.

[135] 约瑟夫·派恩，詹姆士·吉尔摩．体验经济 [M]．夏业良，鲁炜等译．北京：机械工业出版社，2002：18 – 19.

[136] 李艳．基于体验视角的旅游产品深度开发研究——以武当山为例 [D]．武汉：武汉科技大学，2010.

[137] Cohen, E. A Phenomenology of Tourism Experienees, Sociology [J]. Sociology, 1979, 13 (2): 179 – 201.

[138] Althea. Tourism Experienee The Case Of Heritage Parks [J]. Tourism Management, 1998. Vol. 9. No. 6: 611 – 615.

[139] Luis. A Model of Tourism Experienee and Aititude Change [J]. Annals of tourism

research. 1999. Vol. 26. No. 2：349－370.

［140］LIYiping. Geogra Phieal Consoiousness and Tourism Experienee ［J］. Annals of tourism researeh. 2000. Vol. 26. No. 4：1224.

［141］黄贵仁．体验经济背景下的旅游开发研究［D］．南昌：南昌大学，2010.

［142］胡燕雯，张朋．试论体验经济时代的旅游业发展［J］．桂林旅游高等专科学校学报，2003（3）．

［143］刘丽华．基于体验视角的文化旅游产品设计与开发研究［J］．沈阳师范大学学报（社会科学版），2007，31（2）．

［144］邹统钎，吴丽云．旅游体验的本质类型与塑造原则［J］．旅游科学，2003（4）．

［145］曹新向．体验经济时代的旅游业发展对策［J］．西北农林科技大学学报（社会科学版），2004（5）：126.

［146］刘德谦．关于乡村旅游、农业旅游与民俗旅游的几点辨析［J］．旅游学刊，2006，21（3）：12－19.

［147］林育彬，李慧新，马海云．基于体验视角的饮食文化旅游产品开发探索［J］．商场现代化，2008（3）．

［148］吕丽辉，李明辉．基于体验经济视角的乡村旅游产品开发研究［J］．哈尔滨商业大学学报，2011（6）．

［149］唐欣然．体验经济视角下乡村旅游产品开发——以南通市为例［J］．南通职业大学学报，2014，28（4）：8－12.

［150］Sarat H D . A Model of Demand for International Tourism［J］. Annals of Tourism Research，2003，30（1）：31－49.

［151］Christine L，Michael M ，Jennifer C H. ARMAX Modeling of International Tourism Demand［J］. Mathematics and Computers in Simulation，2009（79）：2879－2888.

［152］Akira S. Inbound Tourism Policies in Japan from 1859 to 2003 ［ J］. Annals of Tourism Research，2005，32（4）：1100－1120.

［153］Allen M，Gareth S. Internationalization and Innovation in Tourism［J］. Annals of Tourism Research，2010（37）．

［154］Chew J. Transport and Tourism in the Year 2000 ［J］. Tourism Management ，1987，8（2）：83－85.

［155］Crouch G I. A Meta－analysis of Tourism Demand［J］. Annals of Tourism Research，1995，22（1）：103－118.

［156］Eilat Y，Einav L. Determinants of International Tourism：A Three Dimensional Panel Data Analysis ［J］. Applied Economics，2004（36）：1315－1327.

［157］Jameel K，Boopen S. The Role of Transport Infrastructure in International Tourism Development ：A Gravity Model Approach［J］. Tourism Management，2008（29）：831－840.

［158］Richard S J. The Impact of a Carbon Tax on International Tourism ［ J ］. Transportation Research Part D，2007（12）：129－142.

[159] Wang Shanyu. The Impact of Crisis Events and Macroeconomic Activity on Taiwans Internat－ional Inbound Tourism Demand [J]. Tourism Management , 2009 (30) .

[160] Harvey D. The Condition of Postmodernity [M]. Oxford: Basil Blackwell, 1989.

[161] Chang T C, Milne S, Fallon D, et al . Urban Heritage Tourism: The Global－local Nexus [J]. Annals of Tourism Research, 1996 (23): 284－305.

[162] Guntur S, Adam B, Sinclair M . Tourism and Globalization Economy Impact in Indonesia [J]. Annals of Tourism Research, 2003, 30 (3): 683－701.

[163] Stefan F, Juan G, Wiston A . The Impacts of International Tourism Demand on Economic Growth of Small Economies Dependent on Tourism [J]. Tourism Management , 2011 (32): 377－385.

[164] 同 [6].

[165] Law. C. M Cerating the urbra. The Urbra Environment: Tourism Conference Porceedings, South Bank Universiy London, 11－12. 1995 (9): 86－90.

[166] Coopers. Lybrand consulting (1995b) . pleasuer travel markets to North America: Japan travel trade Report and tour Products analysis. Ottawa: Tourism Canada, the US Travel and Tourism Administration, and Secret aria deTourism de Mexico.

[167] Alison Caffyn, Jane Lutz Developing the heritage tourism Product in multi－ethnic eities [J]. Tourism Management, 1999 (20) .

[168] Deepak Chhabra, Robert Healy, Erin sill Staged Authenticity and Heritage Tourism [J]. Annals of Tourism Researeh, 2003 (3): 702－719.

[169] Da Coneeieao Gonealves, VF. , and PD M roque Agues 1997 the Concept of Lifecycle: An Application to the Tourist Porduct [J]. Journal of Travel Research 36 (2) .

[170] M. A. Clemets, A Geogriou. The impact of Political instability on a fragile tourism Product [J]. Tourism Management, 1998 (3): 283－288.

[171] Kelly J. Mcakay & J, Miehael Campbells An examination of resident's support for hunting as a tourism Product Kelly J. Mackya, J. Miehael Campbell.

[172] 冯强，程兴火．生态旅游景区游客感知价值研究综述 [J]. 生态经济，2009，25 (9)：105－108.

[173] 万旭才．南京市旅游国际化：现状、问题与对策 [J]. 国际旅游与世界和谐高层论坛文集，2008.

[174] 周旋，甘晓蓉．陕西国际旅游收入与经济增长关系的协整分析 [J]. 云南师范大学学报，2010，30 (2)，33－37.

[175] 朱梅，魏向东．江苏省区域旅游国际化发展战略初探 [J]. 黄山学院学报，2011，13 (1)：30－33.

[176] 唐紫淇．张家界市旅游国际化发展策略研究 [J]. 经济研究导刊，2013，9 (33)：249－250.

[177] 沈杨．高职国际化旅游人才培养的探索与实践——以宁波职业技术学院为例

[J]. 宁波职业技术学院学报，2014，18（5）：10－13.

[178] 肖璇. 旅游高等教育师资国际化水平发展研究 [J]. 科技视界，2015.

[179] 徐淑梅，吕建华，沈和江. 黑龙江省冰雪旅游开发战略 AHP 决策分析 [J]. 人文地理，2008，23（1）：107－110.

[180] 张俞，刘刚. 海南旅游营销中不正当竞争行为剖析 [J]. 黑河学刊，2011，31（9）：81－82.

[181] 王云飞. 国际化与本土化对中国旅游法治的思考 [J]. 大连海事大学学报（社会科学版），2007，6（3）：1－4.

[182] 李毅. 黄山旅游国际化进程中饮食文化资源开发的研究 [J]. 黄山学院学报，2010，12（1）：46－49.

[183] 贾远先. 跨文化角度下的中国旅游业国际化发展策略研究 [D]. 武汉：华中师范大学，2012.

[184] 黄艳. 旅游景区英文标识语的符号功能缺失分析——以桂林七星景区为例 [J]. 社会科学家，2013，28（8）：96－98.

[185] 徐海军. 基于入境旅游视角的国际旅游岛建设标准与评价体系研究——以海南岛为例 [D]. 南京：南京师范大学博士论文，2011.

[186] 陈俊，陈兆雄，幸林，等. 基于 BP 网络的云南国际旅游需求预测 [J]. 昆明师范高等专科学校学报，2005，27（4）：89－91.

[187] 张侨，蔡道成. 基于灰色系统模型的海南中部国际旅游需求预测 [J]. 科技与产业，2010，10（3）：13－16.

[188] 陶法，梁晖，叶怀. 关于桂林旅游系统采用"电脑化"管理的探讨 [J]. 桂林电子工业学院学报，1984.

[189] 王秋红. 观光游览＋度假休闲——桂林旅游发展定位之思考 [J]. 中共桂林市委党校学报，2001（9）：34.

[190] 朱元恩，李红梅. 提升桂林旅游竞争力的新思维 [J]. 长江大学学报（自然科学版），2005（8）.

[191] 阳国亮. 桂林旅游发展新方向：漓江流域旅游圈 [J]. 广西民族学院学报（哲学社会科学版），2005（4）.

[192] 陆军，陆强. 休闲旅游：桂林旅游发展的新模式 [J]. 市场论坛，2006（2）：48.

[193] 吴郭泉. 论桂林市旅游形象新定位 [J]. 桂林旅游高等专科学校学报，2008.

[194] 凌常荣. 桂林旅游的可持续发展 [J]. 社会科学家，2013.

[195] 谭乐宁. 桂林旅游产业集群化发展研究 [D]. 桂林：广西师范大学，2008.

[196] 陈丽华. 桂林旅游产业创新发展研究 [D]. 武汉：武汉大学博士论文，2011.

[197] 宋婷婷. 桂林旅游产业集聚效应研究 [D]. 桂林：广西师范大学，2014.

[198] 王磊．桂林市旅游产业演进研究［D］．南宁：广西大学，2014.

[199] 邓英璐．桂林旅游产业与文化产业融合发展研究［D］．桂林：广西师范大学，2014.

[200] 王兴斌．新桂林，不仅仅是漓江——桂林市旅游产品布局探讨［J］．桂林旅游高等专科学校学报，2000（3）．

[201] 杨永德，陆军．桂林市旅游产品的转型与休闲旅游的创新探析［J］．广西社会科学，2006（5）：6－7.

[202] 侯子健．桂林旅游产品优化创新与发展对策探讨［J］．市场论坛，2007.

[203] 程琳．桂林旅游产品转型研究［D］．南宁：广西大学，2008.

[204] 左莉．桂林高端旅游产品开发［D］．桂林：广西师范大学，2013.

[205] 连漪，樊志文．基于生态视角的区域旅游品牌竞争力提升——以桂林国际旅游胜地为例［J］．企业经济，2015.

[206] 赵一雷．桂林七星公园建设低碳景区的对策探析［J］．衡水学院学报，2015.

[207] 黄传．婚庆旅游协同创新研究——以桂林为例［J］．价值工程，2015.

[208] 柯球．解析桂林旅行社散客接待模式［J］．旅游纵览，2015.

[209] 任媛媛．桂林江头洲村古村落文化旅游开发探索［J］．上海电力学院学报，2014.

[210] 杨学燕．宁夏旅游产品的深度开发研究［D］．乌鲁木齐：新疆师范大学硕士学位论文，2004.

[211] 符全胜．旅游目的地游客满意理论研究综述［J］．地理与地理信息科学，2005，21（5）：90－94.

[212] 韩哲英，王立海，陈红．CVM 法在森林生态旅游产品价值评估中的运用［J］．林业科技，2007.

[213] 黄颖华，黄福才．旅游者感知价值模型、测度与实证研究［J］．旅游学刊，2007（8）：42－47.

[214] 李林．基于顾客价值的湖北省旅游产品策略研究［J］．中国市场，2005.

[215] 付新月．基于 STP 战略对文化旅游产品价值进行研究——以山东日照“莒文化”旅游为例［J］．中国市场，2013.

[216] 苏琨．文化遗产旅游资源价值评估研究［D］．西安：西北大学博士论文，2014.

[217] 金华，赵磊，陈田，等．入境旅游客源市场结构实证分析——以江苏省为例［J］．经济地理，2010，32（1）．

[218] 孙喜林，廉洁．本真性视角下文化旅游产品的分类及其现实意义［J］．东北财经大学学报，2010（7）．

[219] 同［194］.

[220] 孟奎．经济学三大价值理论的比较［J］．经济纵横，2013（4）．

附　录

调查问卷

国外游客对桂林旅游产品感知价值调查问卷（中文）

尊敬的先生/女士：

您好！欢迎您来桂林旅游！我们是广西大学商学院旅游系的研究生，正在进行一项针对桂林旅游产品价值的调查，特恳请您帮助填写此份问卷。本调查采用无记名问卷形式，仅用于学术研究。此问卷的答案没有对错之分，您只需按照真实感受回答即可，并在觉得合适答案前的方框内打“✓”。非常感谢您的支持与合作！祝您旅途愉快！

广西大学商学院旅游系

第一部分　您的个人信息

1. 您来自________国________市

2. 性别：　□男　□女

3. 年龄：

□20 岁以下　□21～30 岁　□31～40 岁　□41～50 岁　□51 岁及以上

4. 职业：

□政府官员　□专业技术人员　□商人　□企业职员

□工人　□教师　□家庭主妇　□退休人员

□学生　□军警人员　□农民　□其他

5. 学历：

□高中及以下　□专科　□本科　□硕士　□博士

6. 您的收入每月大约是：（包括所有经济来源）：（单位：美元）

□2000 以下　□2001～3000　□3001～4000　□4001～5000

□5001～8000　□8000～1 万　□1 万～2 万　□2 万以上

第二部分　国际旅游目的地桂林旅游的基本情况

1. 您是第几次来桂林：

□1 次　□2 次　□3 次　□4 次及以上

2. 您此次桂林停留时间：

□1 天　□2～3 天　□4～7 天　□8～15 天　□16 天及以上

3. 您此次来桂林旅行和谁一起同行：

□家人　□朋友　□自己　□同事　□情侣

□旅行社团队　□其他

4. 您来桂林的旅游目的是：

□休闲/度假　□观光/游览　□探亲访友　□商务活动　□会议

□健康/疗养　□文化/体育/科技交流　□公务　□购物　□其他

5. 您获取有关桂林旅游信息的渠道是（可多选）

□网络　□电视/广播　□报纸/杂志　□微信、微博、博客、MSN 等平台

□旅行社介绍　□旅游宣传册　□亲朋好友　□户外广告

□小说等文学作品　□以前游览经历　□其他

6. 您来桂林旅游的消费预算：（单位：人民币元）

□1000 以下　□1000 ~ 2999　□3000 ~ 4999　□5000 ~ 9999　□1 万以上

7. 您在桂林旅游个人总消费金额中，占比重最大的是：（按比重顺序排列）　排序________

□餐饮　□住宿　□交通　□游览　□购物

□娱乐　□其他

8. 您认为桂林旅游各项消费的价格：

□非常低　□低　□适中　□高　□很高

9. 作为旅游者，您对桂林的综合印象：

□非常好　□好　□一般　□差　□非常差

10. 您认为您来到桂林前后对桂林的印象是否一致？

□一致　□基本一致　□不一致

11. 您下次还会来桂林旅游吗？

□会　□不会　□不确定

12. 您愿意推荐亲朋好友来桂林旅游吗？

□愿意　□不愿意　□不确定

第三部分　游客对桂林旅游产品感知价值情况（请您按照看法在相应的数字上打“√”，1 ~ 5 表示您感知的价值程度：1 表示价值非常低；2 表示没有价值；3 表示价值一般；4 表示有价值；5 表示价值非常高）

旅游产品的感知价值			
本真价值：		时间价值：	
桂林人文资源本真性	1 2 3 4 5	桂林适宜长期停留	1 2 3 4 5
桂林历史文化本真性	1 2 3 4 5	桂林时间与消费性价比高	1 2 3 4 5
中国元素的本真价值	1 2 3 4 5	桂林昼夜旅游项目全面	1 2 3 4 5
游客体验的本真价值	1 2 3 4 5	桂林四季皆适宜旅游	1 2 3 4 5
好客价值：		空间价值：	
桂林居民好客友善	1 2 3 4 5	桂林核心吸引物的价值	1 2 3 4 5
桂林导游服务良好	1 2 3 4 5	桂林食住行游购娱的价值	1 2 3 4 5
桂林企业服务良好	1 2 3 4 5	桂林公共基础设施的价值	1 2 3 4 5
桂林政府管理良好	1 2 3 4 5	桂林相关旅游配套的服务价值	1 2 3 4 5

续表

美学价值：		体验价值：	
桂林自然景观之美	1 2 3 4 5	桂林体验产品是否个性化	1 2 3 4 5
桂林人文景观之美	1 2 3 4 5	桂林体验产品是否丰富化	1 2 3 4 5
桂林民间艺术之美	1 2 3 4 5	桂林体验产品是否主题性强	1 2 3 4 5
整体旅游体验之美	1 2 3 4 5	桂林体验产品是否得到满足感	1 2 3 4 5
游憩价值：		象征价值：	
桂林具有游憩圣地的条件	1 2 3 4 5	桂林山水是否具有象征意义	1 2 3 4 5
桂林具有游憩圣地的资源	1 2 3 4 5	桂林文化是否具有独特价值	1 2 3 4 5
桂林能够满足游憩的需求	1 2 3 4 5	桂林旅游是否具有身份价值	1 2 3 4 5
桂林能够保护游憩资源	1 2 3 4 5	桂林旅游是否具有自我赠礼价值	1 2 3 4 5
精神价值		图腾价值	
满足对旅游体验的心理诉求	1 2 3 4 5	桂林是否具有图腾文化	1 2 3 4 5
满足对外部世界的精神追求	1 2 3 4 5	桂林是否具有图腾艺术	1 2 3 4 5
满足对世俗生活的灵魂超越	1 2 3 4 5	桂林是否具有图腾商品	1 2 3 4 5
满足对精神世界的升华渴求	1 2 3 4 5	桂林是否旅游图腾圣地	1 2 3 4 5
文化价值		自由价值	
桂林历史文化价值	1 2 3 4 5	是否满足内心的自由诉求	1 2 3 4 5
桂林人文山水文化价值	1 2 3 4 5	是否有强制性消费现象	1 2 3 4 5
桂林中西文化合璧价值	1 2 3 4 5	桂林旅游环境是否自由舒适	1 2 3 4 5
桂林现代都市文化价值	1 2 3 4 5	能否实现真正的自由之旅	1 2 3 4 5

感谢您的合作祝您旅途愉快！

基于在线酒店预订数据的旅游用户行为决策研究

作者：陈穗珠
指导教师：刘亚萍

摘要：随着旅游业的快速发展以及互联网应用的普及，越来越多的旅行者通过借助网络平台获取旅游资讯、预订线上的旅游产品、发表旅游点评、分享他们的旅行经历。根据《第37次中国互联网发展统计报告》，截至2015年12月，通过线上预订酒店、机票、火车票，甚至是租车等服务的用户规模达到了2.6亿人次，其中通过网站在线预订酒店的占比为40.5%，同比增长54.1%。庞大的在线预订用户规模存储了大量的在线预订用户的消费行为相关数据，然而这些用户数据的分析和提炼将会对在线旅游企业有着潜在的利用价值。

本文选取X网站的在线酒店预订用户数据作为样本研究对象，用聚类分析法、访谈法、数理统计法等方法进行研究。首先，采用K－means聚类分析法最终聚类5种不同的用户群，分别为高端用户群、中高端用户群、中端用户群、中低端用户群、低端用户群，得出不同的用户群都对8个变量的敏感性都具有明显的特征。其次，基于聚类结果的5种用户群，随机筛选样本采用访谈法，对样本的用户结构特征和影响样本在线预订酒店的用户行为分析，挖掘不同用户群在线酒店预订的购买动机、预订行为偏好、预订体验等主要因素，了解用户群潜在的需求和最敏感需求。最后，针对聚类后的不同用户群特征和需求，尤其是X网站最主要的中低端用户群，通过对在线产品信息优化分级策略和推荐优先策略进行优化，提供差异化服务和精准式分类营销，满足用户群的真实需求，吸引更多在线用户的购买和提升网站的转化率。

在线预订数据的细分和潜力挖掘，对在线旅游企业是非常必要的，且具有一定的可行性，为在线旅游企业的快速发展提供了更有力的理论和实际结合的基础，对在线旅游企业的战略决策有一定的指导意义。

关键词：旅游用户行为；在线酒店预订；用户聚类分析；营销策略

第1章　绪　论

1.1　研究背景

随着互联网的普及，互联网的运用已经成为用户日常生活中的重要组成部分，根据《第37次中国互联网发展统计报告》发现，从2012年6月到2016年6月，我国的网民规模和互联网的普及率有着极大的提升，截至2016年6月，我国在线用户规模达到7.10亿人，新增用户规模达到2132万人，同比增长率为3.1%，网络的普及率为51.7%，同比上浮1.3%（见图1－1）。随着我国网络的基础设施不断地完善和改进、政府的有利政策出台，以及各行业网络的渗透率的加大等因素共同促进了网民用户规模的持续增长。2016年，国家的相关部门推出“互联网＋”政策，相应的“互联网＋流通”“互联网＋政府服务”“互联网＋旅游”“互联网＋制造业”出现，这些政策的推动，使互联网与各个行业的融合发展有了极大的提升，也给用户带来了更多的便利，也将进一步对我国的经济、政治、社会、文化等领域的发展产生深刻的影响。

图1－1　我国网民规模和互联网普及率

（资料来源：CNNIC中国互联网网络发展状况统计调查，2016年6月）

从我国网民对各种类型互联网需求应用的使用率来分析，其中旅行预订的需求和使用率越来越明显，截至2016年6月，用户规模已达26361万人次，使用率为37.1%，相对2015年12月增长1.6%，所占整体的比重也呈现上升趋势，占比越来越高，这一数据显示，我国的在线旅游服务市场正在不断的快速成长，且旅游市场具有非常大的潜力（见表1－1）。

表 1-1　2015 年 12 月至 2016 年 6 月我国网民各类互联网应用的使用率

单位：万人，%

应用	2015 年 12 月		2016 年 6 月		半年增长率
	用户规模	网民使用率	用户规模	网民使用率	
网络新闻	56440	82.00	57927	81.60	2.60
网络视频	50391	73.20	51391	72.40	2.00
网络音乐	50137	72.80	50214	70.80	0.20
网络游戏	39148	56.90	39108	55.10	-0.10
网络文学	29647	43.10	30759	43.30	3.70
网上支付	41618	60.50	45476	64.10	9.30
网络购物	41325	60.00	44772	63.10	8.30
网上银行	33639	48.90	34057	48	1.20
电子邮件	25847	37.60	26143	36.80	1.10
旅行预订	25955	37.70	26361	37.10	1.60
即时通讯	62408	90.70	64177	90.40	2.80
搜索引擎	56623	82.30	59258	83.50	4.70

资料来源：CNNIC 中国互联网网络发展状况统计调查，2016 年 6 月。

1.2 研究的目的和意义

1.2.1 研究的目的

在快速发展的旅游行业中，我国的在线旅游网对用户行为分析技术却一直处于起步阶段，且面对众多旅游网站呈现同质化严重，所以需要旅游企业深刻地思考以下几个问题：

（1）如何从网站数据中挖掘用户访问网站的目的，以及预订在线产品的动机。

（2）哪些用户才是最忠实的用户，哪些用户具有强大的潜在需求，哪些用户已经面临流失，最终的原因在哪里。

（3）如何对用户行为进行分析，并对用户的体验进行提升。

（4）如何根据用户的历史交易数据，为用户提供更合理的产品及精准的营销策略。

本文将从解决以上四个问题出发，通过收集真实有效的在线预订数据，采用聚类分析法和访谈法对样本进行实证分析，最终提出对应的营销策略。

1.2.2 研究的意义

（1）理论意义

目前针对我国有关在线旅游用户预订数据的研究成果，相对不是很全面，主要集中在消费者行为心理学、管理学、营销学、信息科学等相关领域。消费者行为心理学主要是以在线预订用户的信息搜索、信息需求、决策影响等角度研究。营销学和管理学主要是以在线预订用户的购买行为、购买习惯等角度研究。信息科学主要以改进模型、优化算法等角度进行研究。而对于在线消费者行为研究的基础理论、在线消费行为数据与数据之间的关联性应用研究很少，本课题将通过聚类分析和访谈法，对数据进行处理，为在线消费者行为研究的基础理论以及相关应用方面奠定理论基础。

（2）实践意义

随着在线旅游预订市场迅速的发展，伴随的竞争也越来越激烈，如何从竞争的红海中突围，赢得更多的预订用户，才是重中之重。这就要求企业应该更加关注用户的消费行为，挖掘更深的在线旅游用户预订的数据，对数据进行科学有效的分析，从而加之利用和优化，为实际应用提供科学有效的指导依据。由此可见，对在线消费者行为的研究，具有非常重要的实践意义。

1.3 研究内容

第一，介绍在线旅游发展市场规模、发展阶段和服务模式，以及目前在线旅游网站对用户行为分析上所面临的问题、提出解决方案。

第二，运用真实、客观的在线预订数据，对在线用户进行聚类分析，细分在线用户群，并对用户特征和消费行为进行描述。

第三，采用访谈法，对样本进行分析，补充细分用户群的描述，比如年龄、性别、影响购买的行为过程因素等，从侧面实证聚类分析的有效性。

第四，针对样本的细分用户群以及访谈的结果，扩充至整个用户群，提出细分策略、差异化服务策略、产品策略、促销策略。

第五，结论和展望。本文提出在实践和研究方法的科学性和创新点，以及研究的应用效益，并提出研究的不足。

1.4 研究方法

（1）文献分析法

文献分析法是指通过收集、鉴别、归纳整理相关文献，并对文献进行研究，形成一种科学的方法。本文通过收集国内外的研究文献，进行鉴别和归纳作为相应的理论支持，为本文的开展提供研究基础。

（2）聚类分析方法

聚类分析方法就是将物理对象或者抽象对象的集合分组成由类似的对象组成多个类的分析过程，本文将收集 X 网在线酒店预订单的预订数据，经过数据的准备、数据预处理、对数据进行标准化，从而来进行实证研究。

（3）访谈分析法

本文采用样本访谈法，通过对聚类的数据，从聚类结果中抽样进行访谈，从而获得聚类用户群的结构特征和影响用户在线预订过程的因素，从侧面对用户群进行实证论证，验证聚类的有效性。

（4）质性研究分析法

通过对于访谈最终获得的数据信息，对访谈数据编码进行归纳和总结，分析影响在线酒店预订用户的购买因素、预订行为过程心理等。

（5）数理统计分析法

通过对在线预订数据的获取，并对数据加以量化，使用SPSS应用的数据统计分析软件，对在线酒店预订用户的预订行为特征和预订消费习惯进行描述分析，从数据中挖掘对数据之间的关联性和相关影响性。

1.5 研究技术路径

综合以上研究背景、研究目的和意义、研究的内容和方法等，本文通过七大章节来对主旨进行研究，具体研究技术路径如图1－2所示。

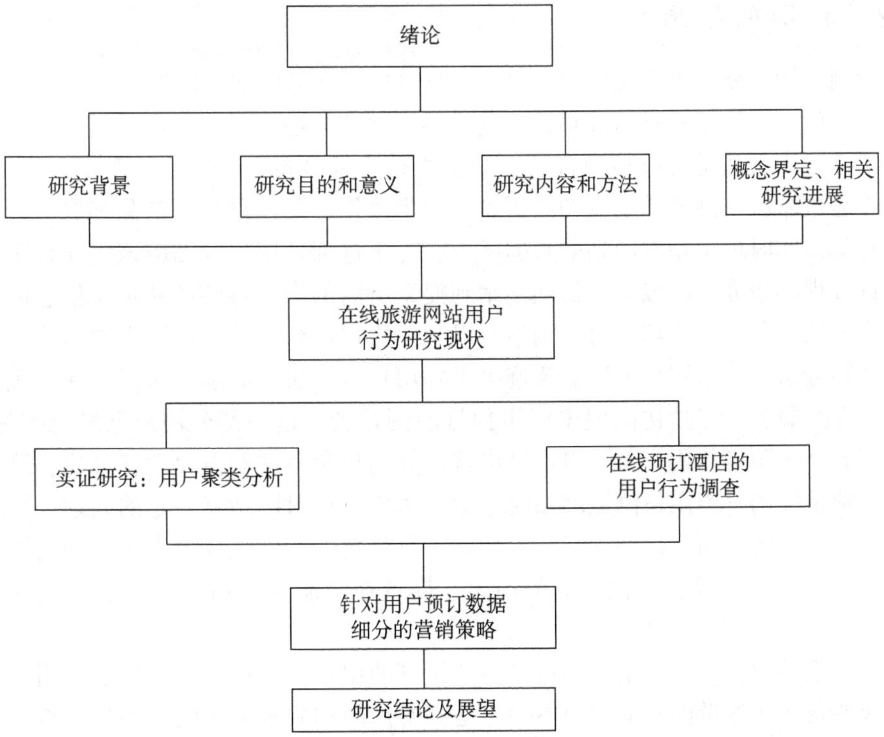

图1－2 研究技术路径

第2章 概念界定、相关研究进展

2.1 概念界定

2.1.1 旅游网站

网站是建立在 www. Intranet 和 www. Extranet 基础上，依据一定的原则，拥有自身的域名，由若干个相关的网页（HTML）展示特定的内容组成的网页组集合。旅游网站是基于一个网站的基础上，通过服务器储存大量的旅游信息的网页站点。旅游企业通过利用网络信息技术，整合线下旅游资源和旅行产品信息，为用户提供全方位、多层次的线上旅游服务的场地，包括旅游产品预订、旅游服务预订和旅游信息咨询等。

本文研究的旅游网站是指能够提供旅游产品、旅游服务和旅游咨询的“一站式”服务的综合性网站，本文实证研究的数据来源于我国最著名的三大旅游网站之一，该网站属于直销渠道性质的网站。

2.1.2 旅游网站用户

旅游网站用户就是指直接访问、浏览和预订旅游产品的网络用户。

第一，旅游网站用户是指成功访问过旅游网站的旅游用户。本章主要研究旅游网站用户的预订行为。从是否成功预订的这一最终行为来分析，可以分为两个方面来研究，一是最终通过旅游网站成功预订的购买者，因为该用户已经预订了产品和服务，整个购买的过程都是实时地记录在网站的数据库中，对于这部分用户网站应该更注重于该用户全程预订过程旳研究，从该用户访问网站到搜索所需的产品再到产品相关信息的浏览了解到最终确认下单进行成功支付，网站可以基于用户在整个购买过程中的浏览点击数据进行判断和分析，通过用户的浏览痕迹去识别用户深层次的需求，从而创新和优化网站的产品和在线服务。二是访问但未产生预订的浏览者，这一部分用户已经访问过网站，但最终却放弃了预订的用户，可以推测出这部分用户是网站的重要潜在客户，这部分用户也是非常重要的。当用户浏览网站时，即表明该用户对网站有一定的兴趣。导致最终用户未成功购买的原因，是网站需要深挖并进行分析的，应该找出真正影响的因素，并有效地改善网站的建设、优化产品的内容，提升在线服务的质量，增强网站的用户转化率。

第二，旅游网站用户是指成功通过网站预订的用户，预订始于消费前，用户需要先预订才能消费，故旅游网站的用户不一定是旅游产品和旅游服务的最终使用者。本文的研究是指成功通过网站预订的用户，故有可能为本人使用或者是代人预订。

综上所述，本文研究的旅游网站用户是指通过在提供旅游服务和旅游产品预订为主要业务的旅游网站进行预订的用户，既可能是最终消费者也可能是代人预订。

2.1.3 旅游网站的在线预订行为

在线预订行为是指用户在通过网络平台预订产品的过程中所发生行为举止。用户在预订产品过程中需要经历从问题识别到信息搜索再到方案评估和决策购买到最后的购买后评论等五个环节。

旅游网站的在线预订行为是指通过旅游网站预订的用户行为。旅游网站的在线预订行为包括旅游产品预订、旅游咨询和旅游服务。在线预订是伴随网络信息技术产生的，无论在支付方式、交易渠道和配送方式等多方面，与线下预订都有着明显的差异性，且从便捷度上来说，更优于线下预订，因此对于在线预订行为的研究，能够更加了解新兴旅游消费群的消费习惯和消费方式。

本文主要研究的旅游网站用户在线预订行为从两个方面出发，一是把线上预订行为和线下预订行为进行比较研究。二是对比用户的预订行为差异性和相似性，区别不同的用户群。

2.1.4 在线旅游服务

在线旅游服务是依托于网络信息技术的应用，将旅游服务通过网络平台传送给消费者，为消费者提供所能满足其需求的服务内容。在线旅游服务包含多个环节，比如旅游产品预订、旅游服务的预订购买、旅游信息的查询获取和旅游信息的反馈评论等。

旅游网站的在线旅游服务包括多种类的服务，如信息查询、垂直搜索、在线预订、社区交流、目的地指南、旅游攻略、旅游评价等。在线旅游服务主要有以下几种形式：online travel agent、online tourism、travel online，从字面意义来判断，online travel agent（OTA）是指在线旅游代理商，“在线旅游”对应 online tourism，travel online 是广泛意义上的在线旅游业。

在线旅游服务具有以下几大特性，一是没有时间限制，线下旅游服务经常受到营业时间的限制，不能 24 小时为客人提供服务，因为时间和地域的限制旅游消费者没办法购买到旅游产品和旅游服务，然而在线旅游服务则可以摆脱时间的限制，提前 24 小时服务为用户提供旅游产品预订。二是没有地域空间的局限性，对于消费者只需要有网络能触达，就能在线预订和在线咨询，随时随地即可买到所需的旅游产品和旅游服务。三是旅游产品丰富多样和私人定制，在线旅游服务可以满足更大、更广泛的市场和不同用户的不同需求，且能提供多样化的、个性化的和定制的服务。因此，它具有快速、便捷、个性化、多样化等特点。

本文研究的在线旅游服务是指旅游企业利用网络平台向用户提供旅游活动的在线咨询、旅游产品和服务的预订购买和旅游信息的展示与交流等各种旅游产品预订和旅游服务等的行为，都是基于互联网实施的旅游服务。

2.2 相关研究进展

2.2.1 国外研究综述

（1）在线旅游预订用户行为的研究

国外的专家对在线旅游用户的预订行为的研究相对认识比较早和成熟。早期的相关研究，主要是来自消费者行为学的研究理论，不少学者有提到网络对旅游消费者决策的影响和网络对旅游行业的变化。

随着网络信息技术的不断发展和应用，旅游网站的不断诞生，这种新的商业服务模式影响着消费者的购买行为发生质的变化。菲利普·科特勒（2006）从旅游市场营销角度，提出四种力量的新网络时代的基础，包括网络膨胀、数字化、通达性、中间商的定制化，它正在快速地改变整个旅游行业，并影响着旅游企业的经营方向转变[1]。马茨勒（2006）从消费者在线火车票预订角度，基于网站的可用性进行了实证研究，通过对在线用户的预订动机和满意度的影响两方面进行了实证研究，得出可用性对于在线预订者动机的产生和满意度有着较大的影响[2]。Han 和 Oh（2006）从人口统计学的角度，基于人口特性角度，对于在线购买行为的旅游消费者变化的机理进行了详细分析，从旅游购买者的线下预订向线上预订发展的变化进行了分析[3]。Kim D J、Kim W G（2007）和 Han（2007）通过问卷调查的方式研究了影响在线旅游用户的因素，研究发现大多数在线购买旅游产品的用户，受最大的影响是产品的性价比和网站安全性，同时最终支付购买对于用户都有很慎重的考虑。同时认为在线旅游代理商和传统旅行社在很多方面有很大的不同，传统旅行社在产品资源打包和挖掘上更加具有一定的优势，在线旅游代理商如果想要市场占有率越高，必须要从网站的适用性和定制化产品服务中寻求突破[4]。高斯和伯特（2012）通过对 Roman 的在线预订行为偏好进行研究，研究发现 Roman 是更倾向于在线渠道预订购买出境游产品，通过在线搜索旅游信息是在线预订旅游服务行为中最主要的方式，而在预订国内游产品时更倾向于选择线下渠道[5]。

（2）聚类分析法的相关研究

聚类细分在国外运用在数据挖掘使用的应用已经非常普遍，应用案例发生在营销领域的医疗服务、直销行销界、零售业、制造业、通信业、财务金融保险以及各种政府机关等是一般较常见的。谢地（2004）通过对银行现有的信用卡用户进行研究，利用数据挖掘与行为得分模型进行结合，对银行信用卡客户进行细分，针对银行信用卡用户的用户细分提出了银行信用卡业务营销优化策略[6]。迈克尔与戈登（2004）认为，通过工具对大量的数据进行探索和分析的过程中，可以发现数据之间隐藏规律，能够挖掘有意义的模式[7]。Hong 和 Kim（2012）通过对某企业的在线商城用户进行了细分，采用了K－means 聚类方法，企业对在线商城的用户在线购买行为方面进行了研究，并对其影响因素进行了分析[8]。尼古拉斯（2012）通过对欧洲一家零售公司进行的实证研究，利用数据挖掘的方法构建了生命周期的细分模型，针对该公司的生命周期阶段性特征进行了实证验证[9]。

（3）国外研究评述小结

国外学者虽然很早对在线预订对于旅游消费行为的影响已经有所探讨和关注，直到21世纪初才对在线预订旅游产品的行为开始研究，由于在线旅游预订服务的发展时间不长，虽然对在线预订行为特征和影响因素的研究有所涉及，但尚未形成完整的研究体系。

2.2.2 国内研究综述

（1）在线用户的预订行为研究

国内专家对在线用户的预订行为的研究相对认识比较晚和不成熟。早期的相关研究，主要注重在线用户行为的特点的研究，也有不少学者研究在线用户和线下用户的预订行为区别。

黎志成等（2002）基于TPB模型的网络环境下的消费者行为模型，分析了影响消费者决定线上购买行为的因素，并且提出了在线商业模式相比于传统商业模式，用户行为更具有服务需求主流化、市场细分化、购买行为感性化、选择范围扩大化、流通循环直接化和消费者参与度更高等特点[10]。田剑等（2001）提出随着网络时代的到来，消费者的购买心理发生了巨大的变化，消费者更加追求个性化、主动性、便利性等，其中在所有的影响因素中价格是最主要的影响因素[11]。王风娥（2005）认为，在网络经济的驱使下，从经济的角度把在线用户和线下用户的消费模式进行了对比研究，提出消费者自主选择性更强、消费趋向理性化、消费购买的效率更高等[12]。刘子龙（2007）从C2C的商业模式中研究得出，在线用户决策行为具有强烈的主观性、感性化，具有逆向的马斯洛需求特点[13]。张猛（2009）认为线上用户的在线预订过程与线下用户的购买过程是非常一致的，整个预订过程是从用户的需求产生到需求预订再到产品评价，但在支付方式和支付渠道上有所区别，相对于线下预订的用户而言，线上的用户主动地搜索产品信息更强[14]。

（2）在线旅游用户预订行为研究

随着在线预订用户的增加，人民生活水平的不断提高和精神文明的需求，越来越多的人选择旅行，在线旅游预订成为一种消费趋势。早期不少学者通过基于历史经验进行分析研究，对于在线旅游用户预订行为的研究主要是通过对旅游的一种现象进行的描述。

戴斌（2007）基于网络影响下的旅游行为和旅游购买模式的变化，网络作为一种新型的传播预订平台，不仅促进旅游者购买行为的多样化，也使非商业性质、半商业性质和自助的旅游行为成为可能性[15]。王静等（2008）探讨了在线旅游用户从一个网络“观望者”转变为“消费者”的过程，通过7个影响在线旅游用户预订的变量因素，进行测量和评估影响线上预订用户的最主要因素[16]。董裴（2009）研究发现，旅行出现的用户必须具备两种条件，一是精神上想出现的意愿，二是物质上能承担的费用，受以上双重条件的限制，所以大部分线上预订的用户主要来自一、二线城市和部分物质基础好的三、四线城市，同时还发现国外的用户在线浏览停留的时间超过国内的用户在线停留的时间[17]。鲍富元（2010）针对在线旅游用户的消费特征进行了分析，通过四个方面来探讨，从用户的年龄范围、教育程度、收入状况和预订的频次，最终得出不同特征的用户有着不同的旅行需求[18]。谷雨（2011）从四个阶段分析了影响在线旅游预订用户行为的因素，针对在线旅游用户的需求与欲望需求、旅游信息攻略的调研和搜索、旅游预订过程的决策、旅游体验与满意度的评价这四个方面，建议企业为在线旅游预订用户提供定制化的需求体系，为用户量身定制能满足用户需求的旅游产品[19]。

（3）影响在线旅游预订用户行为因素的研究

随着消费者在线旅游预订行为的不断成熟，在线旅游预订的模式也越来越多样化，国内学者研究的侧重点已经有所改变，从最初的影响在线旅游用户行为特征的因素研究偏移往机理作用研究。

从在线旅游用户预订过程研究来看，支付的安全性和信用风险是在线旅游用户非常关注的点，因此部分学者针对在线旅游用户关心的重要部分提出了不同的观点。裴剑平（2008）认为旅游用户在购买产品，企业的信任度、知名度、产品的可靠性和支付安全性越高，那么在线旅游用户在决策预订过程中也会更加理智，受干扰因素会少，所以预订的速度更快和使用的时间会更短[20]。严中华等（2008）通过对在线旅游用户购买信任模式的实证研究，发现影响用户购买的几大因素是正相关的，包括信任感、产品的有用性和消费的体验感，其中购买的信任感，是影响消费者最关键的因素[21]。安蓉（2010）针对B2C的模式对影响用户信任度的因素进行了研究，研究发现影响用户的因素很多且相对更复杂一些，不仅包括网站本身的规模、声誉和品牌，也包括网站平台的信息完整度、网站的支付安全性和隐私保护性、网站体验的便捷性和网站的产品可预订性、网站产品的丰富度和个性化服务等多方面的考量[22]。张辉（2011）从信任的角度，对网站的线下和线上进行了比较，研究提出网站的线下信任对用户的线上预订会产生巨大的影响和促进作用[23]。宁连举等（2014）从影响在线旅游预订用户的满意度方面进行了分析，研究提出网站提供产品信息完整度和准确性、预订过程的便捷性、支付渠道的安全性以及网站提供服务的个性化等并不是最影响在线旅游用户满意度的因素，而实际最影响的因素是预订的产品的质量和产品配送的速度等[24]。

（4）在线旅游企业的商业模式研究

随着我国在线旅游服务商业模式的不断发展，在线旅游市场的激烈竞争和变革，各种创新模式的呈现对于相关研究和探讨也在不断更新。

王欣（2000）把我国的在线旅游网站进行了划分，从服务型和功能型两方面进行了定义，一种为服务型的旅游网站，如旅行信息资讯网、地方性旅游官网和政府类旅游官网等；另一种为功能型的旅游网站，如旅游产品销售、旅游产品个性化定制、旅游产品搜索等[25]。孟义芳（2007）对我们的在线旅游服务商进行了划分，主要分为五大类型的网站，即垂直搜索网站、旅游服务网站、旅游社区网站、在线旅游服务平台网站、供应商在线服务网站[26]。邢夫敏等（2007）认为，随着在线旅游预订渗透率增强，旅游企业经营模式快速转变，如航空公司、酒店、服务商和代理商等，越来越多的企业通过网络优化，让消费者越来越感知到更多的在线渠道的优惠和服务，就会使整个在线旅游网站的知名度和用户的感知度增强[27]。陈海鹏等（2007）通过从 B2C 的模式探讨在线旅游企业的预订模式，主要归纳为三种预订模式，第一种为直销模式，第二种为平台模式，第三种为代理模式，这三种预订模式也是目前旅游网站的主要预订模式[28]。刘浩等（2009）通过对在线旅游行业和传统的旅游行业的竞争环境进行比较分析，运用环境因素矩阵分析方法，提出在线旅游行业相对传统旅游行业具有非常大的潜力和竞争优势，在线旅游行业的发展速度也远远超过整个旅游行业，在未来将是不可避免的趋势[29]。薛聪等（2011）通过构建在线旅游企业商业模式的模型，从资金、技术、内部结构、合作伙伴和消费者五个方面建立体系，并根据五个方面因素的影响性对结果进行评价[30]。陈默等（2012）基于在线旅游业发展的现状，通过对旅游行业的资源进行整合和优化，提出实时调整用户的服务策略，从而构建在线预订发展新模式，寻找更好的发展途径[31]。赵亮等（2013）通过比较目前在线旅游行业的商业模式研究，得出在线旅游行业的目标群体是商务旅游需求、半自助旅游需求、自助旅游需求。也提出了在线旅游行业的用户的忠诚度相对较低，且对价格较敏感[32]。

（5）用户行为聚类模型构建研究

随着网络信息技术的不断发展和应用，聚类模型应用非常广泛且相对成熟，在线旅游用户数据挖掘相关技术开发日趋完善，尤其在对消费者行为研究方面表现突出。

刘泽华等（2005）基于问卷调查的方法对大学生的旅游行为特征进行研究，利用沃得法和欧几里得距离两种方法进行聚类，从结果中分析大学生的出游频率、动机、目的地选择等，对企业针对大学生市场的营销方案提供研究支持[33]。李宝库（2005）从营销的角度对消费者模式进行了研究，利用聚类分析方法，从经济、心理、行为三个变量提出不同的消费模式并最终进行实证论证[34]。黎慧娟（2007）以校园网大学生使用网络的习惯为研究对象，对校园网大学生行为进行研究，运用 K－means 聚类算法，最终得到了不同特征的用户组，再针对不同的用户组了解大学生的上网行为习惯[35]。张文华（2009）以图书馆读者的阅读量为例，利用两步聚类分析法，聚类图书馆读者类型的用户群，并针对不同的用户群判断用户行为习惯[36]。朱征（2013）基于移动内部数据对移动终端用户进行了聚类分析，从 38 个字段变量对用户进行分析，包括终端活动名称、用户的总流量、语音费、月消费总额、数据流量费等，最终聚类得到了四类客户，通过四类用户的行为进行判定，最终提出不同用户的营销计划[37]。

（6）国内研究评述

目前国内对于在线用户预订行为研究、在线旅游服务模式都尚处于起步探索阶段。对于用户行为数据的研究因为数据采集的困难，所以分析相对较少，大部分学者还是比较集中于在线预订的影响因素方面的研究，主要使用问卷调查和访谈法等研究方法。在消费行为模型构建研究方面，聚类方法是重要方法之一，针对用户行为研究方面的应用已经相对广泛。

第3章　在线旅游用户预订行为现状分析

第2章对在线旅游的概念界定、国内外的研究进展及理论基础三个方面进行研究，通过对旅游网站、旅游用户、旅游消费者行为等多个方面进行概念界定和理论基础研究，并从国内外两个方面对在线用户预订行为从聚类研究方法进行探讨，同时结合消费者行为学和数据挖掘理论，为本章节在线旅游用户预订行为现状分析提供了理论支持。

3.1　在线旅游发展概况

3.1.1　在线旅游发展市场规模

从2015年12月到2016年12月在线旅行预订和手机在线旅游预订用户规模和使用率可以分析得到，截至2016年6月，我国通过网络平台在线预订用户规模达到2.64亿人，包括酒店、机票、火车票、旅游度假产品等，相对于2015年12月增长率为1.6%，新增406万人。其中线上用户预订机票占比14.4%、火车票预订占比28.9%、酒店预订占比15.5%和旅游度假占比6.1%。通过手机预订的线上用户规模达到2.32亿人，相比2015年12月增长率为10.7%，新增2236万人。手机预订的用户比例也从33.9%上涨至35.4%（见图3－1、图3－2）。

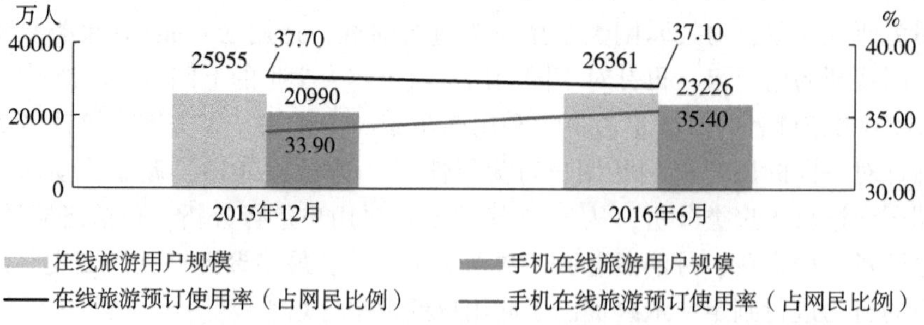

图3－1　2015年12月至2016年12月在线旅游预订/手机在线旅游预订用户规模及使用率

（资料来源：CNNIC中国互联网网络发展状况统计调查，2016年6月）

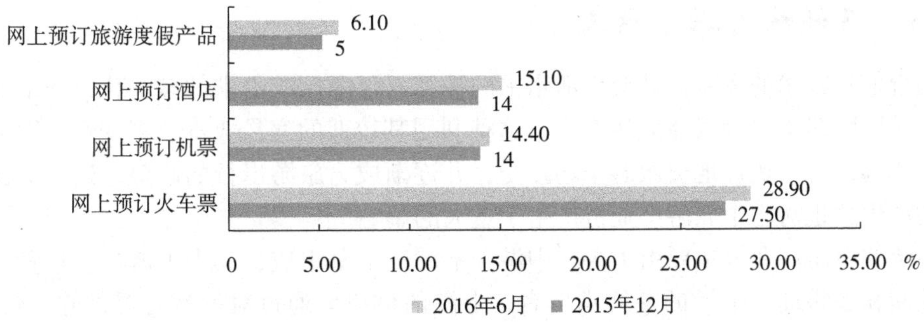

图 3-2 2015 年 12 月至 2016 年 12 月中国网民各类在线旅游预订服务使用率

（资料来源：CNNIC 中国互联网网络发展状况统计调查，2016 年 6 月）

3.1.2 在线旅游发展阶段

我国第一批旅游网站诞生于 20 世纪 90 年代末期。随着信息技术发展，在线旅游紧跟的步伐，受旅游市场需求的影响，用户的特点也日渐鲜明等，促使我国旅游网站的内容不断优化与网站的形式也不断创新，因此，在线旅游服务是现代信息技术与现代旅游需求的共同产物。同时不断上升的网民规模和使用率，及在线旅游服务市场日益蓬勃也吸引着更多旳投资者主动进入，旅游市场的格局发生着翻天覆地的变化。我国旅游网站发展可分为四个阶段（见表 3-1）。

表 3-1 在线旅游发展阶段特征

阶段	日期	阶段特点	阶段特征	网站
第一阶段	20 世纪 90 年代末	在线旅游消费培育期	主要以佣金模式为主，提供“机票 + 酒店”的预订服务	携程 艺龙
第二阶段	2004—2006 年	在线旅游市场成长期	随着在线代理商市场的进入，引入了多元化的线下产品，伴随着代理商报价的差异大，提供比价服务的垂直搜索应运而生	去哪儿
第三阶段	2006—2010 年	在线旅游市场细分和社交化	随着旅游度假需求市场的兴起，提供旅游线路设计和旅游度假产品的包价服务出现，旅游市场进一步细分，与此同时越来越多的旅游用户，从简单的预订需求延伸到了交流需求，相应的旅游网站社交化出现，点评网站和分享网站应运而生	途牛 驴妈妈 蚂蜂窝 到到网
第四阶段	2010 年至今	在线旅游市场新的竞争者	随着旅游网站的竞争越来越激烈，BAT 也发掘了旅游市场的潜力，纷纷加入旅游平台，并开始创新新的预订体验模式，同时对于上游的资源方，为了摆脱 OTA 的控制，开始加大直销力度的投入，自建官网和社交媒体的官方通道直接面向用户	飞猪旅行 京东旅行

资料来源：笔者根据中国在线旅游市场发展趋势白皮书编制。

3.1.3 在线旅游服务模式

随着信息技术的发展，社会生活水平的提高，伴随旅游需求的多样化，新的旅游服务模式是以网络平台为载体应运而生，这种利用其较低的交易成本、多变性、双向沟通和自助化等优势，快速地被旅游市场接受，并逐渐成为旅游出行的趋势。这种旅游服务模式的产生，也对整个旅游产业链产生了重大的影响。

传统的旅游产业链主要由上游、中游、下游三部分组成，其中上游的供应商、中游的批发商和零售商、下游的最终消费者。上游的供应商通过对消费者提供吃、住、行、游、购、娱等服务，包括航空公司、酒店、餐厅、景区等，为旅游活动中的供给方，中游的批发商和零售商为从上游的供应商采购旅游资源和产品，通过将资源和产品进行组合、打包销售，主要指传统意义上的旅行社等，通过组团队提供对应的旅行产品，自由行、团队游、半自助游等给旅游的最终消费者。

随着旅行者对旅游需求的要求越来越高，并不局限于团队游，开始出现了散客游、自助游、半自助游等服务，同时为了避免中游的批发商和零售商对资源和产品的控制，上游的供应商也开始直接向最终旅游者直接销售产品或提供服务。各大航空公司、酒店、景区等上游的供应商通过建立直销网站，以直销的方式，旅游用户可以直接通过官网购买旅游产品（见图3－3）。

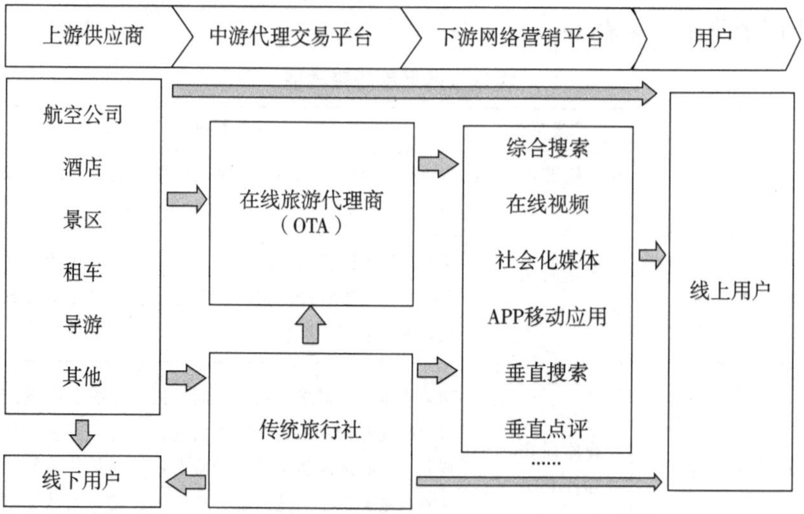

图3－3 中国在线旅游产业链

［资料来源：中国在线旅游市场发展趋势白皮书（2012—2015年）］

从我们在线旅游产业链的构成和产品服务模式来看，主要有直销预订模式、在线分销预订模式、在线预订平台模式。直销预订模式主要针对上游供应商、在线分销预订模式主要针对中游的零售商和批发商，在线预订平台模式主要针对社交媒体，具体现状情况如表3－2所示。

表 3 – 2　　中国在线旅游产业服务模式分析

服务模式	资源供给	特征	热度点
直销预订模式	上游供应商	机票市场趋于成熟 酒店市场竞争激烈 度假市场蓬勃发展	代理市场多元化 直销力度增强 移动端兴起 自由行和出境游成为主流 垂直搜索成为热门流量入口
在线分销预订模式	中游批发商和零售商	销售模式多样化	旅游团购模式兴起 垂直搜索平台兴起 BAT 电商的加入和整合 OTA 开放化加速代理商分销体系成熟 点评攻略的影响增大
在线预订平台模式	社交媒体平台	营销模式多样化	微信、微博等社交媒体应用 移动端成为在线服务商的发力点

资料来源：国家旅游局，中国在线旅游市场发展趋势白皮书（2012—2015 年）。

3.2　在线旅游用户行为分析时面临的问题和常规技术

用户行为分析是指通过分析用户行为的数据来真正了解用户的需求，从需求出发，从而提高用户的体验，是提高用户体验的最核心的方法。对于用户的行为分析主要有用户视觉分析、用户操作行为分析及用户购买心理分析。以上三种行为方式都可以通过数据进行统计、分析和挖掘，从用户访问网站的目的、习惯、IP 地址等基础数据里，将这些数据与网络营销策略结合起来，并从中挖掘当前旅游产品是否真正能满足客户的需求，售卖的营销活动是否到位，活动中是否存在一些问题，通过数据在活动前、活动中、活动后的辨别，从而为进一步优化和调整新的营销策略活动提供依据。

3.2.1　在线旅游用户行为分析时面临的问题

一个在线旅游网站的出现，发展几年，在一定程度上已经拥有相当复杂的数据可以应用了，但是仍然有多家网站会花费众多的费用在营销活动或者网站分析上，然而并没有得到期许的结果，对等的投资回报，甚至得出很多的结论，并不能支撑企业的战略决策。

用户行为分析理论已经提出一段时间了，但是真正被利用和研究的效果相对国外而言，还是有一定的距离，因而针对实际的运用，探讨其存在以下四个方面的问题。

（1）网站缺乏预算和资源

大部分都是简单通过采用关键绩效指标进行分析，比如点击率、浏览数、转化率、前进后退页面、网站交替点击、访客的屏幕分辨情况、访问来源等。但这些数据都太单一，并没有形成一个连贯的行为模式，也不能成为指导性的数据，因此很多企业愿意尝试花巨额去购买被整理后的数据，最终因回报率低，也没有解决实际的问题，导致很少有企业会真正去研究网络用户行为。

（2）网站缺乏战略规划

很多网站习惯从自身的传统经验出发，去考虑用户行为和习惯的问题，往往站在从微观的角度去思考复杂的数据。对于如何从企业的战略目标、价值观、经验理念、核心竞争力等方面，建立企业管理体系和机制、用户行为分析目标等方面的意识也相对较弱，尤其缺乏对应的管理方法、有效的工具和相关的知识储备。

（3）网站缺乏数据的分析能力

随着行业的巨大变化，以及互联网的网页的丰富度，用户在进行产品购买时，会进行对比分析，用户留下的数据不仅仅是点击数据，应该是多样的。然而大部分企业测试和抓取数据的基本都是技术人员，而不是一线或者了解真正客户需求的人，对数据的理解会有些许偏差，从而导致最终的数据无效。

（4）网站缺乏专业的人才

网站在进行用户行为数据分析时，不仅是局限在表面的研究数据，而是更多地需要对数据背后隐藏的用户预订趋势、用户需求、用户偏好等相关信息进行分析。同时在分析后，应该结合企业实际的情况，提供有效的方案，带来实际的影响，对企业的收益有所实际的提升。但在实际工作中，擅长多方面的人才也是非常稀缺的。

3.2.2 在线旅游用户行为分析时的常规技术

针对以上在线旅游网站在进行用户分析中存在的问题，采用来自美国分析家 Acinash Kaushik 提出的用户行为分析法，对用户行为分析分为以下三个步骤：

（1）用户行为分析

用户行为分析的目标是通过对网站的访客浏览记录来推测访客的意图。不利在于，可能存在两个人同时看一组数据和相同的点击方式，但是他们的目的不一样。有利在于，可以自由的推论，并提供给企业，最终验证数据的正确性，然后得出结论并提出对应的建议。

（2）用户结果分析

用户结果分析主要在于通过用户行为的结果分析，从对旅游网站的收益方面着手，提升企业的盈利利润，并能更好地衡量转化率。

（3）用户体验分析

通过对用户浏览数据分析，可以从用户记录获得认知，或者推测用户的动机，如为什么要选择在线旅游网站预订，最终是否预订。

本文选取在线旅游网站的在线预订酒店数据，对在线用户行为进行分析，通过先对在线酒店预订用户进行聚类，结合聚类的结果，从不同的用户群里随时抽取聚类用户，采用访谈法定性分析，了解影响用户选择在线预订酒店的主要因素，并得出结果，最后有针对性地提供产品策略、促销策略、个性化服务策略。本文采用的用户行为分析步骤如图 3 -4 所示。

图 3 -4　用户行为分析步骤流程

3.3　在线旅游用户行为分析的重要性

随着用户群体的增多，用户的需求在不断地变化，为了更好地服务在线用户，提升用户的体验感。在线旅游网需要能精准地对每一个用户的行为和动作进行分析和提炼，同时主动地了解用户在网站的行为意图，通过对数据的分析为网站的长远发展，提供有力的运营、推广支撑。

用户行为的信息包含用户偏好和预订习惯、用户的消费行为、用户的忠诚度和用户满意度等相关的信息。对于这些复杂的数据，必须通过模型对数据进行有效的分析和挖掘，并做出对应的提炼并提出实际的方案，精准的数据结果才能为企业的决策提供最准确的数据支持。对用户行为分析的重要性，主要表现在以下五个方面。

（1）提升用户的在线体验度

通过对用户的行为进行分析，可以了解到一个用户如何在网页中交互使用、了解到用户的真正需求以及消费习惯，才能通过网页不断地优化和调整合理的布局，从而达到用户的黏性。在旅游网站只有把网页设计得更合理，更满足用户的预订习惯，才能吸引客户在网页上停留的时间越多，如网页的整体框架打造、网页的图片清晰度、产品内容的丰富度等。

（2）提升用户市场的定位准确度

用户行为的分析对企业市场定位有着重要的意义，并且贯穿于整个网站运营中。用户是企业根本，只有抓住用户的心，才能实现企业的获利最大化。所以在线旅游网需要对网页的用户进行很细致的区分，才能更好地瞄准目标用户群，准确地定位市场。

（3）帮助酒店实现精准化营销

通过对用户的点击、跳转、浏览、停留时间和用户的特征，例如年龄、性别、客源等详细的了解，然后用聚类分析对客户进行分类，总结用户行为的规律，预测用户购买产品的概率，从而确定营销的精准性。

（4）提升企业的市场竞争力

对用户访问页面的需求进行分析，能够更加清楚地分析用户的偏好，从不同角度去做产品提升，及时跟进用户的兴趣点，响应市场的真正需求，进而提升在线旅游企业的产品竞争力。

（5）实现利润最大化

直接而言是提升用户的体验度，但最终是实现企业的利润最大化，挖掘最潜在的客户群体，扩大企业在市场的占有率，增强企业的营收能力和利润点。

3.4 本章小结

本章从在线旅游发展的概况、在线旅游行为分析时面临的问题及常用技术和在线旅游用户行为分析的重要性三个方面，同时对在线旅游的市场规模、发展阶段和发展模式进行了详细的研究，持续上涨的用户规模，尤其是手机端占比的快速增长，改变着消费者的行为习惯，旅游市场也逐渐由传统的在线旅游网转移到在线旅游平台等多种形式的存在，从上游的供应商到下游的消费者，通过在线旅游平台实现完整的旅游生态体系。同时本章也深入地分析了目前在线旅游用户分析对于企业而言遇到的问题，并提出解决问题的聚类分析法和处理的步骤，为企业的发展提供有力的支撑。

第4章 基于在线酒店用户数据的用户行为聚类分析

第3章提出了在线旅游用户行为分析的步骤，本章将以在线旅游预订中最重要之一的在线酒店预订数据为研究对象，采用聚类分析（K－means 聚类算法）和客户访谈调研对细分客户进行归类和确定特征。

4.1 聚类分析原理

本文主要采用 K－means 聚类算法，是一种最广泛的聚类算法。K－means 也被称为 K－平均或者 K－均值的一种算法。聚类分析是指将所有数据样本的各个聚类子集内的均值作为聚类的代表点，把数据集通过迭代过程划分为不同的类别，让函数达到最优，利用评价聚类性能的准则，从而使每个聚类间独立而紧凑。这种算法基本简单，结果通俗易懂，对于大数据而言相对效率也最高，能够解决本文所涉及的问题。

依据 K－means 分析的原理步骤，结合实际的分析过程，主要体现如图 4－1 所示。

（1）选取样本

对在线酒店预订数据的用户进行细分，找出目标研究用户。

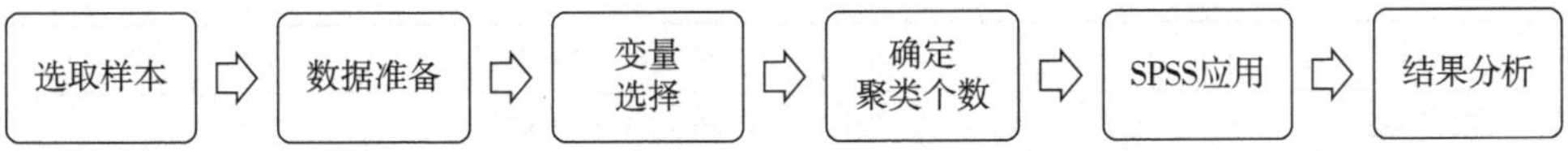

图4－1　聚类分析的分析过程流程

（2）数据准备

收集X网站（国内综合排名前三）的在线酒店预订的样本订单数据，经过对在线酒店样本预订数据分析和预处理，达到聚类的要求。

（3）变量选择

通过对比国内和国外对用户细分的标准指标，结合本文聚类数据变量的要求，最终确定聚类变量和描述变量。

（4）确定聚类个数

结合在线酒店预订用户的特征和使用F值的对比，采用SPSS提供的方法最终确定聚类的个数。

（5）SPSS应用

使用SPSS软件K－means方法对在线酒店预订的用户进行聚类并得到用户群。

（6）结果分析

通过对聚类后用户群的结果进行分析、评价、解释。

4.2　在线酒店预订数据收集

聚类分析方法具有一定的探索性，通常是把看似无序的对象进行分组和归类，把同一类型数据聚集到一起，以达到研究的目的。结果要求组内对象相似度较高，组间对象相似度较低。

（1）数据收集

数据采用X网站2016年12月1日至7日（一周）的所有订单。提取了8个维度的数据，依次为用户来源、预订渠道、酒店星级、订单总金额、预订间夜、购买频次、提前预订、预订方式等属性，共获得数据8650组。

（2）数据初步处理

数据高效和精准直接影响着结果，因此先要对数据进行清扫，NULL值、N/A值、不完整等满足不了聚类要求的数据。其次对异常数据进行处理，异常数据是指偏离于一般均值太多，且容易产生误导的数据值。

（3）变量类型转换

因聚类分析算法要求所有的字段为数值，而一个对象往往具有多个度量的单位，多个度量单位系统无法准确的识别，这样的聚类变量输出的结果，容易产生不合理，因此要对聚类的数据进行一个简单的数据类型的转化。具体数据转化如表4－1所示。

表 4－1 聚类分析变量类型转化说明

变量	变量类型转化说明
预订渠道	Online：1　　Offline：2
酒店星级	经济型酒店：1 公寓式酒店：2 准 2 星酒店：3 2 星酒店：4 准 3 星酒店：5 3 星酒店：6 准 4 星酒店：7 4 星酒店：8 准 5 星酒店：9 5 星酒店：10 未分类酒店：11
用户来源	其他：1 代理流量：2 自然流量：3 SEO 流量：4 SEM 流量：5 Online PR 流量：6 Offline PR 流量：7 分销流量：8
预订用途	代人预订：1 自己预订：2

4.3 在线酒店预订数据的预处理

本文选取 X 网 2016 年 12 月 1 日至 7 日（一周）的在线酒店预订用户订单数据，进行聚类分析。对比国内外在线旅游网站对用户细分的常用指标，主要可以分为以下四类：用户来源、用户特征、预订动机、购买行为（见表 4－2）。只有把握以上四个指标，抓住用户的需求，才能实现精准化的营销策略。

表 4－2 用户细分指标分类

用户特征	性别、收入、年龄、生活方式、职业特征
购买行为	订单总额、酒店类型、预订渠道、预订方式、预订间夜
预订动机	出差、情侣出行、休闲旅游、家庭出游、朋友出游、其他
用户来源	SEO、分销、代理、X PC/APP 端、SEM、EDM

用户行为细分的变量有动态和静态两种属性。本文主要以动态属性作为聚类的参考指标，比如订单总额、预计间夜、酒店星级、预订方式、用户来源、预订用途等，其余弱相关因素不做参考，如预订名、用户年龄、预订时间等。变量属性表具体如表 4－3 所示。

表 4-3　　　　聚类变量属性

变量名称	变量类型	变量长度（字符）
酒店星级	Numeric	11
订单总额	Numeric	11
预订间夜	Numeric	11
预订方式	Numeric	11
用户来源	Numeric	11
预订用途	Numeric	11
预订频率	Numeric	11
提前天数	Numeric	11

在聚类数据采集中，预订人的特征这一属性，无法聚类出用户预订的动机，故不参与聚类，下一章会针对用户做访谈分析，进行详细的用户细分。但是，在聚类过程中对聚类的变量还有一定的要求，变量之间应该具有明显的差异且不能存在高度相关。必须对变量进行识别，找出最合适的变量，故针对这一要求，对变量的相关性做以下分析，具体如表 4-4 所示。

表 4-4　　　　聚类变量相关性

		间夜	订单总额	酒店星级	用户来源	预订频率	预订用途	提前天数	预订渠道
间夜	Pearson	1	0.643**	0.025*	-0.052**	-0.006	0.037**	1.000**	-0.031**
	显著性	0.000	0.000	0.021	0.000	0.560	0.001	0.000	0.004
订单总额	Pearson	0.643**	1	0.513**	-0.014	0.021*	-0.010	0.643**	-0.012
	显著性	0.000	0.000	0.000	0.192	0.047	0.342	0.000	0.277
酒店星级	Pearson	0.025*	0.513**	1	0.034**	0.022*	-0.057**	0.025*	0.015
	显著性	0.021	0.000	0.000	0.002	0.045	0.000	0.021	0.167
用户来源	Pearson	-0.052**	-0.014	0.034**	1	0.161**	-0.437**	-0.052**	0.188**
	显著性	0.000	0.192	0.002	0.000	0.000	0.000	0.000	0.000
预订频率	Pearson	-0.006	0.021*	0.022*	0.161**	1	0.011	-0.006	-0.122**
	显著性	0.560	0.047	0.045	0.000	0.000	0.321	0.560	0.000
预订用途	Pearson	0.037**	-0.010	-0.057**	-0.437**	0.011	1	0.037**	-0.429**
	显著性	0.001	0.342	0.000	0.000	0.321	0.000	0.001	0.000
提前天数	Pearson	1.000**	0.643**	0.025*	-0.052**	-0.006	0.037**	1	-0.031**
	显著性	0.000	0.000	0.021	0.000	0.560	0.001	0.000	0.004
预订渠道	Pearson	-0.031**	-0.012	0.015	0.188**	-0.122**	-0.429**	-0.031**	1
	显著性	0.004	0.277	0.167	0.000	0.000	0.000	0.004	0.000

注：** 表示在 0.01 水平（双侧）上显著相关；* 表示在 0.05 水平（双侧）上显著相关。

为了确保聚类分析的科学性和正确性，本文采用 SPSS 对变量相关性进行了研究，8 个不同的分类，用相似度来测度，选用 Pearson 系数，进行双侧显著性进行分析。若两个变量聚类后的相关数据接近 1 或者 -1，该数据说明两个变量具有可互相替代性。从以上的相关性图表中可以看出，8 个变量中并没有两个不同的变量接近 1 或者 -1 的相关性，故确定以上 8 个变量可作为聚类分析的变量。

4.4 在线酒店预订数据的聚类计算

经过选取 8650 组用户信息，因 8650 组数据过大，故截取头和尾部数据，中间数据以省略号代替，具体的数据明细见表 4 -5。对数据的选取及预处理，包含预订间夜、酒店星级、预订总额、用户来源、预订频率、预订渠道、预订用途、提前天数 8 个变量，具体如表 4 -5 所示（其中 5 ~4846 组数据以省略号隐藏）。

表 4 -5　　样本用户信息

用户号	预订间夜	订单总额	酒店星级	用户来源	预订频率	预订用途	预订渠道	提前天数
1	1	498	10	6	5	1	1	1
2	1	340	8	6	5	1	1	1
3	1	269	6	6	5	1	1	1
4	1	428	10	6	5	1	1	1
……								
8647	1	140	1	7	1	2	1	1
8648	3	507	2	7	1	2	1	3
8649	1	198	3	7	1	2	1	1
8650	3	504	2	7	1	2	1	3

从表 4 -6 中可以看出，不同的数据取值存在很大的差异，平均值从 1. 10 ~337. 13，标准差从 0. 299 ~258. 423，方差从 0. 348 ~66782. 2，8 个变量之间的分布差异大。为了避免数据巨大的差异影响到分析的准确性判断，故对数据源进行数据标准化处理，主要通过 SPSS 应用中分析选项的标准化结果处理应用这一程序自动处理产生的结果，样本标准化数据处理的结果如表 4 -7 所示（其中 5 ~8646 组数据以省略号隐藏）。

表 4 -6　　样本描述统计量

变量	N	极小值	极大值	均值		标准差	方差
	统计量	统计量	统计量	统计量	误差	统计量	统计量
酒店星级	8650	1	11	5. 66	0. 034	3. 195	10. 206
订单总额	8650	1	4970	337. 13	2. 779	258. 423	66782. 2
用户来源	8650	1	8	3. 97	0. 019	1. 744	3. 042
预订频率	8650	1	8	2. 70	0. 020	1. 858	3. 454
预订用途	8650	1	2	1. 74	0. 005	0. 439	0. 193
预订渠道	8650	1	2	1. 10	0. 003	0. 299	0. 090
提前天数	8650	1	9	1. 20	0. 006	0. 590	0. 348
预订间夜	8650	1	9	1. 20	0. 006	0. 590	0. 348

表 4 -7　样本数据化处理结果

用户编号	酒店星级	订单总额	用户来源	预订频率	预订用途	预订渠道	提前天数	预订间夜
1	1.35761	0.6225	1.16452	1.23706	-1.6814	-0.33224	-0.3445	-0.34458
2	0.73157	0.0111	1.16452	1.23706	-1.6814	-0.33224	-0.3445	-0.34458
3	0.10552	-0.2636	1.16452	1.23706	-1.6814	-0.33224	-0.3445	-0.34458
4	1.35761	0.35163	1.16452	1.23706	-1.6814	-0.33224	-0.3445	-0.34458
……								
8647	-1.45958	-0.7628	1.7379	-0.91532	0.59467	-0.33224	-0.3445	-0.34458
8648	-1.14656	0.65733	1.7379	-0.91532	0.59467	-0.33224	3.04638	3.04638
8649	-0.83354	-0.5383	1.7379	-0.91532	0.59467	-0.33224	-0.3445	-0.34458
8650	-1.14656	0.64572	1.7379	-0.91532	0.59467	-0.33224	3.04638	3.04638

采用 K-means 聚类算法，需要提前预设参数。本文采用 K-means 聚类算法提前确定参数分类，将对 3~7 类进行 F 值比较（平均组间离差平方和除以平均组内离差平方和）差异的大小，从以下 F 值比较来看，其中 F（5）和 F（6）的差异性最小，故将聚类的个数确定为 5，具体比较如表 4-8 所示。

表 4 -8　样本聚类 3~7 类 F 值比较

变量	F（3）	F（4）	F（5）	F（6）	F（7）
酒店星级	12.783	21.102	5.211	4.43	12.519
订单总额	2369.022	3758.688	1814.851	1572.193	1267.347
用户来源	116.285	15.217	86.962	69.607	2194.67
预订频率	45.768	2.53	34.217	27.745	161.733
预订用途	649.253	10.686	486.311	388.953	1308.7
预订渠道	117484.6	3.788	89980.25	71968.13	57191.3
提前天数	16863.37	30714.06	23795.08	19360.65	15846.67
预订间夜	16863.37	30714.06	23795.08	19360.65	15846.67

4.5 在线酒店预订数据的聚类结果及用户特征分析

4.5.1 在线预订数据的聚类结果分析

本文采取了 X 网站 2016 年 10 月 14 日至 11 月 4 日（广州广交会期间）的所有订单，合计 8650 组数据，通过对数据进行描述性统计分析、数据标准化后，结合 SPSS 的 F 值比较的方法最终确定分类个数为 5。

通过 SPSS 应用的 K-means 聚类 5 种类型的用户群，从最终聚类中心及每个聚类的案例数可知，最明显的类型为第 4 类和第 3 类，其中第 3 类用户群数量最多，预订频次相对较高，但是对价格及酒店星级等敏感度也高，属于一般大众用户群，第 4 类用户数量最少，酒店星级和预订总额、预订间夜大，对价格敏感度不高，有一定的消费购买力，这类用户群属于高端群体（见图 4-2、表 4-9）。

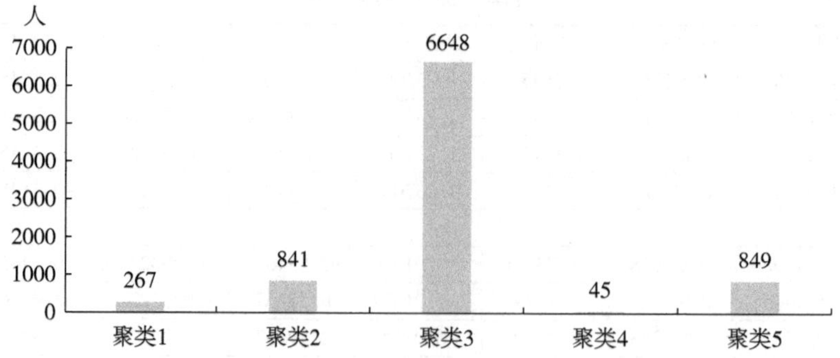

图 4－2　最终聚类用户统计

表 4－9　最终聚类中心用户群

变量	聚类				
	1	2	3	4	5
酒店星级	0.20869	0.04076	－0.02180	0.22378	0.05280
订单总额	2.47458	－0.09641	－0.23793	5.24344	0.90242
用户来源	－0.22490	0.57819	－0.03985	－0.10965	－0.18417
预订频率	－0.05074	－0.37531	0.04788	0.08912	0.00812
预订渠道	－0.15702	3.00950	－0.33224	－0.18372	－0.32043
预订间夜	3.42738	－0.17322	－0.34458	7.11553	1.41480
提前天数	3.42738	－0.17322	－0.34458	7.11553	1.41480
预订用途	0.13434	－1.29709	0.12220	－0.01228	0.28637

4.5.2　聚类结果的用户特征比较

从聚类结果后的数据可以分析出，用户的消费行为存在一定的差异性，主要在酒店星级、预订总额、用户来源、预订渠道和预订间夜等属性上存在比较明显的差异，而在预订频次、预订用途和提前天数属性上差异性相对较少，依据以上聚类结果，按照最高＞较高＞中＞较低＞低，细分用户的特征情况如图 4－3 所示。

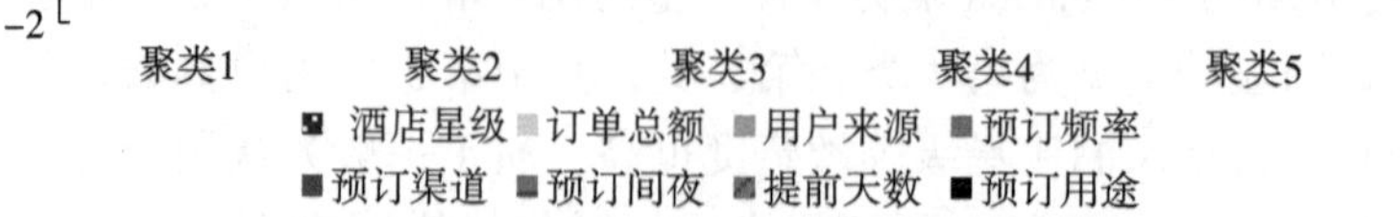

图 4－3　各类用户消费特征分布

4.5.3 聚类结果的用户特征分析

通过对8650组数据进行聚类，最终得出五类不同的用户，从五类不同的用户对8个变量的数据反映高低来看，每一类的用户特征都具有独特的特征（见表4－10），因为依据用户群的特征和对变量的反映确定最终的用户类型，例如，聚类4，该用户群的人数45，占比0.52%，从酒店星级、订单总金额、预订频次和间夜等聚类结果来分析，该用户属于高消费人群，也对酒店的星级要求高，故归类为高端消费型用户群。以此逻辑对5种不同的用户群进行分析，最终归纳为高端消费型、中高端消费型、中端消费型、中低端消费型、低端消费型，具体如表4－11所示。

表4－10　细分消费群行为特征比较

分组/变量	聚类1	聚类2	聚类3	聚类4	聚类5
酒店星级	较高	较低	最低	最高	中
订单总额	较高	最低	较低	最高	中
预订频率	较低	最低	较高	最高	中
预订间夜	较高	较低	最低	最高	中
提前天数	较高	较低	最低	最高	中
预订用途	自己预订	自己预订	自己预订	代订/自己预订	代订/自己预订
用户来源	网站自然流量/Online PR	Online/Offline PR、代理、分销、SEM	Online/Offline PR、代理、分销、SEM	网站自然流量/SEO/Online PR	网站自然流量
预订渠道	Online	Offline	Online/Offline	Online	Online/Offline

表4－11　细分群消费行为特征分析　单位：人，%

变量	人数	占比	特征	类型
聚类1	267	3.09	酒店星级、订单总额、间夜、提前天数等都均次于聚类4，但预订频繁度不高，该类型主要为因事出行人群，自身需求不高	中高端消费型
聚类2	841	9.95	订单总额和预订频率都最低，其次略高于第三类，该部分人群更多是通过其他渠道分销而来	低端消费型
聚类3	6648	76.86	数量多，预订频繁、对星级、间夜、提前预订等最低，追求经济实惠和高效，对价格比较敏感，且喜欢临时预订，这部分人群更容易被促销所吸引	中低端消费型
聚类4	45	0.52	酒店星级最高，且预订频次和间夜、总金额最高，说明他们对入住酒店品质要求高	高端消费型
聚类5	849	9.58	从酒店星级到提前预订天数，均为中等程度，且主要来源于网站自然流量，该部分人群为忠实用户群体，也是非常重要需要把握的一部分群体	中端消费型

4.6 本章小结

本章通过运用SPSS的K－means算法细分在线预订数据，对标本数据进行了8个维度的聚类分析，经过变量的转化、属性定义、变量的相关性、变量的描述性统计和标准化处理5种数据预处理和聚类计算，采用F值比较的方式最终并得到5种聚类用户群的结果。从5种聚类用户群显示的数据来看，每个类型的变量方面的特征都比较明显，且基本符合实际情况。因为数据来源于X网站用户的预订订单数据，数据源上显示的为用户预订结果，对于更多的用户的相关数据并没有完整地采集到，比如年龄、性别、动机、影响因素等。下一章将通过访谈法，从本章聚类的用户中进行随机抽取，对用户更具体的特征进行调查和分析。

第5章　基于用户行为聚类结果的调查访谈分析

从上章的目标聚类的8650组用户中，随机抽取样本中不同的用户，通过访谈法的方式来收集影响用户在线选择预订的动机、消费习惯等因素，通过对用户的购买行为分析、购买结果分析、体验结果分析三个方面来调查，为企业提供更加精准的营销方案。

5.1 访谈设计

从两个角度设计访谈内容，首先，为了更详细地了解细分用户群体的消费行为特征，需要补充相应的用户信息，从而验证用户聚类分析的正确性和科学性。其次，通过从用户的访谈中了解用于在预订过程中和体验后不好的感受和预订过程中的困难。最后，通过调查为提升用户体验提供有效的数据支持，并从分析结果中提出精准的营销策略和差异化服务。

访谈的方法，主要是以电话的方式。提前根据设定的访谈内容，访问用户并收集客观的、不带偏见的事实材料，能够准确说明样本并能通过样本代表总体的一种方式。

访谈的提纲设计必须是严格按照程序制定，需要在导师和同事的共同参与下完成，不断修改和完善，经过专家审查和听取专家的意见，最终完成访谈提纲。

访谈的提纲设计，以研究的内容为目的，主要分为两大部分：

用户的人口特征、出游频次：

（1）姓名/年龄/职业/工作行业等；

（2）出行频率、哪种方式出行、预订酒店的标准。

用户的预订习惯：

（1）出行前多久预订酒店？

（2）一般出行的目的？如朋友同游、商务出差、情侣出行、代人预订等。

（3）一般喜欢哪种平台预订酒店？为什么选择该平台？如携程、飞猪、美团等，其他。

（4）预订的方式是什么？如 online、offline、电话等，其他。

（5）选择酒店的标准是什么？如知名度、地理位置、性价比、服务等，其他。

（6）一般您浏览几次网站会让您产生购买欲望？

（7）您在预订酒店过程中，有哪些困难的预订体验？

（8）您最关心的预订维度有哪些？如入住日期、离店日期、酒店价格，酒店位置等，其他。

（9）您最关心平台酒店能提供哪些服务？如延迟退房、欢迎水果、接送服务等，其他。

（10）您希望预订前平台能够提供哪些方面的服务？如最新优惠资讯、目的地天气等，其他。

5.2 样本抽样设计

由于在线酒店预订的数据庞大，时间和成本等限制因素，本文将从上一章的聚类分析的 8650 组用户中，进行随机抽样，主要从聚类分析后的 5 大类型进行选择，从高端到低端确保样本的覆盖面和平衡性。样本筛选每种类型的 10 个用户进行访谈，最终确定人数 50 人，分 5 个时间段一次访谈 10 个样本，逐一对不同类型用户按照设定的访谈纲要进行详细的访谈，需要确定访谈用户后数据的可靠性，并且能广泛地、深入地体现各细分用户群体的消费行为特征以及用户体验。按照抽样程序，本文主要从以下五个步骤进行科学的抽样（见图 5－1）。

图 5－1　抽样设计流程

5.3 样本访谈结果分析

根据本文研究的目的和要求，将研究的数据分析结果分为两部分。第一，访问样本的结构分析，包括年龄、收入、职业、出行频率等；第二，在线预订酒店的预订过程分析，包括在线预订酒店的习惯分析、影响用户在线预订酒店的主要因素分析、在线预订酒店的用户体验结果分析。

5.3.1 访谈样本的结构分析

本文选取样本50人，选取的样本具有随机性和代表性，符合调研对象的条件。有效的样本基本资料，包括性别、收入、年龄、职业，同时也反映了在线预订的用户结构组成。样本的结构分析如下：

（1）样本的男女性别分布（见图5-2）

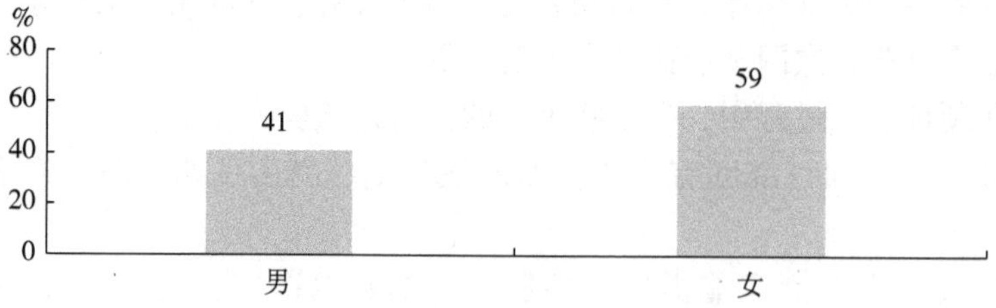

图5-2 样本的男女性别分布

被访谈的50人中，女性30人，占比59%，男性20人，占比41%。女性的预订比例高于男性。

（2）样本的年龄层分布（见图5-3）

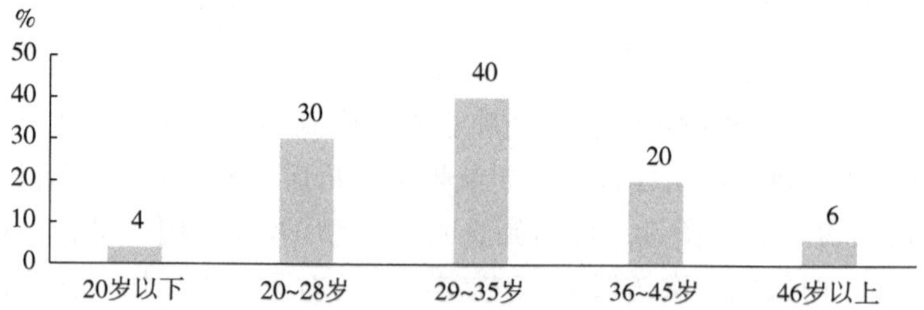

图5-3 样本的年龄层分布

被访谈的50人中，主要消费群在29~35岁，20人，占比40%，其次是20~28岁，15人，占比30%，该年龄段，有一定的经济基础之外，也是比较能接受新鲜事物且现在的年轻人有提前消费的习惯。

（3）样本的月收入分布（见图5-4）

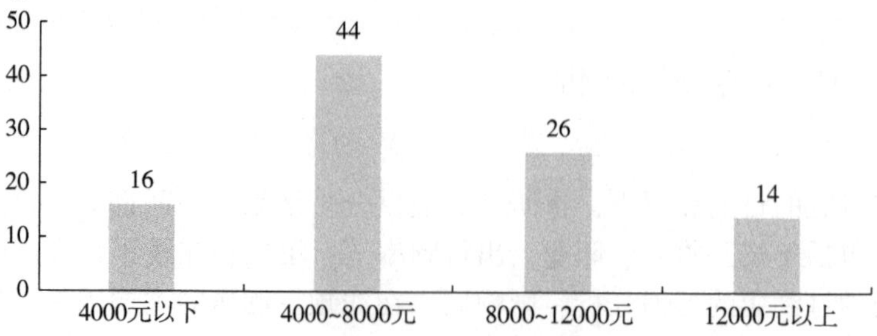

图5-4 样本的月收入分布

被访谈的50人中，月收入主要集中在4000~8000元，22人，占比44%，其次8000~12000元，13人，占比26%，从收入层面来看，样本还是具有一定的消费能力的，更多的消费者会严谨消费。

（4）样本的职业占比分布（见图5－5）

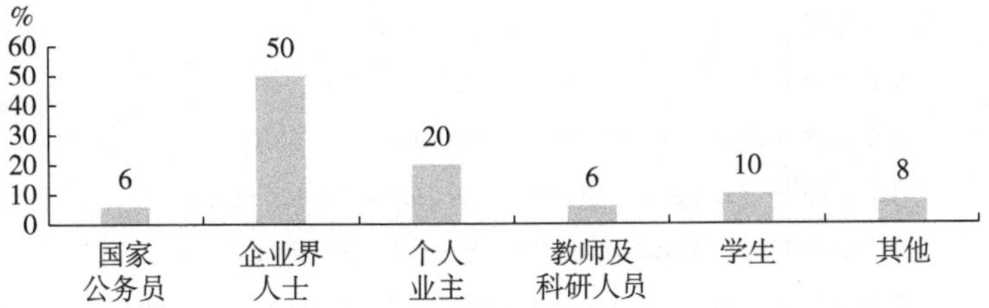

图5－5　样本的职业占比分布

被访谈的50人中，职业主要集中在企业界人士，25人，占比50%，其次个人业主，10人，占比20%，另外学生也是一个新兴的消费人群之一。

综合以上样本结构数据可知，女性的预订比例高于男性，主要用户人群在28~35岁，月收入普遍在4000~8000元，职业结构以企业界人士为主。故X网应在做产品策略时，研究以上几个关键点，找准用户的真正需求，做出更合适的产品售卖，以吸引更多的用户预订。

5.3.2　影响访谈样本的在线酒店预订的用户行为的因素分析

（1）影响用户在线网站平台预订的主要因素（见图5－6）

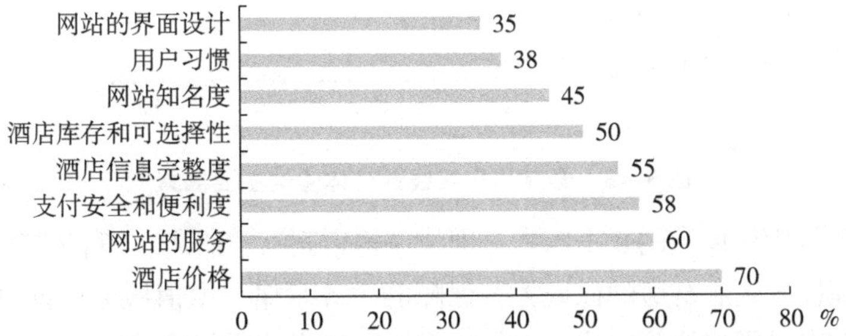

图5－6　影响用户在线网站平台预订的主要因素

从影响用户选择在线网络平台预订的8个因素中，即网站的服务、酒店价格、酒店信息完整度、支付安全和便利度、网站知名度、酒店库存和可选择性、网站的界面设计、用户习惯等，其中对用户影响最大的是酒店的价格，即网站的价格竞争力，占比70%，从以上数据看，价格是影响出行预订酒店首要考虑的因素。

（2）影响用户选择酒店的主要因素（见图5－7）

从影响用户选择酒店的10个因素中，即酒店价格、酒店星级、客人点评、酒店位置、折扣力度、信息完整度、配套服务、付款方式、可取消度、酒店品牌，其中对用户

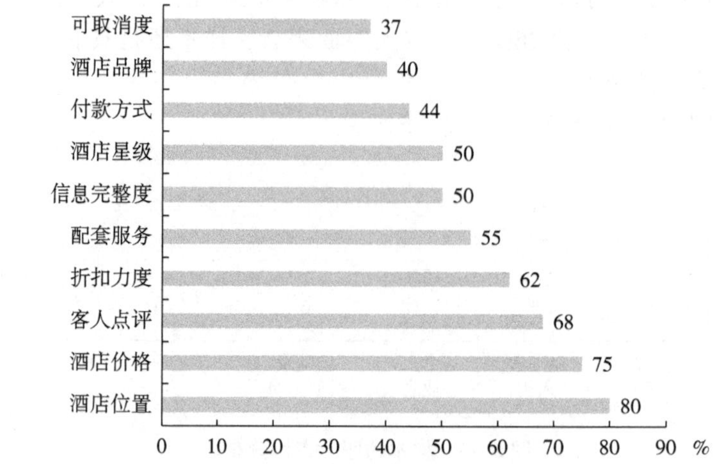

图 5-7　影响用户选择酒店的主要因素

选择最主要的五大因素是酒店位置、酒店品牌、酒店星级、配套服务及客人点评，也说明除了位置和价格之外，用户还比较重视的是酒店的声誉管理和口碑传播。

（3）影响用户在线预订体验的主要因素（见图 5-8）

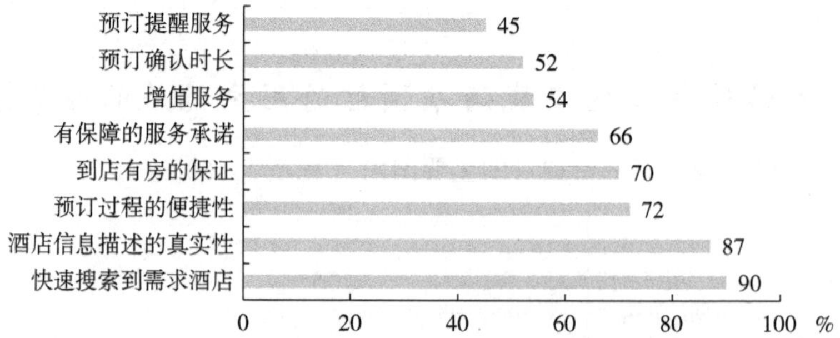

图 5-8　影响用户在线预订体验的主要因素

影响用户预订酒店体验的 8 个因素，即快速搜索到需求酒店、酒店信息描述的真实性、预订过程的便捷性、到店有房的保证、有保障的服务承诺、增值服务、预订确认时长、预订提醒服务，其中对用户体验影响最大的在于快速搜索到需求酒店，其次是酒店信息描述的真实性，那么对预订平台，应该更加关注页面设计的合理性和产品丰富准确的细化。

5.4　聚类用户调研结果分析

结合第 4 章的聚类用户群的特征和第 5 章的针对聚类用户群的样本访谈结果，再对高端、中高端、中端、中低端、低端用户的预订行为特征进行细分，最终细分调研综合结果如表 5-1、表 5-2 所示。

表 5-1　　用户群结构特征

访谈内容	高端	中高端	中端	中低端	低端
男女情况	男	男/女	女	女	男/女
年龄主构成	35 岁以上	28~35 岁	28~35 岁	28~35 岁	20~28 岁
收入主构成	12000 元以上	8000~12000 元	4000~8000 元	4000~8000 元	4000 元以下
职业主构成	企业界人士/个人业主	企业界人士/个人业主	教师/公务员/企业界人士	个人业主	学生/个人业主
预订动机	商务出行	商务出行/休闲	商务出行/休闲	休闲出行	休闲出行
一年出行次数	8 次以上	4 次左右	2~3 次	5 次以上	1~2 次
出行动机	出差	出差/情侣出行	出差/朋友出行	朋友/家庭出行	朋友出行
酒店星级	5 星	4~5 星	3 星	2~3 星	2 星以下
预订方式	online	online	online/offline	online/offline	online/offline

表 5-2　　影响用户群预订最主要的三大因素

访谈内容	高端	中高端	中端	中低端	低端
影响用户在线网站平台预订最主要的三大因素	1. 网站的服务	1. 酒店价格	1. 酒店价格	1. 酒店价格	1. 酒店价格
	2. 网站知名度	2. 网站服务	2. 支付安全和便利度	2. 酒店信息完整度	2. 支付安全和便利度
	3. 支付安全和便利度	3. 酒店信息完整度	3. 酒店信息完整度	3. 酒店库存和可选择性	3. 酒店库存和可选择性
影响用户选择酒店最主要的三大因素	1. 酒店位置	1. 酒店位置	1. 酒店价格	1. 酒店价格	1. 酒店价格
	2. 配套服务	2. 酒店价格	2. 客人点评	2. 折扣力度	2. 折扣力度
	3. 酒店星级	3. 配套服务	3. 折扣力度	3. 酒店信息完整度	3. 付款方式
影响用户在线预订体验最主要的三大因素	1. 快速搜索到需求酒店	1. 快速搜索到需求酒店	1. 快速搜索到需求酒店	1. 信息描述的真实性	1. 信息描述的真实性
	2. 到店有房的保证	2. 到店有房的保证	2. 增值服务	2. 增值服务	2. 增值服务
	3. 预订过程的便捷性	3. 信息描述的真实性	3. 预订过程的便捷性	3. 有保障的服务承诺	3. 有保障的服务承诺

5.5　本章小结

本章针对聚类后的 5 类用户群进行访谈调研，通过随机筛选样本和提前对访谈内容的提纲设定，对样本结构和影响用户的预订过程进行了详细的研究，不仅了解用户群的年龄、性别、收入和职业等基础信息，还从 3 个方面了解影响用户群选择网站、酒店以及预订体验感受等关键因素，最后把第 4 章的聚类用户群的结果和样本访谈的结果进行综合再细分，最终确认用户群的样本结构特征和影响用户群的最主要的三大因素。综合本章访谈实证调研的数据来看，基本上与第4章的数据聚类结果保持一致，同时验证了用户聚类的合理性和有效性。下一章将会针对最终细分的用户群不同的预订行为过程、消费行为和体验感受的影响因素，提出针对在线旅游用户行为的营销策略。

第6章　针对在线旅游用户行为的营销策略

通过第4章对在线数据的SPSS聚类和第5章的样本访谈调研用户在选择预订酒店的影响因素，将用户分为高端、中高端、中端、中低端、低端五大类用户群。在市场竞争激烈的在线旅游行业中，如何利用数据找准定位和做精准化用户营销将成为竞争胜利者的重要一部分。本章将对五类用户群的需求提出营销新模式。

6.1　细分市场策略

通过对在线数据细分后，对每个细分群进行充分的了解和特性挖掘，再针对不同的用户群推送特定的营销产品，从而实现精准化营销。具体的策略框架如图6－1所示。

图6－1　细分市场策略框架

以聚类3和聚类4为例，聚类3，人数最多，聚类后的特性为中低端用户群。聚类4，人数最少，聚类后的特征为高端用户群。这两组用户在线预订行为存在明显的差异，中低端用户群，因其预订酒店星级、订单总额偏低，该类型用户对价格比较敏感，需要为其提供更多的高性价比产品和更多的折扣，该部分人群为主力消费群，有着巨大的潜力。高端用户群，因其要求入住高星级酒店，需要更好的酒店配套设施设备，对价格相对不敏感，且男用户相对更多，这类用户群应推出更多的省心增值服务以及贴心服务更为重要。

6.2　差异化服务策略

服务差异化是指针对竞争对手而采取不同的策略，通过在服务渠道、服务内容和服务形象上突出自身特征，获得战胜竞争对手的方法，并优先抢占服务市场的一种方法，其目的是把自身的优势凸显出来，与其他竞争对手不同，形成差异性。

随着服务市场的竞争越来越激烈，各企业提供的服务内容也趋向于同质化，服务的产品差异性越来越小，甚至是抄袭和复制，导致企业的利润空间变小，因此从服务产品的消费过程中找出服务产品的差异性，从而提供更好的差异化服务策略对企业是非常重要的。

差异化服务流程如图 6－2 所示。

图 6－2　差异化服务流程

（1）以细分用户群为基础的差异化策略

根据细分市场特点和用户群的特性，如高端消费群，更偏向于提供的服务和品质。因此，企业在提供最基本信息服务的基础上，应该根据客户群体的不同需求，提供具有可行性的、延伸性的差异化服务。

（2）以用户基本结构信息为基础的差异化服务策略

用户的年龄不同，收入不同，男女比例不同，都会影响用户对产品的真实需求，应该对基本结构进行分层，进行精准的产品信息推送和营销。

（3）以用户对服务的需求为基础的差异化策略

根据用户最基础的需求，优化企业的产品，如对高薪的用户群提供更多的增值服务，对于低端用户群提供更低的折扣力度等。

6.3　产品策略

（1）产品信息优化分级策略

在第 5 章实证访谈分析中，酒店的产品信息的完整度影响着大部分用户的决策和判断，以下为对用户造成影响的因素，按照重要性分为四个阶层，具体如表 6－1 所示。

表 6－1　产品优化策略分级

第一级	酒店名称	精准的地址及经纬度	完整的价格展示
第二级	酒店所在商业圈	酒店评论	酒店图片准确和精美
第三级	酒店星级	酒店简介	酒店促销折扣
第四级	酒店床型及大小	酒店设施设备	酒店亮点标签

（2）推荐优先策略

在第 5 章的实证访谈中，用户反馈最多的就是不能第一时间找到需求酒店，所以缩短用户的预订时间，提高预订转化率，故提出四个推荐方案，具体如表 6－2 所示。

表 6－2　产品推荐策略

推荐方式	方案	目的
官方推荐	1. 促销活动酒店 2. 热门酒店 3. 点评分高的酒店 4. 热门商圈酒店	把最有性价比和有品质保证的酒店推送给客人

续表

推荐方式	方案	目的
个性化推荐	1. 历史记录关联 2. 根据用户特征，匹配需求酒店	精准化营销，提高购买率
实时搜索推荐	1. 根据用户搜索条件，推送匹配酒店 2. 目的地的周边酒店 3. 当遇到目标酒店无房预订时，及时推送同性价比的酒店	解决用户预订困难和找到合适的目标酒店
酒店排行榜	1. 口碑排序 2. 销量排序 3. 价格排序 4. 及时确认排序 5. 促销排序	满足用户预订习惯

6.4 分类营销策略

由于高中低用户群的消费行为习惯、用户群特征和人口统计变量之间存在差异性，故从促销的多样性来探讨网站的营销策略，主要分为三类促销类型，即常规类、非常规类及整合类。结合上章访谈后各类型的特征，可以推断，不同的用户群对促销的接受度和反映有所不同，表6－3为促销策略具体的分类情况。

表6－3　营销策略

促销类型	促销方式	目的
常规类促销	限时抢购	依据酒店的出租率，让利给客人，吸引对价格敏感的客人预订
	限量秒杀	
	连住预订	
	提前预订	
	淡旺季/展会/节假日折扣	
非常规类促销	神秘酒店	以一种创新促销的形式，吸引喜欢接受新事物用户的眼球
	竞拍酒店	
	优惠券	
	返现	
	立减券	
	团购	
整合类促销	酒店＋餐（自助餐/下午茶等）	整合多方资源，为用户提供更丰富的产品，超值的价格，吸引用户预订
	酒店＋机票/高铁票	
	酒店＋景区门票	
	酒店＋接送车	
	酒店＋酒店	
	酒店＋会议室	

以上的营销策略表为企业在做用户群推广时涉及的促销方式，不同的用户群因特质的差异性，对不同的营销策略的反映不一致，例如高端消费型用户，对价格的敏感度相对低，在选择酒店时的目标感也会比较强烈，对团购、神秘酒店等新型的促销方式的购买欲望偏低，更愿意享受酒店提供的更极致服务和完整的套餐服务。只有针对不同用户群的特征的行为偏好提供更适合的营销策略，才能使企业的效益最大化，具体的营销策略计划如表 6-4 所示。

表 6-4　　不同用户群营销策略

用户群/促销	高端消费型	中高端消费型	中端消费型	中低端消费型	低端消费型
常规类促销		✓	✓	✓	✓
非常规类促销			✓	✓	✓
整合类促销	✓	✓	✓		

6.5　本章小结

本章针对第 5 章的用户结构特征和影响用户预订最主要的三大因素，从用户群细分策略、差异化服务策略、产品策略和营销策略四个方面提出不同的营销策略。网站首先要清楚用户市场的细分类型和特征，找准市场定位，提出差异化的服务，提升自身在市场的竞争力，同时不断地完善自身的产品策略，最终采用适合的营销策略满足更多的用户需求和挖掘更多的潜在用户，从而实现企业的盈利最大化。

第 7 章　结论和展望

在线预订比传统线下预订有着非常多的优势，尤其是在数据收集这一块，所以对于企业来说，收集在线预订数据后，了解用户的预订动机、预订习惯以及预订方式，进行科学有效的分析和研究，提升在线用户的体验感，实现精准的目标营销，从而达到企业的最大效益有着非常重要的意义。

本文从国内外在线旅游用户行为的相关理论研究借鉴，对国内在线旅游发展进行了概述，从市场规模、发展阶段和服务模式三个方面简述，并提出目前国内在线旅游存在的问题和对策，筛选了 X 网站 8650 组数据进行聚类处理和分析，最后归纳为五类，分别为高端消费用户群、中高端消费用户群、中端消费用户群、中低端消费用户群、低端消费用户群。为了保证数据的可靠和科学性，基于 8650 组数据筛选了 50 组作为样本检测，提前设定提纲进行访谈，从样本的结构化和样本的预订过程进行分析和得出结果，最后，针对以上分析提出四个针对性的营销策略方案，分别为细分策略、差异化服务策略、产品策略、促销策略，为企业提供有效的解决方案。

本文的研究，主要得出以下结论：

第一，通过 K－means 聚类分析法，可以归纳为 5 种不同的用户群，即高端消费群、中高端消费群、中端消费群、中低端消费群、低端消费群，不同的用户群，具有明显的用户特征。例如，聚类 4 的高端用户群，明显对星级要求高，且预订总金额和预订频次也频繁。因此，旅游网站从聚类分析的数据结果中可以获知最忠实的用户群和最有潜力的用户群，有效地做出决策，避免用户流失。

第二，不同用户群有着不同的结构特征和影响用户群选择网站、预订酒店和在线预订体验的主要因素不同。例如，高端用户群年龄偏成熟，收入高，出行频次高，且以商务出行为主，对酒店的选择要求更高的是星级和酒店的设置设备的完整性等。因此，对于旅游网站应该以该类型的用户特征出发，找准影响因素的重要性，及时对对应产品进行优化，从而提升用户的购买力和复购率。

第三，针对聚类后的用户群特征和需求，例如，X 网站在细分用户中，聚类 3 的中低端用户群为最主要的用户群，以休闲和家庭出行为主，对酒店的价格、酒店折扣、酒店的在线基础信息完善度更敏感。因此，旅游网站可以通过完善外网的信息丰富度展示和采用更多的促销方式，通过价格的性价比提升来满足更多的消费者需求，从而实现企业市场竞争力和盈利最大化。

7.1 本文的科学性和创新点

本文的科学性在于依据前人的理论研究，结合 X 网站真实有效的预订数据，以“数据—信息—决策”为研究思路，通过从即时数据、统计数据中发现问题，再采用多种研究方法进行有效的科学分析，从而提出解决问题的方法。这种研究思路既创新，也符合研究逻辑，具有一定的科学性。

本项目的创新性主要体现在以下两个方面：

第一，利用 K－means 聚类算法，结合在线酒店预订用户的真实性数据，对选择的聚类变量进行聚类分析和研究，从而挖掘影响在线消费者行为的因素，以及潜在的用户。

第二，基于在线酒店预订用户数据的收集，建立在线消费者行为模型，用 SPSS 软件对模型进行路径分析，挖掘的潜在数据、数据和数据之间的关联性，提出满足消费者消费需求的酒店产品、推广策略、销售策略、差异化服务策略。

7.2 本文研究的应用效益

本文针对研究的主题，既有理论相关的研究，也有对数据分析后营销策略的提出，对网站了解用户的行为习惯、用户的潜在需求和精准化营销具有一定的指导意义。

（1）针对不同的目标用户，合理地制定营销策略

通过对网站的数据进行聚类细分，再比较用户群的特征，企业可以挖掘用户群的需求，从而对网站的产品进行优化和创新，进而提升网站在市场的竞争力。

（2）可以挖掘潜在的用户需求

通过对网站数据的用户群访问调查，网站可以了解每一个用户群的潜在购买频次、购买能力和忠实度等多种因素，进行分析，不断地挖掘用户群的最深层次的需求，从而把握市场，有针对性地做好营销策略。

（3）节省企业更多的成本

网站有了精准的数据分析后，可以有针对性地开展策略，避免盲目和主观感知，造成人力、物力的浪费。可以发挥企业自身的优势，将更多的人力、物力资源投放在最合适的地方，发挥最大的效益。

（4）提高对用户需求的把控力

了解用户的差异性，以及用户特质和用户习惯后，可以对用户的需求更好地把控，从而针对用户的需求设计和创新产品，吸引用户的重复购买力和用户的潜在消费能力。

（5）提升企业的盈利能力

网站对用户进行细分和差异化服务的同时，就是在不断地提升企业在市场的竞争力的一种形式，挖掘用户潜力，吸引用户预订，扩大在线交易以及交易频次，使企业获得利润最大化。

随着人们生活水平的提高，对精神文化的追求，越来越多的人对旅游有着更多的需求且旅游需求的要求也越来越高，企业之间的竞争也从蓝海到一片红海之中。除了用户行为研究，还有网站的推广、网站的布局结构、网站的产品设计等，对网站数据的研究还需要进一步深挖，还有更多的思考值得再探讨。

7.3 研究展望

我国关于网站用户行为分析技术还处于起步阶段，虽然在提升用户体验和精准化的营销方面，已经有了一些特定的方法并且能有显现的效果，但同时还存在很多需要改进和探讨的议题。

第一，本章只是针对用户行为的聚类细分展开，但由于在线酒店预订用户数据非常的庞大，用户数据的样本采集，不仅需要耗费很多的时间和精力，同时还需要保证样本采集的原始性、真实性、全面性，本章从八个变量因素着手，还存在一些局限性，以后还要加强对用户的忠诚度、活跃度、ROT 等多方面进行更多的研究。

第二，本章采用的聚类分析法，是使用的 K – means 算法，K – means 算法是一种应用比较普遍和广泛的方法，需要提前设定变量 K 值，在一定程度上对聚类结果的客观性和科学性有所影响，本文从 F 值的比较上来分析，仅仅只是尽量保证变量 K 值的合理

性，今后对K值的选取将尝试更多科学的办法。

第三，本章对聚类后的类型进行实证中，采用的是样本访谈法，筛选了50个样本，为了减少样本集中在某一类，采用的是每种类型均值10个，由于用户的特征存在多样性和用户结构的复杂性，因此数据仍要受到个体的差异影响，今后的研究上要扩大访谈的样本值，保证样本的偏差尽可能的小。

在快速发展的网络时代，对在线旅游企业数据的研究，具有一定的可行性，对企业是非常必要的，期待更多的网站意识到数据对决策的重要性，为在线旅游企业的快速发展提供更有力的理论和实际结合的基础。

参考文献

［1］菲利普·科特勒，约翰·T. 保文，詹姆斯·C. 迈肯斯. 旅游市场营销［M］. 谢彦君，译. 大连：东北财经大学出版社，2006：452.

［2］Matzier K, Waiguny M, Toschkov A, et al. Usability, Emotions and Customer Satisfaction in Online Travel.

［3］Han J, Oh K. The Trend of Online Travel Behaviours: Cohort Analysis of 2000 and 2002［M］. Information and Communication Technologies in Tourism, 2006: 99.

［4］Kim D J, Kim W G, Han J S. A perceptual mapping of online travel agencies and preference attributes［J］. Tourism Management, 2007, 28 (2): 591-603.

［5］Cosma S, Bota M, Tutunea M. Study About Customer Preferences in using Online Tourism Products［J］. Procedia Economics and Finance, 2012, 3: 883-888.

［6］Hsieh N. An integrated data mining and behavioral scoring model for analyzing bank customers［J］. Expert Systems with Applications, 2004, 27 (4): 623-633.

［7］Gordon S. Linoflf, Michael J. A. Berry. 数据挖掘技术［M］. 巢文涵，张小明，王芳，译. 北京：清华大学出版社，2013：2.

［8］Hong T, Kim E. Segmenting customers in online stores based on factors that affect the customer's intention to purchase［J］. Expert Systems with Applications, 2012, 39 (2): 2127-2131.

［9］Migulis V L, Camanho A S, Falcao E Cunha J. Customer data mining for lifestyle segmentetion［J］. Expert Systems with Applications, 2012, 39 (10): 9359-9366.

［10］黎志成，刘枚莲. 电子商务环境下的消费者行为研究［J］. 中国管理科学，2002 (6): 89-92.

［11］田剑，冯鑫明，祁丽. 电子商务环境下消费者行为分析［J］. 华东经济管理，2001 (1): 90-92.

［12］王风娥. 网络消费与传统消费的比较分析［J］. 经济师，2005 (8): 107-108.

［13］刘子龙. 基于模式比较的C2C在线消费决策行为研究［J］. 管理现代化，

2007（5）：13－15.

［14］张猛．网络购买过程研究［J］．商业文化（学术版），2009（12）：175－176.

［15］戴斌．基于网络的旅游行为与旅游行为的网络化［J］．旅游学刊，2007（4）：5－6.

［16］王静，李莉．从“观望者”到“购买者”——中国旅游电子商务消费者购买决策行为探析［J］．旅游学刊，2008（5）：49－56.

［17］董裴．查询旅游网络资讯并在线购买的人越来越多［N］．中国经济导报，2009－08－01.

［18］鲍富元．旅游在线预订的消费行为分析［J］．浙江旅游职业学院学报，2010（2）：35－39.

［19］谷雨．在线旅游的发展与旅游者消费行为的研究［J］．河套大学学报，2011（3）：69－72.

［20］裴剑平．电子商务信用风险对在线消费行为影响机理研究［J］．商业时代，2008（31）：87－88.

［21］严中华，李斌宁，米加宁，等．在线购买信任模式的中国实证研究［J］．技术经济与管理研究，2008（4）：3－6.

［22］安蓉．B2C 电子商务中消费者信任的影响因素分析［J］．未来与发展，2010（6）：55－58.

［23］张辉．消费者信任转移研究——企业线下信任如何促进在线购买［J］．商业时代，2011（36）：28－30.

［24］宁连举，闫春晓，肖海弘．在线消费顾客满意影响因素的分类研究［J］．东北大学学报（社会科学版），2014（1）：32－37.

［25］王欣．中国旅游电子商务的现状与路向［J］．社会科学家，2000（3）：48－52.

［26］孟义芳．在线旅游服务商的出现对传统旅行社的影响［J］．商情（教育经济研究），2007（2）：28－83.

［27］邢夫敏，王世文．中国在线旅游市场现状与趋势分析［J］．市场周刊（理论研究），2007（8）：37－39.

［28］陈海鹏，穆慧玲．旅游在线预订市场与 B to C 电子商务模式研究［J］．科技信息（学术研究），2007（7）：88－89.

［29］刘浩，伍进．新经济形势下在线旅游行业的环境影响因素评价［J］．资源与产业，2009（6）：79－84.

［30］薛聪，吴满琳．在线旅游企业商业模式综合评价研究［J］．企业活力，2011（6）：15－18.

［31］陈默，张昊．在线旅游企业商业模式的创新研究［J］．中国商贸，2012（5）：177－178.

［32］赵亮，盛红．中国在线旅游行业商业模式比较研究［J］．青岛职业技术学院学报，2013（5）：65－67.

［33］刘泽华，杨肠．大学生旅游行为分类及其特征研究——以南京大学为例［J］．桂林旅游高等专科学校学报，2005（6）：52－56.

［34］李宝库．中国农村居民消费模式及消费行为特征研究——基于海尔冰箱农村市场营销调查与策略的研究［J］．管理世界，2005（4）：85－98.

［35］黎慧娟．基于 K－means 算法的校园网用户行为聚类分析［J］．计算技术与自动化，2007（1）：66－69.

［36］张文华．基于读者行为特征的数据挖掘实例［J］．图书馆杂志，2009（2）：55－58.

［37］朱征．基于用户行为分析的移动终端偏好模型研究：第八届（2013）中国管理学年会［Z］．上海：2013.

旅游地环境变迁对居民生计方式的影响研究

——以广东巽寮湾渔业村为例

作者：江郁涛

指导老师：刘民坤

摘要：旅游地居民生计方式的可持续性越来越受到重视。本文基于可持续生计分析框架和人地关系地域系统理论，以广东省惠州市巽寮湾度假区渔业村为案例，采用定性与定量分析相结合等方法，调查统计分析了渔业村渔民生计方式中生计资本、生计策略、生计输出成果情况，探讨了在自然生态环境、经济制度环境、社会文化环境等环境变迁影响下旅游地居民生计方式的演变过程，提出环境变迁对渔民生计方式影响机制。研究发现：巽寮湾渔业村在短短的十年间，从一个以渔业捕捞为主的传统小渔村发展成为以休闲渔业为特色的滨海旅游名村，生计方式发生了根本性变化，生计资本综合指数处于中等水平，自然资本水平最高，金融资本和人力资本水平最低。在对环境变迁表现形式进行分析中，概括了环境变迁的四个主要特征：双向性、关联性、绝对性、脆弱性。本文在对13个环境要素的综合分析后，认为自然生态环境是形成生计方式的基础，经济制度环境是优化生计方式的关键，社会文化环境对稳定、完善生计方式具有支持作用，并在此基础上尝试构建旅游地环境变迁对生计方式影响机制。本文提出了引导帮助渔民正确认识自身的生计资本、休闲渔业的运行要从注重数量发展向注重质量管理转变、注重技能培训并提高渔民的自我发展能力、继续推进渔业村"旅游名村"改造工程、加强渔业村环境保护建设、重视渔家文化的挖掘和弘扬六项建议促进渔业村生计方式可持续发展。

关键词：旅游地；环境变迁；生计方式；巽寮湾

第1章 绪 论

1.1 研究背景及目的意义

1.1.1 研究背景

世界旅游组织（WTO）在对中国旅游发展多年追踪测算显示，旅游业的发展对国民经济、社会就业的综合贡献高于世界平均水平。国家旅游局《2018 年全国旅游工作报告》数据显示，2017 年，旅游业对国民经济、社会就业的综合贡献分别达到了 11.04% 和 10.28%[①]。旅游业在促进大众创业、万众创新、推动精准扶贫等方面成效显著，旅游业已贯穿于经济社会各行业，成为国民经济战略性支柱产业。

在这个旅游发展大潮中，许多边远地区、乡村地区凭借良好的资源禀赋和较好的基础条件，大力发展旅游业改变了落后经济面貌。特别是在全域旅游的推动下，旅游业迸发出更加强大、综合、持续生命力，对经济社会各行业产生更加广泛的影响。作为旅游业发展的重要参与力量，如何引导当地居民参与旅游发展、促进生计的可持续性，成为学术界和旅游业界必须综合考虑的重要命题。

本文结合可持续生计分析框架（SLA），以广东巽寮湾渔业村为案例，通过实地调查与分析，探讨在自然生态环境、经济制度环境、社会文化环境等环境变迁影响下旅游地居民生计方式的演变过程，尝试构建环境变迁对旅游地居民生计方式影响机制，以及基于可持续生计理论提出促进生计可持续发展的对策建议。

1.1.2 研究的目的意义

（1）为推动旅游地的社区居民参与旅游发展提供思考与借鉴

本章以广东巽寮湾旅游发展为研究案例地，分析该地区在环境变迁影响下社区居民如何从传统的渔业捕捞转变为以发展旅游为主要生计的演变历程，探究更加符合全域旅游背景下社区居民参与旅游发展的实施路径，为其他地方推动社区居民参与旅游发展提供借鉴和思考。

（2）拓宽环境对旅游活动影响研究视角

从文献的查阅情况来看，学术界比较关注旅游活动对环境（包括经济、社会文化等广义的环境）的影响，例如，环境学者研究旅游活动对旅游地自然环境要素的变化影响，经济学者关注旅游产业发展所带来的旅游乘数效应以及旅游环境容量承载力，旅游

① 李金早．2018 年全国旅游工作报告［R］．厦门：国家旅游局，2018－01.

人类学则着重描述旅游地文化要素演变过程等。而环境变迁对旅游活动的影响研究则相对滞后。本章冀望通过分析环境变迁的表现形式及其对旅游地居民生计方式的变化影响，旨在探讨环境驱动旅游地居民生计方式变迁的作用机制，更客观地认识旅游地居民生计方式的演变过程，有助于拓宽环境变迁对生计方式（旅游活动）影响研究视角，更好地认识和把握环境变迁与生计方式（旅游活动）的互动关系。

1.2 国内外研究综述

1.2.1 国外研究情况

生计的可持续性关系到农户的生计安全，进而影响到一个地方的可持续发展，为此，国外学者比较注重从微观角度探讨环境变化背景下生计的可持续性。2000 年，英国国际发展部（DFID）建立了可持续生计分析框架（the Sustainable Livelihoods Approach, SLA），将农户作为脆弱性背景中的活动主体，并从生计资本、生计策略、生计结果等多个角度研究农户生计方式，为学者提供了深入观察农户生计方式的新视角，并被大多数人认为是分析生计方式的较合适工具[1~3]。

可持续生计安全性也是国外许多学者研究的重点，为从微观层面分析生计安全性提供了重要的观察窗口。Saleth、Swaminathan（1993）立足发展中国家可持续生计的安全性设计了综合性评价指数，用这套评价体系有助于分析发展中国家可持续生计的安全性[4~5]。Deborah Potts（2009）在对非洲撒哈拉以南地区城镇化进程开展实地研究后认为，经济发展机会的匮乏、设施制度的不完善对该地区的生计安全带来很大负面影响，特别是人口无法保持稳定，导致城镇化水平增长缓慢[6]。Singh、Hiremath 等（2010）则从生态安全、经济效率、社会公平三方面设计可持续生计安全指数，并在印度东部地区开展实证研究[7]。

在生计方式与产业（旅游）发展的关系上，国外学者也作了深入研究。Ashley C（2000）针对纳米比亚国家，调查了作为社区的最重要生计方式，旅游业如何推动经济发展，增加经济收益[8]。Ellis（2002）则从农村扶贫与发展的角度，提出了“资产（包括自然、物质、人力、金融、社会五种资产）、行动和获得这些资产的权利受到制度、社会关系的调节，进而影响农户收入”。[9] TCH Tao、G Wall（2009）则认为，在社区旅游发展中，特别是针对边缘乡村社区，旅游起到了补充原有生计方式的积极作用[10~11]。Karen Greenough（2012）在研究农牧兼营的家庭生计时，提出要充分发挥政府的指导作用，为农户提供适当的信息或者相关资源，提高农户家庭生计的专业化生产水平[12]。

脆弱性背景分析也是国外学者关注的重点，Moreno 等（2009）以斐济岛旅游经济为研究对象，评估了气候变化影响下旅游产业发展的脆弱性[13]。Willroth 等（2011）以泰国旅游地区家庭为对象，运用 BBC 脆弱性函数模型，就自然灾害对家庭生计方式的脆弱性影响进行了定量分析[14]。Nyaupane、Poudel（2011）则以尼泊尔国家公园为案例，重点研究分析了生物的多样性保护、生计的可持续性与旅游发展之间的关联性[15]。政府政策是否发挥得当，对生计方式的脆弱性也产生不同影响。Cherni 等（2009）在古巴比较偏远的农村社区开展政府政策与农户生计关系研究，发现在政府可持续发展政策的引导下，可再生能源技术及服务得到了广泛推广，农户生计的可持续性也显著提高[16]。Ahmed 等（2010）则以孟加拉国西南部沿海地区渔民作为研究对象，认为虽然政府公布了捕虾禁制令，但是由于缺乏替代的生计，禁令并没有得到很好的实施，当地渔民仍然偷偷捕虾，对海洋生物多样性的负面影响依然存在[17]。

在采用实证分析环境变化与生计方式的关联性方面，国外学者也做了许多的案例研究。Vista 等（2012）以菲律宾当地一家椰果庄园作为对象，研究土地改革后对农户生计产生的影响，发现土地改革并未明显巩固农户生计的可持续性[18]。Thapa（2013）则研究分析了尼泊尔巴迪阿国家公园区域保护对促进当地生计可持续性的贡献情况，发现当地不同特征的农户生计受到的影响存在差异性，提出在开展公园保护活动中要统筹考虑好对当地农户生计方式的影响[19]。

1.2.2 国内研究情况

国内有关环境变迁对生计方式演变的研究主要集中在生计方式的脆弱性、生计方式的变迁与重构、生计方式变迁动力机制、生计可持续性等方面。

（一）生计方式的脆弱性

生计方式变迁是社会整体性变迁的重要部分，容易受到内外各种因素影响。胡兆义（2012）认为，生态、社会环境的变化、市场经济的发展、国家的政策、农业科技水平、自身选择均对农民生计方式产生很大影响[20]。姜似海、陈志永（2017）认为，行动自由和发展能力限制了人们的生计选择，具体包括地理条件、思想观念、技能、文化水平、公共政策等限制因素[21]。任何外在因素的剧变都影响到生计方式的变化，特别是生态环境，例如 2017 年 8 月 8 日发生的 7.0 级九寨沟地震，对旅游资源造成了极大的破坏，对于依赖旅游业作为主要生计方式的当地藏族居民来说，生活收入来源受到了很大影响。

（二）生计方式的变迁与重构

生计方式的变迁与重构一直伴随着人类文明的传承与发展，并在漫长的历史长河中慢慢变化。高志英（2010）通过对中缅北界地区傈僳族生计方式的研究，指出族际之间的交往、民族认同对傈僳族生计方式的变迁产生较大影响，并研究了国家管理模式与傈僳族生计方式变迁的关联性[22]。刘正江（2012）则以哈萨克族为案例，研究发现，定居使牧民的生计方式发生了由牧到农的转变，并带来生活水平显著提高等经济实惠，牧民也从开始的被动选择到最后的主动适应[23]。郑宇（2015）指出，资源要素配置机制的不断变迁，使中国各民族的传统生计方式已全面转型[24]。孙九霞（2015）在研究雨崩村生计方式变迁对环境的影响时，发现旅游业整合吸纳了其他生计方式，并提高了全村的综合效益[25]。熊正贤（2016）通过对乌江流域穿青人的实地考察和深度访谈，发现当地生计方式呈现“生存型”向“发展型”“农耕型”向“多元型”“封闭型”向

“开放型”的演变趋势[26]。李霞（2016）在研究三峡库区生计方式中发现，发展乡村旅游推动了库区生计方式的转型，这种转型带来的不仅是物质生产方式的变迁，更是促进了思想观念的转变[27]。周杨（2017）以察隅县本堆村藏族生计方式为例，指出得益于政策扶持、市场引导、基础设施改善等外部条件，该村生计方式实现了从传统的狩猎、农业生产向现代商业经营发生了转变[28]。

（三）生计变迁的驱动因素（机制）

秦红增、毛淑章（2009）通过调查研究广西壮族自治区隆安县壮族村生计方式转变，认为土地、科技、市场、政策、村民的自我发展意识与需求等，是该村生计方式变迁的主要影响因素[29]。黄正宇、暨爱民（2010）则认为国家权力是生计方式变迁的主要影响因素[30]。王成超（2010）则提出，社区增权是非农活动兴起、推动农户生计方式变迁的主要驱动力[31]。城市化是20世纪90年代以来国家力推的政策，许多学者认为城市化在生计方式变迁中发挥重要作用。张晗（2012）认为，城市化的持续扩张和现代文明所带来的多元化生计选择，对我国农村社会的生计方式变迁产生很大影响[32]。莫艳婷、李艳飞（2014）则通过对广西罗城仫佬族村落的研究，认为煤矿重组、人口流动性增强、技术发展等因素导致了仫佬族村落马车队这一生计方式的退化消失[33]。贺爱琳等（2014）结合DFID可持续生计分析框架，采用熵值法对生计资本评价指标的权重进行确定，并调查分析了秦岭北麓四个处于不同发展阶段景区的生计方式，发现乡村旅游改变了农户传统的生计组合模式，农业生产功能出现衰退，农户向新型生计方式（如旅游经营、务工）转化，发展乡村旅游改变了农户的生计资本状况和生计策略，增强了农户生计的稳定性和可持续性[34]。谢蓓、郭帅旗（2015）则以豫北K村为个案进行研究，认为资金融合、人力资源、风险管控等因素为传统乡村生计方式向新型生计方式转变提供动力支持，拓展了农民原有的社会关系网络[35]。李锦萍（2015）分析了丽江市玉龙县南溪村生计方式从传统到现代的转变过程，认为丽江旅游开发所带来的市场需求，为居民创造了大量的就业机会，而生计方式转变带来的实惠，使村民由最初的被动选择到后来的主动适应[36]。薛继亮（2015）结合DFID可持续生计分析框架，对蒙古族、壮族、藏族等7个少数民族的生育率及生计状况进行了分析，发现高昂的抚养成本及工作压力导致生育率下降，并对牧民原有的以体力劳动为主的生计策略产生了影响，促使劳动力在就业方向上转向非农行业[37]。刘夏蓓、黄章宏（2017）通过对攀枝花X村两次产业转型的调查，发现依靠地缘远近、血缘亲疏的“差序化”代入方式是资源型村庄生计方式的一种“变迁机制”，无论外部发生怎样的变动，村庄的社会结构“差序格局”仍保持强大惯性，乡土社会关系对稳定乡村秩序有着重要作用[38]。著名社会学家费孝通先生也认为，村中领导的社会基础较好，在处理社区事务中，比较容易得到公众的支持[39]。根据这种“差序化”变迁机制，欠发达地区的扶贫开发要找到合适的“带头人”“领头羊”，发挥“先行者”作用。

（四）生计的可持续性

张明、红音（2011）在松潘县传子沟村藏族生计方式的调查中，发现旅游开发增强了藏族村落社区生计方式的可持续性，在文化方面也产生了积极正面的影响，传子沟藏人与当地汉人和谐融洽共处[40]。王瑾（2014）以白洋淀为例，结合 SLA 分析框架，建立了生计资本、生计结果评价指标体系，对生态旅游这一生计策略进行分析衡量[41]。高智博等（2016）考察了政治、经济、社会、文化等因素对四川青川县沙洲镇白龙湖网箱养殖业的影响，并探讨当地生计方式、生态环境和经济社会变迁之间的复杂关系[42]。才让珠玛、才吉卓玛（2016）认为，人地关系紧张、生态环境持续恶化是造成青海湖周边牧民生存空间日渐窘迫的重要原因[43]。可持续生计需要兼顾利益，各方要同心同德同向，否则会造成冲突，影响生计可持续性。杨明洪、刘建霞（2017）指出，虽然西藏鲁朗小镇农牧民生计方式发生很大的变化，但是由于政府与当地民众看问题角度不同，政府所推行的一些政策并不能完全让民众认同，例如，在旅游资源规模化开发下，一方面，当地的耕地、牧场被占用，影响了农业生产；另一方面，新建的酒店、旅馆也冲击了家庭旅馆业的生意，从民众角度来看，生计的可持续性受到影响[44]。

1.2.3 国内外研究简评

综上所述，国外在运用定量分析方法研究生计方式方面取得了显著成果，特别是通过设立生计分析框架、分析方法，为研究生计方式变化提供了重要的研究视角，但在跨学科跨领域对生计方式的变化分析研究方面还有待加强。正如加拿大学者沃尔所说，许多学者在开展研究时，往往不自觉地采用了孤立、有分歧性的研究方式，导致缺乏多学科、跨学科的方法与分析[45]。

国内主要从人类学、社会学的角度开展生计方式变迁研究，在分析方法上受国外生计分析框架的影响，研究内容包括生计的脆弱性、生计的变迁与重构、生计变迁的动力机制、生计的可持续性等方面，研究时间起步较国外要晚，并且以人类学、社会学等领域研究学者居多，同时也比较关注少数民族地区生计方式的变化研究，一方面与国家高度重视西部地区民生发展有关；另一方面少数民族地区经济结构单一。人口较少，研究工作相对比较容易开展。

从目前的研究情况来看，生计方式变化与旅游发展相结合仍然有较大的研究空间，环境变迁对生计方式（旅游活动）之间的复杂关系探讨还不足，特别是在探索旅游地环境（自然生态、经济制度、社会文化等）变迁对生计方式的影响机制，构建基于可持续生计的居民参与旅游发展对策等方面应给予高度重视。

1.3 研究设计

1.3.1 研究内容

具体内容安排如下：

第 1 章：绪论。主要介绍研究背景、目的意义、内容、技术路线、创新点、重点和研究方法，梳理总结国内外相关文献情况。

第2章：对本文涉及的相关概念进行界定，并介绍有关基础理论。

第3章：对渔业村开展实地访谈，为初步了解渔业村生计方式概况和设计调查问卷奠定基础。对问卷调查情况进行统计，采用极差标准化公式，测算生计资本、生计策略指数，分析生计输出（成果）变化。

第4章：环境变迁对生计方式的影响研究。立足巽寮湾渔业村实际，分析环境变迁的表现形式，概括环境变迁的特征，分别从自然（生态）环境、经济（制度）环境、社会（文化）环境三个维度分析环境各要素对生计方式的影响，并提出旅游地环境变迁对渔业村生计方式的影响机制。

第5章：巽寮湾渔业村生计可持续发展实施路径。结合渔业村村民生计方式在环境变迁影响下还存在的不足和问题，提出渔业村旅游生计可持续发展的意见和建议，为其他类似地区推动旅游生计可持续发展提供思考与借鉴。

第6章：结论与展望。

1.3.2 研究的重点

在科学调查渔业村旅游地居民生计资本情况的基础上，结合人地关系地域系统理论分析和探讨环境（自然、经济和社会文化环境）变迁与生计方式演变的内在关系，构建基于可持续生计的环境变迁对旅游地生计方式的影响机制，并提出促进渔业村生计可持续发展的对策建议。

1.3.3 研究方法

（1）文献分析法

通过知网等途径收集阅读国内外关于旅游影响、环境变迁、可持续生计、社区参与等方面的各类专著、期刊以及硕博论文等文献资料，并对这些文献进行较全面客观的梳理、分析和综合，充实自己的理论基础。

（2）跨学科交叉综合法

旅游属于综合性的经济社会文化活动，要求多学科、跨学科地参与旅游现象的研究。本文的研究需要借鉴旅游学、地理学、经济学、人类学有关理论知识和分析方法。

（3）问卷调查与访谈法

通过向旅游专家学者、政府管理者、旅游企业高管、村民代表等开展问卷征询，运用“专家调查法”分析确定对生计方式产生影响的旅游地环境主要因素；借鉴参与性农户评估方法（PRA）和田野调查相关知识，对渔业村村民开展生计方式问卷调查，获取实地情况和相关数据。

（4）定性与定量分析相结合

在定量方面，采用SPSS和Excel软件对问卷调查获取的数据进行量化处理。在定性方面，结合相关理论知识分析环境变迁如何对旅游地居民生计方式产生影响，尝试构建环境变迁对旅游地居民生计方式的影响机制（见图1－1）。

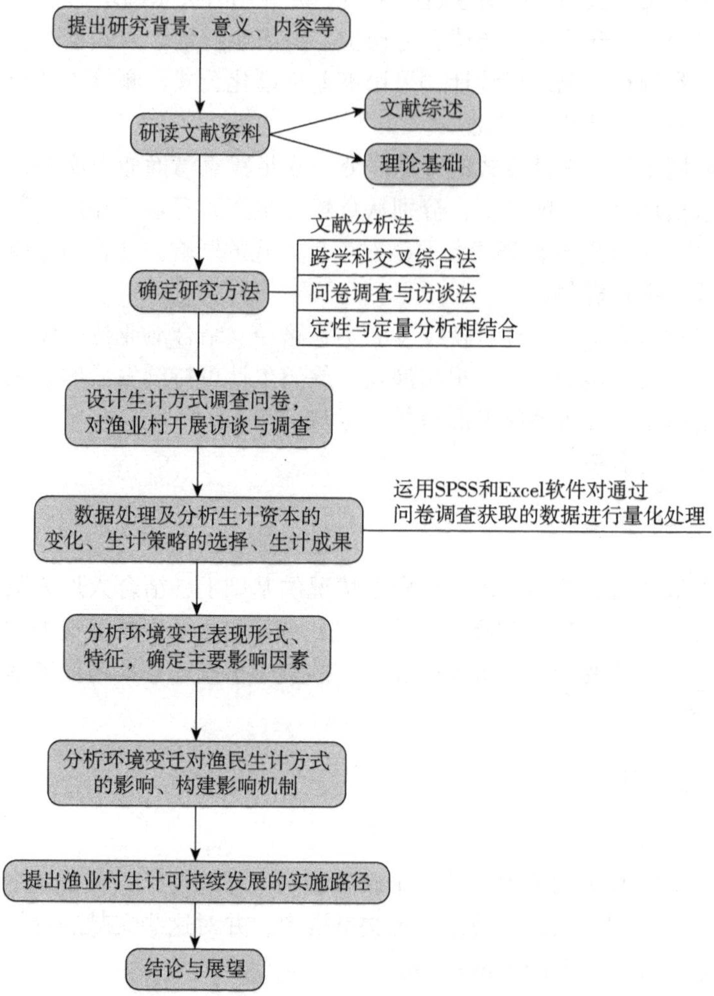

图1－1　研究技术路线

1.3.4　研究的技术路线

本文结合中国旅游业蓬勃发展对经济社会所产生的影响这一背景，在分析界定旅游地、生计方式、旅游环境等概念基础上，运用文献分析法、跨学科交叉综合法、问卷调查与访谈法、定性与定量分析相结合等研究方法，设计了渔业村生计方式调查问卷、环境变迁主要影响因素调查问卷，并针对调查统计情况进行了量化处理，以可持续生计理念和人地关系地域系统理论为指导，分析了环境各主要因素对渔业村生计方式的影响，并构建旅游地环境变迁对居民生计方式影响机制，针对渔业村生计方式还存在的不足与挑战，提出了促进渔业村生计可持续发展的对策建议。同时还对文章的结论进行了概述，并提出下一步的研究展望。

1.3.5 创新之处

（1）研究视角有所不同

目前学者大多从旅游活动对环境的影响这一视角研究环境与旅游的关系，但从环境变迁对旅游活动的影响这个角度开展的研究还不多。从环境变迁对旅游地居民生计方式影响的角度立题，有助于扩大环境变迁对旅游活动影响的研究视角，丰富环境与旅游互动关系研究实践。

（2）将可持续生计分析框架应用旅游活动研究

与旅游产业的蓬勃发展相比，目前学术界对旅游地可持续生计的研究还不足，文章尝试将可持续生计分析框架应用到环境变迁对旅游活动的影响分析中，并提出促进可持续生计发展实施路径，探讨旅游地居民的资本、能力、社会关系等在参与旅游活动中的作用，为当前广泛开展的旅游精准扶贫提供借鉴与参考。

第2章　相关概念的界定及理论基础

2.1 相关概念研究现状与界定

2.1.1 旅游地、旅游区、风景名胜区

这些概念均指向旅游活动某个区域或场所，但它们的基本内涵及特指内容有较大不同。

（一）旅游区与风景名胜区

在国务院公布的《风景名胜区条例》中，风景名胜区是指具有观赏、文化或者科学价值，自然景观、人文景观比较集中，环境优美，可供人们游览或者进行科学、文化活动的区域①。1999年出台的《旅游区（点）质量等级划分与评定》对旅游区的定义，是指经县级及以上行政部门批准设立，有统一的管理机构，范围明确，具有参观、度假、康乐、求知等各种功能，并能提供相应的服务设施的独立单位[46]。旅游区也称旅游景区。在旅游规划研究中，肖星（2006）一般把旅游区作为规划对象，认为旅游区是集中包含了多个旅游景点，并有相应的统一管理地域空间[47]。风景名胜区和旅游区都有明确的区域范围，有统一的管理机构。不同之处在于，风景名胜区一般属住建部门（原称规划建设部门）管辖，侧重突出资源的价值，重在保护管理；而旅游区一般接受旅游部门监督，更多地强调有旅游活动的参与，侧重经济、社会效应，要求能满足游客的旅游需求。

① 中华人民共和国国务院．风景名胜区条例［Z］．2006-09-19.

（二）旅游地

旅游地没有明确的官方定义，学术界讨论也较多。Gunn（1994）认为，在旅游地这一地理区域内，旅游者的需求能够被满足[48]。国内学者对旅游地的概念也从多个角度进行分析，卢云亭（1990）从经济的角度指出旅游地是地域组合，是包括一定的经济结构及形态的旅游对象[49]。保继刚、楚义芳（1999）从地理学角度出发，认为在旅游地这一地理空间上，旅游资源实现与专用设施、基础设施及其他相关设施对接，成为游客停留及活动的旅游目的地[50]。

与旅游地内涵相似的是旅游目的地及旅游胜地。世界旅游环境研究中心指出，旅游目的地是指乡村、度假中心、海滨或者山岳休假地、小镇、城市或者乡村公园，人们在特定区域内实施相应的管理政策、运作规则，以影响游客的活动以及减少对环境造成的冲击[51]。从这一定义看，旅游目的地范围既可以是一个旅游小镇，也可以是一个景区。凌常荣（2013）认为，旅游目的地作为一种空间区域，能够满足旅游者的终极目的，这种终极目的包括了游客旅游动机及综合体验[52]。因此，崔凤军（2002）、肖星（2006）等学者认为旅游地、旅游目的地、旅游胜地三者内涵基本一致，是可通用的[53~54]。综上所述，本文所采用的旅游地与旅游目的地、旅游胜地包含了满足游客需求的旅游“六要素”，是游客的第二生活空间，也是可通用的。

结合风景名胜区、旅游区、旅游地的概念，本文整理归纳了三者的异同，如表2－1所示。

表2－1　　风景名胜区、旅游区、旅游地的概念对比

名称	共同之处	不同之处
风景名胜区	都拥有对旅游者产生一定吸引力的资源，使旅游者产生旅游需求	有官方定义、区域范围、管理机构，属规划建设部门管理
旅游区		有官方定义、区域范围、管理机构，强调能提供相应的旅游服务。有时与行政区域重叠，管理上接受旅游部门监督
旅游地		没有明确的官方定义。其区域范围大小皆可，一个景区或大至一个城市均能成为旅游地，有时也可横跨多个行政区域，强调能满足旅游者的需求。与旅游目的地、旅游胜地通用

资料来源：笔者根据文献资料整理所得。

从表2－1中三者的异同来看，旅游地的概念范围最广，其次是旅游区，风景名胜区较窄。旅游地侧重的是一种地理区域，虽未强调具体的行政区域，但在国内的行政划分中特别是为推动旅游业的发展，常常将某一旅游地直接划为相对的行政区域，便于统筹管理，本文的研究案例地巽寮湾即此种类型。

为便于研究，参考借鉴保继刚、楚义芳老师的定义，本文中所指旅游地的基本内涵包括该区域以旅游业为主要产业，通过便捷的交通网络，能将服务中心与周围景区（景点）串联起来，并通过提供接待服务满足游客的旅游需求，拥有比较完整的经济和社会结构的地理区域。

2.1.2 生计及生计方式

在英语中，“生计”译为“Livelihood”“Survive Strategy”，比较普遍采用“Livelihood”的译法。在《辞海》中，将“民生”解释为“人民的生计、生活”，包括人类生存发展所需要的“衣、食、住、行、用”等生活要素。李斌等（2004）认为，相比工作、职业、收入的定义，“生计”的内涵更丰富、外延更广泛[55]。国外学者在研究生计时则注重强调影响生计所需的内外部条件。Scoones I（1998）在研究农民生计中，指出生活所需的能力、资产（包括物资、社会资源）以及行动构成了生计[56]。

实现“生计”的途径和方式即生计方式。随着社会经济的发展，对生计方式的概念及应用也引起了争议。李彩霞（2014）认为，生计方式即人类为了实现生存繁衍所采取的手段或渠道，是人类付出的经济活动、经济行为或者经济生产方式[57]。李劼则认为，在生活中，不存在一种“纯粹的生计方式”，所有的生计活动也同时是社会活动，甚至认为“生计方式”一词无助于理解所处的社会[58]。生计方式是经济社会的重要组成部分，随着历史的发展而不断变化，从单一到多元、从低级到高级，但无论怎样演变，满足人类自身生存需要的这一目的属性仍然没有改变。本文认为，生计方式作为人类学、文化学、民族学的学术名词，始于研究社会底层的初级谋生方式，在研究方法上为分析研究某一个特定群体的生存状态、物质生产方式等提供了理论思维。在经济社会不断发展的今天，运用生计方式相关分析方法和理论研究欠发达地区、经济社会相对滞后地区的生产生活的变化及脆弱性仍然有很强的意义和必要性。

综上所述，为便于研究，本文所指的生计方式基本内涵是立足于个人及家庭的发展能力、资本情况，为满足生产生活的需要，居民个人或者家庭所采取的经济社会行为，并产生一定的生计输出结果。

2.1.3 旅游环境

旅游学是一门年轻的学科，在基础理论、研究方法上还需不断的完善，旅游地环境的研究也不例外，国内外学者往往会根据不同研究目的而对旅游地环境的内涵加以限定。

例如，杰弗里·沃尔（1977）把旅游环境等同于自然环境[59]。经合组织（OECD）（1981）则将环境分为自然、人工、文化三个系统[60]。罗莫瑞（Romeril，1989）也将环境分为3个子系统，包括生命系统、非生命系统（物质系统）以及包含文化的社会—经济系统[61]。Cooper C P.（1989）认为，广义的旅游环境是自然、社会、文化三个环境的综合[62]。Geoffer Wall和Alister Mathieson（2006）在研究旅游环境时，则强调要注重经济、生态、社会各层面的平衡、协调[63]。

与国外学者研究视角基本一致，国内学者大多从广义的角度来定义旅游环境的内涵。周延亭（1986）指出，旅游环境是指在具有旅游价值的区域内，由自然、人文等因素所构成的物质环境[64]。陈安泽、卢云亭（1991）则认为，旅游环境是开展旅游活动所必需的外部条件的总和，包括社会政治、自然生态、旅游气氛等环境以及旅游资源本身[65]。刘晓冰、保继刚（1996）通过分析研究，认为不同学者虽然对旅游环境的定义有差别，但是自然条件、社会政治条件、文化条件、旅游资源条件等是许多学者所基本认同的旅游环境构成要素，也是研究环境与旅游活动的关系不可或缺的要素[66]。崔凤军（2001）在《风景旅游区的保护与管理》一书中进一步指出，旅游环境是一种复合环境系统，不仅仅指自然环境，还应包括自然、经济、社会等环境要素[67]。刘南威（2005）也从地理学的角度认为地理环境所包括的自然、经济、社会文化三部分环境是相互重叠、相互联系的整体[68]。

从上述概念来看，本文认为，旅游环境有狭义和广义之分，狭义的旅游环境单纯指自然环境。旅游业是综合性产业，旅游活动不仅受自然环境的影响，当地的经济、政策、社会文化等对旅游活动也产生非常大的影响，因此，在旅游研究中，单纯从狭义的环境角度开展对旅游的研究，难免有失偏颇或顾此失彼。为此，综合以上对环境的概念解析以及结合本文研究需要，本文中所指的旅游地旅游环境，是在旅游地的区域范围内，由自然生态环境、经济制度环境、社会文化环境等各要素所构成的旅游环境系统。

2.2 基础理论

2.2.1 可持续生计理念

1987年，世界环境与发展委员会（WCED）顾问小组最早提出了“可持续生计”（Sustainable Livelihoods，SL）概念[69]。在此基础上，Chamber和Conway（1992）对可持续生计的概念进行了补充完善，即生计由生存所需要的能力、资产及行动构成，当面对压力或者冲击时能应付和恢复，不会对自然资源基础产生破坏、不会牺牲子孙后代的生计机会，无论时间长久、无论在任何地方，均能为其他生计贡献净收益[70]。这个概念表述是关于“可持续生计”最早、较全面、受到广泛认可的解释。可持续生计的提出，是基于消除贫困这一初衷。曾获过1998年诺贝尔经济学奖的阿玛蒂亚·森认为，贫困是人们创造收入能力与机会的贫乏，是获取、享有正常生活的能力的不足[71]。从经济学上看，贫困即是消费能力不足，这种不足表面上看是收入水平太低不足以支撑消费需求，实质上是物质再生产的诸多条件不足，导致再生产难以为继[72]。例如，思想观念、生产技能、教育程度、政策制度、社会关系等对贫困都有很大影响。可持续生计要求建立一套可行的分析方法对贫困的原因进行分析，揭示贫困多维度的本质以及其与福利之间的关系[73]。

国内学者在此基础上结合实际也提出了自己的见解。汝信等（2005）认为“可持续生计”是家庭或者个人为实现长远改善生活状况所获得的谋生能力、资本、收入的活动，其中资本不仅包括存款、土地经营权、住房等，也包括个人教育水平、技能、社会关系以及影响个人生活的其他相关决策能力[74]。李炜（2006）从代际公平的角度出发，认为实现生计可持续应包括两方面内容：一是代际生活状况的不断提高，二是代际谋生活动的有效性更强[75]。

综上所述，可持续生计理念强调要透析贫困背后的原因，并采取相应的对策去解决贫困，提高抵御风险与增强生存能力，并且这种生计既要着眼当前，也要兼顾未来，是一种不牺牲后代生存机会的生计方式。可以说，这一理念是可持续理论应用在生计领域研究的重要体现，受到广泛的关注与重视。特别是欧美国家结合实际建立了生计分析框架及分析方法，为更直观地了解生计方式变化情况提供了重要的窗口。下面主要介绍应用比较广泛的三种生计分析框架（见表2－2）。

表2－2　三种主要的生计分析框架

分析框架	开发机构	特点	主要内容
可持续生计分析框架	2000年由英国国际发展署建立（The UK's Department for International Development，DFID）	以人为中心	研究的焦点集中在影响农户生计的关键因素及过程，以及不同因素的多重性交互作用，归纳和总结发展与贫困之间的联系，注重增强生计可持续性的目标和手段
农户生计安全框架	2000年由美国援外合作组织建立（Cooperative for American Remittances to Everywhere，CARE）	聚焦于家庭	注重分析家庭内部性别差异及生育关系；重视分析儿童、女性、男性、老人等人群的不同作用；强调基于综合视角，注重分析脆弱性内容以及影响生计的关键因素
可持续生计途径	2001年由联合国开发计划署建立（United Nations Development Programme，UNDP）	基于整体发展观念	强调收入情况、自然资源管理、赋权、合适工具、金融服务等因素协同作用；设计了包括投入、产出、成果、影响及过程等不同环节的生计安全监测指标

资料来源：根据汤青的《可持续生计的研究现状及未来重点趋向》[76]有关资料整理所得。

此外，联合国粮农组织（Food and Agriculture Organization）和世界银行（World Bank）等组织和机构也通过独立或合作的方式设计了分析框架，侧重点各有不同。应用最广的是英国国际发展署建立的可持续生计分析框架。

可持续生计理念为本文研究提供了理论指导，本文主要根据英国国际发展署的可持续生计分析框架，对巽寮湾渔业村村民生计方式展开调查分析，探讨在旅游地环境变迁下对生计方式的变化影响。吴孔森等（2016）认为，农户的生计资本是生计方式的基础与核心，其性质和状况决定了农户的生计策略，并产生生计结果，生计结果又反作用于生计资本，影响生计资本的性质和状况[77]。可持续生计分析框架的分析过程主要包括生计资本—生计策略—生计输出，其中生计资本是基础、核心，影响生计策略的选择，生计策略又产生不同的生计输出（生计成果）。生计资本包括以下五种资本，如表2－3所示。

表2－3　生计资本的主要内容

类型	主要内容
人力资本	最为基础的生计资本，主要包括人口数量及结构、教育程度、技术技能，人力资本对其他资本的利用情况产生重要影响
自然资本	泛指生计资源流及其他有关服务，包括土地、生物、生态等，与脆弱性背景之间的关系最为密切
物质资本	主要包括维持生计所需的基本生产资料、基础设施，主要意义在于增强贫困人口的生产生活能力
金融资本	主要包括现有的储蓄情况、定期资金流入等。主要为了达到生计目标所需的积累和流动
社会资本	包括人们为实现生计目标所需要的社会资源

资料来源：根据苏芳、徐中民、尚海洋的《可持续生计分析研究综述》[78]有关资料整理所得。

2.2.2 人地关系地域系统理论

地理学家吴传钧院士的“人地关系地域系统理论”，认为人与自然存在相互影响与反馈作用，人地之间的客观关系主要体现在以下两个方面：一是人类的生存要依赖地这一物质基础和空间场所，地理环境制约着人类社会活动的深度、广度和速度，一定的地理环境只能容纳一定数量的人及其一定形式的活动；二是人居于主动地位，具有能动性，可以认识、利用、改变或者保护地理环境，“人”这一因素决定了人地关系是和谐的或者存在矛盾[79]。“人”和“地”这种相互影响的关系按照一定规律相互交织形成了人地关系地域系统，这个复杂开放的系统在内部有一定的结构和机制，在空间上也具有一定的地理区域范围[80]。

人地关系地域系统理论为本文研究环境变迁对居民生计方式的影响提供了理论支持与借鉴。从吴传钧院士的自然地理环境扩展到本文所指的广义环境内涵（包括自然、经济、社会等要素），在旅游地的居民生计方式发展中，居民生计方式必须依赖、适应当地的自然、经济、社会等旅游环境，与此同时，旅游地的政府、企业、居民等“人”也会通过主观能动性反作用于环境，不断完善和丰富居民生计方式，这种作用与反作用是时时刻刻发生的，通过这种作用与反作用，旅游地居民的生计方式与环境在一定范围内也构成了一个“人地关系地域系统”。

第3章　巽寮湾渔业村生计方式调查分析

3.1 巽寮湾渔业村基本情况

3.1.1 渔业村概况

巽寮湾毗邻大亚湾海域，位于广东惠州市惠东县境内，东经 114.48 度，北纬 22.40 度，辖区内户籍人口 1.041 万人，海岸线长 27 公里，陆地距离深圳 139 公里、广州 227 公里，海上距离香港 46 海里。2002 年 3 月当地政府为了统筹开发管理巽寮滨海旅游资源，设立巽寮度假区管委会，作为惠东县政府派出机构。渔业村是巽寮管委会下辖的四个行政村中面积最小的村，距离管委会约 600 米。该村西面是流经本村的塩仔河与海域的接口处形成的渔港湾，因而也称新港渔业村，全村总面积 11 万平方米，村落有海拔约 52 米的莆仔山。

世居村民均为汉族，苏姓在村中人口最多，明末清初开始，苏氏祖先从福建省辗转迁移至本地，此外还有从周边地区迁移至此的李氏和徐氏两个姓氏，使用福佬（闽）方言。根据人口普查，截至2015年底，该村户籍人口为1522人，实际在村人口1415人；外来流动人口76人，香港同胞约有120人。传统节日主要包括每年农历三月妈祖诞辰祭拜仪式和八月的祭祖活动。作为重要的渔家文化，2008年惠东渔歌获评为国家级非物质文化遗产，婚庆习俗方面，保留了“十八渔嫂齐划桨”“哭嫁”等风俗民俗，多次被央视、省、市电视台拍摄成旅游宣传节目。

3.1.2 生计方式变化：从渔民到村民、从渔业到旅游业

自明末清初苏氏祖先从福建迁移以来，由于习惯于以海为生，渔业村渔民世代居住在船上，以捕鱼为谋生方式。新中国成立后，渔民们开始“赤脚上岸”，地方政府也为渔民建设了安置房，每户平均30平方米，渔民渐渐从以海为家转变为上岸定居，实现了渔民到村民的身份转换。

渔业村村民虽然自新中国成立后上岸定居了，但由于该村面积小，无耕地，村民仍然以捕鱼为生。改革开放后，少部分村民外出打工，但由于文化程度不高，大部分村民仍居住在本村以打鱼谋生。1999年，惠州市大亚湾东升村（与渔业村隔湾相望）曾组织19艘渔船开展海上生态旅游休闲渔业项目，但数量太少，未形成规模。2005年，北京金融街公司进驻巽寮湾，拉开了巽寮滨海旅游业发展序幕，在国家有关渔民转产转业政策支持下以及近海渔业资源日益枯竭的背景下，村民纷纷转产转业，把捕捞船改造成休闲观光渔船，提供给游客出海观光打鱼，休闲渔业、渔家餐饮、海产品售卖等逐步成为村民的重要收入来源。2010年8月，在政府的引导和组织下，惠东县巽寮滨海渔业专业合作社挂牌成立，对社员的渔船统一管理，提高了渔业村村民参与旅游业规范化、组织化水平。2011年，渔业村启动了“旅游名村”改造工程，建设内容包括滨水线建设，村建筑立面改造，新建村委会综合办公大楼、游客服务中心及美食廊等，全力打造以“渔村文化”为主题特色的滨海渔村。截至2017年底，全村共有休闲渔船142艘，快艇200艘，捕鱼船40艘，6个简易码头，村民年人均所得1.9万元，旅游业已经成为渔业村村民最主要的谋生方式和收入来源，传统渔业与旅游业实现了良好对接（见表3－1）。

表3－1　　惠东滨海渔业合作社发展情况统计　　单位：艘，万元

年份	休闲渔船数量	合作社年营业额
2010	95	500
2012	118	680
2014	128	880
2017	142	1100

资料来源：广东省惠州市惠东县巽寮滨海渔业专业合作社提供。

说明：目前合作社只负责管理休闲渔船，休闲快艇尚未纳入合作社。2010—2015年，每艘渔船每次出海150元（可容纳10人），每次收取30元作为合作社管理费。2016年至今每艘渔船每次出海200元，每次收取50元作为管理费，至年终时管理费如有剩余再进行分红。

3.2 渔业村生计方式问卷调查

3.2.1 访谈调查

（一）访谈调查的基本情况

按照最初的开题设计，论文只计划开展问卷调查，但是在设计调查问卷的选项时，笔者深深体会到，这些问卷调查的选项是否达到客观、科学、准确，因为所有的（问卷）调查都不可避免地融入了“调查者”本人的主观色彩，这种主观色彩与调查对象的客观实际的差距是绝对存在的。为把这种差距尽最大可能缩小，本文在开展问卷调查之前增加了访谈调查，对渔业村相关人群代表进行访谈，作为问卷调查的一种重要补充，特别是在后期设计调查问卷时，可以更加全面、客观、科学地审视每一个问卷选项，提高问卷调查的信度和效度。

从2017年10月至11月，笔者利用假期、周末时间先后2次到巽寮渔业村对5位村民开展访谈，5位访谈对象中，2位从事休闲渔业、1位从事餐饮业，1位从事家庭旅馆经营，1位在旅游企业打工，访谈的形式多样，有到村民家里，有在餐馆，有在海边休闲渔船上。访谈目的主要了解访谈对象在滨海旅游业迅猛发展背景下生产生活以及生计方式的变化情况，访谈内容涵盖以下方面：自然生态环境（包括气候变化、地理条件、环境状况等）、经济生活环境（包括地方经济发展、劳动就业、社区增权、基础设施等）、社会文化环境（包括文化习俗、教育状况、语言、行为规范等）。

（二）访谈调查实例

5位访谈对象中，由于每个人的思想意识、人生阅历经历不一样，在谈及对发展旅游业的态度和立场时，表现出较大的不同。经梳理，以下三位访谈对象在渔业村中是比较有代表性的案例，通过他们身上的感受以及流露出的或支持或无奈的情感，有助于初步了解认识渔业村村民生计方式在旅游业发展背景下的变化以及走向。为照顾当事人隐私，人名只以姓作为称呼。

1. 老李

老李原是村委会的副主任，笔者于2011—2013年在巽寮管委会工作期间，与其有多次接触，虽然李主任年纪要比笔者大许多，但非常健谈，因其上唇常年蓄下的一撮浓密的胡子，因此也被称为“胡须佬”。老李出身渔家，从小在大海漂泊打鱼，早些年一直以打鱼为生，养活一大家子人。据老李回忆，巽寮湾原是一个小渔村，直到20世纪90年代初，巽寮湾开始偶尔有游客前去游玩，久而久之，老李发现，游客越来越多了，并且游客都很有欲望出海游玩。后来有一次游客前去问他，“他说能不能载他出海玩一下，说可以给我钱”。那一趟，老李赚了100元，他突然发现，载游客出海比打鱼的收入高多了。于是他放弃打鱼走上了载游客出海游玩的谋生之道，“我是第一批做游船生意的人，之后越来越多的人跟我一起做”。特别是2005年金融街集团进驻以后，巽寮旅游业得到较大发展，越来越多的村民加入接游客出海游玩捕鱼的行列。与此同时，游船生意竞争也加大，老李又突发奇想，发现游客对渔家美食有很浓的好奇心，为此，2014 年，他毅然从海上上了岸开了一家海鲜饭店，凭借渔家人对海鲜烹饪技术的掌握与执着，饭店生意也非常兴旺。如今，已经年过半百的老李不无感慨，如今的生意已经比较稳定，尽管收入并没有大幅度增长，但相比以前在海上漂泊的日子，安稳了许多。老李的变化，是渔业村生产生活变化的一个缩影。

谈及未来渔业村的发展，这位有着较强市场意识的老李并未露出信心满满的表情，他认为，目前渔业村以及周边村庄从事休闲渔业的人比较多，竞争也大了，生意并不是很好做了，但村民们思想观念还比较落后，文化水平也都不高，要从事其他旅游服务行业难度较大。老李希望政府借助渔业村名村改造的契机，完善渔业村的旅游产业结构，丰富旅游产品业态，为村民创造更多的就业机会。

2. 老苏

男，年近 50 岁，皮肤黝黑，是典型的淳朴的渔民。自从 2010 年正式加入渔业合作社后，他的人生也发生了改变，从渔民变成了“社员”，大家互相抱团取暖。老苏感触最深的就是，在合作社成立之前，渔民们是一盘散沙，为了抢客源，船家不仅相互压低价格，更会超载，安全措施也不到位。而在游客多的时候，船家又可能会“漫天要价”。合作社的成立，对分散渔船实行统一管理，在很大程度上不仅规范了游船的安全设施，对载客数量和价格也进行了统一规定。对现在的收入，老苏觉得挺满意了，2017 年全家收入 8 万元左右，这个收入在村里虽然只处于中等水平，但老苏认为，比以前出海捕鱼的收入要高，在访谈中，他觉得海上漂泊的日子仍然比较辛苦，不愿下一代继续从事这个行业。老苏仅育一名独子，如今读高中，老苏希望年青一代能走出渔村，到外头发展，“我们这一代渔民已经很辛苦了，希望他们走出去过日子”。

在访谈中，老苏对“台风”的影响感受较深，传统的渔业捕捞基本要看天吃饭，每次台风过后，损失也很大。从事休闲渔业之后，老苏认为台风对村民生产生活的影响是降低了，但是如果在暑假时期（七八月）旅游旺季遇到台风，政府会发出预警，封锁海上，生意几乎为零，几天下来损失也蛮大。谈及休闲渔业的发展，老苏认为码头建设、渔港的疏浚是关键，是保障游客、渔船安全的前提。针对如果由专业公司来接收管理休闲渔业的提问时，老苏表达出谨慎同意的态度，认为只要专业公司接手后能提高他们的渔船收入，他都赞成。

3. 苏女士

女，29 岁。对于在大城市工作的女性来说，这个年龄正是事业拼搏的黄金期，但对于渔业村苏女士来说，她已经是三个孩子的妈妈了，辛苦的生活经历使她比同龄人要显得成熟沧桑一些。20 世纪八九十年代的渔业村比较落后，村民对教育特别是对女孩子接受教育的意识还不强，苏女士跟着母辈们一样，在初中还未毕业时就出来帮着父母料理打鱼杂务，在 20 岁出头的时候就在父母的安排下嫁给了本村的李姓男子。结婚时正值巽寮滨海旅游业走上发展轨道的时候，苏女士与丈夫在父母的帮助下也加入了休闲渔船的经营。2014 年夏天，丈夫因突发事故去世，使家庭丧失了主要劳动力，父母年纪也较大，休闲渔船的经营至少要 2～3 个劳动力，渔船经营被迫中止。父母虽然无法从事休闲渔船经营，但还能打理家务，照看小孩。苏女士家庭也在当地政府的帮助下，纳入了低保扶助范围，还进入了当地一家酒店从事客房服务工作。苏女士介绍说，由于文化水平有限，在开始学习酒店经营服务知识时，显得比较吃力，但她非常努力，凭着执着与认真，苏女士的客房服务工作一直受到主管的赞赏，家庭的收入情况也有所改观。谈及未来的方向，苏女士认为，巽寮旅游业的快速发展，给包括渔业村在内的当地村民带来的就业机会非常多，她会在酒店继续学习，包括客房、餐饮、前台等各个岗位的历练。在交谈中，苏女士对政府出面帮忙解决她家庭困难流露感恩之情，她也希望政府能多为村里的妇女举办相关的技能培训，让妇女在旅游业发展中发挥更大作用。

3.2.2 调查问卷指标的选取及样本情况

（一）调查问卷的设计及修正

为充分了解掌握渔业村村民生计方式情况，本文运用问卷调查的形式，依据可持续生计理念和可持续生计分析框架（SLA），借鉴参与性农户评估方法（PRA）和田野调查知识，结合渔业村村民的实际情况，设计了《渔业村村民生计方式调查问卷》，主要包括两部分：第一部分包括受访人的基本情况及家庭参与旅游发展的形式等。第二部分包括生计资本（人力、自然、物质、金融、社会等资本）以及生计策略、生计输出（成果）情况，该部分是问卷调查的核心部分。

可持续生计分析框架（SLA）主要用于贫困山区、少数民族地区等地区的农民、牧民的生计方式调查分析。但应用于渔民生计方式分析，国内的研究还比较少，因此，作为生计方式的重要基础，本文对五种生计资本核心测量指标的选取参考了大量的文献研究资料，并结合渔业村生产生活实际和访谈调查情况反复修改和修正。例如，在设计自然资本测量指标时，考虑到渔业村无耕地、林地，世世代代靠海生存，但海洋资源无法像土地那样量化分割将经营使用权具体分配到每家每户，经综合村民的意见和建议，将每户家庭拥有的渔船数及性能质量作为衡量每户家庭占有和使用海洋资源的程度。五种生计资本的测量指标、权重、赋值说明如表 3－2 所示。

表 3－2　　渔业村生计资本测量指标、权重和赋值

生计资本类型	测量指标及权重	指标具体情况说明
人力资本 H	H_1家庭整体劳动能力（权重 0.6）	主要包括：非劳动力、半劳动力、全劳动力三种类型
	H_2全劳动力教育程度（权重 0.4）	主要包括：未上过学、小学、初中、高中或者中专、大专及以上学历共五种类型
自然资本 N	N_1家庭中拥有的渔船数量及船的性能质量（权重 0.5）	主要包括休闲快艇、休闲渔船、捕鱼船三种类型，根据每种渔船类型的重要性分别给予 0.5、0.3、0.2 比重。性能质量评价分为非常好、比较好、一般、不太好、很不好五种
	N_2村民对海洋资源状况的看法（权重 0.5）	主要包括海洋生物种类和数量、海水环境质量、海岸带环境质量、渔业村港湾的现状四种类型，各占 0.25 比重。资源状况评价分为非常好、比较好、一般、不太好、很不好五种

续表

生计资本类型	测量指标及权重	指标具体情况说明
物质资本 P	P_1住房情况（权重 0.4）	主要包括房屋面积、结构和年限三种情况
	P_2自有物质资产（权重 0.3）	根据实际列出 15 种农村主要的生产生活工具、耐用消费品，对村民拥有情况进行调查
	P_3村民对村内基础设施的看法（权重 0.3）	主要包括码头设施、供电设施、饮水设施、村内及连接村外的道路、环境改善五种，每种各占 0.2 比重。评价看法分为非常好、比较好、一般、不太好、很不好五种
金融资本 F	F_1家庭年总收入（权重 0.5）	指 2017 年度总收入
	F_2借款的可获得性（权重 0.3）	主要包括正规的金融机构、亲戚朋友、高利贷三种类型。根据重要性，分别给予 0.5、0.3、0.2 比重
	F_3现金援助（含政府补助）（权重 0.2）	分为有收到援助、无援助两种情况
社会资本 S	S_1获得资金帮助的机会（权重 0.25）	主要包括资金无偿援助、无息借款两种渠道
	S_2参加社会组织情况（权重 0.25）	分为有参加社会组织和无参加两种情况
	S_3参加技能培训情况（权重 0.25）	分为有参加技能培训和无参加两种情况
	S_4家人或亲戚在政府或村委会工作情况（权重 0.25）	分为有在政府或村委会工作和没有两种情况

资料来源：根据文献资料整理所得。

说明：指标的权重以及具体细化情况在参考相关文献研究资料基础上，根据渔业村当地实际和本文对各项指标在生计系统中的重要性进行判断和确定。指标中所涉及年度为 2017 年度的情况。

（二）数据收集与样本概况

1. 调查时间、地点、范围

问卷调查时间为 2018 年 1 月，以户为单位进行调查与统计，调查对象为渔业村村民，主要调查 2017 年度的村民生计方式情况。限于笔者的能力、经济、时间等条件限制，该调查请求了渔业村委会协助支持，在笔者向村干部说明讲解问卷选项情况、注意事项、调查技巧等有关情况后，村干部从 2018 年元旦开始历时 20 多天对村民开展问卷调查。

渔业村共有 276 户家庭，其中共访问调查 169 户家庭。关于这个比例稍作说明。在渔业村，随着家中子女结婚，家庭也扩大了，并出现兄弟分家情形，许多在法律上也单独立户。但村民在接受问卷调查时，还是习惯将分家前的家庭情况作为一个整体来回答。这一点在渔业村笔者有切身感受，在实际生产生活中，父母与子女共同经营渔船的情况比比皆是，因为每艘渔船需要多人合作（最基本的情况包括：一个掌舵、一个负责在船上引导游客、一个负责在外围招徕客人），两口之家的家庭是很难经营休闲渔船的。因此，在所开展的问卷调查中，部分单份调查问卷是包括了多户具有血缘关系的家庭在内，即 169 份问卷实际上是涵盖了超过 169 户家庭的情况。此外，加上部分家庭常年在外居住、其他因各种原因不愿接受访问调查等，因此，本次问卷共访问调查了 169 户家庭。

2. 样本的概况

本次问卷调查一共发放问卷 169 份，回收有效问卷 164 份，回收有效率达到 97.04%，问卷调查的基本情况如表 3－3 所示。

表 3－3　　受访人基本情况　　单位：%

基本信息		频次	比重
性别	男	142	86.59
	女	22	13.41
年龄	18 岁及以下	0	0
	19～34 岁	12	7.32
	35～64 岁	150	91.46
	65 岁及以上	2	1.22
政治面貌	中共党员	19	11.59
	民主党派	0	0
	普通群众	145	88.41
文化程度	未上过学	1	0.61
	小学	47	28.66
	初中	98	59.75
	高中或中专	15	9.15
	大专及以上	3	1.83
参与旅游发展情况（户）	自家经营或与他人合伙共同经营旅游业	137	83.54
	到当地旅游企业打工	9	5.49
	从事农业等非旅游业	18	10.97
调查的家庭户均人口数（人）	平均 5.51 人		

资料来源：根据本文的问卷调查资料整理所得。

从样本看，性别和年龄差异性较大，我们也作了初步分析，渔业村的“男主外、女主内”传统意识较强，在填写问卷时一般都由家中的主要劳动力填写，妇女不愿主动出面。此外，此次问卷调查是以户为单位，主要了解家庭的整体情况，作为家庭成员，无论哪位代表填写，对家庭情况的了解都大致相同。因此，本文认为，样本中的性别和年龄的因素对问卷的整体情况的影响是很小的。

（三）信度和效度分析

1. 信度分析

一般用 α 系数（Cronbach's 系数）分析问卷的信度情况。α 系数越大，说明问卷的信度越高，表明问卷各项指标的可信性、稳定性越高。在早期研究中，学者认为 α 系数高于 0.5 就表明问卷的信度是可接受的，α 系数大于 0.7 视为问卷信度优异。随着研究的深入，对信度的要求也相应提高。目前的研究中，学者一般将 α 系数 0.6 作为检验问卷的信度是否可以接受的分界线，当 α 系数大于 0.8 时，才可认为问卷具有优异的信度。本问卷的信度分析如表 3－4 所示。

表 3－4　问卷量表的可靠性统计和项数总统计

可靠性统计		
Product Diversity	克隆巴赫 Alpha	项数
	0.754	20

资料来源：根据本文的问卷调查资料分析所得。

从表 3－4 可以看出，该调查问卷的信度系数克隆巴赫系数为 0.754，大于 0.6，说明该调查问卷具有较高的可靠性。

2. 效度分析

效度分析主要检验测量工具在测量对象时能够测出某种特质或概念的程度，因子分析法是其中的一种主要方法。主要采用测量 KMO 样本的充分性以及巴特利特球形度检验，检验问卷的数据是否适合作因子分析。一般认为，KMO 在 0.9 以上的，说明量表效度很好；处于 0.5～0.9，说明效度可以接受；在 0.5 以下的，则表明量表的效度不可以接受，需要对量表中的相关项目进行修正。本问卷的效度分析如表 3－5 所示。

表 3－5　问卷总量表的 KMO 和巴特利特球形度检验

KMO 和巴特利特检验		
KMO 取样适切性量数		0.822
巴特利特球形度检验	近似卡方	2470.098
	自由度	276
	显著性	0.000

资料来源：根据本文的问卷调查资料分析所得。

从表 3－5 可以看出，该问卷样本 KMO 为 0.822，介于 0.5～0.9，说明该问卷的数据变量之间存在较多的共同因素，问卷具有较好的效度。

综上所述，该调查问卷的信度和效度较好，可满足进一步统计分析的要求。

3.3　渔业村生计方式统计分析

3.3.1　生计资本指数

（一）测量方法

由于调查问卷所收集的数据具有不同量纲、数量级以及变化幅度，为此，本文采用极差标准化方法（也称为 min－max 标准化方法）对调查数据进行标准化处理，每一项数据在标准化处理后映射在区间［0，1］，由此可以进行比较。运用该测量方法计算出每种资本指数，再统计出五种资本指数的综合得分。测算方法主要包括以下三个步骤：

一是针对问卷中具有不同量纲、数量级以及变化幅度的生计资本指标，运用极差标准化法进行标准化处理，如式（1）：

$$Rcd = (Xcd - Xd_{min}) \div (Xd_{max} - Xd_{min}) \tag{1}$$

式中，Rcd 表示渔业村第 c 户家庭第 d 项指标经过标准化后的指标值，Xcd 表示第 c 户家庭第 d 项指标的实际变量值，Xd_{max} 表示第 d 项指标各变量值中的最大值，Xd_{min} 表示第 d 项指标各变量值中的最小值。

二是计算渔业村某种生计资本单项指标经过标准化处理后的指数值，结合式（1）计算情况，如式（2）：

$$\begin{aligned} Kd &= \sum_{C=1}^{n} Rcd \div n = (\sum_{C=1}^{n} Xcd - nXd_{min}) \div n(Xd_{max} - Xd_{min}) \\ &= (\overline{Xd} - Xd_{min}) \div (Xd_{max} - Xd_{min}) \end{aligned} \tag{2}$$

式中，Kd 表示 n 户渔业村家庭某种生计资本中第 d 项指标经过标准化处理后的指数值，$\overline{Xd}$ 表示第 d 项指标各变量值的平均值。

三是计算渔业村每一种生计资本的综合指数值，如式（3）：

$$G = \sum_{d=1}^{m} Kd \times Vd \tag{3}$$

式中，G 表示渔业村每一种生计资本的综合指数，Vd 表示第 d 项测量指标在所在的生计资本中的权重，m 表示每一种生计资本所包含的测量指标数量。

（二）五种生计资本指数情况

1. 人力资本（H）

主要包括家庭整体劳动能力（H_1）和全劳动力教育程度（H_2）两项测量指标，考虑到渔业村主要以体力劳动为主，因此，家庭整体劳动能力和全劳动力教育程度的权重分别给予0.6、0.4。

（1）家庭整体劳动能力指标（H_1）。主要包括非劳动力、半劳动力、全劳动力三种类型，在计算中对三种类型分别赋值，见表3－6。

表3－6　家庭整体劳动能力指标　单位：人

	类型	赋值	户均值
家庭整体劳动能力	非劳动力	0	1.93
	半劳动力	0.5	0.79
	全劳动力	1	2.8

资料来源：根据本文的问卷调查资料整理所得。

说明：赋值主要考虑了每种劳动力的付出及贡献。

在计算中，将每一户家庭的不同劳动能力类型平均人口数量与对应的赋值相乘，再将这些乘积相加得到每一户家庭整体劳动能力状况的指标数值，然后运用极差标准化公式对这些数值进行计算，得出渔业村家庭整体劳动能力的指标度量值，即指标指数，以下各指标均按此测算。根据该计算方法，经统计，在164户家庭中，该指标数值最大值为6，最小值为1.5，平均值为3.19，家庭整体劳动能力指数经测算为 $KH_1 = (3.19 - 1.5) \div (6 - 1.5) = 0.376$。

（2）全劳动力教育程度（H_2）。渔业村村民文化程度较低，因此，该指标主要包括未上过学、小学、初中、高中或者中专、大专及以上学历五种类型，在计算中对五种类型分别赋值，见表3-7。

表3-7　全劳动力教育程度指标　单位：人

	类型	赋值	户均值
全劳动力教育程度	未上过学	1	0.02
	小学	2	0.54
	初中	3	1.95
	高中或中专	4	0.19
	大专及以上	5	0.09

资料来源：根据本文的问卷调查资料整理所得。

说明：赋值主要考虑文化程度在劳动中的重要性及贡献。

在164户家庭中，经统计，该指标数值最大值为18，最小值为2，平均值为8.15，全劳动力教育程度指数经测算为 $KH_2 = (8.15 - 2) \div (18 - 2) = 0.38$。

结合前面给予家庭整体劳动能力（H_1）和全劳动力教育程度（H_2）分别给予0.6、0.4权重，该村人力资本指数 $GH = KH_1 \times 0.6 + KH_2 \times 0.4 = 0.376 \times 0.6 + 0.38 \times 0.4 = 0.38$。

2. 自然资本（N）

主要包括家庭中拥有的渔船数量及船的性能质量（N_1）、村民对海洋资源状况的看法（N_2）两项测量指标。渔船和海洋资源在渔业村村民生计方式中具有同等重要性，为此，均各给予0.5的权重。

（1）家庭中拥有的渔船数量及船的性能质量（N_1）。结合渔业村生产生活实际，渔船主要包括休闲快艇、休闲渔船、捕鱼船三种类型（见表3-8）。根据每种船的重要性及贡献，分别给予权重0.5、0.3、0.2。

表3-8　渔船数量及性能质量指标　单位：艘，%

渔船类型	户均渔船数	性能质量				
		非常好	比较好	一般	不太好	很不好
休闲快艇	0.62	0	70.59	28.43	0	0.98
休闲渔船	0.61	0	61	38	0	1
捕鱼船	0.05	0	12.5	37.5	37.5	12.5

资料来源：根据本文的问卷调查资料整理所得。

对于渔船数，直接对原始调查数据进行标准化处理，经统计，每户的休闲快艇数量最大值为1，最小值为0；每户的休闲渔船数量最大值为1，最小值为0；每户的捕鱼船数量最大值为1，最小值为0。该村三种渔船数量经过标准化处理后的指数分别为0.62、

0.61、0.05。

在衡量渔船的性能质量时，对“非常好”到“很不好”按5到1分别赋值，再对每户的渔船性能质量数值进行标准化处理。经统计，休闲快艇的性能质量数值最大值为4，最小值为1，平均值为3.69；休闲渔船的性能质量数值最大值为4，最小值为1，平均值为3.59；捕鱼船的性能质量数值最大值为4，最小值为1，平均值为2.5。经测算，休闲快艇、休闲渔船、捕鱼船性能质量数值标准化处理后的指数分别为0.897、0.863、0.5。

按照渔船数量、性能质量各占0.5权重，经综合计算，休闲快艇、休闲渔船、捕鱼船的指数分别为0.76、0.74、0.275。再根据每种船的重要性及贡献，分别给予休闲快艇、休闲渔船、捕鱼船0.5、0.3、0.2的权重，因此，该村渔船数量及性能质量指标指数为 $KN_1 = 0.76 \times 0.5 + 0.74 \times 0.3 + 0.275 \times 0.2 = 0.657$。

（2）村民对海洋资源状况的看法（N_2）（见表3-9）。渔业村历代以来“靠海吃海”，结合村民比较关心并且与村民的生产生活联系比较紧密这一实际，本文选取了海洋生物种类和数量、海水环境质量、海岸带环境质量、渔业村港湾现状四项资源指标征求了村民看法，这些海洋资源在村民的生计系统中均具有同等重要的作用，每项权重各0.25。

表3-9　村民对海洋资源状况的看法指标　单位：%

对海洋资源状况的看法				
非常好	比较好	一般	不太好	很不好
0.61	2.44	43.29	52.44	1.22
0.61	9.76	63.41	25.61	0.61
0.61	10.97	78.05	9.76	0.61
0.61	1.22	42.68	42.68	12.81

资料来源：根据本文的问卷调查资料整理所得。

对每种资源的看法从“非常好”到“很不好”分别依照5到1进行赋值，再对每种资源的看法的数值进行标准化处理。经统计，海洋生物种类及数量的数值最大值为5，最小值为1，平均值为2.48；海水环境质量的数值最大值为5，最小值为1，平均值为2.84；海岸带环境质量的数值最大值为5，最小值为1，平均值为3.01；渔业村港湾现状的数值最大值为5，最小值为1，平均值为2.33。经测算，上述四种海洋资源的指数分别为0.37、0.46、0.50、0.33，这些海洋资源在生计系统中具有同等重要的作用，按照每一项权重0.25，计算该村对海洋资源状况的看法的指数 $KN_2 = (0.37 + 0.46 + 0.5 + 0.33) \times 0.25 = 0.415$。

结合前面给予渔船数量及性能质量（N_1）、村民对海洋资源状况（N_2）各0.5的权重，该村自然资本指数 $GN = KN_1 \times 0.5 + KN_2 \times 0.5 = 0.657 \times 0.5 + 0.415 \times 0.5 = 0.536$。

3. 物质资本（P）

主要包括住房情况（P_1）、自有物质资产（P_2）、村民对村内基础设施的看法（P_3）三项测量指标，按重要性对权重分别给予0.4、0.3、0.3。

（1）住房情况（P_1）。该测量指标细分为人均住房面积、房屋结构、房屋居住年限三项内容，对渔业村村民进行统计，并对各项细分指标进行赋值，如表 3－10、表 3－11、表 3－12 所示。

表 3－10　　人均住房面积指标　　单位：%

人均住房面积	赋值	分布情况
50 平方米以上	5	7.32
41～50 平方米	4	7.32
31～40 平方米	3	9.76
21～30 平方米	2	12.2
20 平方米及以下	1	63.4

资料来源：根据本文的问卷调查资料整理所得。

表 3－11　　房屋结构指标　　单位：%

房屋结构	赋值	分布情况
混凝土楼（平）房	5	100
砖瓦房	4	0
土砖房	3	0
土木房	2	0
其他结构更差的住房	1	0

资料来源：根据本文的问卷调查资料整理所得。

表 3－12　　房屋居住年限指标　　单位：%

房屋居住年限	赋值	分布情况
5 年及以内	5	25.61
6～10 年	4	26.83
11～20 年	3	17.68
21～30 年	2	25.61
31～40 年	1	4.27
40 年以上	0	0

资料来源：根据本文的问卷调查资料整理所得。

根据"每户住房指标值＝（每户的住房面积赋值＋每户的住房结构赋值）÷2×每户住房年限的赋值"[81]，计算出渔业村每户家庭的住房指标数值，并对住房指标值进行标准化处理，经统计，该村住房指标值最大值为 25，最小值为 3，平均值为 12.13，据此测算该村住房情况指数 KP_1 ＝（12.13－3）÷（25－3）＝0.415。

（2）自有物质资产（P_2）。结合农村实际和渔业村具体情况，对村民自有物质资产的调查主要列出 15 种供选择，具体包括机动三轮车、小轿车、电脑、照相机、（休闲）渔船、两轮摩托车、电视机、冰箱、洗衣机、空调、煤气/液化气灶、固定电话/手机、小型货车/面包车、热水器、安装自来水。本文以村民家庭中拥有的物质资产的种类数量占以上15种物质资产的比重作为该家庭的自有物质资产指标值。比如，某村民家庭自有物质资产种类为8种，则该家庭的自有物质资产指标值为8/15，即0.53。根据调查情况统计，村民家庭中自有物质资产品种数量最多为12种，即指标值最大值为0.8；品种数量最少为3种，即指标值最小值为0.2；平均值为0.44。经过对指标值进行标准化处理，得出该村自有物质资产指数 $KP_2=(0.44-0.2)\div(0.8-0.2)=0.4$。

（3）村民对村内基础设施的看法（P_3）。基础设施及环境是村民开展生产生活的重要保障，也是村民日常生产生活中赖以依靠的重要基础，是村民生计方式中的重要组成部分。本文所调查的村内基础设施及环境主要包括村内及连接村外的道路、码头设施、饮水设施、供电设施、环境改善五种，具体如表3－13所示，每一种类型的权重各赋值0.2。

表3－13　渔业村村民对村内基础设施的看法　单位：%

村内基础设施类型	村民对村内基础设施及环境的看法				
	非常好	比较好	一般	不太好	很不好
村内及连接村外的道路	0.61	19.51	67.68	11.59	0.61
码头设施	0.61	0	35.97	60.37	3.05
饮水设施	0.61	2.44	48.78	47.56	0.61
供电设施	1.22	68.29	29.27	0.61	0.61
环境改善	0.61	31.10	64.63	3.05	0.61

资料来源：根据本文的问卷调查资料整理所得。

对每种基础设施的看法从“非常好”到“很不好”分别依照5到1进行赋值，再对每种基础设施的看法的数值进行标准化处理。经统计，村内村外道路的数值最大值为5，最小值为1，平均值为3.07；码头设施的数值最大值为5，最小值为1，平均值为2.35；饮水设施的数值最大值为5，最小值为1，平均值为2.55；供电设施的数值最大值为5，最小值为1，平均值为3.69；环境改善的数值最大值为5，最小值为1，平均值为3.29。根据标准化计算公式测算，村内村外道路、码头设施、饮水设施、供电设施、环境改善的指数分别为0.52、0.34、0.39、0.67、0.57。根据每项各0.2的权重计算，村民对村内基础设施及环境的看法的综合指数 $KP_3=(0.52+0.34+0.39+0.67+0.57)\times0.2=0.498$。

结合前面给予住房情况（P_1）、自有物质资产（P_2）、村民对村内基础设施的看法（P_3）分别各0.4、0.3、0.3的权重，该村物质资本指数 $GP=KP_1\times0.4+KP_2\times0.3+KP_3\times0.3=0.415\times0.4+0.4\times0.3+0.498\times0.3=0.44$。

4. 金融资本（F）

主要包括家庭年总收入（F_1）、借款的可获得性（F_2）、现金援助（含政府补助）（F_3）三项测量指标，根据指标的重要性分别给予0.5、0.3、0.2的权重。

（1）家庭年总收入（F_1）。根据问卷调查统计数据，2017年度渔业村户均年收入为

9.22 万元，收入最大值为 24 万元，收入最小值为 5 万元，根据标准化公式对家庭年收入数据标准化处理，该村家庭年收入指数 KF_1 = (9.22 - 5) ÷ (24 - 5) = 0.48。

(2) 借款的可获得性 (F_2)。结合农村借款的方式和具体情况，信贷的可获得性主要包括以下三个途径：银行或信用社等正规金融机构、亲戚朋友和高利贷（见表 3 - 14）。

表 3 - 14　　信贷的可获得性指标　　单位：户

借款的途径	选择信贷途径的情况	每一户家庭计算公式
正规金融机构（X）	106	X × 0.5 + Y × 0.3 + Z × 0.2
亲戚朋友（Y）	79	
高利贷（Z）	0	

资料来源：根据本文的问卷调查资料整理所得。

说明：该题为多选题，其中，有 21 户家庭同时选择了正规金融机构和亲戚朋友。

在赋值中，对于能通过任何一种途径获得借款的，给予赋值 1，否则，赋值 0，再根据正规金融机构、亲戚朋友、高利贷三种途径的重要性，分别赋予 0.5、0.3、0.2 的权重，据此计算每一户家庭信贷可获得性的指标数值，根据调查数据统计情况显示，渔业村村民家庭信贷可获得性的指标值最大值为 0.8，最小值为 0.3，平均值为 0.47，根据标准化公式对数据进行标准化处理，得出该村信贷的可获得性指数 KF_2 = (0.47 - 0.3) ÷ (0.8 - 0.3) = 0.34。

(3) 现金援助（含政府补助）(F3)。主要调查渔业村家庭在 2017 年度中是否收到现金资金援助，这种援助既包括亲朋好友的无偿资助，也包括政府和社会慈善机构的资金资助，如扶贫、救助等方式。根据调查问卷统计数据显示，在 164 户统计调查家庭中，共有 23 户家庭收到资金援助，其他 141 户家庭则选择没有收到援助。在赋值中，对于收到资金援助的，给予赋值 1，否则，赋值 0。为此，现金援助指标数值最大值为 1，最小值为 0，平均值为 0.14。根据标准化处理公式测算，该村现金援助（含政府补助）指数 KF_3 = (0.14 - 0) ÷ (1 - 0) = 0.14。

结合前面分别给予家庭年总收入 (F_1)、借款的可获得性 (F_2)、现金援助（含政府补助）(F_3) 三项指标 0.5、0.3、0.2 的权重，据此测算渔业村金融资本指数 $GF = KF_1 \times 0.5 + KF_2 \times 0.3 + KF_3 \times 0.2 = 0.48 \times 0.5 + 0.34 \times 0.3 + 0.14 \times 0.2 = 0.37$。

5. 社会资本 (S)

主要包括获得资金帮助的机会 (S_1)、参加社会组织情况 (S_2)、参加技能培训情况 (S_3)、家人或亲戚在政府或村委会工作情况 (S_4) 四项测量指标，每项指标各 0.25 的权重。

(1) 获得资金帮助的机会 (S_1)。该指标主要衡量村民家庭在遇到困难时，特别是资金比较紧缺时，能否从其他途径获得帮助。在针对贫困地区的研究中，还研究了食物、劳动力（如人力、耕牛生产工具）等方面的支持情况。渔业村是旅游发展地区，经济发展程度相对较高，基本上不存在食物、生产工具紧缺的问题，反而在参与旅游业发展中，由于前期投入较大，对资金的需求较大，为此，本文只选择资金援助指标进行调查。该指标统计情况如表 3－15 所示。

表 3－15　获得资金帮助的机会指标　单位：户

获取资金帮助的方式	统计情况	每一户家庭情况计算公式
资金无偿援助（X）	3	$X\times0.5+Y\times0.5+Z\times1+P\times0$
无息借款（Y）	105	
两种都有（Z）	19	
两种都没有（P）	37	

资料来源：根据本文的问卷调查资料整理所得。

根据调查问卷统计数据，对能获取资金帮助的方式每项赋值 0.5，两项都有则赋值 1，两项都没有则赋值 0。据此测算每一户的指标值，经统计，获得资金帮助的机会指标值最大值为 1，最小值为 0，平均值为 0.28，根据标准化处理公式计算，获得资金帮助的机会指数 $KS_1=0.28$。

（2）参加社会组织情况（S_2）。近年来随着“三农”政策的实施，农村经济社会合作组织在提高农民收入、推动农业发展发挥了积极作用，因此，本文将村民参与社会组织的情况作为测量指标。根据调查问卷统计数据情况，164 户家庭中参加一个以上社会组织的共有 123 户（大部分参加了滨海渔业专业合作社）。在赋值中，对于参加社会组织的，给予赋值 1，否则，赋值 0，据此计算每一户家庭参与社会组织的指标数值。根据统计数据，参加社会组织指标值最大值为 1，最小值为 0，平均值为 0.74，根据标准化处理公式，该村参加社会组织指数 $KS_2=0.74$。

（3）参加技能培训情况（S_3）。根据调查问卷数据情况，164 户家庭中参加技能培训的有 135 户。在赋值中，对于参加技能培训的，给予赋值 1，否则，赋值 0，据此计算每一户家庭参与技能培训的指标值。根据统计数据，指标值最大值为 1，最小值为 0，平均值为 0.82，根据标准化处理公式，该村参加技能培训指数 $KS_3=0.82$。

（4）家人或亲戚在政府或村委会工作情况（S_4）。在中国传统和实践中，家里人或亲戚在政府或者村委会工作时，确实能为自家的生产生活带来一些便利。鉴于此，本文将家里人或亲戚是否在政府或村委会工作列为测量指标。根据调查问卷统计情况，164 户家庭中有 15 户家庭家里人或亲戚在政府或村委会工作的情况。在赋值中，对于有在政府或村委会工作的，给予赋值 1，否则，赋值 0，据此计算每一户该指标值。根据统计数据，指标值最大值为 1，最小值为 0，平均值为 0.09，根据标准化处理公式，该村在政府或村委会工作指标指数为 $KS_4=0.09$。

结合前面给予获得资金帮助的机会（S_1）、参加社会组织情况（S_2）、参加技能培训情况（S_3）、家人或亲戚在政府或村委会工作情况（S_4）四项指标各 0.25 的权重，测算该村社会资本指数 $GS=(KS_1+KS_2+KS_3+KS_4)\times0.25=(0.28+0.74+0.82+0.09)\times0.25=0.48$。

综合以上计算情况，列出渔业村五种生计资本指数情况表（见表 3－16）。

表 3-16 渔业村生计资本指数情况

生计资本类型	测量指标、权重（V）	单项指标指数	计算公式	生计资本指数
人力资本 H	H_1：家庭整体劳动能力（权重 0.6）	0.376（KH_1）	$KH_1\times0.6+KH_2\times0.4$	0.38（GH）
	H_2：全劳动力教育程度（权重 0.4）	0.38（KH_2）		
自然资本 N	N_1：家庭中拥有的渔船数量及船的性能质量（权重 0.5）	0.657（KN_1）	$KN_1\times0.5+KN_2\times0.5$	0.536（GN）
	N_2：村民对海洋资源状况的看法（权重 0.5）	0.415（KN_2）		
物质资本 P	P_1：住房情况（权重 0.4）	0.415（KP_1）	$KP_1\times0.4+KP_2\times0.3+KP_3\times0.3$	0.44（GP）
	P_2：自有物质资产（权重 0.3）	0.4（KP_2）		
	P_3：村民对村内基础设施的看法（权重 0.3）	0.498（KP_3）		
金融资本 F	F_1：家庭年总收入（权重 0.5）	0.48（KF_1）	$KF_1\times0.5+KF_2\times0.3+KF_3\times0.2$	0.37（GF）
	F_2：借款的可获得性（权重 0.3）	0.34（KF_2）		
	F_3：现金援助（含政府补助）（权重 0.2）	0.14（KF_3）		
社会资本 S	S_1：获得资金帮助的机会（权重 0.25）	0.28（KS_1）	$(KS_1+KS_2+KS_3+KS_4)\times0.25$	0.48（GS）
	S_2：参加社会组织情况（权重 0.25）	0.74（KS_2）		
	S_3：参加技能培训情况（权重 0.25）	0.82（KS_3）		
	S_4：家人或亲戚在政府或村委会工作情况（权重 0.25）	0.09（KS_4）		
渔业村生计资本综合总指数（T）$=GH+GN+GP+GF+GS$				2.206

资料来源：根据本文的问卷调查资料整理所得。

从表 3-16 中可以看出，渔业村五种生计资本总指数为 2.206，平均指数约 0.44。从渔业村五种生计资本情况来看，最高的为自然资本指数（0.536），这得益于该村拥有较丰富的海洋资源和优越的地理条件，为渔业村从传统渔业捕捞转变以休闲旅游为主导产业奠定了坚实基础。社会资本指数（0.48）处于第二高的位置，主要得益于近年来当地政府注重对村民技能培训，并组织村民成立了滨海渔业专业合作社，村民的生产能力和水平显著提高。物质资本指数（0.44）处于中等水平，村民的住房条件还较差，部分年限较长，由于没有新的宅基地，难以异地重建，村内基础设施条件还有待完善。金融资本指数（0.37）和人力资本指数（0.38）较低，主要体现在村民在运用金融优化促进生计方式方面的能力还比较薄弱，受教育程度也较低，非劳动力和半劳动力占比较高，户均负担系数较高。总体来看，渔业村生计资本综合指数处于中等水平。

3.3.2 生计策略及生计输出（成果）

（一）生计策略（采用生计多样化指数、生计活动类型变化情况分析生计策略情况）

1. 生计多样化指数

本文在开展问卷调查时，对渔业村目前以及未发展休闲渔业时期村民生计活动种类进行了调查，采用家庭生计活动种类平均值计算生计多样化指数。首先对渔业村每户家庭从事的生计活动种类进行赋值，从事一种生计活动的，赋值为1，从事两种的，赋值为2，依此类推。据此计算得出164户家庭生计活动的种类平均值，作为生计活动多样化指数。根据调查问卷数据统计，当前该村生计活动多样化指数为1.4，在未发展休闲渔业前的生计活动多样化指数为1.09。

2. 生计活动类型变化

根据调查问卷统计数据，从参与旅游发展的生计生活类型和参与程度来看，164户家庭中自家经营或与他人合伙共同经营旅游业的有137户，占81.7%，包括从事休闲渔船旅游、经营家庭旅馆、旅游餐饮店或烧烤店、特产摊档等生计活动，如加上到旅游企业打工的9户家庭，则从事跟旅游相关的有146户。其他没有参与旅游业的18户家庭中，从事海产养殖、到外地打工等。从生计活动类型数量变化上来看，164户家庭中目前从事两种及以上生计活动的有61户，占37.2%，而在未发展休闲渔业时期，从事两种及以上生计活动的仅有12户，占7.3%。可以看到，通过发展旅游业，村民生计活动多样化指数不仅提高了，而且稳定性和可持续性也大大增强（见表3－17、表3－18）。

表3－17　　渔业村164户家庭参与旅游发展情况统计

参与方式	自家经营或与他人合伙共同经营旅游业	到当地旅游企业打工	从事农业等非旅游业
统计频次	137户	9户	18户

资料来源：根据本文的问卷调查资料整理所得。

表3－18　　渔业村164户家庭在旅游业发展前后生计活动对比情况统计

生计活动类型	从事两种及以上生计活动	从事旅游业等生计活动	从事渔业捕捞（指仅从事该项生计活动）	生计活动多样化指数
发展旅游业后	61户	146户	2户	1.4
发展旅游业前	12户	0	143户	1.09

资料来源：根据本文的问卷调查资料整理所得。

说明："2户"指仅选择从事渔业捕捞的家庭。在调查过程中，我们得知，部分渔业村村民在从事休闲渔船旅游的同时，也偶尔有进行渔业捕捞，但渔业捕捞的收入占家庭收入比重小。

（二）生计输出（成果）的变化

生计输出也称为生计成果，是村民选择一定的生计策略后所产生的结果。本文针对发展旅游休闲渔业以来村民对家庭生计输出（成果）的认识进行调查，统计结果显示（该题为多选题），157户认为收入增加、生活水平提高了；18户认为抵御自然灾害、失业等风险的能力提高了；51户认为生活配套更加便利；没有村民认为更加贫困。可以说，渔业村走上了一条旅游致富的道路。

3.3.3 渔业村生计方式存在的不足

从前文的调查与分析，我们发现，渔业村村民部分生计资本利用率低，表明该村在生计资本利用、生计策略选择等生计方式上还存在许多不足和挑战，生产生活水平还有很大的改善与提升空间。主要存在以下5个方面的问题。

（一）局部区域生态环境的恶化影响了生计资本的利用程度

环境是村民生计方式保持可持续发展的重要基础。但近年来不断出现的海水污染、渔业资源枯竭、污水乱排滥放、海岸带变窄、渔港淤积严重，对渔业村的生产生活造成了明显的负面影响，部分资本利用程度还不高，生计策略及生计输出成果受到较大影响。例如，虽然五种生计资本中自然资本指数处于最高水平为0.536，但其中的子指标村民对海洋资源状况的看法指标指数也仅为0.415，低于生计资本平均指数。

（二）村民对自身生计资本情况不了解

2005年以来，巽寮地区的旅游产业蓬勃发展，渔业村的生计资本在结构和数量方面也发生了很大变化，但部分村民对本身拥有的生计资本情况未充分了解，政府以及渔业合作社也未能引导村民立足现有的生计资本状况去选择合适的生计策略，导致部分村民的生计策略脱离实际。例如，该村人力资本指数仅为0.38，非劳动力和半劳动力占比较高，人口负担系数较大，对高度依赖体力劳动的休闲渔业发展带来了较大限制。

（三）政府对村民生计方式的政策引导不足

特别是金融支持等政策方面还存在明显短板，渔业村金融资本指数在五种生计资本中最低，仅为0.37。例如，在合作社成立之初，当地海洋主管部门为合作社发放了95本休闲渔船使用证，解决了渔船从事休闲渔业的资格障碍，但要求必须在下一次年审时将休闲渔船改造升级，方可重新办理证件。在调查中得悉，因休闲渔船始终未改造升级，目前95本使用证已全部失效。当地渔业部门意见是，同意再给95个休闲渔船使用证办理名额，但必须改造一艘办理一个。95艘休闲渔船改造费用共1729万元，由社员分摊，平均每户需付18.2万元，涉及金额较大，社员一次性支付较难，部分渔民也认为目前尚可维持生计，改造意愿不强，导致休闲渔船整体改造工作一直搁浅。此外，合作社现有渔船142艘，但办证名额仍然只有最初合作社成立时的95个，意味着仍有47艘渔船无法办理相关证件。由于涉及利益较多、部分渔民对渔船改造意愿不强等原因，政府一直未能从金融政策、产业政策方面予以引导支持，造成了当前的尴尬局面。

（四）政策的连续性不足对生计方式也产生不利影响

我国采取的是政府主导型战略旅游发展模式，这有利于集中资源与力量促进旅游的快速发展。但是，政府对旅游产业的过度干预，容易导致产生冲动型决策和投资行为，特别是在政府领导更替、市场环境发生变化等背景下，政策常常很难保持连续性。例如从2011年开始，当地政府提出将渔业村建设为省市“旅游名村”，并启动了一期工程并在2013年完成建设。但由于政府、建设企业、资金等原因，二期工程至今仍未启动建设，极大地影响了渔业村改造建设和旅游形象，对村民生计也造成了较大困扰，该村的物质资本指数为0.44，在五种生计资本中仅处于平均水平，利用程度不足。当地村民对二期工程改造的意见非常大，多次向上级政府反映要求尽快理顺关系，完成名村二期改造工程。

（五）渔业村村民生计方式缺乏文化底蕴

在访谈调查中，我们感觉到，渔业村村民、渔业合作社乃至当地政府在旅游发展中未能坚持传承发展传统文化。例如，如今渔业村村民只有在重大节日才会穿上渔家服装，渔家特色不明显；传统民居纷纷改造为现代的砖混楼层建筑，开设家庭旅馆；村中的石板桥改建为现代圆拱桥，失去昔日渔家文化品位，等等。可以想象，在旅游发展中，或者说在渔业村的改造中，渔家特色逐渐淡化，过度追求现代元素，游客的精神层面体验度是降低的，不利于渔业村的整体旅游发展，一旦被其他旅游地区所取代，对村民的生计方式将产生不利影响。

第4章　环境变迁对生计方式的影响及作用机制

4.1　环境变迁的表现形式及其特征

4.1.1　环境要素变迁表现形式

根据前文有关环境概念分析，本文所指的旅游地环境包括自然生态环境、经济制度环境、社会文化环境。参考谢彦君教授、崔凤军教授对环境因素的分析，并结合巽寮渔业村的具体实际情况，本文梳理了自然生态环境、经济制度环境、社会文化环境三大类共19项要素，并对变迁表现形式作了分析，具体如表4-1所示。

表4-1　环境各构成要素及变迁表现形式

环境要素		变迁表现形式
自然生态环境	1. 台风等极端气候变化	台风等极端天气来临时，狂风暴雨会破坏基础设施乃至生命财产等
	2. 自然资源	地表水或地下水资源枯竭；渔港淤泥不断淤积，港湾变浅
	3. 地理条件	渔业村濒临海湾，全村总面积11万平方米，无耕地、林地
	4. 动植物群落的物种组成	生态环境有所破坏，近海渔业资源不断减少，脚踏或娱乐设施工具对滨海植物的踩压、旅游服务设施建设导致植物覆盖率的变化
	5. 自然环境质量	污水排放、油类溢出造成海水环境污染。汽车尾气对大气污染带来压力。大量游客的涌入，小汽车、工地建设的工程车引起噪声污染
	6. 地表形态	旅游设施建设导致海岸线变窄。游人过度践踏，海岸线含硅量高达99%的洁白海沙有点变黑，岸上土壤板结，土壤肥力下降，土壤pH值上升，损害地质特征
经济制度环境	1. 经济结构	引进金融街公司等进驻开发，大力发展旅游业；传统渔业消失，传统经济秩序发生变化；个人经济独立性增强
	2. 政府政策	出台引导渔民转产转业政策；政府推动道路设施建设、海岸带保护等措施
	3. 劳动就业	收入增加，传统的就业方式发生变化；存在一定程度的季节性失业（旅游淡旺季）；外来就业人口增多（外来经营者）
	4. 土地政策	渔业村全村无耕地，历代以来以捕鱼为生，上岸定居后政府分配居住地。随着旅游开发，土地价值（地价）上涨，用地冲突时有发生
	5. 社区增权	成立休闲渔业合作社，引导村民参与旅游经营；加强村民技能培训

续表

环境要素		变迁表现形式
社会文化环境	1. 传统习俗与文化	传统节日和其他文化艺术节事活动有所复兴，每年农历三月和八月分别举行祭祖、妈祖巡游活动。当地的惠东渔歌列入国家级非物质文化遗产，当地婚庆保留了“十八渔嫂齐划桨”和“哭嫁”等风俗，多次被央视、省、市电视台拍摄成旅游宣传节目
	2. 价值观念与行为规范	家庭结构、价值观发生变化。对客服务态度比较热情。青少年吸毒等现象有所发生。
	3. 生活方式	村民只有在重大节日才会穿渔家服装，外来服饰对当地传统服饰有所冲击；人口的流动、信息的交流等使饮食习惯发生变化，不良生活方式有所蔓延
	4. 语言	游客以及外来居住者不断增多，外来语言充斥整个旅游区，本地语言有所弱化。本地居民不断学习普通话和粤语，以加强与游客的沟通交流
	5. 居民态度	村民的自我发展意识与需求不断增强，对待旅游及游客的态度包括了欢迎、融洽、冷漠、恼怒、对抗
	6. 卫生与健康	旅游区仅有一家乡镇卫生院，卫生设施条件有所改善，村民就医可及性有所提高。大量涌入的游客，对当地医疗条件提出更高要求，医疗资源比较紧张
	7. 城市特征	居住、商业用地方面出现了为旅游者和当地居民分别开发的区域；城市化影响下道路系统不断增加建设，如车行道、人行道的建设。传统民居为现代建筑所取代，大量兴建农家宾馆等
	8. 地方意境	文化景观发生变化，如为了使船只能通过塭仔河直接出海，将原来的石板桥改建为现代圆拱桥，使船只顺利通过。新建设的建筑风格以及停车场等设施建设等与滨海渔村的旅游定位相融性偏低。垃圾废弃物也增多

资料来源：根据崔凤军教授《风景旅游区的保护与管理》（2001：33－46）、谢彦君教授《基础旅游学》（2004：313－352）有关旅游对环境影响分析情况并结合巽寮渔业村的实际情况整理形成。

4.1.2 环境变迁的特征

综合自然生态环境、经济制度环境、社会文化环境各构成要素及其变迁表现形式，本文认为环境变迁具有以下四个特征。

（一）双向性

旅游环境也是旅游资源的一部分，能产生吸引力，并且常常作为一种公共资源出现在旅游者面前，具有非排他性，每一种环境要素都有一定的旅游容量。当某种旅游环境要素的承载力超过了其自身的旅游容量时，其状态、结构就容易发生剧烈变化，遭受破坏，产生负面性影响，例如超过沙滩旅游容量的游客对沙滩的踩踏导致砂质发生变化。反之，则能保持现状实现可持续发展，产生正面性影响。这种双向性的特征要求在开发旅游时，要立足环境各要素的变化特点，采取针对性举措，引导环境各要素向正面影响发展，最大限度地减少负面影响，促进旅游地的可持续发展。

（二）关联性

一定区域的旅游环境就是相对独立封闭的系统，这个系统也包含了自然生态环境、经济制度环境、社会文化环境等子系统，各子系统又可细分为各要素，无论是子系统还是各要素，它们之间互相联系、互相影响甚至互相制约。虽然表 4 – 1 对旅游环境各系统、各要素作了细分，但这种分类只是为了便于研究，它们之间的关系是无法割断的。环境变迁的这种关联性特征告诉我们，在开展旅游地环境保护工作中，要注重树立整体思维、大局观念，统筹保护好旅游地环境各要素，避免顾此失彼。

（三）绝对性

这种绝对性体现在无论是在旅游开发前还是旅游开发后，环境变迁都是一直存在的、发生的，有些变迁呈显性，有些变迁呈隐性。环境变迁的绝对性特征告诉我们，旅游开发这一因素是影响环境变迁的外在条件之一，在旅游开发中，不能因为旅游开发可能导致的破坏就因噎废食，更不能以此为借口而盲目恣意大兴旅游开发建设，而应该严格环评程序，保护关口前移，通过采取科学、有效的措施把负面影响减小至可控范围。

（四）脆弱性

环境变迁的脆弱性表现在以下两个方面，一方面，各旅游环境要素易受政策、外力、时间等因素影响；另一方面，在受到负面影响后很难恢复现状，具有不可逆性。这种脆弱性要求在发展旅游业时要保持适度发展，防止过度开发，要充分考虑和应对政策、外力、时间等因素的负面影响，确保环境的变迁在可预知、可控制范围内。

4.2 旅游地环境主要因素

在上一节中，本文对旅游地环境要素共梳理了三大类 19 项。具体到巽寮渔业村来看，这 19 项要素对渔业村生计方式的影响大小不一。为了对这 19 项要素作进一步的甄别、筛选或者补充，以便科学确定对生计方式产生影响的主要因素，本文草拟了《旅游地环境变迁对居民生计方式影响调查问卷》，邀请了 10 位专家及专业人士，包括 3 名旅游专家、3 名当地旅游企业管理人员（其中 1 名已离职）、3 名政府官员（2 名来自巽寮管委会、1 名来自惠州市旅游局）、1 名渔业村委会干部，就每一项旅游环境要素对渔业村生计方式影响进行测评，具体做法如下：

由专家、专业人士针对表格中所列的每一项环境要素对生计方式是否产生影响给出观点，每一项环境要素有三种观点供选择：A. 非常肯定该环境要素对生计方式产生明显影响。B. 比较肯定该环境要素对生计方式产生一定影响。C. 不太肯定或不认为该环境要素对生计方式产生影响。

每一项环境要素是否保留基于两种情况：累计达到 5 个 A 及以上的，该题项将保留；A 和 B 累计共达到 7 个及以上的，该题项将保留。

按照这一规则，经综合10位专家、专业人士的选择情况，最终保留了13个旅游地环境主要因素，具体包括自然生态环境中的气候变化、自然资源、地理条件、动植物群落的物种组成、自然环境质量5个要素；经济制度环境中的经济结构、政府政策、劳动就业、土地政策、社区增权5个要素；社会文化环境中的居民态度、城市特征、地方意境3个要素。本文将围绕这13个要素，逐一分析各要素对渔业村村民生计方式的影响。

4.3 环境变迁对生计方式的影响

4.3.1 自然生态环境对生计方式的影响

人地关系地域系统理论认为，人必须依赖地而生存。表明自然生态环境是形成生计方式的重要条件。

（一）台风等极端气候

在传统的渔业捕捞生计活动上，台风等极端天气对渔民生产生活的影响是显而易见的。以2008年出版的《惠州市志》记载，1995年8月31日下午3时，9号强台风（9509号台风）在巽寮等惠东县沿海地区登陆，实测风力超过12级，全县损坏船只340艘，损失水产养殖面积3.5万亩，鱼产量2850吨，倒塌房屋6200间，损坏房舍3.27万间，直接经济损失达6.4亿元，这还不包括台风期间渔民停产停业的间接损失。传统渔业捕捞、水产养殖等生计活动对台风等极端天气的抗击能力是非常弱的。据当地渔民介绍，每年平均有1~2个台风对当地形成较大影响。近年来，渔业村抓住国家鼓励渔民转产转业的契机，借助巽寮滨海旅游蓬勃发展的形势，大力发展休闲渔业旅游，调查问卷数据显示，164户家庭中拥有休闲快艇102艘，休闲渔船100艘，该村渔船数量及性能质量指标综合指数为0.657，在五种生计资本14项测量指标中也是较高的，加上包括从事经营家庭旅馆、旅游餐饮店、土特产品等生计活动，从事跟旅游相关的有146户，占89.02%，相比较渔业捕捞的传统生计方式，休闲渔业以及餐饮等相关行业受台风等极端天气的影响相对较小，特别是在台风中造成的直接损失较小。渔业村通过转产转业，抵御台风等极端气候灾害影响的能力显著提高。但是，台风等极端气候的影响仍然不可小觑，在前文的生计输出成果情况统计中，164户家庭只有18户认为抵御风险的能力提高，究其原因，主要在于台风来临时，基于安全考虑，旅游业基本处于停摆，甚至还破坏基础设施，在灾难面前，村民生产生活的脆弱性依然明显。

（二）自然资源

本文的自然资源主要包括水资源、渔业村渔港。巽寮虽然濒临海湾，但由于地质构造原因，包括巽寮在内的惠东县南部整个稔平半岛淡水资源比较匮乏，特别是巽寮等旅游地区，年接待游客量超过400万人次，每年12月至次年4月是缺水季，由于大量游客的到来，现有自来水供应能力不足，当地居民要靠抽取地下水来应对，地下水资源的质量也不太好，在调查中，有48.17%的村民认为饮水设施状况不太好或很不好，指数也只有 0.39，表明饮水设施建设情况处于较低水平，对渔业村在内的巽寮地区发展旅游业、对居民的生产生活等带来了很大不利影响。在港湾方面，调查中 55.49% 的村民对港湾现状看法认为不太好或很不好，对港湾看法指数也仅有 0.33，港湾是渔业村的重要自然资源，是渔船这一重要生产工具的安全避风港，占地面积约 10.8 万平方米，由于长期以来未定期疏浚，导致淤积泥沙过多，水位变浅，出口变窄，严重时在海水涨潮时渔船尚能进出港湾，而退潮时便不能出海和入港了，对渔船带来了安全隐患。现如今在开展休闲渔业中，经政府同意，渔业村在附近海岸搭建了 6 个临时简易码头供游客上下，但简易码头的安全性、便利性经常受到游客投诉，这也是制约休闲渔业规范化、专业化发展的重要因素。

（三）地理条件

地理位置是影响生计方式的先天条件。独特的海洋地理条件，为渔业村发展休闲渔业奠定了良好基础，村民的生存谋生手段从原来的渔业捕捞、水产养殖等传统渔业发展到现在的以休闲渔业旅游为主导，家庭旅馆、旅游餐饮、土特产经营等多种形式共存的旅游产业，前文调查数据显示，渔业村家庭中从事与旅游业直接相关的有 146 户，占 89.02%。当然，无论渔业村生计类型、经济模式发生怎样变化，都始终离不开他们一直相守的这片“海”。

（四）动植物群落的物种组成

渔业村属于大亚湾海域，由于多年连续过度捕捞，加上海洋环境受到污染的影响，大亚湾海域近海渔业资源比较匮乏，据渔业村委会反映，2004—2016 年，巽寮渔港的鱼货卸港量呈逐年加速递减的态势。这一情况可从广东省海洋与渔业局近年来发布的公报情况略见一二，根据统计情况，大亚湾近海海域除了浮游动物多样化指数在 2014 年较高外，近海海域生物多样性指数（该指数是衡量某一地区生物资源丰富程度的重要指标）从 2012 年至今总体上处于下降趋势，等级绝大部分为中、较差（见表 4－2）。

表 4－2　　大亚湾近海海域生物多样性质量等级

年份	浮游植物		浮游动物		大型底栖动物	
	多样化指数平均值	等级	多样化指数平均值	等级	多样化指数平均值	等级
2012	2.95	中	2.07	中	2.06	中
2013	2.34	中	2.33	中	1.98	较差
2014	2.00	中	3.48	较好	1.93	较差
2015	2.01	中	2.90	中	1.92	较差
2016	2.05	中	2.11	中	1.41	较差

资料来源：根据广东省海洋与渔业局 2012 年至 2016 年发布的《广东省海洋环境状况公报》相关数据整理所得①。

说明：生物多样性指数值表示某个生物群落的均衡稳定情况，受海洋环境质量的影响。开发过度、海洋水环境污染、海洋生态环境破坏等均会影响到海洋生物多样化指数。

① 广东省海洋与渔业局. 广东省海洋环境状况公报［R］. 2012—2016.

此外，随着2005年金融街公司进驻巽寮进行开发，大量的旅游设施建设占用了近海海岸带资源，巽寮地区拥有27公里海岸线，其中16公里海岸线已开发建设，布局了嘉华酒店、海世界一期等7个较大规模旅游项目，准备建设的还有五个项目，这些项目对海岸线及海岸带的植被等带来了极大的负面影响，海岸线不断变窄，渔民生存空间也日渐变小，对村民继续从事渔业捕捞带来了严峻挑战。动植物群落的物种特别是海洋生物物种状况的恶化，导致传统渔业已无法维持渔民的生存，在调查的164户家庭中，有53.66%的村民认为海洋生物种类数量状况不太好和很不好，指数仅为0.37，专门从事渔业捕捞的只剩下2户，仅占1.22%。

（五）自然环境质量

自然环境质量是自然生态环境的重要部分，由于环境质量对外部活动的反应具有时滞性，因此，环境质量对生计方式主要表现为间接性影响。在巽寮旅游业大规模开发中，大量的游客涌入带来了无限商机，渔业村凭借依靠海湾的天然优势，纷纷开设餐厅，生意异常火爆，虽然村民从旅游发展的大潮中获取了巨大经济利益，但也对自然环境造成恶劣影响，由于没有有效的污水处理设施，大量的餐饮污水直排入海，对附近海水以及与渔业港湾连接的塭仔河的河水造成了严重污染，海边大排档乱搭滥建现象也较普遍，许多游客不再光顾，导致渔业村的旅游餐饮生意日渐萧条，威胁到渔业村渔民的生存和谋生。政府不得不下决心进行整治，一方面，对沿海的酒店企业、大排档督促落实完善或自建隔油池和三级化粪池，对餐饮废水进行处理后再排放；另一方面，对污染严重又不落实环保举措的，责令停业整改，对无法整改的予以拆除处理，例如在2017年底的国家海洋督察行动中，责令停业整改餐饮业16宗，拆除8宗，塭仔河的河水质量明显改观。在滨海旅游活动对海水环境质量的影响中，水上游艇、水上摩托车等游乐项目对水质量污染影响也是比较明显的。渔业村沙滩海岸带曾出现水上游艇、沙滩摩托车等游乐项目，周边10多公里的沙滩被人为间隔用于经营沙滩摩托车等项目。这些娱乐设施所产生的含油污水未经处理，对沙滩土壤、海水等产生不利影响，极大地影响了巽寮滨海旅游形象，对渔业村休闲渔业的发展、渔民的正常生产经营带来了较大负面影响。自2014年以来，当地政府取消了这些娱乐项目，并拆除沙滩隔离带，海水质量也逐渐好转，调查中73.78%的村民对海水质量的看法在一般、比较好及以上。

4.3.2 经济制度环境对生计方式的影响

（一）经济结构

得益于巽寮地区经济结构特别是旅游产业结构的不断优化，渔业村资源的配置效率也进一步提高，为渔业村村民转变生计方式带来了重大机遇。在2005年金融街公司进驻巽寮以及之前，巽寮地区也在积极推动发展滨海旅游，但进展缓慢，基础设施差、旅游产品体验性不高，产业结构单一，第三产业增加值一直低于农业增加值。直到2007年，随着滨海旅游业的快速发展，以旅游业为主导的第三产业增加值首次超过农业增加值，并一直保持两位数的高位增长（见表4－3、表4－4）。

表 4-3　巽寮度假区第一、第二、第三产业增加值以及 GDP 情况　单位：万元

年份	农业增加值	工业增加值	第三产业增加值	国内生产总值（GDP）
2005	6607	285	2696	9588
2006	6085	296	4284	10665
2007	6232	436	6764	13432
2008	4477	4840	9292	18609
2009	4258	4916	11968	21142
2010	5208	6499	16698	28405
2011	5895	10287	46953	63135
2012	6301	12190	64207	82698
2013	6835	10992	80005	97832
2014	7071	16573	113614	137258
2015	7364	17867	136336	161567
2016	8576	23867	174605	207048
2017	—	—	—	—

资料来源：广东省惠州市惠东县巽寮管委会提供。

说明：截至 2018 年 5 月 30 日，2017 年相关数据尚未公布。

表 4-4　巽寮度假区旅游接待人次及旅游收入情况统计　单位：万人次，万元

年份	旅游接待人次	旅游综合收入
2003	60	6000
2004	80	6500
2005	90	6800
2006	106	7420
2007	110	8800
2008	115	9200
2009	130	11050
2010	155. 37	14015
2011	202. 1	23880. 6
2012	303	60146
2013	340. 6	74007
2014	360. 5	84465
2015	376	90300
2016	393. 7	94300
2017	403. 5	99700

资料来源：广东省惠州市惠东县巽寮管委会提供。

2005 年 10 月，金融街集团进驻巽寮参与旅游开发，取得了巽寮 5000 多亩土地的使用权，该公司在基础设施建设、旅游项目建设等方面投入了大量资金，大力发展旅游地产，带动了建筑、服务等第二、第三产业的快速发展，为当地居民带来了大量就业机会，对巽寮的经济结构也产生了深远影响。据金融街惠州公司提供的数据，自 2005—

2016年的11年间，该公司累计投资85亿元，上缴税收8亿元（不含金融街集团帮政府引入企业的税收），直接带动就业人口超过5000人。第二、第三产业比重的提升，推动各类旅游要素不断聚集，休闲渔业、餐饮业、住宿业（家庭旅馆）等旅游业态不断呈现，为传统渔民转产转业提供了机遇，渔业村将传统渔船改造为休闲渔船，积极参与旅游业发展，成为积极改变贫穷落后面貌的重要抓手。根据调查结果显示，164户家庭中参与旅游相关行业的有146户，占89.02%，通过深入参与旅游业发展，157户家庭对收入增加、生活水平提高给予了正面，生活配套也更加便利了。

（二）政府政策

政府政策作为落实政府政令的具体载体，在生计方式演变中具有重要影响。以休渔政策为例，国家在东海、黄渤海海域实行全面伏季休渔制度试点以后，1999年在南海海域也实施了伏季休渔制度，各级政府也加大对渔民转产转业的政策扶持力度，如财政部、农业部出台了《海洋捕捞渔民转产转业专项资金使用管理规定》（财办农〔2003〕116号）①、广东省人民政府出台了《关于推动海洋渔业转型升级提高海洋渔业发展水平的意见》（粤府〔2013〕67号）②、惠东县政府制定了《休闲渔业发展规划（2016—2025年）》等，围绕减船转产、渔民技能培训、实施安居工程、扶持现代渔业产业化基地建设、加强休闲渔业合作社建设等方面大力支持，对渔业村转产转业提供了政策支持与指引，有效地提高了渔业村村民经济收入和生活水平。据调查统计，164户家庭户均年收入9.22万元，人均年收入1.67万元，是2006年农民人均收入4650元③的3.59倍，家庭收入指数为0.48，在14项测量指标中处于较高水平。

休闲渔船统一经营带来的良好经济效益，也为休闲快艇的管理提供了借鉴。针对渔业村日益增多的自发经营的休闲快艇，为推动规范有序发展，巽寮管委会在2017年5月制定了《巽寮度假区运营快艇管理办法（试行）》，经征求从事快艇运营的村民，所有快艇业主均有意愿挂靠在渔业合作社，接受统一经营管理，据巽寮管委会反馈的信息，目前休闲快艇的挂靠手续和管理规定正在协商中，如果包括142艘休闲渔船和200艘快艇均接受合作社统一管理，对促进休闲渔业规范化发展具有积极的意义。

但是，政府在金融政策方面支持力度还比较弱，在调查统计中，村民家庭信贷的可获得性指数仅为0.34，信贷融资能力较低，由于融资渠道窄，无法支付渔船改造的庞大费用，导致渔业村142艘休闲渔船升级改造缺乏资金支持。村中的休闲渔船已老化，安全性、舒适性也大大降低，对渔业村休闲渔业的健康运营带来一定的影响。

（三）劳动就业

劳动就业的影响主要体现在人口结构及教育程度状况、外来人口竞争、季节性失业等方面的变化。人口结构及教育程度状况是构成人力资本的重要内容，是最基础的生计资本，影响着对其他资本利用的程度。根据调查统计，渔业村非劳动力每户均值1.93（人），全

① 财政部，农业部．海洋捕捞渔民转产转业专项资金使用管理规定［Z］．2003-09-18.

② 广东省人民政府．关于推动海洋渔业转型升级提高海洋渔业发展水平的意见［Z］．2013-06-21.

③ 广东省惠东县地方志编纂委员会．惠东年鉴（2005—2006）［M］．北京：中国文史出版社，2006.

劳动力初中文化教育程度及以下约占90%，劳动力能力指数和全劳动力教育程度指数分别仅为0.376、0.38，处于较低水平，这对于以体力劳动为主的休闲渔业等相关旅游行业来说，形成了一定的制约影响，但绝大部分村民依然参与休闲渔业发展，加上部分渔民年纪较大、教育程度不高、服务意识不强，在休闲渔业经营中并未取得很好的经济效益，对渔业村未来的生产生活发展前景带来了不稳定因素。

在10多年的旅游发展中，渔业村的外来就业人口也不断增多，2005年以前在该村很少见到外来常住人口，而根据2015年人口普查，2015年末该村非户籍外来人口76人，这些外来人口主要从事酒店、餐饮、土特产品经营等旅游服务，在休闲渔业方面由于设置门槛，外来人口尚未能进入该行业。在访谈中，村民认为这些外来人口对他们的生产生活产生了一定的竞争。本文认为，在滨海旅游这块"蛋糕"继续不断做大的背景下，这种竞争性还未充分显现出来，在走访中，笔者也发现，这种竞争对增强渔业村村民优患意识、提升旅游服务水平具有一定积极意义，近年来村民们比较注重加强自身技能培训，特别是在服务意识、服务技巧等方面有了明显改善。

巽寮滨海旅游还有一个季节性特征，这种季节性对渔业村村民的生计方式也产生一定影响。一般每年6月下旬至10月上旬共约4个月为渔业村旅游旺季，特别是7月、8月两个月游客接待量最多，约占全年游客量的50%，6月游客接待量最少。这种淡旺季对村民生产生活产生了较大影响，在旅游旺季时，村民抢抓机遇，全力投入旅游经营接待，在平季和淡季，村民则注重技能培训或到旅游企业打短工，增加收入。根据调查结果，164户家庭中从事两种及以上生计活动的有61户，而未大规模发展旅游业时期，仅有12户从事两种及以上生计活动，生计活动多样化指数也从1.09上升到1.4，生计方式的稳定性和可持续性显著增强。

（四）土地政策

在渔业村村民生计方式演变中，土地政策的影响是比较明显的。对于渔民来说，在生产生活中最大的困难莫过于无耕地，特别是在传统农业社会，耕地意味着生存机会与能力，由于无耕地、林地，他们的生计活动类型也受到了很大限制，在发展旅游业前，他们只能依赖传统渔业捕捞为主要生计。在住房条件方面也受制较大，影响了村民的物质资本水平，根据调查统计，该村人均住房面积20平方米以下的占63.41%，房屋结构全部为混凝土楼房（平房），住房年限在10年以上的达到47.56%，说明渔业村住房条件较差，住房情况指数仅为0.415。渔业村村民上岸定居后，虽然政府划出土地用于渔民居住，由于无耕地、林地，渔民仍然要以捕鱼为生、以海为生，对生计方式的转换带来了极大的障碍。而在发展旅游业后，随着旅游产业持续开发，土地价值（地价）不断上涨，而村里无储备宅基地，村民只能对现有的房屋进行翻新或重建，以满足生产生活需要，乱搭滥建现象时有发生，对全村旅游形象的树立和整体发展带来了负面影响。

（五）社区增权

在渔业村生计方式演变中，社区增权发挥了重要的作用。2010年8月，在当地政府的指导下，渔业村自发成立了惠东县滨海渔业专业合作社，对从事休闲渔业旅游的各类渔船实行"统一售票、统一经营、统一管理"，引导村民有序参与旅游经营，并定期对村民开展服务技能、安全管理等知识培训，每年巽寮管委会或渔业合作社均针对性举办2期以上的培训，有效地规范了休闲渔业旅游服务行为。在调查统计中，164户家庭中有123户加入社会组织，指标指数达到0.74；有135户参加技能培训，指数达到0.82。村民通过赋权与增权，更加注重发展能力的提升，积极参与各种社会组织活动，为村民深入参与旅游业发展、提高生存发展能力奠定了坚实基础。

4.3.3 社会文化环境对生计方式的影响

（一）居民态度

旅游是一种文化交流活动，但文化交流的双方地位常常表现出不平等，也就是文化变迁中的“涵化”现象，并对居民的态度产生影响，进而影响了当地旅游环境的塑造。例如，在早期渔业村开展休闲渔业旅游中，村民对游客报以极大热情，由于价格适中、民风淳朴、体验特别，休闲渔业旅游在2010—2012年实现了快速发展，村民与游客实现了“双赢”。随后有些合作社村民不遵守管理规定，私自拉客，自行降价，形成恶性竞争，甚至缩短服务时间和行程，对休闲渔业旅游的正常运营管理和服务形象造成了极大负面影响，游客投诉不断。2015年以来，随着政府的不断介入和大力整顿，逐步改善了休闲渔业旅游整体形象。渔业合作社也进一步明确了服务的方式、内容、时限。在笔者开展问卷调查过程中，村民们认为现在休闲渔业经营比较规范了，村民与游客对旅游活动能相对保持理智，为休闲渔业旅游的平稳发展营造了良好环境，当地居民态度的不断转变，直接影响了游客对当地的旅游感知，也对渔业村休闲渔业的健康发展产生了相应影响。

（二）城市特征

渔业村无商业用地，但由于毗邻旅游中心区，因此呈现出旅游者与村民分别居住与活动的不同区域，这种空间距离有利于保持彼此的独立，减缓了旅游活动对村民生产生活的直接影响，对保持村民生产生活的稳定性起到积极作用。此外，前文讲述到，渔业村无更多的居住用地，为了更好地迎合旅游发展，渔民对传统民居也进行了改造，取而代之的是现代建筑，开设家庭旅馆、餐饮店、土特产店。这种传统民居向现代建筑的转变，在一定程度上有助于更好地提高服务水平和质量，但是长期来看，由于未能凸显地方特色，渔业村的文化吸引力一直未能提高，加上乱搭滥建等行为，整个渔业村的建筑风格显得杂乱不一，对进一步发展休闲渔业旅游、提高生计方式稳定性带来了负面影响。事实上，当地政府也意识到这个问题，因此，从2011年开始，当地政府启动了渔业村“旅游名村”建设工程，争取把渔业村建设成为包括休闲、度假、购物等功能在内的宜居、宜业、宜游新渔村，内容包括建筑风格的改造、渔业港湾的疏浚、休闲滨水工程建设、游客服务中心建设等系列工程，通过“旅游名村”工程塑造更加有特色的城市特征。

（三）地方意境

旅游发展也属于城市化的一种形式，伴随巽寮地区城市化的不断扩张，伴随旅游的快速发展，渔业村的地方意境也发生着改变。渔业村西面的塭仔河上原本有一处横跨河两岸的石板桥，在巽寮旅游开发中，当地开发商为了发展旅游休闲快艇娱乐项目，将石板桥拆除并修建为现代圆拱桥，此外，在附近还修建了沙滩护栏、停车场，这些举措一定程度上增加了游客旅游的便利性，但是，却降低了景区景观的相融性。据当地渔民介绍，在石板桥时代，许多游客会拍照留念，漫步村中的游客也络绎不绝，餐饮、土特产等生意不错，但是改造为圆拱桥之后，由于没有地方特色，游客很少拍照了，到村里的游客的停留时间也较以往减少了，对渔民土特产等经营带来了一定影响。

4.4 环境变迁对生计方式的影响机制

通过上文对环境主要要素对生计方式的影响分析，本文尝试梳理总结并构建环境变迁对居民生计方式的影响机制。

4.4.1 自然生态环境

自然生态环境是形成生计方式的基础。任何生计方式必须依赖相应的自然生态环境，是适应自然生态环境的产物。正所谓“靠山吃山、靠海吃海”。渔业村村民从传统渔业捕捞到发展现代休闲渔业，都始终离不开“海”，气候变化、自然资源、地理条件、动植物群落的物种组成、自然环境质量等自然生态环境要素始终决定着生计方式的基本内容和根本方向。

4.4.2 经济制度环境

经济制度环境是优化生计方式的关键。在生计方式的选择上，行动自由和发展能力是关键因素。而经济制度环境中的经济结构、政府政策、劳动就业、土地政策、社区增权对行动自由与发展能力产生深刻影响。在金融街集团进驻巽寮之前，巽寮滨海旅游活动已初现端倪，但规模小、名气弱，当地村民参与的机会很少，方式单一，渠道狭窄，效益不高。从旅游供给侧的角度来看，这是由于包括渔业村的整个巽寮地区旅游生产供给能力不足，没能提供足够丰富的旅游产品来满足消费者需求。自2005年金融街集团进驻以来，在大型旅游集团的推动下，相关的经济政策不断完善，村民的意识与能力不断提升，参与旅游发展的深度、广度不断拓展，旅游产品结构、旅游产业链等不断完善。特别指出的是，经济制度环境对生计方式的影响随着经济社会发展程度的不断提高而越发明显，这启示我们在推动当地居民参与旅游发展的过程中，要重视优化发展环境，完善政策措施，为人的自身能力建设提供更大支撑。

4.4.3 社会文化环境

社会文化环境对稳定、完善生计方式具有支持作用。和善的居民态度、淳朴的社会风气、稳定的治安环境等对塑造旅游形象、密切游客与当地居民的关系具有积极作用，这种正面的旅游氛围环境对实现旅游稳定健康发展、增强居民文化自豪感具有重要的意义，对保持生计方式的稳定、逐步丰富生计活动类型具有支撑作用。如果社会治安动乱、欺行霸市横行，可想而知，渔业村旅游发展将不可持续，最终也将影响居民的生计方式。

综上所述，本文尝试建立自然生态环境、经济制度环境、社会文化环境等对巽寮渔业村村民生计方式的影响机制（见图4－1）。

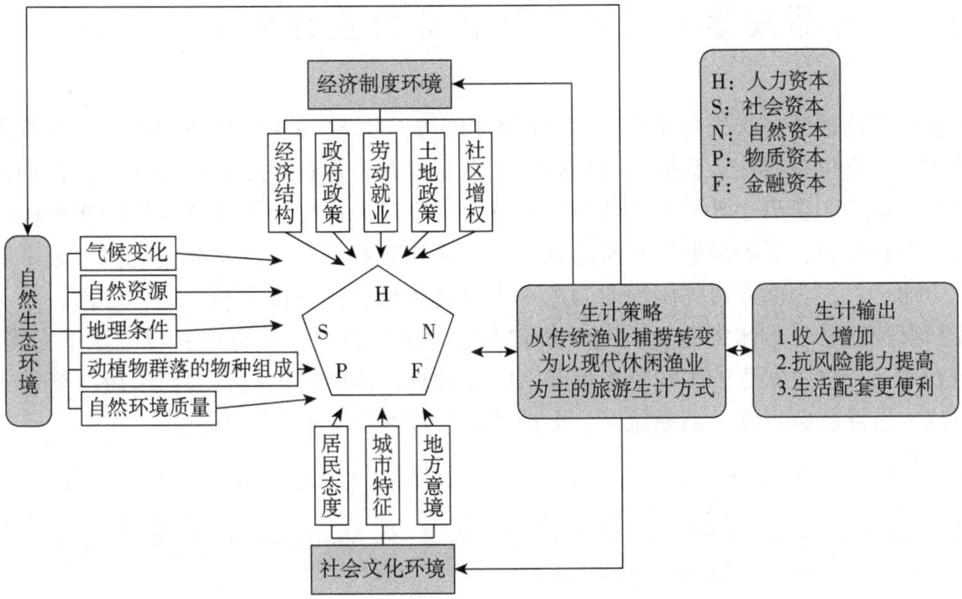

图4－1　旅游地环境变迁对渔业村生计方式的影响机制关系

（资料来源：本文根据环境变迁对生计方式影响分析情况整理所得）

在影响机制关系图中，各环境要素影响生计资本的结构、程度，并对生计策略选择和生计输出结果产生影响，这种影响在不同的时间节点也呈现差异性，有些是正面的影响，有些负面影响较明显。与此同时，生计策略、生计输出（成果）也对各环境要素产生反作用，促使各环境要素发生变化，并又开始新一轮的环境影响循环，如此反复进行。这种作用与反作用在利益与机制的交错中不断趋向动态平衡，构成了旅游地环境变迁与居民生计方式纵横交错的影响作用机制。

第5章　环境变迁下渔业村生计可持续发展的对策建议

渔业村生计方式的演变，既有政府指导下的主动选择，也有环境变迁下的被动适应。在环境变迁中，环境各主要要素通过影响村民的生计资本状况，进而影响生计策略，并产生不同的生计输出（成果）。巽寮地区海域多、陆地少、山地多、平地少，加上渔业资源日益枯竭，农业、工业、传统渔业捕捞等发展方式是不可持续的。大力发展滨海旅游，具体到渔业村来说，积极发展休闲渔业旅游，是推动渔民实现转产转业、促进生计方式可持续的重要抉择。结合前面章节所分析情况和当前正大力推进的乡村振兴战略，本文就环境变迁下实现渔业村生计可持续发展提出六点对策建议。

5.1 引导帮助渔民正确认识自身的生计资本

生计策略的选择必须与相应的生计资本相匹配，才能确保生计方式符合主客观环境的要求，具有可持续性。为此，当地政府、渔业专业合作社要发挥引导作用，帮助渔业村村民正确认识自身生计资本的情况。一方面，要对渔业村的生计资本做一次全面详细的统计调查分析，了解渔业村在旅游发展中还面临哪些难题、具有哪些优势、未来要往哪个方向努力，为渔业村休闲渔业的进一步发展作科学的论证分析；另一方面，并不是所有村民都适合从事休闲渔业，随着旅游产业的蓬勃发展，旅游产品也应该丰富多样，要结合每一户村民家庭的生计资本情况，因地制宜，帮助村民拓宽参与旅游发展的渠道和方式，引导从事餐饮、家庭旅馆、土特产店经营等旅游相关行业。

5.2 休闲渔业的运行要从注重数量发展向注重质量管理转变

目前，仅渔业村就有休闲渔船 142 艘，休闲快艇 200 艘，捕鱼船 40 艘，加上镇内其他沿海村庄的渔船、快艇以及海上摩托艇等，各类船只超过 700 艘①，再加上附近沿海乡镇的休闲渔船数量，巽寮度假区及周边地区的休闲渔业行业竞争是非常大的，鉴于此，要摒弃过去的粗放式发展管理方式，从追求数量的发展向注重质量的管理转变，提高渔业村休闲渔业的集约化、专业化管理水平。

（一）适度控制休闲渔船的数量

控制休闲渔船的数量必须提升到由县级政府统筹协调，要落实 2007 年出台的《广东省休闲渔船管理办法》有关规定，研究全县休闲渔船的发展容量，建立健全船舶准入和退出机制，逐步取缔无证经营渔船，将所有休闲渔船纳入船舶管理系统，实施总量控制管理、航线规划管理、安全生产管理等。

（二）引进专业公司统一运营管理休闲渔船

在 2010 年休闲渔业发展初期，由于旅游市场发育程度还不高，游客对渔船的安全性、舒适性等要求还不高。但是经过 8 年的发展，渔船的运行状况、合作社的管理水平等已无法满足游客的多元化体验需求、无法适应旅游产业市场化发展需要。因此，要尽快引进第三方专业公司。一方面，由公司对休闲渔船统一管理、对渔民统一培训、对服务统一标准，至于渔船与公司、村民与公司的关系，在行业上已经有很多成熟的管理模

---

① 资料来源：广东省惠州市惠东县巽寮管委会提供。

式方法可供借鉴，合作社也应继续发挥联系村民与公司的中间桥梁作用，并参与公司的经营管理工作；另一方面，加大金融扶持力度，由公司出面进行担保贷款，为渔民142艘休闲渔船实施升级改造，政府对符合条件要求的全部发放使用证，解决好142艘渔船的后顾之忧。同时打击清理辖区内“三无”船舶，保障有资质渔船的合法权益，促进旅游休闲渔业经营市场公平、规范、有序。

（三）加快建设专用码头及配套设施

制约渔业村休闲渔业的规范化、专业化水平的重要因素，就是该村还没有专用码头，导致很难真正做到统一经营管理。在引进专业公司介入休闲渔业经营管理后，要同时加快建设专用码头，实现区域内统一运营、统一售票、统一票价、统一登乘。通过实行码头封闭式管理、游客上下区域分离、安装电子门禁系统等措施，提高行业标准。

5.3 注重技能培训，提高渔民的自我发展能力

自我发展能力是影响生计资本利用率、影响生计策略选择的重要方面，要通过开展针对性技能培训，提高村民生计资本利用率，拓展生计策略的选择机会。具体来讲，本文认为要做好两大方面的培训：一方面，要加强对渔业合作社管理人员的管理技能培训和村民们的服务技能培训，前者培训内容包括市场营销、产品设计、行业管理、后续服务等，村民的培训主要包括旅游服务、渔船安全生产管理等；另一方面，要结合滨海旅游发展趋势、特点，加强对村民的旅游就业知识培训，制定扶持政策，有序引导村民参与家庭旅馆、餐饮等其他工作，优化渔业村生计方式结构，丰富生计活动类型，提高生计多样化性和生计方式的可持续性。

此外，要发挥村干部的带头模范作用。在农村经济发展中，一个坚强有力、市场意识强的村干部集体在带领村民开展经济建设中具有重要作用。因此，要重视渔业村委会集体建设，选优培强村干部，让能带领村民参与旅游发展建设的人作为“领头羊”，消除宗族隔阂，凝聚全村共识，集中资源和民智夯实渔业村旅游产业发展基础。

5.4 继续推进渔业村“旅游名村”改造工程

渔业村“旅游名村”改造工程是降低村民生计风险、提高生计资本能力的重要举措，有助于增加村民的生计选择机会。

（一）要组织实施好渔业村名村改造二期工程

在调查访谈中，笔者对该名村规划设计的项目也作了初步了解，建设内容包括沁水码头、梦里回廊、渔街风情、渔岸风情四个景观项目，应该说，项目能较好地突出“渔”特色。鉴于现有建设公司的资金能力，建议按照合同协议对名村改造项目进行回购，并移交其他有资质的建设企业，此外，由于该名村规划从完成至今已有六年，随着

市场环境变化，要结合滨海旅游新形势、新特点、新挑战，再次对名村改造项目规划重新研究甚至作相应调整，更好地适应市场发展变化，擦亮名村改造项目“渔”特色。

（二）加强渔业村配套设施建设

配套设施虽然不能为渔业村村民带来直接的就业渠道，但对村民的生计资本利用程度产生重要影响，进而影响生计策略的选择。在对全村基础设施情况的统计调查中，村民认为码头设施、饮水设施不太好和很不好的比例分别达到63.42%、48.17%，认为村内及连接村外的道路比较好及非常好的也仅有20.12%。这一调查数据与现实情况是基本吻合的。因此，政府要结合实施渔业村名村改造工程的契机，重点对影响生计方式的基础配套设施进行建设，如加强渔港码头的疏浚、加快自来水工程建设、完善村内村外道路的连通性，为渔业村村民更好地利用物质资本、提高物质资本利用程度提供强大的支撑。

5.5 加强渔业村环境保护建设

良好的海洋环境是发展滨海旅游的前提。对于渔业村来说，加强环境保护，笔者认为要关注以下三个方面内容。

（一）加强对包括渔业村在内巽寮全区所有污染物排放监管

经营项目必须完善污水处理环保设施，并统一集中到污水处理厂处置，杜绝排入大海。对于海上及沙滩上娱乐设施、渔船的油污排放，要按照《船舶污染物排放标准》进行监管，对于达不到排放标准要求的要坚决予以取缔。对于老旧的休闲渔船，要尽快进行升级改造，确保符合排放标准。对于渔民经营的海产养殖，应督促落实养殖水源净化工作，禁止直接将污水排入海域，控制高水位养虾的排泄物污染，坚决取缔无证养殖户。建立健全海水检测预警机制，定期检测。

（二）引导海上渔排餐厅上岸经营

渔排餐厅的生活污水排放量大，几乎是直接排入大海，在取缔渔业村的海上渔排餐厅的同时，要疏堵结合，结合渔业村没有耕地、土地的实际，由政府统一协调，通过租用、合股等多种方式，从政府国有土地或邻村土地中，划出一定的土地用于引导海上渔排餐厅上岸经营，解决渔业村村民的生产生活问题。

（三）整顿违章建筑物

违章建筑一方面影响渔业村的整体建筑风格，同时也带来安全隐患，因此，必须强化对各种违法抢建、违章建筑及未按规划擅建房屋等行为的管理，清理海上无牌无证渔排餐厅、重点区域违章搭建物，优化全村的整体规划布局。

5.6 重视渔家文化的挖掘和弘扬

根据巽寮管委会提供的自然村落历史人文普查资料，渔业村始建于1800年，现有苏、李、陈三个姓氏，均是从福建省以及周边沿海地区迁移而来，在历史的迁移中，他们带来了不同的文化习俗并在这里碰撞、融合，形成了今天具有地方特色的渔家文化。一方面，要增强村民对本村文化的自豪感，让村民能自信、热情参与旅游发展建设，提高游客对渔业村旅游体验的满意度；另一方面，要整合国家级非物质文化遗产惠东渔歌、渔家婚礼、妈祖祭拜习俗等有关渔家文化资源，挖掘特色，继续举办好每年一届的妈祖文化旅游节。建议借鉴旅游发达地区的大型实景演出经验，倡导村民参与，打造一场反映渔家生产生活的文化演出，既提升渔业村村民的文化自豪感，也为村民创造更多的就业机会，更能优化滨海观光旅游产品结构，提升巽寮地区旅游体验性。

第6章　结论与展望

6.1　本文研究结论

本文基于可持续生计分析框架的学术思想和人地关系地域系统理论，立足巽寮湾渔业村案例地实际，结合统计分析调查问卷数据，尝试分析了渔业村村民生计资本、生计策略、生计输出成果情况，构建环境变迁对村民生计方式影响机制，并在此基础上提出增强渔业村生计可持续性的对策建议。具体研究结论如下：

第一，目前国内主要从人类学、社会学的角度开展生计方式变迁研究，并且研究较多集中在少数民族地区、贫困地区，而针对旅游地居民或渔民的生计方式研究成果还不多，对生计方式与旅游地环境变迁之间的复杂关系探讨也还存在很大研究空间。

第二，巽寮湾渔业村在短短的十年间，从一个以渔业捕捞为主的传统小渔村发展成为以休闲渔业为特色的滨海旅游名村。本文通过调查统计分析，发现渔业村总的生计资本综合指数处于中等水平，生计资本指数最高的为自然资本，这得益于该村拥有较丰富的海洋资源和优越的地理条件。社会资本处于第二高位置，得益于当地政府注重对渔民技能培训，并组织渔民成立了滨海渔业专业合作社。物质资本水平第三。金融资本和人力资本水平最低，该村获得金融政策支持力度不足，受教育程度较低，非劳动力和半劳动力占比较高，人口负担系数较大。

第三，本文从旅游地旅游环境的广义概念出发，结合巽寮湾渔业村具体情况，对自然生态环境、经济制度环境、社会文化环境的19项构成要素的变迁形式作了分析，并概括了环境变迁四个主要特征：双向性、关联性、绝对性、脆弱性。对19项环境要素进一步甄别、确认，选取自然生态环境中的气候变化、自然资源、地理条件、动植物群落的物种组成、自然环境质量，经济制度环境中的经济结构、政府政策、劳动就业、土地政策、社区增权，社会文化环境中的居民态度、城市特征、地方意境共13个要素，对渔业村生计方式的影响进行了分析论述，发现自然生态环境是形成生计方式的基础，经济制度环境是优化生计方式的关键，社会文化环境对稳定、完善生计方式具有支持作用。并在此基础上尝试构建了旅游地环境变迁对居民生计方式的影响机制。

第四，结合巽寮湾渔业村生计方式与环境变迁存在的不适应实际情况，提出了引导帮助渔民正确认识自身的生计资本、休闲渔业的运行要从注重数量发展向注重质量管理转变、注重技能培训并提高渔民的自我发展能力、继续推进渔业村“旅游名村”改造工程、加强渔业村环境保护建设、重视渔家文化的挖掘和弘扬六项建议，旨在提高渔业村村民的生计资本水平及利用率，增强生计方式的稳定性和可持续性。

6.2 不足与展望

旅游地环境变迁对生计方式的影响是一个复杂的综合系统，限于笔者的理论水平、知识结构，笔者认为以下四个方面还需加强研究学习。

第一，生计资本作为生计方式的核心部分，在对五种生计资本进行分析时，采用了极差标准化公式对数据进行计算，但极差标准化公式未能很好地反映数据的离散程度。虽然在设计调查问卷时本文参考了大量的巽寮湾相关文献资料，尽量使调查问卷的指标更贴近实际，但由于渔业村村民文化程度普遍不高，对问卷的理解难免存在认识偏差，本文所计算出的生计资本、生计多样化指数还是无法完全克服数据测算误差方面的缺陷。希望在今后的学习研究中能采用更科学有效的定量研究方法对生计方式的指标数据进行测算，同时还可进一步研究生计资本与生计策略的匹配情况、测量环境各要素对生计方式的影响程度情况。

第二，虽然巽寮湾在广东滨海旅游发展实践中有一定代表性，但本文只选取了渔业村一个案例地，无法从横向上对各指标数据进行对比分析。在今后的研究中，如条件允许，可选取两个具有代表性的案例进行横向对比，提高研究的科学性和准确性。

第三，在确定选取环境变迁 13 个要素进行分析时，由于可供借鉴的研究成果不多，指标的选择在一定程度上带有主观性。虽然本文专门征询了 10 位业内专家学者的意见和建议，尽量降低主观性，但仍无法完全消除这一缺陷。今后要结合多学科知识对各环境要素的变迁形式进行深入分析研究，在征求专家意见时注重专家学者的广泛性、专业性、代表性。

第四，本文尝试构建了环境各要素对生计方式的影响机制，事实上生计资本、生计策略、生计成果也会反作用于环境各要素，现实中影响机制更加复杂、隐秘，限于文章篇幅和笔者理论水平，本文未能详细分析生计方式对环境各要素的反作用以及深入分析它们之间的内在关系。在今后的工作实践中，笔者将围绕生计方式与环境要素之间的关系加强学习，注重观察，培养分析问题、解决问题的综合思维能力。

参考文献

[1] Carney D. Sustainable livelihoods approaches: Progress and possibilities for change [M]. Toronto: Department for International Development (DFID), 2003.

[2] Tang Q, Bennett S J, Xu Y, et al. Agricultural practices and sustainable livelihoods: Rural transformation within the Loess Plateau, China [J]. Applied Geography, 2013, 41 (41): 15 -23.

[3] 王利平，王成，李晓庆. 基于生计资产量化的农户分化研究——以重庆市沙坪坝区白林村471户农户为例 [J]. 地理研究，2012，31 (5): 945 -954.

[4] Saleth R M. Agricultural sustainability status of the agro - climatic sub - zones of India: Empirical illustration of an indexing approach [J]. Indian Journal of Agricultural Economics, 1993, 48 (3): 543 -550.

[5] Saleth, R. M. & Swaminathan, M. S. Sustainable livelihood security at the household level: Concept and evaluation methodology [C]. //Proceedings of An Interdisciplinary Dialogue on Ecotechnology and Rural Employment. Madras, India, 1993.

[6] Potts D. The slowing of Sub - Saharan Africa's Urbanization: evidence and implications for Urban Livelihoods [J]. Environment & Urbanization, 2009, 21 (1): 253 -259.

[7] Singh P K, Hiremath B N. Sustainable livelihood security index in a developing country: A tool for development planning [J]. Ecological Indicators, 2010, 10 (2): 442 -451.

[8] Ashley C. The impacts of tourism on rural livelihoods: Namibia's experience [J]. ODI Sustainable Livelihoods Working Papers Overseas Development Institute, 2000.

[9] Ellis F, Ellis F. Livelihoods and Diversity in Developing Countries [M]. New York: Oxford University Press, 2000: 235 -249.

[10] Tao TCH, Wall G. Tourism as a sustainable livelihood strategy [J]. Tourism Management, 2009, 30 (1): 90 -98.

[11] Wall G. A Livelihood Approach to Sustainability [J]. Asia Pacific Journal of Tourism Research, 2009, 14 (2): 137 -152.

[12] Greenough K. Mobility, Market Exchange and Livelihood Transition: Fulbe Flexibility in Tanout, Niger [J]. Nomadic Peoples, 2012 (2): 26 -52.

[13] Moreno A, Becken S. A climate change vulnerability assessment methodology for coastal tourism [J]. Journal of Sustainable Tourism, 2009, 17 (4): 473 -488.

[14] Willroth P, Diez J R, Arunotai N, et al. Modelling the economic vulnerability of households in the Phang - Nga Province (Thailand) to natural disasters [J]. Natural Hazards, 2011, 58 (2): 753 -769.

[15] Nyaupane G P, Poudel S. Linkages among biodiversity, livelihood, and tourism

[J]. Annals of Tourism Research, 2011, 38 (4): 1344 - 1366.

[16] Cherni J A, Hill Y. Energy and policy providing for sustainable rural livelihoods in remote locations - the case of Cuba [J]. Geoforum, 2009, 40 (4): 645 - 654.

[17] Ahmed N, Troell M, Allison E H, et al. Prawn postlarvae fishing in coastal Bangladesh: Challenges for sustainable livelihoods [J]. Marine Policy, 2010, 34 (2): 218 - 227.

[18] Vista B M, Nel E, Binns T. Land, landlords and sustainable livelihoods: The impact of agrarian reform on a coconut hacienda, in the Philippines [J]. Land Use Policy, 2012, 29 (1): 154 - 164.

[19] Thapa K S. Do protected areas and conservation incentives contribute to sustainable livelihoods? A case study of Bardia National Park, Nepal [J]. Journal of Environmental Management, 2013, 128 (20): 988 - 999.

[20] 胡兆义. 社会转型背景下农村生计方式变迁研究——以河北省D县为例 [J]. 河北工程大学学报（社会科学版），2012，29（3）：39 - 42.

[21] 姜似海，陈志永. 城镇化背景下山地农民生计方式选择困境的实证分析——以黎平县大稼乡俾嗟村为例 [J]. 贵州师范学院学报，2017，33（4）：41 - 51.

[22] 高志英. 傈僳族的跨界迁徙与生计方式变迁 [J]. 中国农业大学学报（社会科学版），2010，27（3）：124 - 131.

[23] 刘正江. 哈萨克族定居牧民传统生计方式的变迁与社会适应——以新疆裕民县阿勒腾也木勒乡为例 [J]. 中国穆斯林，2012（3）：25 - 27.

[24] 郑宇. 中国少数民族生计方式转型与资源配置变迁 [J]. 北方民族大学学报（哲学社会科学版），2015（1）：23 - 30.

[25] 孙九霞，刘相军. 生计方式变迁对民族旅游村寨自然环境的影响——以雨崩村为例 [J]. 广西民族大学学报（哲学社会科学版），2015（3）：78 - 85.

[26] 熊正贤. 西南民族地区农民生计方式的变迁与演进——基于乌江流域穿青人的视角 [J]. 云南民族大学学报（哲学社会科学版），2016，33（5）：100 - 105.

[27] 李霞. 三峡库区太安农村社区乡村旅游发展中生计方式的转型 [J]. 三峡大学学报（人文社会科学版），2016，38（4）：32 - 36.

[28] 周杨. 察隅县本堆村藏民生计方式变迁调查 [J]. 四川民族学院学报，2017，26（1）：35 - 39.

[29] 秦红增，毛淑章. 改革开放30年少数民族生计模式变迁——来自广西壮族自治区隆安县那门壮族村的田野报告 [J]. 思想战线，2009，35（1）：32 - 36.

[30] 黄正宇，暨爱民. 国家权力与民族社会生计方式变迁——以湖南通道县阳烂村侗族为例 [J]. 原生态民族文化学刊，2010，2（2）：107 - 112.

[31] 王成超. 农户生计行为变迁的生态效应——基于社区增权理论的案例研究 [J]. 中国农学通报，2010，26（18）：315 - 319.

[32] 张晗. 城市化进程中我国农村社会生计方式变迁研究——基于对珠海市唐家村的调查与思考 [J]. 南方农村，2012，28（9）：37 - 41.

［33］莫艳婷，李艳飞．消失的马车队——关于广西罗城一个仫佬族村落生计方式变迁的研究［J］．传承，2014（5）：108－109.

［34］贺爱琳，杨新军，陈佳，等．乡村旅游发展对农户生计的影响——以秦岭北麓乡村旅游地为例［J］．经济地理，2014，34（12）：174－181.

［35］谢蓓，郭帅旗．农民新型生计方式与乡村变迁——以豫北K村为例［J］．青海民族研究，2015，26（3）：70－73.

［36］李锦萍．近二十年来丽江农村纳西族生计方式的变迁——以玉龙县南溪村为例［J］．黔南民族师范学院学报，2015，35（2）：25－29.

［37］薛继亮．可持续生计分析框架下的少数民族生育率及其生计方式变迁研究［J］．前沿，2015（1）：96－100.

［38］刘夏蓓，黄章宏．“差序化代入”：乡村生计方式的一种变迁机制及其意义——基于攀枝花X村两次产业转型的调查［J］．四川师范大学学报（社会科学版），2017，44（5）：70－77.

［39］费孝通．江村经济［M］．呼和浩特：内蒙古人民出版社，2010：90

［40］张明，红音．旅游发展与村落社区的变迁——以松潘县传子沟村为例［J］．四川民族学院学报，2011，20（3）：48－52.

［41］王瑾，张玉钧，石玲．可持续生计目标下的生态旅游发展模式——以河北白洋淀湿地自然保护区王家寨社区为例［J］．生态学报，2014，34（9）：2388－2400.

［42］高智博，丁杨，刘瑞雪，等．白龙湖水环境变迁背景下沙洲镇居民生计方式变化的研究——以四川省青川县沙洲镇白龙湖网箱养殖为例［J］．商，2016（18）：57＋49.

［43］才让珠玛，才吉卓玛．青海湖周边社会传统生计方式的变迁与生态适应性研究——基于青海湖周边莫胡里村的人类学考察［J］．青藏高原论坛，2016，4（2）：38－44.

［44］杨明洪，刘建霞．旅游资源规模化开发与农牧民生计方式转换——基于西藏“国际旅游小镇”的案例研究［J］．民族学刊，2017，8（3）：9－18＋99－100.

［45］［加］沃尔，［加］马西森．旅游——变化，影响与机遇［M］．肖贵蓉，译．北京：高等教育出版社，2007.

［46］GB/T 17775—1999，旅游区（点）质量等级划分与评定［S］.

［47］肖星．旅游策划教程［M］．广州：华南理工大学出版社，2006，1：55－56.

［48］Gunn. C. A Tourism planning：basics，concepts，case［M］．Washington：Taylor and Francis，1994.

［49］卢云亭．中国大百科全书·地理学卷［M］．北京：中国大百科全书出版社，1990：289.

［50］保继刚，楚义芳．旅游地理学［M］．北京：高等教育出版社，1999.

［51］连漪，马艺芳．旅游目的地竞争性营销模式研究［J］．广西社会科学，2004（4）：70－72.

［52］凌常荣，刘庆．旅游目的地开发与管理［M］．北京：经济管理出版社，

2013，1：2－5.

［53］崔凤军．中国传统旅游目的地创新与发展［M］．北京：中国旅游出版社，2002.

［54］肖星．旅游策划教程［M］．广州：华南理工大学出版社，2006，1：55.

［55］李斌，李小云，左停．农村发展中的生计途径研究与实践［J］．农业技术经济，2004（4）：10－16.

［56］Scoones I. Sustainable rural livelihoods：a framework for analysis［J］. Subsidy Or Self，1998：72.

［57］李彩霞．城镇化对农民生计方式变迁的影响［D］．石河子：石河子大学，2014.

［58］李劼．生计方式与生活方式之辨［J］．中央民族大学学报（哲学社会科学版），2016，43（1）：45－51.

［59］Wall G，Wright C. The Environmental Impact of Outdoor Recreation［M］. Waterloo：University of Waterloo，1977.

［60］崔凤军．旅游环境研究的几个前沿问题［J］．旅游学刊，1998，13（5）：35－39.

［61］Romeril M. Tourism and the environment－accord or discord?［J］. Tourism Management，1989，10（3）：204－208.

［62］Edited by Cooper C P. Progress in Tourism，Recreation and Hospitality Management［M］. London：Belhaven Press，1989：34－54.

［63］Wall G，Mathieson A. Tourism：changes，impacts and opportunities［M］. London：Pearson Prentice Hall，2006.

［64］周延亭．略论我国的旅游环境保护［J］．旅游学刊，1986（1）：29－35.

［65］陈安泽，卢云亭．旅游地理概论［M］．北京：北京大学出版社，1991.

［66］刘晓冰，保继刚．旅游开发的环境影响研究进展［J］．地理研究，1996，15（4）：92－100.

［67］崔凤军．风景旅游区的保护与管理［M］．北京：中国旅游出版社，2001：24.

［68］刘南威．自然地理学（第三版）［M］．北京：科学出版社，2015.

［69］Conroy C，Litvinoff M. The Greening of Aid：Sustainable Livelihoods in Practice［M］. London：Earthscan Publications，1988.

［70］Chambers R，Conway G R. Sustainable rural livelihoods：Practical concepts for the 21st century［J］. IDS Discussion Paper No. 296. Brighton，Institute of Development Studies，1992，296.

［71］蔡荣鑫．国外贫困理论发展述评［J］．经济学家，2000（2）：85－90.

［72］苏芳，徐中民，尚海洋．可持续生计分析研究综述［J］．地球科学进展，2009，24（1）：61－69.

［73］A Pete Castro. Maxwell School of Citizenship and Public Affairs Syracuse. Sustainable

Livelihoods Analysis：An Introduction［M］. New York：Cornell Universities Press，2002：35－60.

［74］汝信，陆学艺，李培林.2005 年：中国社会形势分析与预测［M］. 北京：社会科学文献出版社，2004：20－21.

［75］李炜. 教育性人力资本投资与失地农民代际可持续生计［D］. 成都：四川大学，2006：140－149.

［76］汤青. 可持续生计的研究现状及未来重点趋向［J］. 地球科学进展，2015，30（7）：823－833.

［77］吴孔森，杨新军，尹莎. 环境变化影响下农户生计选择与可持续性研究——以民勤绿洲社区为例［J］. 经济地理，2016，36（9）：141－149.

［78］苏芳，徐中民，尚海洋. 可持续生计分析研究综述［J］. 地球科学进展，2009（1）：61－69.

［79］吴传钧. 人地关系地域系统的理论研究及调控［J］. 云南师范大学学报（哲学社会科学版），2008，40（2）：1－3.

［80］樊杰. "人地关系地域系统"学术思想与经济地理学［J］. 经济地理，2008（2）：177－183.

［81］杨云彦，赵锋. 可持续生计分析框架下农户生计资本的调查与分析——以南水北调（中线）工程库区为例［J］. 农业经济问题，2009（3）：58－65.

附录 1

渔业村村民生计方式调查问卷

问卷编号：

尊敬的渔业村村民朋友：

您好！非常感谢在辛苦劳动之余参加问卷调查。本调查所收集资料只供毕业论文撰写参考，不用于任何商业用途，对您的回答我们将完全保密。该填写需耽误您 10 分钟时间，感谢配合和支持！

第一部分　填写人基本情况

1. 性别：____ A. 男　　B. 女

2. 年龄：____ A. 18 岁及以下　B. 19 ~ 34 岁　C. 35 ~ 64 岁　D. 65 岁及以上

3. 政治面貌：____ A. 共产党党员　B. 民主党派党员　C. 群众

4. 您的受教育程度：____ A. 未上过学　B. 小学　C. 初中　D. 高中或中专　E. 大专及以上

5. 您家庭参与旅游发展的情况是：____

A. 自家或与别人合伙共同经营旅游业（如有自己的休闲渔船、家庭旅馆、餐饮店或烧烤店、特产摊档等）；

B. 没有自家经营旅游业，但有到旅游企业打工（包括短工）；

C. 没有参与旅游业，从事农业、渔业捕捞等非旅游业。

第二部分　以下问题请以家庭为单位进行填写

6. 家庭人口情况：A. 非劳动力____人；B. 半劳动力____人；C. 全劳动力____人。

7. 全劳动力人员（上题中第 C 项人员）的受教育程度：A. 未上过学____人；B. 小学____人；C. 初中____人；D. 高中或中专____人；E. 大专及以上____人。

8. 您家拥有船的数量情况：A. 休闲快艇____艘；B. 休闲渔船____艘；C. 捕鱼船____艘。

9. 您家目前的渔船的性能质量怎样，请在相应格子里打钩。

渔船类别	A（非常好）	B（比较好）	C（一般）	D（不太好）	E（很不好）
休闲快艇					
休闲渔船					
捕鱼船					

10. 渔业村靠海吃海，您家对以下渔业村传统上赖以生存的海洋资源的质量的看法是，请在相应格子里打钩。

资源名称	A（非常好）	B（比较好）	C（一般）	D（不太好）	E（很不好）
鱼、虾等海洋生物种类和数量					
海水环境质量					
沙滩、植物等海岸带环境质量					
渔业村港湾的现状					

11. 您家人均住房面积（平方米）：____ A. 20及以下 B. 21~30 C. 31~40 D. 41~50 E. 50以上

12. 您家的房屋结构是：____ A. 混凝土楼（平）房 B. 砖瓦房 C. 土砖房 D. 土木房 E. 其他结构更差的住房

13. 您家的住房已住了多少年：____ A. 5年及以内 B. 6~10年 C. 11~20年 D. 21~30年 E. 31~40年 F. 40年以上

14. 您家是否有以下生产工具、耐用消费品（可多选）：____ A. 机动三轮车 B. 小轿车 C. 电脑 D. 照相机 E. （休闲）渔船 F. 两轮摩托车 G. 电视机 H. 冰箱 I. 洗衣机 J. 空调 K. 煤气/液化气灶 L. 固定电话/手机 M. 小型货车/面包车 N. 热水器 O. 安装自来水

15. 您对下列村内基础设施的看法，请在相应格子里打钩。

村内基础设施	A（非常好）	B（比较好）	C（一般）	D（不太好）	E（很不好）
村内及连接村外的道路					
码头设施					
饮水设施					
供电设施					
环境改善					

16. 您家庭2017年的总收入____。A. 5万元及以下 B. 6万~10万元 C. 11万~15万元 D. 16万~20万元 E. 21万元及以上

17. 您家庭在借款时有哪些方式（可多选）：____ A. 银行或信用社等正规金融机构 B. 高利贷 C. 亲戚朋友

18. 2017年以来，您家是否以现金形式接受过任何援助：____ A. 有 B. 无

19. 假如您的家庭有遇到资金困难的话，能从以下哪种方式获得资金帮助：____ A. 资金无偿援助 B. 无息借款 C. 两种都会有 D. 两种都没有

20. 您的家庭是否参加了经济合作社组织（如休闲渔业合作社）：____ A. 有 B. 无

21. 2017年您家庭是否参加过渔业、农业或旅游等任何技能培训：____

A. 有 B. 没有

22. 家里人或亲戚是否在政府或村委会工作：____ A. 有 B. 没有

23. 目前您家庭成员中所从事的工作类型有（可多选）：____

A. 务农 B. 捕鱼为生 C. 自家经营休闲渔船 D. 自家经营渔家乐或农家乐 E. 自

家经营特产店或超市小卖部等　F. 自家经营餐饮或烧烤等　G. 在巽寮本地打工　H. 离开巽寮到外地打工　I. 在政府单位或村委会工作　J. 其他：____

24. 在没有发展旅游业时，您家庭成员主要从事的工作类型有（可多选）：____ A. 务农　B. 渔业捕捞为生　C. 在巽寮本地打工　D. 离开巽寮到外地打工　E. 在政府单位或村委会工作　F. 其他：____

25. 自政府大力发展旅游业以来，您认为您家庭有什么变化（可多选）：____ A. 收入增加、生活水平提高　B. 抵御自然灾害、失业等风险的能力提高了　C. 生活配套设施等更加便利　D. 比以前更加贫困　E. 其他：____

26. 通过十年来的发展，您认为还有哪些不足？____
____

希望政府要加强的地方有哪些？____

附录 2

旅游地环境变迁对居民生计方式影响调查问卷

首先非常感谢您参与此次问卷调查。回答本问卷大约需要 15 分钟。本问卷的目的是通过征求收集专家意见，对前期通过文献、资料研究获得的旅游地环境要素作进一步的甄别、补充、确认，以便分析确定对生计方式产生影响的旅游地环境主要因素，为接下来开展环境变迁对生计方式研究做准备。

请您针对表格中所列的每一个环境要素对生计方式是否产生影响给出您的观点，每一个环境要素有三个选择：

A. 非常肯定该环境要素对生计方式产生明显影响

B. 比较肯定该环境要素对生计方式产生一定影响

C. 不太肯定或不认为该环境要素对生计方式产生影响

环境要素		变迁表现形式	对居民生计方式的影响：A、B、C 选项
一、自然生态环境	1. 气候变化	台风等极端天气来临时，狂风暴雨会破坏基础设施乃至生命财产等	
	2. 自然资源	地表水或地下水资源枯竭；渔港淤泥不断淤积，港湾变浅	
	3. 地理条件	渔业村濒临海湾，全村总面积 11 万平方米，无耕地、林地	
	4. 动植物群落的物种组成	生态环境有所破坏，近海渔业资源不断减少，脚踏或娱乐设施工具对滨海植物的踩压、旅游服务设施建设导致植物覆盖率的变化	
	5. 自然环境质量	污水排放、油类溢出造成海水环境污染。汽车尾气对大气污染带来压力。大量游客的涌入，小汽车、工地建设的工程车引起噪声污染	
	6. 地表形态	旅游设施建设导致海岸线变窄。游人过度践踏，海岸线含硅量高达 99% 的洁白海沙有点变黑，岸上土壤板结，土壤肥力下降，土壤 pH 值上升，损害地质特征	
	其他：（请注明）		
	其他：（请注明）		

续表

环境要素		变迁表现形式	对居民生计方式的影响：A、B、C 选项
二、经济制度环境	1. 经济结构	引进金融街公司等进驻开发，大力发展旅游业；传统渔业消失，传统经济秩序发生变化；个人经济独立性增强	
	2. 政府政策	出台引导渔民转产转业政策；政府推动道路设施建设、海岸带保护等措施	
	3. 劳动就业	收入增加，传统就业方式发生变化；存在一定程度的季节性失业（旅游淡旺季）；外来就业人口增多（外来经营者）	
	4. 土地政策	渔业村全村无耕地，历代以来以捕鱼为生，上岸定居后政府分配居住地。随着旅游开发，土地价值（地价）上涨，用地冲突时有发生	
	5. 社区增权	成立休闲渔业合作社，引导渔民参与旅游经营；加强村民技能培训	
	其他：（请注明）		
	其他：（请注明）		
三、社会文化环境	1. 传统习俗与文化	传统节日和其他文化艺术节事活动有所复兴，每年农历三月和八月分别举行祭祖、妈祖巡游活动。当地的惠东渔歌列入国家级非物质文化遗产，当地婚庆保留了“十八渔嫂齐划桨”和“哭嫁”等风俗，多次被央视、省、市电视台拍摄成旅游宣传节目	
	2. 价值观念与行为规范	家庭结构、价值观发生变化。服务态度更加优良。青少年吸毒等现象有所发生	
	3. 生活方式	渔民只有在重大节日才会穿渔家服装，外来服饰对当地传统服饰有所冲击；人口的流动、信息的交流等使饮食习惯发生变化，不良生活方式有所蔓延	
	4. 语言	游客以及外来居住者不断增多，外来语言充斥整个旅游区，本地语言有所弱化。本地居民不断学习普通话和粤语，以加强与游客的沟通交流	
	5. 居民态度	村民的自我发展意识与需求不断增强，对待旅游及游客的态度包括欢迎、融洽、冷漠、恼怒、对抗	
	6. 卫生与健康	旅游区仅有一家乡镇卫生院，卫生设施条件有所改善，村民就医可及性有所提高。大量涌入的游客，对当地医疗条件提出更高要求，医疗资源比较紧张	

续表

环境要素		变迁表现形式	对居民生计方式的影响：A、B、C 选项
三、社会文化环境	7. 城市特征	居住、商业用地方面出现了为旅游者和当地居民分别开发的区域；城市化影响下道路系统不断增加建设，如车行道、人行道的建设。传统民居为现代建筑所取代，大量兴建农家宾馆等	
	8. 地方意境	文化景观发生变化，如为了使船只能通过塭仔河直接出海，将原来的石板桥改建为现代圆拱桥，使船只顺利通过。新建设的建筑风格以及停车场等设施建设等与滨海渔村的旅游定位相融性偏低。垃圾废弃物也增多	
	其他：（请注明）		
	其他：（请注明）		

注：此表格是依据国内外有关环境的概念定义，参考崔凤军教授《风景旅游区的保护与管理》（2001：33－46）、谢彦君教授《基础旅游学》（2004：313－352）有关旅游对环境影响分析，结合巽寮渔业村的实际情况修订补充形成。

青瓦房古村落乡村旅游服务质量提升研究

作者：梁方倍
指导老师：郭峦

摘要：随着中国经济进入高质量发展阶段和乡村旅游的快速发展，乡村旅游的服务质量受到了学术界和业界的高度重视。青瓦房古村落是“美丽南方”乡村旅游区的重点建设项目之一。青瓦房古村落的服务质量影响该区域乡村旅游的高质量发展，以及乡村振兴战略的贯彻落实。因此，对青瓦房古村落的服务质量展开研究，具有非常重要的理论价值和实践意义。

本文以感知服务质量、服务质量评价量表和修正的IPA分析法为理论支撑，运用深度访谈、问卷调查、统计学分析等方法，结合乡村旅游服务特点，提出乡村旅游服务质量评价量表，并以青瓦房古村落为对象进行了实证研究。一是提出并通过因子分析验证了有形性、可靠性、响应性、消费性和移情性五个维度是构成乡村旅游服务质量的维度属性。二是通过修正的IPA分析21个服务项目的重要性与满意度，并针对性提出加强游客关怀、提供优质定制化服务、优化价格模式、增强特色餐饮体验等“重点改进”方面的策略；合理规划设施布局、改善乡村旅游配套服务设施等“缓慢改进”方面的策略；关注古村落风貌协调、规范服务操作流程等“顺其发展”方面的策略；丰富乡村旅游服务项目、加强乡村旅游服务队伍建设等“保持优势”方面的策略。

关键词：青瓦房古村落；乡村旅游；服务质量

第1章 绪 论

1.1 研究背景

1.1.1 发展乡村旅游是贯彻落实乡村振兴战略的重要举措

2017年，党的十九大报告明确提出“乡村振兴战略”，并指出全党工作的重心是解决好“三农”问题，“三农”工作的重心是乡村振兴[1]。2022年初，中共中央、国务院发布中央一号文件《关于做好2022年全面推进乡村振兴重点工作的意见》，该文件明确提出2022年全面推进乡村振兴重点工作，并将乡村休闲旅游产业作为推动乡村产业振兴发展的重要引擎，实施乡村旅游提升计划。近年来，广西壮族自治区党委、政府印发的《关于实施乡村振兴战略的决定》明确提出，以乡村旅游为切入点，大力培育乡村旅游品牌，打造优质乡村休闲旅游线路，扩大乡村旅游消费，推动广西乡村旅游快速发展。可见，发展乡村旅游已经成为乡村振兴战略有效贯彻落实的重要举措之一[2]。

1.1.2 广西乡村旅游迈入高质量发展阶段

近年来，广西依托乡村文化和特色农业资源，大力发展乡村旅游。截至2020年底，广西共创建四星级及以上乡村旅游区（农家乐）630家，共有40个村和3个镇（乡）被文化和旅游部、国家发展和改革委员会列入全国乡村旅游重点村镇名录。随着中国经济由高速增长阶段转向高质量发展阶段，2020年广西出台《关于促进乡村旅游高质量发展的若干措施》（桂政办发〔2020〕44号）明确提出了加快乡村旅游业态融合发展、加强乡村旅游品牌建设等14个措施，为广西乡村旅游高质量发展提供政策支持。这也标志着广西乡村旅游正式迈入高质量发展。

1.1.3 大众旅游需求多样化对乡村旅游提出高质量服务新要求

大众旅游时代，人民群众的刚性生活需求由物质层面逐渐提升到精神层面，旅游成为人们美好生活的重要组成部分。近年来，乡村旅游作为城镇居民进行短期观光休闲度假的主要方式，已经成为我国旅游经济增长的新亮点。随着我国人均GDP突破1万美元和旅游消费意愿不断增强，人们对多样化、高质量的乡村旅游需求凸显，乡村旅游发展潜力巨大。乡村旅游消费形式逐渐由传统观光型和休闲度假型向高质量定制化型转变，乡村旅游消费进入快速升级阶段，尤其是服务性的消费需求快速升级。可见，大众旅游时代游客需求的多样化对乡村旅游服务质量提出了新要求。

1.2 研究意义

1.2.1 理论意义

目前国内外学者对乡村旅游的研究较为深入，但是对于乡村旅游服务质量的研究成果有待丰富，尤其在评价量表方面尚未形成一个完整的乡村旅游服务质量的评价量表。本文基于修正的SERVQUAL量表和HISTOQUAL量表，结合地方特性构建适用于乡村旅游的服务质量评价量表，并通过实证研究对该评价量表的有效性进行验证。一是扩展了SERVQUAL量表和HISTOQUAL量表组合模型的应用领域，完善了乡村旅游服务质量评价框架；二是深化了乡村旅游服务质量相关管理的研究，具有一定的理论意义。

1.2.2 实践意义

大众旅游时代的到来，游客需求的多样化对乡村旅游服务质量提出了新要求，乡村振兴战略的实施，为青瓦房古村落乡村旅游带来了新的发展机遇。本文从游客视角入手，研究青瓦房古村落游客服务质量现状并提出提升策略，对青瓦房古村落乡村旅游发展具有实践意义，为广西乡村旅游业的高质量发展提供理论借鉴。

1.3 国内外研究综述

1.3.1 国外乡村旅游服务质量研究综述

自20世纪80年代初以来，国外学者尝试构建不同的服务质量测量模型，应用于金融、零售、旅游等各服务行业[3]。其中，乡村旅游服务质量研究也获得了长足发展。国外学者对乡村旅游服务质量测量主要从三种视角开展研究。一是将服务质量成熟量表直接应用于乡村旅游地服务质量的测量。Demoi等（1991）、Reichel等（2000）、Maestro等（2007）、Devesa等（2010）、Bouchon等（2016）学者基于SERVQUAL模型、Gronroos模型、SERVPERF模型等，对加拿大、以色列、西班牙和东盟等乡村旅游业进行了探索性实证研究，并提出了改进服务质量对策建议[4-8]。二是不同研究者以SERVQUAL量表为基础，结合旅游服务行业特征形成服务质量评价模型。自Parasuraman，Zeithaml和Berry（以下简称PZB，1985）首次提出用于测量服务质量的SERVQUAL量表模型后，在旅游业的应用中，Knutson等（1991）、Knutson等（1995）、John Tribe和Tim Snaith（1998）、Frochot和Hughes（2000）、Maryam Khan等（2003）学者以SERVQUAL量表为基础，提出LODGSERV模型、DINESERV模型、HOLSAT模型、HISTOQUAL模型和ECOSERVQ模型等，用于测量乡村旅游地饭店业、餐饮业、度假地、遗产地和生态区域的服务质量[9]。三是从乡村旅游地发展要素角度，构建乡村旅游服务质量评价量表。Lo

等（2011）在马来西亚的乡村旅游地巴里奥考察了服务质量对游客满意度的影响时，从场所、景点、户外活动、氛围、动机五个服务质量维度，对 146 名游客进行调查研究，得出场所、氛围和户外活动是提升游客满意度的重要维度[10]。

国外学者对乡村旅游服务质量探讨的研究方法主要集中在以下两个方面。一是采用文献研究法、访谈法、案例研究法和多准则决策分析法等定性研究方法进行研究。Embacher Hans（1994）从产业转型升级方面分析，论述澳大利亚的乡村旅游服务质量的战略角度和实践方面议题[11]。Friesen 和 John（1995）从个案研究出发，对滑铁卢近郊乡村旅游服务质量现状及提升策略进行分析总结[12]。Rozman 等（2009）基于多准则决策模型（MCDM）方法，定性分析七个乡村旅游地服务质量优劣排行情况并提出改进措施[13]。二是采用问卷调查法、统计学研究法和实验法等研究方法进行实证分析。Rajaratnam 等（2014）采用基于方差的偏最小二乘结构方程模型对马来西亚乡村旅游地游客服务质量感知满意度进行研究，得出感知服务质量对游客满意度有显著的正向影响[14]。Constantinescu 等（2017）通过实地观察和问卷调查法对罗马尼亚葡萄园乡村旅游服务质量进行研究并提出提升对策建议[15]。An 等（2021）采用 Best - worst choises 实验法对居住在马德里和巴塞罗那的游客在选择乡村旅游地服务质量属性方面进行研究，得出游客倾向于选择各属性中期望效用最高的乡村旅游地[16]。

1.3.2 国内乡村旅游服务质量研究综述

近 20 多年来，乡村旅游服务质量研究受到国内众多学者的广泛关注，乡村旅游服务质量研究得以蓬勃发展[17]。国内学者对乡村旅游服务质量测量主要从两个视角开展研究。一是结合乡村旅游发展要素，构建乡村旅游服务质量评价量表。王兵（1999）在对比国内外乡村旅游发展要素现状的基础上，提出开发高质量的乡村旅游产品以适应中国未来乡村旅游市场的发展需求[18]。随后，王兵等（2006）在对北京郊区乡村旅游发展现状的调查研究中，从旅游商品、服务、环境、特殊兴趣活动、设施和住宿五个维度测量其乡村旅游服务质量和游客满意度，寻找不足并提出深入研究乡村旅游的思考[19]。江波等（2008）学者从社区、服务以及旅游六要素等八个维度测量乡村旅游服务质量，探究其对游客忠诚度的影响[20]。二是将国外成熟的服务质量量表直接或修正后应用于乡村旅游服务质量的测量。刘涛（2011）、梁海燕（2013）、祁黄雄（2013）、闫金娟等（2016）、张大鹏等（2016）学者以 SERVQUAL、Gronroos、BMC、SERVPERF、AHP - FCE 等典型的服务质量测量模型为基础，构建乡村旅游服务质量评价量表，用于测量福建永定土楼、湖州顾渚村、哈尔滨市阿城区、武汉市大余湾等乡村旅游地区的服务质量并提出相应的提升对策[21-25]。

国内学者对乡村旅游服务质量探讨的研究方法主要集中在以下五方面。一是乡村旅游服务质量评价指标筛选和确认通常使用文献研究法、德尔菲法和访谈法，程兴火等（2008）和闫金娟等（2016）学者通过文献研究法结合焦点小组访谈和德尔菲法，探察乡村旅游服务质量评价题项，完成指标筛选[26,27]。二是 IPA 分析方法在乡村旅游服务质量评价中应用最为广泛，张文萍（2010）、马敬桂等（2010）、龙祖坤等（2014）、林燕华（2019）、于淑艳等（2020）、范燕如（2020）等学者基于 IPA 方法，对三圣乡、常德、三亚、什寒村、袁家村等乡村旅游地服务质量进行测量并提出提升对策[28-33]。三是将层次分析法（AHP）和模糊综合评价法（FCE）相结合，陈晓磬（2012）、彭嘉（2013）、马珍丽（2014）、张大鹏（2016）、李向荣等（2019）学者通过实证分析得出乡村旅游服务质量存在的问题并提出提升建议[25,34-37]。四是因子分析法、多元回归分析和结构方程法等统计分析法也普遍应用于乡村旅游服务质量分析中[27,38-41]。五是网络文本可视化分析法也初步应用于该领域，舒思瑞等（2020）学者在携程网中抓取游客评价，分析游客对大邑县乡村旅游服务的感知现状，找出存在的问题并提出提升建议[42]。

1.3.3 研究述评

国内外学者对乡村旅游服务质量的研究主要从测量视角和研究方法两个方面进行了研究。从测量视角上看，国内外学者大多沿用关于服务质量的研究思路，并以服务质量成熟量表为基础，直接应用、部分修订或者重新设计乡村旅游服务质量评价量表，用于测量各地乡村旅游地服务质量并提出提升对策，为本研究构建具有地域特色的乡村旅游服务质量评价量表提供了理论基础和研究思路。从研究方法上看，国内外学者多采用定性分析和定量分析相结合的研究方法，定性分析多采用文献研究法、访谈法和案例研究法等研究方法。定量分析多采用问卷调查法、统计分析法和结构方程法等研究方法，为本研究构建分析框架提供了基本方法。但是，由于服务自身特性，乡村旅游服务质量测量标准未达成共识，这使众多学者关于乡村旅游服务质量的研究成果呈现出百家争鸣的姿态。同时，由于乡村旅游服务质量测量量表尚未统一，“期望—感知”差距分析法、绩效感知度量法、非差异分析法以及 IPA 分析方法等测量方法呈现百花齐放的姿态。本文对此展开研究，意在构建具有地域特色的乡村旅游服务质量评价量表，丰富乡村旅游服务质量的理论研究，具有为乡村旅游业的高质量发展提供借鉴的实践意义。

1.4 研究思路与研究内容

1.4.1 研究思路

首先，本文以感知服务质量、服务质量评价量表和修正的 IPA 分析法为理论支撑，运用深度访谈、问卷调查、统计学分析等方法，结合乡村旅游服务特点，提出乡村旅游服务质量评价量表。其次，通过概况案例地现状，并以青瓦房古村落为对象进行了实证研究。然后通过问卷调查采集数据信息，运用 IBM SPSS Statistics 21.0 作为数据分析工具，运用描述性统计分析得出游客行为特征和偏好；运用信度效度分析对量表部分进行信度效度检验；运用因子分析检验乡村旅游服务质量量表的维度；运用修正的 IPA 分析法构建不同特征的四象限图对乡村旅游服务质量各题项进行分析。最后，根据实证分析结果，为青瓦房古村落乡村旅游服务质量提出提升策略，并总结研究结论和不足，以及提出今后的研究展望。

1.4.2 研究内容

根据前人研究理论基础、现状实际及研究目标，论文的研究以下列框架展开。

第 1 章是绪论部分。本章主要阐述了研究的背景、意义、内容、思路、方法以及技术路线，并对国内外乡村旅游服务质量的研究进行综述。

第 2 章是相关概念与理论基础部分。主要介绍乡村旅游和服务质量的相关概念，梳理服务质量测量维度模型和修正的 IPA 分析法的相关理论基础。

第 3 章是乡村旅游服务质量评价量表构建部分。通过文献研究、深度访谈和问卷调查法等对乡村旅游服务质量评价量表进行题项选取和筛选，结合对旅游者、乡村旅游经营管理者和行业专家学者等深度访谈，初步建立了乡村旅游服务质量评价量表，经过文献查阅、与乡村旅游行业专家学者、青瓦房古村落经营管理者进行深度访谈，深入了解青瓦房古村落的发展历程和乡村旅游的发展现状。通过游客调查问卷最终确定乡村旅游服务质量评价量表。

第 4 章是分析结果部分。运用描述性统计分析得出人口统计学特征和游客行为特征；运用修正的 IPA 分析法探究本研究所涉及的青瓦房古村落乡村旅游服务质量各题项重要性以及实际满意度表现。

第 5 章是提升对策部分。在上文的数据分析与处理的基础上，探讨了青瓦房古村落乡村旅游服务质量提升的对策建议。

第 6 章是研究结论与研究展望部分。本章主要归纳总结研究结论，反思研究的不足之处以及提出研究展望。

1.5 研究方法

1.5.1 文献研究法

本文献研究是通过中国知网（CNKI）、百度学术、外文数据库（Science Direct）、谷歌学术、广西大学图书馆等线上线下收集资料和数据，对乡村旅游和服务质量理论进行梳理和归纳总结，为乡村旅游服务质量评价研究建立基本概念和构建相关理论基础。同时，通过查找国家政府部门、各省级行政单位政府部门、相关企业发布有关文件信息，对青瓦房古村落乡村旅游发展的现状进行系统分析。

1.5.2 深度访谈和问卷调查法

问卷调查法，即研究人员为了获得可靠资料数据，采用控制式的测量方式，对所研究问题进行度量的一种使用比较广泛的方法。本研究以服务质量量表为基础，结合对旅游者、乡村旅游经营管理者和行业专家等深度访谈，建立乡村旅游服务质量评价量表，并设计了游客调查问卷，通过现场问卷和网络问卷两种方式进行问卷调查，为本研究收集一手资料。

1.5.3 数理统计学研究法

本研究以 Excel 表格对问卷调查收集到的数据建立数据库，并以 IBM SPSS Statistics 21.0 作为数据分析工具，运用描述性统计分析得出游客行为特征和偏好；运用信度效度分析对量表部分进行信度效度检验；运用因子分析检验乡村旅游服务质量量表的维度；运用均值计算出服务质量实绩得分，运用偏相关分析计算出服务质量和实际满意度表现的引申重要性得分，运用修正的 IPA 分析法构建不同特征的四象限图对乡村旅游服务质量各题项进行分析。

1.6 技术路线

本文技术路线如图 1－1 所示。

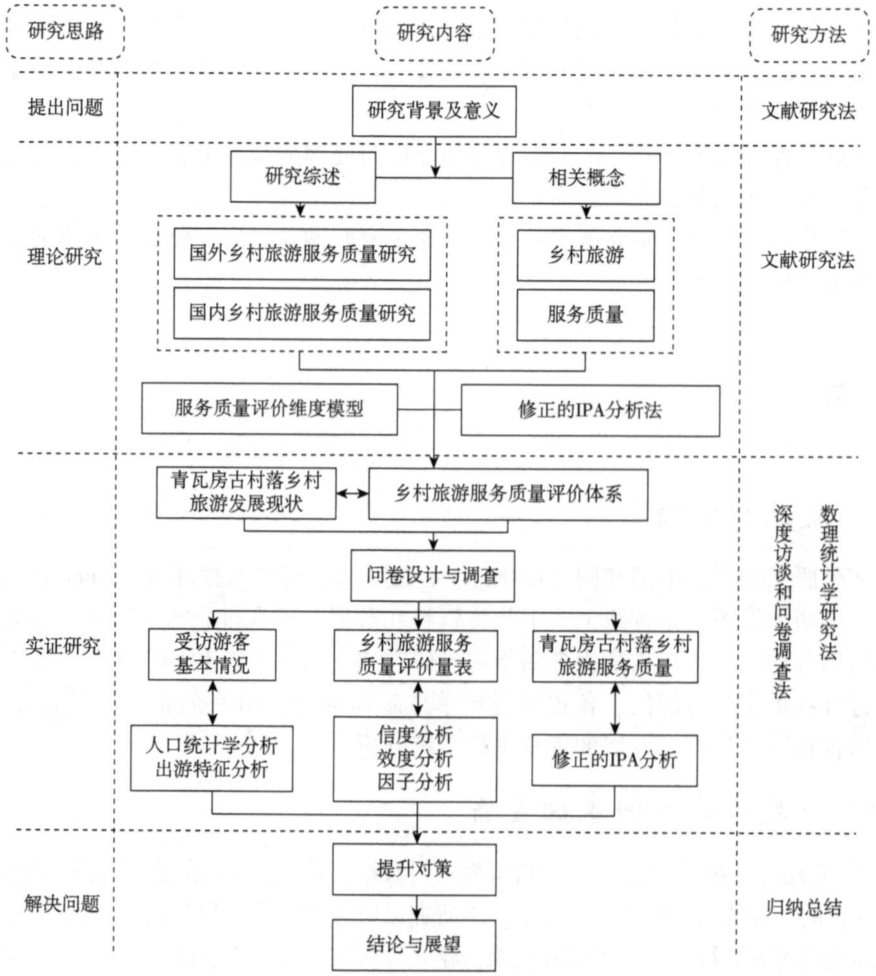

图 1－1　技术路线

第2章 相关概念与理论基础

2.1 相关概念

2.1.1 乡村旅游的概念

国内外学者在认同“乡村旅游（Rural Tourism）是发生在乡村地区的旅游活动”的基础上，对乡村旅游的概念进行深入阐述[43]。Reichel 等（2000）认为，乡村旅游是在空间开阔和具有特色乡村面貌的乡村地区开展的旅游活动，由小微企业对其进行经营管理，践行可持续发展理念[4]。在乡村旅游吸引物方面，何景明等（2002）认为是乡村地区的自然和人文客体[44]。刘德谦（2006）认为是乡村地区的乡村风情[45]。Su（2011）指出，乡村旅游可以为当地社区提供补充收入和新的就业机会，乡村旅游对社会经济影响越来越重要[46]。联合国世界旅游组织（UNWTO，2020）指出，乡村旅游越来越被视为一种提高乡村地区吸引力、缓解人口挑战、减少移民、促进一系列当地资源充分利用、同时维护农村生活传统的手段[47]。综上所述，本研究认为乡村旅游是指以农村地域的自然生态环境、乡村聚落景观、农事生产活动、乡村民俗风情等为主要旅游吸引物，吸引旅游者前往观光游览、娱乐体验、拓展实践、休闲度假等，并为乡村地域社会发展带来一定影响的旅游活动。

2.1.2 服务质量的概念

国内外学者非常重视服务质量基本概念的研究，认为它是构建服务质量理论框架的基础，服务质量的概念主要有以下两个方面[48]。一方面，服务质量是指顾客对服务的实绩表现的主观评价。Levitt（1972）认为，服务质量与产品质量相似，能够用既定标准衡量服务结果[49]。Garvin（1984）认为，衡量服务质量的标准不是客观的评价，而是主观的[50]。Gronin 等（1992）认为，服务质量是指顾客感知服务的绩效表现[51]。刘宇（2012）将服务质量定义为顾客在公司为其提供的服务过程中所表现出的一种认知态度[52]。另一方面，服务质量是感知服务“期望—实绩”的比较结果。Gronroos（1982）和 PZB（1985，1988，1991）等学者认同该定义，并对顾客感知服务质量进行了更深入的研究[54]。与 Gronroos 的观点类似，瑞典学者 Lehtinen（1991）指出，服务质量具有主观性，顾客通过感知进行质量评价，具体通过对比服务人员所提供的服务和顾客所感受到的服务而获得的差距感受[53]。综上所述，本研究认为乡村旅游的服务质量是指游客感知乡村旅游地及其服务的实绩评价。

2.2 理论基础

2.2.1 服务质量测量维度模型

服务质量管理北欧学派的代表人物 Gronroos（1982，1984）首次提出感知服务质量（Perceived Service Quality）的概念，奠定了服务质量测量理论基础，随后学者对服务质量的测量维度进行了大量的探讨和研究[55]。Gronroos（1982）提出服务质量是由技术质量和功能质量二维度构成[3]。与 Gronroos 的观点类似，瑞典学者 Lehtinen（1991）将服务质量分为有形质量（环境、设施设备等）、交互质量和企业形象三维度构成[53]；继 Gronroos 之后，PZB（1988）等学者对顾客感知服务质量进行了更深入的研究，提出了著名的五维度 SERVQUAL 模型，服务质量由有形性、可靠性、响应性、移情性和保证性五维度构成[56]。Frochot 和 Hughes（2000）在 SERVQUAL 量表的基础上，根据旅游服务环境的具体情况，重新修改为新的 HISTOQUAL 量表，提出了五个维度构成：响应性、有形性、交流性、消费性和移情性[57]。Brady 和 Cronin（2001）综合 Gronroos 和 PZB 等学者的观点，提出了服务质量由交互质量、实体环境质量和结果质量三个维度构成[58]。此外，Ko 和 Pastore（2004）在 Brady 和 Cronin 研究的基础上，论证了项目质量是休闲体育业服务质量的首要因素，并提出服务质量是由项目质量、交互质量、结果质量和实体环境质量共同组成[48]。

2.2.2 修正的 IPA 分析法

（1）IPA 分析法概述。1977 年，Martilla 和 James 在分析汽车销售绩效时首次提出了重要性—实绩分析方法（Importance－Performance Analysis，以下简称 IPA 分析法）[59]。IPA 分析法的理论基础是“期望—感知”差距模型，研究者将重要性表现作为纵轴，实绩表现作为横轴，绘制四象限图代表不同表现特征。研究者根据各属性在四象限图中的分布情况，对资源进行优化配置，以达到提升服务管理的效果[59]。该方法科学、直观且易操作，后来在旅游、健康、教育、交通、信息技术和电子商务等各种领域得到广泛应用[60-63]。

（2）修正的 IPA 分析法概述。IPA 分析法虽然应用广泛，但也存在三个方面的缺陷[64]。一是对自诉重要性与满意度存在相关性提出质疑；二是对用量表中心法选取区隔阈值具有争议；三是对 IPA 四个象限矩阵的分割具有局限性。因此，学者运用三要素理论、间接测量法和新的 IPA 坐标定位法等对传统的 IPA 分析法进行修正研究，提出了修正的 IPA 分析法，修正的 IPA 分析法的理论基础是三要素理论模型，一是通过间接测量法计算引申重要性来消除自述重要性和满意度存在的相关性；二是通过数据中心法来代替量表中心法选取区隔阈值；三是通过新的 IPA 坐标定位法对 IPA 四个象限矩阵的分割。该方法科学、直观且能够弥补传统的 IPA 分析法在应用中存在的局限性，在旅游研究中得到广泛应用，是旅游研究中普遍使用的研究方法之一[65-74]。

（3）修正 IPA 分析法的重要性。由于传统的 IPA 分析法存在缺陷且数据分析不够严谨，其信度和效度有待商榷[68]。鉴于此，学者对 IPA 分析法进行了修正研究。首先，对确定每个属性的重要性得分进行修正研究。Bottomley 等（2000）、Batra 等（2001）、Mikulić等（2012）、Lai 等（2016）学者认为，自述重要性可以在问卷调查中获得，具有简单易操作的优点。然而，自诉重要性评价会受到实绩表现评价的影响，其问卷数据的信度和效度问题经常受到批评[60]。Deng（2007）、Van 等（2007）、Deng 等（2008）、Mikulić等（2012）学者建议使用引申重要性来代替自诉重要性，与自诉重要性相比，引申重要性受到属性实绩表现的影响较小，同时可以消除自诉重要性和实绩表现的相关性。因此，本研究采用引申重要性得分来确定每个属性的重要性得分情况。其次，对区隔阈值的选取和四个象限的分割进行修正研究。量表中心法采用调查问卷量表中的中位数作为区隔阈值，Taplin 等（2012）学者认为，由于问卷调查得到表现值通常都高于量表刻度中点，所以量表中心法将大部分属性划分到一个象限中；且由于忽略了调查对象的特性，会导致各属性的重要性被高估[61,68]。因此，Eskildsen 等（2006）学者指出数据中心法采用各属性重要性和绩效表现的总平均数或者中位数作为区隔阈值，其简洁直观且具有很高的辨别能力而得到广泛应用[61,68]。因此，本研究采用数据中心法，选取各属性引申重要性和实绩满意度的总平均值作为区隔阈值。Matzler（2013）指出，区隔阈值的确定可以将 IPA 图的所有区域划分为四个象限[61]。本研究根据传统的划分方法采用垂直线和水平线相结合，将 IPA 图的所有区域分割为四个象限[59,63,66,68]。

2.3 本章小结

在国内外相关文献梳理的基础上，对本研究中乡村旅游和服务质量这两个核心概念进行界定，对支撑本研究的感知服务质量理论基础进行概述，对服务质量的传统测量模型进行梳理，对采用的修正 IPA 分析法应用于本研究构建的分析框架进行说明。其中，感知服务质量理论是本研究的基础理论，服务质量测量维度模型是构建乡村旅游服务质量评价量表的框架模型，修正 IPA 分析法是本研究构建分析框架的基本方法。

第3章　乡村旅游服务质量评价量表构建

3.1 构建原则及方法

3.1.1 构建原则

乡村旅游服务质量评价量表要科学、系统、全面地反映出当地乡村旅游服务质量现状水平必须遵循以下标准。

（1）科学性。量表的科学性原则不仅要求正确运用理论指导量表构建，尽可能客观地解释乡村旅游服务质量的本质特征和发展规律，还要在题项的选取、量表层级构建、题项的评价技术等方面采用科学的研究方法，力求量表的结果能够科学、客观地反映乡村旅游服务质量的实际。

（2）目的性。设计乡村旅游服务质量评价量表的目的在于调查研究乡村旅游服务质量的现状水平，分析出乡村旅游服务质量的薄弱环节，提出如何改善乡村旅游服务质量的对策，并制定相应改进的措施，促进乡村旅游高质量发展。

（3）独立性。独立性原则强调衡量的量表中各题项之间保持应有的独立性，选取的题项要相互分离，尽量不要存在相互交叉、相互包容现象。选取的题项能够独立、准确地反映乡村旅游服务质量现状水平和存在的问题。避免因部分题项相互覆盖，而影响评价结果的准确性。

（4）系统性。乡村旅游服务质量评价量表作为一个纷繁复杂的系统，应能从多个层级、多个维度、多个角度反映乡村旅游服务质量的各个方面：有形性、可靠性、响应性、消费性、移情性和总体满意度等，反映乡村服务质量的现状水平。

（5）可操作性。评价量表的题项可以通过一定的努力获取，题项尽可能简单、明确并且可以量化，各题项的评价标准等级分明，评价对象明确并能参与评价，同时要求符合相应的规范内容，能够得到学术界与业界的普遍认可和接受。

3.1.2 构建方法

本文通过梳理大量国内外旅游服务质量的相关文章，参考了服务质量的评价量表，结合乡村旅游特点，本着以上构建原则，基于文献梳理对评价量表进行初步筛选，对量表的优化采用专家意见征询和深度访谈的方式，具体方法如下。

（1）文献梳理。科学性原则要求正确运用理论指导量表构建，基于文献梳理对评价量表进行初步筛选，评价量表构建有两个主要来源：一是前人的研究成果，本研究以服务质量原始 SERVQUAL 量表和 HISTOQUAL 量表为基础理论框架，同时结合国内外乡村旅游服务质量研究成果对量表的构建进行指导。二是行业的游客调查问卷，国内各类旅游服务质量调查问卷以及乡村旅游目的地游客调查问卷也为本研究的量表设计提供参考依据。

（2）深度访谈。笔者通过深度采访了西乡塘区石埠镇忠良村政府部门相关工作人员 2 名，青瓦房古村落管理人员 2 名，青瓦房古村落基层服务人员 3 名，导游 3 名以及分别于 2021 年 1 月（冬季）、2021 年 4 月（春季）、2021 年 6 月（夏季）、2021 年 9 月（秋季）曾到过青瓦房古村落游玩的 4 名游客进行采访，分别从乡村旅游服务质量五个维度和总体满意度进行探讨，深入了解其所关注的服务质量的情况。

（3）专家意见征询。笔者邀请深耕于乡村旅游领域的高校学者、国家金牌导游、旅游经济师等多名专家学者对初步筛选出来的量表进行评价。专家的意见主要集中在以下两点：一是多数专家认可 PZB 等学者提出的就具体的研究对象对原始 SERVQUAL 量表进行定制化改进的观点[9]，根据乡村旅游行业的特点，消费性可以作为乡村旅游服务质量评价的重要维度。二是专家在对具体的指标设置上给出了指导性的修改意见，大多数专家建议同一层次的题项要具有较好的一致性，对于语义冗余的题项可以进行合并处理，对于某些不符合乡村旅游特点的题项是否有存在的意义提出质疑，对于文字表述上不够精练，含混不清的句子提出了修改意见。

3.2 评价量表设计

3.2.1 服务质量评价量表的引入

（1）SERVQUAL 量表。SERVQUAL 量表是由美国服务管理研究组合 PZB 等学者在 1985 年首次提出并于 1988 年和 1991 年进行修订后形成了衡量服务质量的测量工具[54,56,75]。PZB（1985）借鉴差距理论，首次提出了服务质量的十维度和 97 个问项的测量量表，用于测量顾客对服务的期望与感知[54]。经过进一步研究，PZB（1988）将十个维度凝练成为五个维度，把原 97 个问项精简为 22 个，形成了评价服务质量的 SERVQUAL 量表[56]。由于量表包含期望和实际感知两个部分的问题，受访者在回答问题时容易混淆两者之间的关系，鉴于此，PZB 等（1991）学者修正了 SERVQUAL 量表，一是对期望的服务问项用词进行了修改，二是将实际感知服务的问项反问部分改为正面提问[75]。他们的研究致力于建立一个能够广泛应用于各种服务行业的测量服务质量的通用工具，并通过对家电、修理修配、通信、金融等服务行业的顾客对服务质量的评价进行测量。

（2）SERVPERF 量表。Gronin 等（1992）将 SERVQUAL 量表应用于金融、虫害控制、干洗和快餐等服务行业，通过对比研究，他们认为仅基于服务实绩感知的服务质量评价量表能够克服 SERVQUAL 量表在开发过程中存在的概念性和测量性的问题，并将该量表命名为 SERVPERF 量表（Service Performance 的缩写）[51]。SERVPERF 量表沿用 SERVQUAL 量表的五个维度 22 个问项问卷，但 SERVPERF 量表摒弃了 SERVQUAL 量表对“期望—感知”进行的差异比较分析，仅通过对顾客感知的服务实绩测量顾客感知服务质量。以 Gronin 和 Taylor 为代表的 SERVPERF 量表支持者认为，直接测量实绩感知服务质量是基于某一特定的服务经历而进行判断，比较能够反映出顾客对各种服务的质量的评价态度。一些学者通过类似的研究对两种量表进行实证比较，也得出 SERVPERF 量表优于 SERVQUAL 量表的测量结果。

（3）HISTOQUAL 量表。由 PZB 等学者开发的 SERVQUAL 量表被广泛使用，SERVQUAL 量表是衡量服务质量的有效工具，用于测量服务质量的不同问题，SERVQUAL 量表由五个维度构成：有形性、可靠性、响应性、保证性和移情性。Frochot 等（2000）在 SERVQUAL 量表的基础上，根据旅游服务环境的具体情况，重新修改为新的 HISTOQUAL 量表，提出了五个维度构成：响应性、有形性、交流性、消费性和移情性，用于评价历史遗迹旅游目的地的服务质量[57]。Su 等（2018）通过网络文本分析法，从网上负面评论中提取影响历史遗迹展示馆服务质量属性，认为交流性和消费性是旅游服务质量的重要维度[76]。进一步证实了 HISTOQUAL 量表的适用性。

3.2.2 乡村旅游服务质量评价量表初步确定

在以上三种用于评价服务质量的量表中，原始 SERVQUAL 量表基于五个维度 22 个问项分别评价顾客的期望与感知的服务实绩，奠定了评价服务质量基本理论和框架基础。由于顾客的期望不易评价，Gronin 等学者提出的 SERVPERF 量表只评价顾客感知的服务实绩，该量表因其高信度、方便和简捷受到众多学者的推崇。Frochot 等学者根据旅游服务环境的具体情况，在 SERVQUAL 量表五个维度 22 个问项和 SERVPERF 量表（见表 3－1）只评价顾客感知的服务实绩的基础上，提出了 HISTOQUAL 量表，用于测量历史古迹类旅游目的地的服务质量，该量表因其更加贴合旅游行业的特点而备受关注。

从服务质量研究的发展进程上看，原始 SERVQUAL 量表仍是服务质量修正研究的基本框架和理论基础，SERVPERF 量表只测量顾客感知的服务实绩的应用得到认可，根据服务环境的具体情况对服务质量量表进行定制化改进得到推崇。因此，本研究拟采用原始 SERVQUAL 量表和 HISTOQUAL 量表为基础框架，根据乡村旅游服务环境的特点，结合深度访谈和专家意见征询，修订乡村旅游服务质量评价量表，总结出乡村旅游服务质量维度属性主要由服务质量五个维度构成。

PZB 等（1985、1988 和 1991）学者在首次提出和不断修订 SERVQUAL 量表的研究中指出，有形性、可靠性和响应性是服务质量评价 3 个非常重要的维度[54,57,75]。继 PZB 等学者之后，Frochot 等（2000）在 HISTOQUAL 量表的研究中指出，响应性是优先考虑的重要维度，其次是有形性[57]。此外，Su 等（2018）学者从网上负面评价中提取出 12 个旅游服务质量维度，其中有形性、可靠性和响应性仍是三个非常重要的维度[76]。基于此，本研究将有形性、可靠性和响应性作为乡村旅游服务质量的三个重要维度。有形性包括古村落风貌、总体清洁环境及保洁度、相关娱乐配套设施、指示标识和符号、服务人员的仪容仪表以及交通条件等有形的具体的实体环境。可靠性包括乡村旅游地能够按照门票的内容提供游览和娱乐项目，以及确保游览和娱乐项目能够正常运行；服务人员能提供踏实、可靠的服务，能够较好地完成所承诺的服务。响应性包括乡村旅游地的服务人员态度热情友好，具备服务的专业知识，随时准备为游客提供满意周到的服务。

表 3－1　　乡村旅游服务质量评价

目标层	维度	题项
乡村旅游服务质量评价量表	有形性*	Q1. 古村落风貌保存和维护的状态完好**
		Q2. 总体环境卫生及保洁力度令人满意**
		Q3. 娱乐设施配套完善，布局合理
		Q4. 乡村旅游地指示牌指向清晰明确有帮助**
		Q5. 乡村旅游地服务人员着装统一，衣着整洁*
		Q6. 停车（公共交通）便捷

续表

目标层	维度	题项
乡村旅游服务质量评价量表	可靠性*	Q7. 乡村旅游地按照门票的内容提供游览和娱乐项目*
		Q8. 乡村旅游地的娱乐项目（如马术、射箭等）正常运行
		Q9. 娱乐项目的排队时间可以接受（如马术、射箭等）
		Q10. 当您遇到困难时，服务人员能表现出关心并提供帮助*
	响应性*	Q11. 您在需要的时候总能找到服务人员*
		Q12. 服务人员服务态度非常热情、友好*
		Q13. 您在乡村旅游地游玩时感觉到很受欢迎**
		Q14. 服务人员能够及时解决或回答您的问题*
		Q15. 服务人员有足够的知识或能力解决您的问题**
	消费性**	Q16. 乡村旅游地门票价格合理
		Q17. 乡村旅游地内花钱消费项目（如烧烤、红薯窑等）价格合理
		Q18. 餐厅或美食街提供多样化的特色餐饮**
		Q19. 乡村旅游地商店有大量可供选择的特色旅游纪念品**
		Q20. 乡村旅游地能根据不同人群的需要，提供定制化服务*
	移情性*	Q21. 乡村旅游地有为特殊群体（如老人、儿童、残疾人等）提供的专用通道和设施**
		Q22. 工作人员能给予您个别的关怀*
	总体满意度	1. 您对这次旅游总体非常满意
		2. 您还会再来游玩
		3. 您会推荐亲朋好友来游玩

注：*表示该指标来源于 SERVQUAL 量表，**表示该指标来源于 HISTOQUAL 量表，未标记“*”的指标来源于个人访谈和专家意见征询。

PZB 等（1988）学者在修订 SERVQUAL 量表的研究中将理解顾客和易接近性 2 个维度合并成为移情性维度[56]。在后续研究中，PZB 等（1991）、Frochot 等（2000）和 Su 等（2018）学者进一步论证移情性在服务质量评价中的重要性[57,75,76]。此外，Frochot 等（2000）和 Su 等（2018）学者在研究中指出，在旅游服务环境中，餐饮和旅游商品是服务质量评价需考虑的重要因素，消费性应作为评价服务质量的维度之一[57,76]。基于此，本研究将移情性和消费性作为乡村旅游服务质量的 2 个重要维度。消费性包括乡村旅游地为游客提供特有的消费项目，体现为乡村旅游地的门票价格、景区内花钱消费项目（如烧烤、红薯窑等）、特色餐饮以及特色旅游纪念品等。移情性包括乡村旅游地能够根据不同人群的需要，提供定制化服务；乡村旅游地有为特殊群体提供的专用通道和设施；乡村旅游地的工作人员能够给予游客个别的关怀。

Narayan 等（2009）、Chen 等（2011）学者指出，优质高效的服务质量和游客总体满意度之间存在相关性，该关系研究在旅游领域受到持续关注[77,78]。Huh 等（2006）、Ozdemir 等（2012）学者指出，在评价乡村旅游服务质量具体方面的同时，评价游客对乡村旅游地的总体满意度同样重要，因为它影响游客对乡村旅游地的选择、重游意愿和口碑推荐[79,80]。因此，本研究通过乡村旅游服务质量维度属性与游客总体满意度两个方面构建乡村旅游服务质量评价量表。总体满意度指标主要参考 Lo 等（2011）、Ozdemir 等（2012）、Rajaratnam 等（2014）学者对满意度含义的理解，设计了乡村旅游总体满意度测量问项[14,79,81]。

3.3 调查问卷设计与发放

3.3.1 问卷结构

问卷第一部分是游客对青瓦房古村落乡村旅游服务质量的调查，服务质量共 5 个维度 22 个题项，采用李克特五点量表对青瓦房古村落乡村旅游服务质量实际情况进行评分，1 分为很差，2 分为差，3 分为一般，4 分为好，5 分为很好。

问卷第二部分是游客对青瓦房古村落旅游总体满意度调查，共 3 个题项，采用李克特五点量表分别对青瓦房旅游总体满意度、重游意愿和推荐给他人的意愿 3 个题项进行评分，1 分为很差，2 分为差，3 分为一般，4 分为好，5 分为很好。

问卷第三部分是游客人口统计学特征和行为特征匿名调查，人口统计学特征包括性别、年龄、学历、职业、来源地、月收入 6 个题项。游客行为特征包括游玩次数、交通方式、同行人员和随行人数 4 个题项，均采用单选题的方式供游客勾选。

3.3.2 调查问卷发放与回收

（1）样本容量。根据景区管理人员初步统计，青瓦房古村落 2021 年接待游客量大约为 15 万人次，由于时间、财力和精力的限制，对全部游客进行普查是有难度的，因此，本研究采用抽样调查的方式完成问卷调查。Newman（2000）在其著作《社会研究方法：定性和定量方法》中提出，总体规模在 10 万以上的，研究者应该抽取总体的 1% 作为样本容量[82]。此外，当有效样本从 100 份增加到 500 份时，抽样误差由 ±10% 降为 ±5%[83]。因此，本次预计发放问卷 500 份。同时也能够满足 Schwab 关于样本容量和问卷题项数之比最小为 10∶1 的标准[68]。

（2）数据采集。笔者于 2021 年 12 月至 2022 年 1 月分两个阶段前往青瓦房古村落开展数据采集工作。第一阶段是问卷预调研环节，在文献研究、深度访谈和专家意见征询的基础上，形成了乡村旅游服务质量评价量表的最初问卷，2021 年 12 月 13 日至 20 日，笔者在青瓦房古村落发放 100 份问卷，回收 99 份，其中有效问卷 90 份，有效率为 90.9%，通过数据分析，得出乡村旅游服务质量评价量表的正式问卷。第二阶段是问卷正式发放环节，考虑到现场问卷仅能够采集到正在青瓦房古村落旅游的游客的数据，而网络问卷可以跨越时间地点的障碍收集到更广范围的数据，且可以通过网络平台设置筛选条件确保问卷的有效性。因此，笔者通过现场问卷和“滚雪球”式的网络问卷两种方式进行数据采集。现场问卷实地发放的地点选择在青瓦房古村落内的烧烤区、草坪以及青青牧歌农场等游客较多且停留时间较长的区域，在管理人员的帮助下，笔者通过随机询问游客的方式完成现场问卷调查。网络问卷则由青瓦房古村落管理人员将电子版问卷分享到青瓦房古村落年卡群、普通游客群以及微信朋友圈中完成网络问卷调查。此次调查得到有效问卷464份，有效问卷占预计发放量的92.8%。

3.4 案例地现状

3.4.1 青瓦房古村落的发展历程

青瓦房古村落位于南宁市西乡塘区“美丽南方”乡村旅游区内，是“美丽南方”乡村旅游区重点建设项目之一。“美丽南方”乡村旅游区曾先后获得“全国休闲农业与乡村旅游示范点”“国家田园综合体试点”“广西五星级乡村旅游区”“自治区生态旅游示范区”等称号。

青瓦房古村落由南宁市青瓦房农庄餐饮有限公司累计投资近1.2亿元建设而成。青瓦房古村落占地面积380多亩，是集餐饮住宿、旅游观光、食品展销、休闲娱乐、农业种植、生态养殖、文化体验等为一体的旅游景区，并于2016年11月10日正式开业。

青瓦房古村落凭借着古朴的建筑、特色的餐饮美食、浓郁的乡土气息以及丰富多彩的娱乐体验项目，受到了游客的青睐。2017年度获得“五星级农家乐”“广西最美休闲农业庄园”和“爱心商家”称号；2018年度获评“南宁市文化产业示范基地”和“年度最具人气餐厅”称号；2019年度荣获广西首届“十佳景区”网络评选大赛季军。2020年获评“南宁市中小学生研学基地”和“革命传统教育基地”。

3.4.2 青瓦房古村落乡村旅游发展现状

（1）青瓦房古村落乡村旅游服务设施情况。青瓦房古村落基础设施较完善，旅游服务设施齐全。在道路交通方面，青瓦房古村落有公路直达，距离公交车站、地铁、火车站、汽车站等各大交通场站均在3公里以内，交通便利。同时，古村落配套有生态停车场、交通指示牌等基础设施，基本满足游客需求。在水电通信方面，青瓦房古村落内水网纵横，渠相连，旱能灌，涝能排；电力和通信设备齐全，电视、网络、电话和传真等能正常使用。在安全卫生方面，古村落内设有数量充足的旅游厕所和分类垃圾桶，卫生环境较好，消防安全设施配备齐全，旅游安全有保障。在游憩设施方面，青瓦房古村落内合理布置游客休憩设施，数量充足。在购物方面，青瓦房古村落内设有腐竹、龟苓膏和当季果蔬等特色旅游商品购物商店。在标识方面，青瓦房古村落内标识牌标示较清晰，图示形象，方向明确，所在位置显眼。

（2）青瓦房古村落乡村旅游经营主要业务情况。乡村游览和娱乐活动项目丰富有特色。古村落拥有各类动物表演活动、乡村体验活动、特色民俗表演等乡村旅游娱乐体验项目18项，例如马术骑行、萌宠农场养殖、农家豆腐制作、大型实景古代马战表演、新年祈福活动、古村落传统婚礼习俗活动等，游客可充分体验古村里的乡村生活和民俗特色。同时，青瓦房古村落号称是“美丽南方的迪士尼乐园”，拥有惊险刺激的水上海盗船、18 米高空跳楼机等二十多个欢乐体验项目，充分考虑游客的玩乐需求多样性。青瓦房古村落采用门票制，针对不同群体设置了不同的套餐和票价。

青瓦房古村落美食佳肴饮食风味独具特色。青瓦房古村落内设有八角楼餐厅、美食街、烧烤园、柴火灶和红薯窑等，可为游客提供大盘菜、簸箕宴、鼎上菜肴、超级大型火锅、果蔬蒸粉、小面、油茶、糍粑、烧烤等丰富多样的特色美食，其中八角楼餐厅结合当地历史的九鼎风味，可提供 30 多种当地农家风味和地方特色各式菜品，满足游客不同的用餐需求。青瓦房古村落餐饮采用订单制定价，针对不同菜品和数量设置了不同的套餐和价格。

青瓦房古村落乡村住宿环境别具一格。青瓦房古村落依托明清时期和民国时期完整保存下来的徽式老宅建筑群，建成了古风古韵、古香古色以及具有岭南风格的庭院式民宿客栈。民宿客栈共配有 36 间客房，每间客房融入不同的色彩和主题，可以满足游客的不同需求。此外，青瓦房古村落内设有房车露营地，房车露营地配有 5 辆房车，可以满足游客露营、休闲和烧烤等需求。青瓦房古村落庭院式民宿价格和房车价格按照同类产品的市场价来定价，价格随市场的变化而有所调整。

（3）青瓦房古村落乡村旅游经营情况。青瓦房古村落以南宁市以及周边城镇中高档次消费群体为主要目标市场，主要以家庭、朋友和单位出游为代表的小型团体旅游为主，散客游和旅行社组团游为辅。青瓦房古村落充分发挥“都市郊区型”景区区位优势，以周末游、亲子游和主题游等旅游主要形式大力发展乡村旅游。

青瓦房古村落以“政府 + 公司 + 农户”的管理模式进行经营管理。该经营管理模式较为成熟，政府架起投资商与农户之间的桥梁，投资商通过政府组织农户参与乡村旅游项目运营。投资商在经营过程中设立两个法人公司来分管农庄和旅游项目，农户通过就业或者成为铺面的个体经营户参与到青瓦房古村落的经营管理中。青瓦房古村落将旧村盘活，给附近农户提供了大量的就业岗位，目前约 150 名员工中有近七成的员工来自附近的农户，28 个铺面里有 16 个租给了下灵村农户。

（4）青瓦房古村落乡村旅游经营效益分析。青瓦房古村落旅游收入来源于景区门票、特色餐饮、烧烤美食、柴火灶、红薯窑、民宿、游览和娱乐体验项目、手工体验及科普教育等项目。2016 年 11 月正式开业后，当年接待游客量约 5 万人次，旅游收入约 135 万元。随后两年游客量大增，旅游收入实现快速增长。2017 年，接待游客量约 50 万人次，旅游收入约为 1200 万元，同比增长 48. 15%。2018 年，接待游客量约 56. 77 万人次，旅游收入约为 1372. 5 万元，同比增长 14. 38%。随着周边同类型景区增多，采取门票制度后的青瓦房古村落旅游收入大幅度下降，2019 年，接待游客量约 17 万人次，旅游收入约为 900 万元，同比下降 34. 43%。新冠疫情暴发后，旅游收入出现较大波动后缓慢回升。2020 年，受疫情影响，旅游市场不景气，当年接待游客量约 13 万人次，旅游收入约为 600 万元，同比下降 33. 33%。2021 年，随着疫情防控常态化，旅游市场逐渐回暖，当年接待游客量约 15 万人次，旅游收入约为 700 万元，同比增长 16. 67%（见图 3－1、图 3－2）。

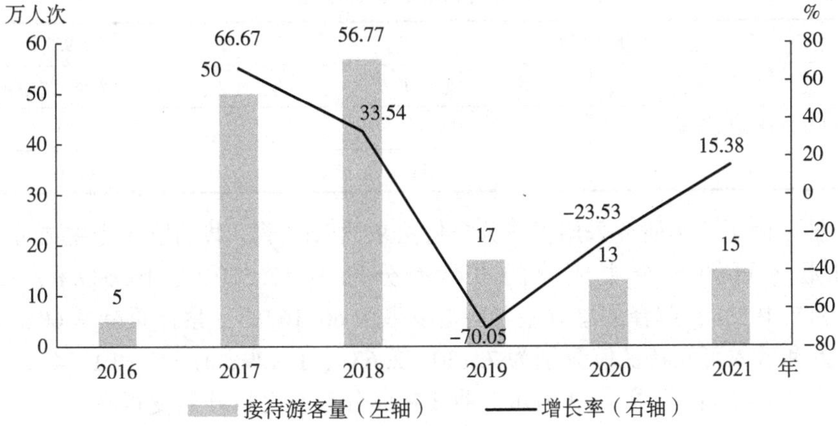

图3-1　青瓦房古村落2016—2021年旅游接待总量

（资料来源：青瓦房对外公布数据）

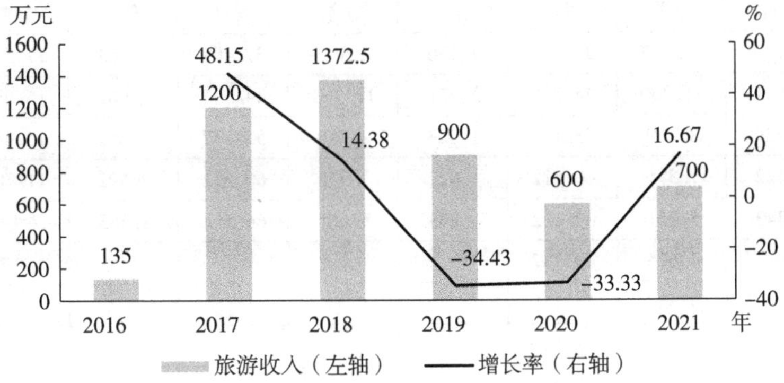

图3-2　青瓦房古村落2016—2021年旅游总收入

（资料来源：青瓦房对外公布数据）

3.5　评价量表的检验

3.5.1　因子分析

（1）效度分析。人们通常采用效度分析来确定一组数据是否适合进行因子分析，效度是指实证测量得到的结论在多大程度上反映研究概念的真正意义[89]。本研究采用IBM SPSS Statistics 21.0统计分析软件对问卷题项进行KMO检验和Bartlett球形度检验，KMO值介于0~1，取值越大，效度越好；Sig值小于显著水平0.05，则适合做因子分析。研究表明，乡村旅游服务质量量表的KMO值为0.957，Bartlett的球形度检验的Sig值为0，小于显著水平0.05，适合做因子分析（见表3-2）。

表 3－2　　KMO 和 Bartlett 的检验

KMO 值		0.957
Bartlett 的球形度检验	近似卡方	7589.871
	df	231
	Sig.	0.000

（2）抽取因子。本研究采用主成分分析法来抽取因子，共抽取 5 个主成分，通过旋转平方和载入可知 5 个主成分的贡献率分别为 17.560%、16.639%、12.988%、11.780% 和 7.195%，解释的总方差累计贡献率为 66.162%，累计贡献率 60% 以上；通过提取平方和载入可知特征值分别为 7.130、2.631、1.929、1.622 和 1.243，特征值均大于 1（见表 3－3）；如图 3－3 所示，曲线在成分数 5 之后开始变得平缓。说明这 5 个主成分具有很好的解释率。

表 3－3　　总方差解释率　　单位：%

成分	特征值			提取平方和载入			旋转平方和载入		
	合计	方差	累计	合计	方差	累计	合计	方差	累计
1	7.130	32.407	32.407	7.130	32.407	32.407	3.863	17.560	17.560
2	2.631	11.960	44.367	2.631	11.960	44.367	3.661	16.639	34.199
3	1.929	8.769	53.137	1.929	8.769	53.137	2.857	12.988	47.187
4	1.622	7.375	60.512	1.622	7.375	60.512	2.592	11.780	58.967
5	1.243	5.651	66.162	1.243	5.651	66.162	1.583	7.195	66.162
6	1.017	4.625	70.787						
7	0.959	4.358	75.145						
8	0.659	2.995	78.140						
9	0.640	2.911	81.051						
10	0.591	2.684	83.735						
11	0.548	2.492	86.227						
12	0.464	2.109	88.336						
13	0.434	1.972	90.308						
14	0.338	1.535	91.843						
15	0.323	1.468	93.311						
16	0.295	1.340	94.651						
17	0.259	1.178	95.829						
18	0.242	1.099	96.928						
19	0.215	0.977	97.905						
20	0.190	0.864	98.769						
21	0.158	0.717	99.486						
22	0.113	0.514	100.000						

提取方法：主成分分析。

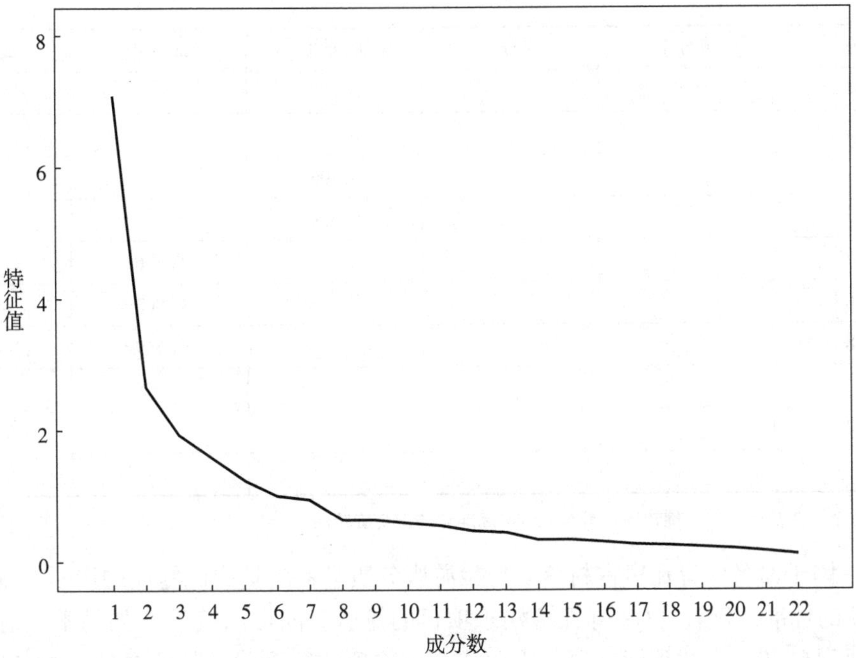

图3-3　碎石图

本研究使用最大方差法进行旋转后，因子载荷将22个题项划分为5个主成分，成分①（Q2、Q1、Q3、Q4、Q5、Q6）共6项，成分②（Q10、Q7、Q22、Q8、Q9）共5项，成分③（Q12、Q14、Q15、Q11、Q13）共5项，成分④（Q17、Q16、Q18、Q19）共4项，成分⑤（Q20、Q21）共2项（见表3-4）。

表3-4　旋转成分矩阵

题项	成分①	成分②	成分③	成分④	成分⑤
Q2	0.810				
Q1	0.806				
Q3	0.773				
Q4	0.742				
Q5	0.719				
Q6	0.646				
Q10		0.736			
Q7		0.699			
Q22		0.625			
Q8		0.633			
Q9		0.490			
Q12			0.785		

续表

题项	成分①	成分②	成分③	成分④	成分⑤
Q14			0.775		
Q15			0.743		
Q11			0.706		
Q13			0.639		
Q17				0.806	
Q16				0.802	
Q18				0.749	
Q19				0.705	
Q20					0.722
Q21					0.636

提取方法：主成分分析。旋转法：具有 Kaiser 标准化的正交旋转法。

（3）因子命名。青瓦房古村落乡村旅游服务质量各变量测试题项的因子载荷基本上超过 0.5 的标准，仅有“Q9 青瓦房娱乐项目的排队时间可以接受（如马术、射箭等）”因子载荷为 0.49，未达到标准值，因此作为剔除项进行剔除。除此之外，“Q22 青瓦房服务人员能给予游客个别的关怀”与“Q10 当游客遇到困难时，服务人员能表现出关心并提供帮助”题项被划分到相同的维度中。删减和调整题项之后，对提取的 5 个主成分分别命名：有形性（Q2、Q1、Q3、Q4、Q5、Q6）、可靠性（Q10、Q7、Q22、Q8）、响应性（Q12、Q14、Q15、Q11、Q13）、消费性（Q17、Q16、Q18、Q19）、移情性（Q20、Q21）。研究表明，因子分析结果与前文研究构想基本一致。

3.5.2 信度检验

信度又称可靠性，即测量的一致性程度，信度用来评价测量量表质量的优劣程度，测量量表使用的前提是信度达到一定的标准。信度一般用 Cronbach's α 来检验，Cronbach's α 介于 0 ~ 1，数值越大，信度越好[88]。当 Cronbach's α ≥0.9 时，信度非常好；当 0.9 > Cronbach's α≥0.8 时，信度很好；当 0.8 > Cronbach's α ≥0.7 时，信度比较好，当 0.7 > Cronbach's α 时，测量工具既不能用测验对个人做评价，也不能在团体间做比较[88]。

本研究采用 IBM SPSS Statistics 21.0 统计分析软件对调整过后的问卷题项进行信度检验。研究表明，调查问卷总体 Cronbach's α 为 0.941，表明总体信度非常好；服务质量总体 Cronbach's α 为 0.955，表明服务质量部分的变量信度非常好；响应性维度的 Cronbach's α 为 0.923，表明该维度的信度非常好；有形性维度的 Cronbach's α 为 0.881，消费性维度的 Cronbach's α 为 0.898，表明这两个维度的信度很好；可靠性维度的 Cronbach's α 为 0.809，移情性维度的 Cronbach's α 为 0.739，表明这两个维度的信度比较好。所有维度的 Cronbach's α 均大于 0.7（见表 3 – 5）。说明问卷达到测量标志，数据稳定可靠。

表 3-5　　变量的信度分析

分析对象	Cronbach's Alpha	项数
总体量表	0.941	24
服务质量	0.955	21
有形性	0.881	6
可靠性	0.809	4
响应性	0.923	5
消费性	0.898	4
移情性	0.739	2

3.6 本章小结

本章阐述了乡村旅游服务质量评价量表的构建原则及方法，首先，通过大量的文献阅读，本研究以服务质量原始 SERVQUAL 量表和 HISTOQUAL 量表为基础框架，拟订了包含有形性、可靠性、响应性、消费性和移情性 5 个维度和游客总体满意度的乡村旅游服务质量评价量表，并通过深度访谈和专家意见征询的方式对量表进行完善。其次，以乡村旅游服务质量评价量表为依据，设计调查问卷并进行发放与回收。并通过效度分析和因子分析对乡村旅游服务质量题项进行维度提取，共获得 5 个维度，分别为有形性、可靠性、响应性、消费性和移情性，符合服务质量理论基础。

第 4 章　青瓦房古村落乡村旅游服务质量分析结果

4.1 描述统计分析

4.1.1 人口统计学特征分析

（1）性别。在本次调查中，男性游客为 215 人，占 46.3%，女性游客为 249 人，占 53.7%，从性别上看，男女比例差别较小，女性游客占比略高于男性。研究表明，随着当下生活水平的提高、社会的进步、现代女性社会地位的跃升、受教育水平以及家务劳动社会化程度等方面的提高，女性旅游者逐渐成为旅游市场上的一大主体，同男性旅游者享有相同水平的出游机会[84]。

（2）年龄。调查中发现，在受访游客中，年龄在21～30岁所占比例最大，占36.4%，其次是31～40岁，占30.6%，这两个年龄阶段的受访者占总数的67%。表明乡村旅游消费群体大多为21～40岁中青年，该年龄段的游客具有充沛的精力以及对美好事物充满了好奇，喜欢三五成群结伴出游，热爱拍照分享旅游经历，喜欢通过旅游的方式丰富自身的阅历。

（3）受教育程度。调查中发现，在受访游客中，高职、大专学历占最大比重，占36.6%，其次是本科学历，占28.9%，从总体上看，高职、大专以及本科学历的受访游客占总数的65.5%，这表明青瓦房古村落的游客文化层次属于较高水平，这类群体对探索新知识、理解新事物以及获取新体验充满了兴趣，同时具备较高的消费意愿和消费能力，是发展乡村旅游的消费主体。

（4）职业。调查中发现，受访游客主要集中在自由职业者和企业员工这两个群体，分别占29.7%和28.7%，合计占比58.4%，超过半数。其次是学生和事业单位人员这两个群体，分别占18.3%和12.1%，合计占比30.4%。意味着有充足的、可灵活安排的休闲时间是乡村旅游出游的前提保证，有稳定的收入是进行乡村旅游消费的经济基础。

（5）来源地。从来源地上看，广西区内游客在青瓦房古村落游客中占主导地位，尤其是来自南宁市的游客最多，占62.9%，其次是广西其他地市的游客，占32.8%。其主要原因是青瓦房古村落位于南宁市郊区，交通便利，乡村旅游资源独特，由于受疫情的影响，跨省市旅游受到一定的限制，位于城市郊区的青瓦房古村落成为南宁市以及广西区内周边地市居民周末和节假日出游的最佳选择。

（6）收入。收入水平对乡村旅游消费的影响较为显著，良好的收入水平为游客消费更多乡村旅游体验项目提供经济基础，有利于游客获得高质量的乡村旅游体验。从收入上看，受访游客人数最多的是3001～5000元这个区间，占40.7%，其次是5001～10000元这个区间，占31.5%，合计占比72.2%，表明青瓦房古村落乡村旅游游客群多集中于中等和中等偏上收入水平，有较好的消费潜力（见表4－1）。

表4－1　游客的人口统计学特征分布　单位：%

类别	描述	频率	占比
性别	男	215	46.30
	女	249	53.70
年龄	20岁及以下	71	15.30
	21～30岁	169	36.40
	31～40岁	142	30.60
	41～50岁	59	12.70
	51岁以上	23	5.00
受教育程度	高中/中专及以下	104	22.40
	高职/大专	170	36.60
	本科	134	28.90
	研究生及以上	56	12.10

续表

类别	描述	频率	占比
职业	公务人员	18	3.90
	事业单位人员	56	12.10
	企业员工	133	28.70
	自由职业者	138	29.70
	学生	85	18.30
	农民	14	3.00
	离退休人员	9	1.90
	其他	11	2.40
来源地	南宁市	292	62.90
	广西其他地市	152	32.80
	广西以外地区	20	4.30
收入	3000 元以下	90	19.40
	3001～5000 元	189	40.70
	5001～10000 元	146	31.50
	10001～20000 元	27	5.80
	20001 元以上	12	2.60

4.1.2 游客出游特征分析

（1）游玩次数。调查中发现，一方面有 39.2% 的游客初次来到青瓦房古村落游玩，然而仅有 38.1% 的受访游客明确表示肯定会重游，表明有部分初次到访游客对青瓦房古村落乡村旅游现状不满意，初次到访游客的重游意愿较低。另一方面有 25.6% 的游客是青瓦房古村落的常客，到访次数为五次以上，这些游客大多数是青瓦房古村落的年卡客户，说明青瓦房古村落具有稳定的游客群体。

（2）出游方式。根据调查数据表明，游客在选择前往青瓦房古村落的出游方式中，自驾车出游方式最为普遍，有 44.6% 的游客自驾汽车出行。其次是公共交通工具，有 29.7% 的游客选择公交/地铁等公共交通工具出行。再次是灵活便捷的电动车或自行车，有 14.4% 的游客选择电动车或自行车出行。最后是团队包车，有 11.2% 的游客团队包车出行。

（3）同行人员。根据调查问卷的数据，前往青瓦房古村落的游客主要以同行出游为主。家庭出游比例最高，占比 31.7%。其次是与朋友结伴出游，占比 27.6%。再次，与同事、同学结伴同行出游的数据较为接近，有 18.8% 的游客选择与同事同行出游，有 17.7% 的游客选择与同学同行出游。其他仅占比 4.3%。由此可见，与亲朋好友同行出游仍为旅游主力。

（4）同行人数。根据调查问卷的数据显示，前往青瓦房古村落的游客中小团体出游占比最高，其中，2～4 人的游客团体占比高达 51.5%，5～9 人的游客团体占比 20.5%。

其次，10～20 人游客团体及 21 人以上游客团体数据相近，分别占比 11.2% 和 11%。而独自出游的游客仅占 5.8%（见表 4－2）。

表 4－2　　游客出游行为特征分析

类型	描述	频率	占比（%）
游玩次数	一次	182	39.20
	两次	98	21.10
	三次	48	10.30
	四次	17	3.70
	五次以上	119	25.60
出游方式	团队包车	52	11.20
	自驾汽车	207	44.60
	骑（电动）自行车	67	14.40
	搭乘公共交通工具	138	29.70
同行人员	家人	147	31.70
	同事	87	18.80
	朋友	128	27.60
	同学	82	17.70
	其他	20	4.30
同行人数	独自	27	5.80
	2～4 人	239	51.50
	5～9 人	95	20.50
	10～20 人	52	11.20
	21 人以上	51	11

（5）游客整体满意度。根据游客满意度调查结果表明，游客对青瓦房古村落乡村旅游整体满意度评价处于中等偏上水平，42% 的游客对此次青瓦房古村落乡村旅游整体满意度的评价为“满意”，28.2% 的游客认为“一般”，26.3% 的游客认为“非常满意”，极少数游客的评价为“不满意”或者“很不满意”。意味着青瓦房古村落乡村旅游的服务设施、服务质量以及体验项目等对游客具有较强的吸引力。

（6）游客重游意愿。重游意愿指游客决定再次前往相同旅游目的地的行为意向，是游客对该旅游目的地忠诚度的重要表现之一，并且与游客满意度密切相关[85]。研究表明，多数受访游客对青瓦房古村落乡村旅游整体满意度评价处于中等偏上水平，而有 38.1% 的受访游客明确表示肯定会重游，29.7% 的受访游客表示可能会重游，26.5% 的受访游客对是否重游未表明态度。意味着青瓦房古村落乡村旅游具有一定的吸引力，但是仍存在需要提升的地方，游客对青瓦房古村落乡村旅游未来的发展充满期待。

（7）游客口碑推荐意愿。对产品或服务质量感到满意的游客通常具有较高的重游意愿，并且更愿意对他人进行口碑推荐，重游意愿和口碑推荐正是忠诚度的两个重要的核心元素[86]。游客满意度是直接影响忠诚度的最核心要素之一[87]。相较之下，受访游客对青瓦房古村落乡村旅游的口碑推荐意愿高于重游意愿以及整体满意度，有 38.3% 的受访游客表明肯定会向他人推荐，33.0% 的受访游客表示可能会推荐，26.5% 的受访游客对是否推荐未表明态度（见表 4－3）。

表 4－3　　　　游客整体满意度分析

类型	评价	频率	占比（%）
整体满意度	很不满意	9	1.90
	不满意	7	1.50
	一般	131	28.20
	满意	195	42.00
	非常满意	122	26.30
重游意愿	肯定不会	11	2.40
	可能不会	15	3.20
	不确定	123	26.50
	可能会	138	29.70
	肯定会	177	38.10
口碑推荐意愿	肯定不会	11	2.40
	可能不会	15	3.20
	不确定	107	23.10
	可能会	153	33.00
	肯定会	178	38.30

4.2　修正的 IPA 分析

4.2.1　实绩满意度分析

Deng（2007）、陈旭（2013）和沈蕾等（2016）学者将修正的 IPA 分析法应用于旅游研究时表明，各题项实绩满意度可在 SPSS 软件中用均值分析（Mean Analysis）计算而得[63,66,68]。本研究采用 IBM SPSS Statistics 21.0 统计分析软件对乡村旅游服务质量题项实绩满意度进行均值分析，分析结果表明，到访游客对青瓦房古村落的总体满意度为 3.89，处于比较满意的水平，标准差为 0.878，总体上偏差较小。具体到乡村旅游服务质量满意度的各个题项，如表 4－4 所示，乡村旅游服务质量各个属性的实绩满意度均值为 3.62～4.04，标准差为 0.822～0.972，表明受访游客意见较一致，差别不大。乡村旅游服务质量总体均值为 3.83，与总体满意度分值趋向一致，说明问卷各评价题项与总体满意度指标逻辑检验结果相吻合。从侧面交叉验证了问卷评价可靠性强。

表4－4　乡村旅游服务质量题项实绩满意度得分

服务质量题项	均值	标准差	排序
Q1 青瓦房古村落风貌保存和维护的状态完好	4.04	0.881	1
Q4 青瓦房指示牌指向清晰明确有帮助	4.01	0.822	2
Q2 青瓦房总体环境卫生及保洁力度令人满意	3.99	0.867	3
Q12 青瓦房服务人员服务态度非常热情、友好	3.96	0.923	4
Q14 青瓦房服务人员能够及时解决或回答您的问题	3.94	0.917	5
Q7 青瓦房按照门票的内容提供游览和娱乐项目	3.93	0.877	6
Q8 青瓦房的娱乐项目（如马术、射箭等）正常运行	3.89	0.859	7
Q15 青瓦房服务人员有足够的知识或能力解决您的问题	3.88	0.890	8
Q13 您在青瓦房游玩时感觉到很受欢迎	3.86	0.920	9
Q5 青瓦房服务人员着装统一，衣着整洁	3.85	0.858	10
Q10 当您遇到困难时，服务人员能表现出关心并提供帮助	3.85	0.903	11
Q11 您在需要的时候总能找到青瓦房服务人员	3.83	0.891	12
Q21 青瓦房有为特殊群体（如老人、儿童、残疾人等）提供的专用通道和设施	3.78	0.913	13
Q6 青瓦房停车（公共交通）便捷	3.77	0.972	14
Q3 青瓦房的娱乐设施配套完善，布局合理	3.77	0.922	15
Q20 青瓦房能根据不同人群的需要，提供定制化服务	3.76	0.934	16
Q18 青瓦房餐厅或美食街提供多样化的特色餐饮	3.74	0.911	17
Q17 青瓦房花钱消费项目（如烧烤、红薯窑等）价格合理	3.66	0.960	18
Q22 青瓦房服务人员能给予您个别的关怀	3.65	0.954	19
Q19 青瓦房商店有大量可供选择的特色旅游纪念品	3.64	0.944	20
Q16 青瓦房门票价格合理	3.62	0.933	21
服务质量均值	3.83		
总体满意度均值	3.89	0.878	

4.2.2　引申重要性分析

（1）引申重要性的计算步骤。确定每个题项的重要性是IPA分析法修正研究的关键方面。引申重要性的计算方法主要基于复杂的数学统计分析方法和人工智能计算方法，如多元回归系数法、偏相关系数法、置信区间法、模糊神经法、神经网络（BPNN）法以及三角模糊（Fuzzy）法、集成神经网络（ENNM）法等[61]。其中，引申重要性得分的计算较为广泛使用的方法是采用多元回归系数法，计算总体实绩表现与各题项实绩表现之间的多元回归系数作为其得分[63]。Matzler（2002）等学者在研究中提出质疑，认为多元回归系数法忽略了各题项实绩之间潜在的相关关系，若将其直接代入多元回归模型将会产生严重的多元共线性问题[90]。各题项实绩表现之间无多元共线性是多元回归系数法的应用的前提条件[68]。

为了克服相关性问题，Deng（2007）在研究中表明，偏相关系数计算可以通过控制变量排除其他题项实绩表现对特定题项与总体实绩表现之间的相关性，只反映特定题项与总体实绩表现的偏相关，因此，偏相关系数更能准确体现真实的重要性评价[63]。此外，Deng（2007）、陈旭（2013）和沈蕾（2016）等学者认为，自诉重要性不能较好地体现出题项的实际重要性，并提出了引申重要性的得分可以通过计算总体实绩表现与各题项实绩表现之间的偏相关系数而得[63,66,68]。本研究引申重要性的得分将采用邓维兆法计算总体实绩表现与各题项实绩表现之间的偏相关系数而得。计算步骤如下：

第一步：使用 IBM SPSS Statistics 21.0 软件将乡村旅游服务质量各个题项的所有问项（Qi）转变为自然对数 $\ln(Qi)$：

$$Qi \rightarrow \ln(Qi), i = 1,2,\cdots,n(n \text{ 表示所有问项题数})$$

第二步：将各属性自然对数 $\ln(Qi)$ 与总体满意度（OCS）作为多元相关模型中的变量，汇总成为一个数集：

$$\{\ln(Q1), \ln(Q2), \cdots, \ln(n), OCS\}$$

第三步：使用 IBM SPSS Statistics 21.0 软件计算偏相关系数作为引申重要性得分。例如，在计算总体满意度（OCS）与自然对数 $\ln(Q1)$ 的偏相关系数时，同时以其他自然对数 $\ln(Q2),\cdots,\ln(n)$ 作为控制变量（见表 4-5）。依此类推，分别计算出各个属性的引申重要性得分。

表 4-5　偏相关分析

控制变量			lnQ1	OCS
ln（Q2）&ln（Q3）…ln（Qn）	lnQ1	相关性	1.000	系数
		显著性（双侧）		P 值
		df	0	数值
	OCS	相关性	1.000	系数
		显著性（双侧）		P 值
		df	0	数值

（2）乡村旅游服务质量属性引申重要性分析。本研究采用 IBM SPSS Statistics 21.0 统计分析软件对乡村旅游服务质量题项引申重要性进行偏相关分析，按照邓维兆的偏相关分析法从游客对乡村旅游服务质量的实绩评价计算得出引申重要性。表 4-6 给出各题项的引申重要性得分情况，题项的最高得分为 0.185，最低得分为 0.007，题项引申重要性的均值为 0.079，高于引申重要性的平均水平的引申重要性得分共有 10 个题项。

表 4-6　乡村旅游服务质量属性引申重要性得分

服务质量题项	引申重要性	排序
Q22 青瓦房服务人员能给予您个别的关怀	0.185	1
Q16 青瓦房门票价格合理	0.174	2
Q20 青瓦房能根据不同人群的需要，提供定制化服务	0.162	3

续表

服务质量题项	引申重要性	排序
Q11 您在需要的时候总能找到青瓦房服务人员	0.131	4
Q15 青瓦房服务人员有足够的知识或能力解决您的问题	0.127	5
Q17 青瓦房花钱消费项目（如烧烤、红薯窑等）价格合理	0.112	6
Q7 青瓦房按照门票的内容提供游览和娱乐项目	0.096	7
Q12 青瓦房服务人员服务态度非常热情、友好	0.088	8
Q18 青瓦房餐厅或美食街提供多样化的特色餐饮	0.087	9
Q10 当您遇到困难时，服务人员能表现出关心并提供帮助	0.083	10
Q2 青瓦房总体环境卫生及保洁力度令人满意	0.073	11
Q8 青瓦房的娱乐项目（如马术、射箭等）正常运行	0.066	12
Q14 青瓦房服务人员能够及时解决或回答您的问题	0.064	13
Q5 青瓦房服务人员着装统一，衣着整洁	0.054	14
Q21 青瓦房有为特殊群体（如老人、儿童、残疾人等）提供的专用通道和设施	0.044	15
Q13 您在青瓦房游玩时感觉到很受欢迎	0.032	16
Q6 青瓦房停车（公共交通）便捷	0.025	17
Q19 青瓦房商店有大量可供选择的特色旅游纪念品	0.024	18
Q1 青瓦房古村落风貌保存和维护的状态完好	0.017	19
Q3 青瓦房娱乐设施配套完善，布局合理	0.007	20
Q4 青瓦房指示牌指向清晰明确有帮助	0.007	21
总体均值	0.079	

4.2.3 修正 IPA 模型分析

（1）区隔阈值的选取和四个象限的分割。从已有的研究中可以归纳出两种确定区隔阈值的方法：量表中心法和数据中心法，量表中心法使用调查问卷量表中的中位数作为区隔阈值，李克特五点量表中确定（3，3）（刻度中点）作为区隔阈值，李克特九点量表中确定（5，5）（刻度中点）作为区隔阈值。数据中心法使用各题项重要性和绩效表现的总平均数或者中位数作为区隔阈值[61,68]。Taplin（2012）认为，由于问卷调查得到的各题项的重要性和绩效表现值通常都高于量表刻度中点，所以量表中心法将大部分题项划分到一个象限中[61]。同时，以量表中心法确定区隔阈值，忽略了调查对象的特性，高估了各题项的重要性。此外，量表的不同会导致受访者评分有所不同，其研究结果与实际情况将产生较大偏差[68]。Eskildsen 和 Kristensen（2014）指出，数据中心法因其简洁直观且具有很高的辨别能力而得到广泛应用[91]。因此，本研究采用数据中心法，选取各题项引申重要性和实绩满意度的总平均值作为区隔阈值。Matzler（2013）指出，区隔阈值的确定可以将 IPA 图的所有区域划分为四个象限[61]。本研究根据传统的划分方法采用垂直线和水平线相结合，将 IPA 图的所有区域分割为四个象限[59,63,66,68]。

(2) 修正的IPA模型分析。在获得所有服务质量题项的引申重要性和实绩满意度表现分值后，以引申重要性分值作为横坐标，以实绩满意度表现作为纵坐标，以总平均值作为区隔阈值将图形分割成为四个象限，将21个乡村旅游服务质量题项绘制在修正后的IPA模型中。如图4-1所示，5个题项落在“Ⅰ：保持优势”象限，6个题项落在“Ⅱ：顺其发展”象限，5个题项落在“Ⅲ：缓慢改进”象限，5个题项落在“Ⅳ：重点改进”象限。

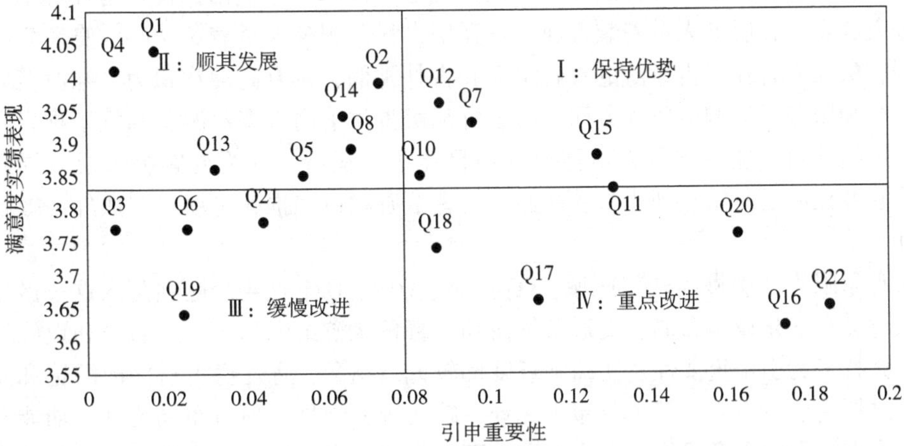

注：序号分别对应问卷题项的序号。Q1 古村落风貌；Q2 总体环境卫生；Q3 娱乐设施布局；Q4 指示标识牌；Q5 服务人员着装；Q6 交通条件；Q7 游览和娱乐项目；Q8 娱乐项目运行情况；Q10 服务人员可靠程度；Q11 服务人员布置；Q12 服务人员态度；Q13 游客受欢迎程度；Q14 服务人员响应速度；Q15 服务人员专业水平；Q16 门票价格；Q17 花钱消费项目价格；Q18 特色餐饮；Q19 特色旅游纪念品；Q20 定制化服务；Q21 专用通道和设施；Q22 个别关怀。

图4-1　修正的IPA模型分析

第Ⅰ象限为“保持优势”区域。Q7、Q10、Q12、Q15这4个题项落入这一区域，分别代表游览和娱乐项目、服务人员可靠程度、服务人员态度以及服务人员专业水平这些方面，其特点为引申重要性和实绩满意度都较高，这些方面需要继续保持优势。在游览和娱乐项目方面，青瓦房古村落素有“美丽南方的田园迪士尼乐园”之称，园内拥有马术、射箭和实景表演等丰富多彩游览和娱乐项目供游客体验，其中大型实景地道战表演利用实景演绎还原华北、冀中平原乡村地区抗日军民利用地道击退日本侵略者的作战方式，展示了抗日军民的英勇善战和爱国主义精神，激发游客的爱国情怀。在指示标识牌方面，青瓦房古村落内外部场所、设施以及道路均设置有指示标识牌，指示标识牌符合GB/T 1001.1和GB/T 1001.2的规定，充分体现当地乡村文化特色，能够为游客清晰明确地指明游览方向。在服务人员方面，青瓦房古村落服务团队主要由专业的管理人员、基层服务人员以及专业的演职人员构成，服务团队训练有素，能够为游客提供专业的服务。其中有近七成的员工来自当地村民，村民们淳朴善良、热情大方，为游客服务的态度热情、友好。

第Ⅱ象限为“顺其发展”区域。Q1、Q2、Q4、Q5、Q8、Q13、Q14 这 7 个题项落入这一区域，分别代表古村落风貌、指示标识牌、总体环境卫生、服务人员着装、游览和娱乐项目运行、游客受欢迎程度、服务人员响应速度这些方面，其特点为引申重要性低而实绩满意度高。在古村落风貌方面，青瓦房古村落拥有岭南风格的徽式老宅建筑群，历史悠久的青砖青瓦建筑经过精心修缮，充满浓郁的乡村气息，引发游客的乡愁之情。在总体环境卫生方面，青瓦房古村落内旅游厕所位置布局合理，数量充足，干净整洁无异味；可分类存放废弃物的垃圾桶数量充足，外部干净整洁；古村落环境卫生及保洁度令人满意。在服务人员着装方面，青瓦房古村落服务人员着装统一，身着青绿色的工作服，象征着青瓦房古村落的青砖绿瓦和古朴神韵，具有高度辨识力。在游览和娱乐项目运行和服务人员响应速度方面，由于青瓦房古村落内大多数游览和娱乐项目是招商引资引进的项目，项目服务人员需保证项目能正常运行，并为游客提供及时周到的服务，让游客在游玩时感觉到非常受欢迎，游客重游和口碑推荐是项目获取经济效益的重要保证。

第Ⅲ象限为“缓慢改进”区域。Q3、Q6、Q19、Q21 这 4 个题项落入这一区域，分别代表游览和娱乐设施布局、交通条件便利、特色旅游纪念品、专用通道和设施等这些方面，其特点为引申重要性及实绩满意度都较低。据悉，青瓦房古村落内游览和娱乐项目是通过招商引资引入，零星分布于各处，缺乏统一规划，项目布局凌乱，功能分区模糊，游客在游玩时无章可循。在自驾车方面，青瓦房古村落位于南宁市郊区，南宁市内自驾车进入江北大道沿邕江一直往西，到达江北大道尽头左拐的沿邕江边河堤路道路变窄，当车流量较大时，交通拥堵情况严重，此外，景区停车场车位数量有限，周边停车场位置较远，当节假日游客量暴增时存在停车难问题。在公共交通方面，青瓦房古村落距离地铁一号线石埠站有两公里，距离石埠街圩公交站将近一公里，选择公共交通方式的游客需要地铁换乘公交车，“最后一公里”则需步行或骑行共享（电动）单车，存在景区“最后一公里”障碍。景区内出售的可供选择的旅游纪念品种类较少，缺乏古村落特色。景区内缺乏为特殊群体（如老人、儿童、残疾人等）提供的专用通道和设施。

第Ⅳ象限为“重点改进”区域。Q11、Q16、Q17、Q18、Q20、Q22 这 6 个题项落入这一区域，分别代表服务人员配置、门票价格、花钱消费项目价格、特色餐饮、定制化服务以及个别关怀等这些方面。其特点为引申重要性高而实绩满意度低。笔者在青瓦房古村落调研期间，一方面，笔者从景区管理员处了解到，青瓦房古村落开业之初，景区对外免门票开放，游客入园后，根据自己的需要单独购买单项游玩项目进行体验。由于客流量太大，部分基础设施遭到严重破坏以及游客入园带来大量的垃圾给环境治理带来困扰，无形中经营成本大大增加。为此，景区设置了收费模式，2017 年的门票收费为 38 元/人，随着物价水平的上涨，2021 年的门票收费涨到了 60 元/人。根据美团购票信息，成人票 58 元起（门票 + 22 个项目通玩票）、儿童/老人/学生票 48 元起。另一方面，笔者接触到不少游客，游客普遍反映，与南宁市同类型景区相比，青瓦房古村落的门票价格偏贵，而且一涨再涨。门票套票将 22 项游览和娱乐项目同时捆绑出售，没能根据不同游客的需求提供定制化收费项目。除了门票之外，景区内有许多花钱消费项目，总体价格较高。景区内根据游览和娱乐项目设置服务点，服务人员忙于对游览和娱乐项目进行运行及维护，游客在需要的时候找不到服务人员，得不到个别关怀。面对众多不同的游客群体，景区所提供的服务千篇一律，缺乏定制化服务。在游客心中，这些因素非常重要，但是实际情况差强人意。

4.3 本章小结

本章对调研数据进行实证分析，通过使用 IBM SPSS Statistics 21.0 统计分析软件对调查问卷数据进行统计分析。首先对问卷数据进行人口统计学特征和游客出游特征的描述统计分析。然后通过修正的 IPA 分析乡村旅游服务质量各个题项的引申重要性和实际满意度情况进行可视化分析，从修正的 IPA 分析结果上看，一是游览和娱乐项目、服务人员可靠程度、服务人员态度以及服务人员专业水平这些方面落在第Ⅰ象限的“保持优势”区域，这些方面需要继续“保持优势”。二是古村落风貌、指示标识牌、总体环境卫生、服务人员着装、游览和娱乐项目运行、游客受欢迎程度、服务人员响应速度这些方面落在第Ⅱ象限的“顺其发展”区域，这些方面需要“顺其发展”，对其进行适当维护和改进。三是游览和娱乐设施布局、交通条件、特色旅游纪念品、专用通道和设施等这些方面落在第Ⅲ象限的“缓慢改进”区域，这些方面需要进行“缓慢改进”。四是服务人员配置、门票价格、花钱消费项目价格、特色餐饮、定制化服务以及个别关怀等这些方面落在第Ⅳ象限的“重点改进”区域。在这些方面应引起经营管理者高度重视，需要加大力度“重点改进”，提升游客满意度，提高青瓦房古村落乡村旅游服务质量水平。

第 5 章　青瓦房古村落乡村旅游服务质量提升策略

5.1 “重点改进”方面的提升策略

第 4 章修正的 IPA 分析结果表明，服务人员配置、个别关怀、定制化服务、门票价格、花钱消费项目价格以及特色餐饮等方面落在第Ⅳ象限的“重点改进”区域，青瓦房古村落的经营管理者应高度重视这些方面，加大力度“重点改进”，提升游客满意度，具体策略如下。

5.1.1 加强游客关怀

在加强游客关怀方面，一是要建立完善的服务人员管理制度，完善服务人员在青瓦房古村落各功能区的配置，通过培训加强青瓦房古村落服务人员的服务意识和服务技能。二是要主动关心有需要帮助的游客，并为其提供贴心的服务，诸如行李物品、轮椅、拐杖等托管服务。对于每一个来到青瓦房古村落游玩的游客来说，景区不仅要展现出古色古香的古村落历史风貌和浓郁的乡土气息，同时也需要获得细致入微的周到服务，服务人员的服务质量尤为重要。

5.1.2 提供优质定制化服务

在定制化服务方面，青瓦房古村落应根据不同人群的多样化、个性化和定制化服务要求，为游客提供优质定制化服务。同时注重游客人群年龄差异化，尤其注重针对青瓦房古村落游客体验人群季节性变化的特点，如在周末节假日为亲子游投入更多关注，在寒暑假为研学游注入更多精力，在春秋季节为夕阳游提供更多注意力等，以“优质”为追求，为不同游客群体提供优质的定制化服务，打造能够满足不同游客群体个性化需要的高质量乡村旅游服务。

5.1.3 优化价格模式

在优化价格模式方面，青瓦房古村落的乡村旅游产品种类繁多，可根据不同产品的性质和不同游客群体优化价格模式。一是要针对不同游客群体采取不同的门票定价，如成人票、儿童票、学生票以及老人票等。二是根据游览和娱乐项目内容个性化定价，例如，单独入园门票、全部游乐项目套票以及部分游乐项目套票等。三是根据不同主题提供团体活动个性化定价，如青瓦房古村落周末亲子游套餐、研学旅行套餐、团队拓展活动套餐等。

5.1.4 增强特色餐饮体验

改善游客就餐条件，增强特色餐饮体验成为青瓦房古村落的当务之急。一是要结合古村落当地历史的九鼎风味美食文化，创新开发具有南宁当地特色的菜品，精心挑选器皿和设计排盘，营造独特又高端的餐厅氛围，为游客提供南宁必打卡的就餐处。二是要建立完善的餐饮服务管理制度，加强餐饮服务人员健康动态管理并及时公示其健康状况，定期对餐饮服务人员进行食品安全培训，增强餐饮环境卫生的保洁力度，以确保古村落食品安全，让游客吃得放心。三是制定游客就餐区域相关卫生标准，加强游客用餐卫生管理，培养游客良好的用餐卫生行为习惯，营造良好的就餐氛围。良好的就餐条件是满足顾客用餐需要的前提基础，游客获得良好的用餐体验有助于提高对古村落的整体满意度的评价。

5.2 “缓慢改进”方面的提升策略

第 4 章修正的 IPA 分析结果表明，游览和娱乐设施布局、交通条件、专用通道和设施、特色旅游纪念品等方面落在第Ⅲ象限的“缓慢改进”区域，这些方面在重要性及实绩满意度方面的表现都较低，在短时间内无法做到质的飞跃，可以进行“缓慢改进”，进而提高青瓦房古村落游客总体满意度，具体策略如下。

5.2.1 合理规划设施布局

青瓦房古村落应合理规划布局各类配套项目，更新陈旧落后的项目设施，优化功能分区。一是基于古村落风貌协调的原则下，结合“美丽南方”田园综合体建设、“美丽南方”乡村旅游区旅游发展规划以及古村落建筑群整体维修计划，制订出青瓦房古村落乡村旅游发展规划。规划以青瓦房古村落现有的乡村旅游资源为基础，深挖特色主题，合理规划各类配套项目布局，优化古村落景观游览、乡村养生度假、乡村民俗体验、生态养殖体验、种植采摘体验、养生美食体验、户外拓展体验、爱国主义教育以及国防科普教育等古村落功能。二是青瓦房古村落应根据项目布局全方位改造古村落的水、电线路、网络通信设备以及安全设施设备，破解线路设备凌乱、影响整体美观等问题，确保古村落整体美观。此外，青瓦房古村落游客服务中心设置在古村落大门外，存在位置较偏、面积较小、功能不齐全等问题，游客服务中心为游客提供服务的功能得不到充分体现，古村落应合理规划布局游客服务中心，破解其位置较偏、面积较小、功能不齐全等问题，确保古村落服务基础稳固牢靠，为游客提供优质高效的服务。

5.2.2 改善乡村旅游配套服务设施

根据相关标准规定，发展乡村旅游必须着力做好旅游接待服务，改善乡村旅游配套设施有利于优化乡村旅游接待环境。一是要完善基础设施建设，确保古村落内外部交通通畅，确保古村落正常通水通电，确保网络邮电通信设备运行正常、安全、可靠，例如增加古村落到公交车站和地铁站的古村落交通车，解决古村落“最后一公里”交通问题。二是要加强旅游服务设施建设，完善旅游接待设施功能，丰富服务设施的种类。例如餐饮、住宿、购物等设施，能够满足游客的不同需求。餐饮设施应符合国家安全卫生标准，餐厅布局合理，配有公共卫生间，座椅、餐具、酒具、茶具等配套充足；住宿设施应配套齐全，有冷暖空调、独立卫生间和洗浴设施等。旅游购物场所布局合理，装修独特，与古村落环境协调，设施摆放有序。三是改造和补充完善专用通道和设施，从根本上为特殊群体的出行提供基本保障，从细节上维护特殊群体的生活尊严。青瓦房古村落游客中有研学游的孩童、夕阳游的老人以及亲子游的妇女等，需要增设无障碍通道，为老人和残疾人出行提供便利；打造第三卫生间，设置特殊厕位、安全扶手、呼叫器、物品放置位、挂钩等，满足特殊群体如厕需求；打造温馨舒适的母婴室，设置婴儿床、游乐区和休息区等，满足母婴出行的需要。

5.3 “顺其发展”方面的提升策略

第4章修正的IPA分析结果表明，古村落风貌、指示标识牌、总体环境卫生、服务人员着装、游览和娱乐项目运行、游客受欢迎程度、服务人员响应速度这些方面落在第Ⅱ象限的“顺其发展”区域，游客对这些方面的满意程度高，需“顺其发展”，对其进行必要的维护和改进，具体策略如下。

5.3.1 持续关注古村落风貌协调

关注青瓦房古村落风貌协调，加强古村落环境建设。一是关注古村落风貌保存和维护。依托明清时期和民国时期完整保存下来的徽式老宅建筑群，青瓦房古村落拥有历史悠久的青砖绿瓦古建筑，充满浓厚的古朴神韵和乡土气息，是游客记忆中乡愁的样子。古村落风貌保存和维护成为古村落日常工作内容之一，古村落应在保留古旧居原貌的基础上，坚持“修旧如旧、建新如旧、景观协调”的修缮原则，加强对民居古屋进行修缮和维护，以保持古村落的古风古韵、古香古色的历史风貌。二是加强总体环境卫生及保洁力度。青瓦房古村落建在优美的自然环境中，在风景如画的古村落中，翠竹成林，绿树成荫，碧波荡漾，随处可见山水墨画般的自然美景。大自然赐予美景的同时也会带来杂草丛生和枯枝落叶，古村落需专设园丁岗位对植被景观进行修剪和维护，清理杂草，打扫落叶，以维持古村落自然景观的美观。随着客流量增大，古村落内会产生大量的垃圾，古村落管理者必须面对环境卫生治理的巨大挑战。青瓦房古村落空间并不大，但空间层次错综复杂，存在许多卫生死角，可考虑增设分类垃圾桶、增加保洁力度以及设置爱护环境卫生提示标识牌等多种方式保持环境的清洁水平。三是规范服务人员着装要求。服务人员着装统一，是青瓦房古村落环境中一道亮丽的风景，青瓦房古村落服务人员身着青绿色的工作服，象征着青瓦房古村落的青砖绿瓦和古朴神韵，具有高度辨识力。古村落应严格要求服务人员规范着装，保持衣着整洁，佩戴工作牌，以提高辨识力，方便游客快速识别服务人员的身份，为其提供及时的服务。

5.3.2 规范服务操作流程

青瓦房古村落制定有较完善的古村落服务人员工作职责、导游（讲解）人员管理制度、游客投诉处理制度、游客投诉处理机制、投诉处理工作规范、游客中心管理规定以及服务质量要求等规范制度，为规范服务操作流程提供依据。服务质量对乡村旅游地的发展起到非常重要的作用，对服务质量的测评以了解乡村旅游地服务中所存在的不足，青瓦房古村落可以通过科学的方式对服务质量进行评价，如使用本研究的乡村旅游服务质量评价指标体系进行评价，为提高游客满意度提供参考。古村落的服务质量实际上是动态变化的，考虑到目前青瓦房古村落还没有服务质量的动态评价模型，因此青瓦房古村落需要定期对服务质量进行评价，以加强服务动态监控。

5.4 “保持优势”方面的提升策略

第4章修正的IPA分析结果表明，游览和娱乐项目、服务人员可靠程度、服务人员态度以及服务人员专业水平这些方面落在第Ⅰ象限的“保持优势”区域，这些方面的重要性和满意程度的表现较好，需要继续“保持优势”，具体策略如下。

5.4.1 丰富乡村旅游服务项目

以青瓦房古村落的特色乡村旅游资源为基础，对青瓦房古村落乡村旅游产品进行优化升级，打造系列化、主题化的乡村旅游产品，丰富乡村旅游服务项目。一是升级打造游览观赏景观。古村落美景欣赏有文昌阁、具有岭南风格的徽式老宅建筑群、生态园拉网桥、万龟谷、喊泉、生态竹林等；红色旅游有青瓦房革命传统教育基地；民族风情观赏有古村落婚礼民俗、特色民族表演等。二是丰富体验或参与性农事活动。古村落生活体验除了小龙虾垂钓、果蔬采摘、柴火灶、红薯窑、烧烤、生态养殖、果蔬种植等活动，还可以新增腌酸笋、打年糕、包粽子、磨豆腐、制作龟苓膏等农产品加工活动。三是引入非物质文化遗产，常态化开展具有乡村特色的文化旅游节日活动。景区可依托非物质文化遗产传承平台，同非物质文化遗产传承人构建合作关系，引入独具特色的壮锦、绣球、剪纸、陶艺等非物质文化遗产项目，为游客开设非物质文化遗产体验项目。青瓦房古村落还可以经常举办西游文化活动、舞狮舞龙表演、鹦鹉表演、飞车飞轮表演以及民俗民风体验活动，为游客提供丰富的文化休闲娱乐项目。

5.4.2 加强乡村旅游服务队伍建设

乡村旅游的发展离不开专业的管理人才和服务人才，加强乡村旅游服务队伍建设有利于提高乡村旅游服务水平。一是政府及行业协会应制定相应的人才引进政策和相关从业标准，提高服务人员的素质和技能，调动各方人才参与乡村旅游的积极性。二是古村落应充分利用政府对乡村旅游企业的主导作用和本地企业间的联动作用，由政府主导，定期召开乡村旅游企业管理者交流会和定期召开联合招聘会，定期招聘乡村旅游服务人才。三是加强校企合作，古村落可以向旅游院校定向招聘从事乡村旅游服务的专业人才，专业人才应熟练掌握服务规范和礼仪，用语文明，待人礼貌，能用普通话为游客提供服务，还有熟知青瓦房古村落的发展历程和民俗文化。四是加强服务队伍培训，分岗位定制服务质量操作规范，细化服务标准，量化考核办法，提升服务技能水平，深入开展微笑服务，开展服务满意度评价等；充分利用政府部门、行业协会和旅游院校为乡村旅游企业发展所提供的培训班、专题讲座和学术会议，促进服务人员不断提升自身的服务水平。

5.5 本章小结

本章以第 4 章的分析结果为基础，结合青瓦房古村落乡村旅游发展的实际情况，分别从修正的 IPA 分析模型中的四个象限提出青瓦房古村落乡村旅游服务质量提升的策略，以期青瓦房古村落乡村旅游服务质量在实践中获得有效提升。本研究从这四个方面提出了 10 个对策，“重点改进”方面的提升策略包括：（1）加强游客关怀；（2）提供优质定制化服务；（3）优化价格模式；（4）增强特色餐饮体验。“缓慢改进”方面的提升策略包括：（1）合理规划设施布局；（2）改善乡村旅游配套服务设施。“顺其发展”方面的提升策略包括：（1）关注古村落风貌协调；（2）规范服务操作流程。“保持优势”方面的提升策略包括：（1）丰富乡村旅游服务项目；（2）加强乡村旅游服务队伍建设。

第 6 章　研究结论与研究展望

6.1 研究结论

本研究以青瓦房古村落为研究区域，以乡村旅游服务质量为研究对象，通过文献梳理，构建乡村旅游服务质量评价量表，并采用现场问卷和网络问卷的形式收集游客评价数据，利用 IBM SPSS Statistics 21.0 统计分析软件对问卷数据进行描述统计分析，并通过效度、因子分析和信度检验对乡村旅游服务质量评价量表进行检验。基于修正的 IPA 分析框架，从引申重要性和服务质量实绩满意度两方面对乡村旅游服务质量各属性进行分析，结合青瓦房古村落乡村旅游发展的实际情况，从促进发展、重点改善、缓慢改善、顺其发展四个方面提出青瓦房古村落乡村旅游服务质量的提升策略。

（1）乡村旅游服务质量评价量表的构建。在文献梳理的基础上，结合青瓦房古村落乡村旅游发展的现状，构建了乡村旅游服务质量评价量表，包含有形性、可靠性、响应性、消费性和移情性五个维度以及 21 个具体属性，有形性主要包括古村落风貌、总体环境卫生、游览和娱乐设施布局、指示标识牌、服务人员着装、交通条件；可靠性主要包括游览和娱乐项目、项目运行情况、服务人员可靠程度、个别关怀；响应性主要包括服务人员布置、服务人员态度、游客受欢迎程度、服务人员响应速度以及服务人员专业水平；消费性主要包括门票价格、花钱消费项目价格、特色旅游纪念品、特色餐饮；移情性主要包括定制化服务和专用通道和设施。

(2) 青瓦房古村落乡村旅游服务质量修正的IPA分析结论。从修正的IPA分析结果上看，一是游览和娱乐项目、服务人员可靠程度、服务人员态度以及服务人员专业水平这些方面落在第Ⅰ象限的“保持优势”区域，需继续“保持优势”。二是古村落风貌、指示标识牌、总体环境卫生、服务人员着装、游览和娱乐项目运行、游客受欢迎程度、服务人员响应速度这些方面落在第Ⅱ象限的“顺其发展”区域，这些方面需要“顺其发展”，对其进行适当维护和改进。三是游览和娱乐设施布局、交通条件、特色旅游纪念品、专用通道和设施等这些方面落在第Ⅲ象限的“缓慢改进”区域，这些方面需要进行“缓慢改进”。四是服务人员配置、门票价格、花钱消费项目价格、特色餐饮、定制化服务以及个别关怀等这些方面落在第Ⅳ象限的“重点改进”区域，在这些方面应引起经营管理者高度重视，需要加大力度“重点改进”，提升游客满意度，提高青瓦房古村落乡村旅游服务质量水平。

(3) 青瓦房古村落乡村旅游服务质量的提升对策。研究基于修正的IPA分析的结果，并结合青瓦房古村落乡村旅游发展的实际情况，本研究从这四个方面提出了10个对策，“重点改进”方面的提升策略包括：①加强游客关怀；②提供优质定制化服务；③优化价格模式；④增强特色餐饮体验。“缓慢改进”方面的提升策略包括：①合理规划设施布局；②改善乡村旅游配套服务设施。“顺其发展”方面的提升策略包括：①关注古村落风貌协调；②规范服务操作流程。“保持优势”方面的提升策略包括：①丰富乡村旅游服务项目；②加强乡村旅游服务队伍建设。

6.2 研究的创新点

国内外学者大多沿用服务质量的研究思路，将服务质量成熟量表直接应用于乡村旅游服务质量的评价，并以区域作为研究对象对乡村旅游服务质量进行分析，而结合具体乡村旅游地现状及提升策略的相关研究较少，本文将研究对象聚焦于南宁市“美丽南方”乡村旅游区内的青瓦房古村落，采用修正的IPA分析法，力图直观地呈现出青瓦房古村落乡村旅游服务质量各维度题项的引申重要性及实绩满意度之间的差异，探索提升其乡村旅游服务质量对策，为青瓦房古村落乡村旅游的发展提供借鉴。

6.3 不足之处与研究展望

本文尚存在不足之处，在问卷调查方面，因笔者的精力和能力有限，在做问卷调查阶段通过实地问卷和网络问卷两种方式收集样本，可能存在样本不够充分的问题，需要继续扩大样本量的采集，使研究更加完善准确。在定量分析方面，限于篇幅，此次对青瓦房古村落的实证分析过程，没有对性别、年龄、学历等分类变量和游客的总体满意度进行差异分析，也没有对服务质量五个维度和总体满意度之间的关系进行回归分析，有可能在解释问题和分析原因上不够充分。

关于本文的研究展望方面，用于评价不同行业的服务质量的维度有所不同，因此在构建乡村旅游服务质量相关指标时，今后可以尝试采用扎根理论、德尔菲法以及层次分析法等其他科学方法构建指标体系；在定量分析方面，可构建服务质量的各个维度与满意度之间的假设关系模型，进一步探讨服务质量各个维度之间与满意度之间的逻辑关系。

参考文献

[1] 魏后凯．“十四五”时期中国农村发展若干重大问题［J］．中国农村经济，2020（1）：2－16.

[2] 吴蓉，施国庆．乡村旅游发展过程中乡村秩序的演化与重构策略——以W州X村为例［J］．云南民族大学学报（哲学社会科学版），2019，36（2）：66－72.

[3] Grönroos C. A Service Quality Model and its Marketing Implications [J]. European Journal of Marketing, 1984, 18 (4): 36－44.

[4] Reichel A, Lowengart O, Milman A. Rural tourism in Israel: service quality and orientation [J]. Tourism Management, 2000, 21 (5): 451－459.

[5] Maestro R, Gallego P, Requejo L. The moderating role of familiarity in rural tourism in Spain [J]. Tourism Management, 2007, 28 (4): 951－964.

[6] Bouchona F, Rawatb K. Rural Areas of ASEAN and Tourism Services, a Field for Innovative Solutions [J]. Procedia － Social and Behavioral Sciences, 2016, 224 (15): 44－51.

[7] Devesa M A, Laguna M, Palacios A S. The role of motivation in visitor satisfaction: Empirical evidence in rural tourism [J]. Tourism Management, 2010, 31: 547－552.

[8] Dernoi L A. Canadian country vacations: The Farm and Rural Tourism in Canada [J]. Tourism Recreation Research, 1991, 16 (1): 15－20.

[9] 续嵩．SERVQUAL在国外旅游业中的应用概述［J］．贵州民族学院学报（哲学社会科学版），2006（5）：114－118.

[10] Lo M, Songan P. Rural Destinations and Tourists' Satisfaction [J]. Journal of Services Research, 2011, 11 (2): 59－74.

[11] Embacher H. Marketing for Agri － tourism in Austria: Strategy and realisation in a highly developed tourist destination [J]. Journal of Sustainable Tourism, 1994, 2 (1－2): 61－76.

[12] Friesen, John. Farm Tourism: Inventory and Discussion on the Regional Municipality of Waterloo [J]. TTRA Conference, 1995.

[13] Rozman C, Potocnik M, Pazek K, et al. A multi－criteria assessment of tourist farm service quality [J]. Tourism Management, 2009, 30 (5): 629－637.

[14] Rajaratnam S D, Munikrishnan U T, Sharif S P, et al. Service Quality and Previous Experience as a Moderator in Determining Tourists' Satisfaction with Rural Tourism Destinations in Malaysia: A Partial Least Squares Approach [J]. Procedia – Social and Behavioral Sciences, 2014, 144: 203 – 211.

[15] Constantinescu S, Trifu S, Ciolac R, et al. Quality of tourist services – Analysis of tourist services from rural tourism wine – growing units [J]. Journal of Biotechnology, 2017, 256S: S44 – S116.

[16] An W, Alarcón S. Rural tourism preferences in Spain: Best – worst choices [J]. Annals of Tourism Research, 2021, 89: 1 – 13.

[17] 何景明. 国内乡村旅游研究：蓬勃发展而有待深入 [J]. 旅游学刊, 2004 (1): 92 – 96.

[18] 王兵. 从中外乡村旅游的现状对比看我国乡村旅游的未来 [J]. 旅游学刊, 1999 (2): 38 – 42.

[19] 王兵, 罗振鹏, 郝四平. 对北京郊区乡村旅游发展现状的调查研究 [J]. 旅游学刊, 2006 (10): 63 – 69.

[20] 江波, 郑红花. 乡村旅游服务质量对顾客忠诚感影响的实证研究 [J]. 江苏商论, 2008 (3): 59 – 61.

[21] 刘涛. 基于 SERVQUAL 模型的乡村旅游服务质量提升研究 [J]. 资源开发与市场, 2011, 27 (6): 569 – 571.

[22] 梁海燕. 基于 Gronroos 模型修正的福建乡村旅游服务质量研究——以福建永定土楼旅游区为例 [J]. 中央民族大学学报 (自然科学版), 2013, 22 (4): 51 – 56.

[23] 祁黄雄, 谢钱. 基于 BCM 模型的乡村旅游企业服务质量测评——湖州顾渚村的实证调查 [J]. 地理研究, 2011, 30 (7): 1331 – 1340.

[24] 闫金娟, 赵希勇. 基于 SERVPERF 的乡村旅游服务质量评价体系研究 [J]. 哈尔滨商业大学学报 (社会科学版), 2016 (4): 111 – 118.

[25] 张大鹏, 刘红纯, 夏雪莹. 基于 AHP – FCE 模型的乡村旅游服务质量评价——以武汉市大余湾为例 [J]. 安徽农业科学, 2016, 44 (27): 179 – 183.

[26] 闫金娟. 乡村旅游服务质量评价体系研究 [D]. 哈尔滨: 东北林业大学, 2016.

[27] 程兴火, 周玲强. 乡村旅游服务质量测评模型的构建 [J]. 北京第二外国语学院学报, 2008 (7): 1 – 7.

[28] 张文萍. 基于游客感知的乡村旅游服务质量的 IPA 分析——以成都市三圣乡为例 [J]. 乐山师范学院学报, 2010, 25 (12): 70 – 73.

[29] 马敬桂, 王增敏. 乡村旅游服务质量分析——以湖北省为例 [J]. 农业技术经济, 2010 (8): 94 – 100.

[30] 龙祖坤, 王微. 基于 IPA 方法的常德乡村旅游服务质量提升研究 [J]. 遵义师范学院学报, 2014, 16 (5): 19 – 22.

［31］林燕华．基于IPA方法的三亚乡村旅游服务质量提升策略研究［D］．三亚：海南热带海洋学院，2019.

［32］于淑艳，胡雨凯，骆叶．基于IPA分析的乡村旅游服务质量的提升研究——以海南什寒村为例［J］．现代商业，2020（31）：44－46.

［33］范艳如．基于IPA分析法的乡村旅游服务质量提升研究［J］．广西质量监督导报，2020（11）：90－92.

［34］陈晓磬，钟永德．乡村旅游服务质量评价研究——以长沙市周边乡村旅游为例［J］．中国农学通报，2012，28（35）：311－316.

［35］彭嘉．基于游客满意度的乡村旅游服务质量提升策略研究［D］．湘潭：湘潭大学，2013.

［36］马珍丽．新疆乡村旅游质量的游客感知研究［D］．乌鲁木齐：新疆农业大学，2014.

［37］李向荣，时玉坤．乡村生态旅游服务质量研究——以山东省房干生态旅游区为例［J］．林业经济，2019，41（9）：73－79.

［38］张娴．乡村旅游质量评价指标体系及评估模型研究［D］．成都：四川农业大学，2008.

［39］谢钱．乡村旅游服务质量评价研究［D］．杭州：浙江财经学院，2011.

［40］孙凯．基于游客感知的乡村旅游公共卫生服务质量评价研究［D］．西安：西北大学，2018.

［41］朱衡．基于游客感知视角的三亚乡村旅游服务质量提升研究［D］．三亚：海南热带海洋学院，2019.

［42］舒思瑞，黄萍．基于携程网游客满意度评价的大邑县乡村旅游服务质量可视化分析［J］．旅游纵览，2020（20）：35－37.

［43］何景明．国外乡村旅游研究述评［J］．旅游学刊，2003，18（1）：76－80.

［44］何景明，李立华．关于“乡村旅游”概念的探讨［J］．西南师范大学学报（人文社会科学版），2002（5）：125－128.

［45］刘德谦．关于乡村旅游、农业旅游与民俗旅游的几点辨析［J］．旅游学刊，2006（3）：12－19.

［46］Su B. Rural tourism in China［J］. Tourism Management，2011，32（6）：1438－1441.

［47］Mwesiumo D，Halfdanarson J，Shlopak M. Navigating the early stages of a large sustainability－oriented rural tourism development project：Lessons from Traena，Norway［J］. Tourism Management，2022，89：104456.

［48］Ko Y，Pastore D. Current issues and conceptualizations of service quality in the recreation sport industry［J］. Sport Marketing Quarterly，2004（13）：158－166.

［49］Levitt T. Production－line approach to service［J］. Harvard Business Review，1972，50（4）：41.

［50］Garvin D A. What does "product quality" really mean? ［J］. Sloan Management Review, 1984, 26 (1): 25 -26.

［51］Gronin J, Taylor S. measuring service quality: A reexamination and extension ［J］. Journal of Marketing, 1992, 56: 55 -68.

［52］刘宇．服务品质和关系品质对客户忠诚度的影响研究［D］．广州：华南理工大学，2012.

［53］Lehtinen U. Two Approaches to Service Quality Dimensions ［J］. Service Industries Journal, 1991, 3 (11): 287 -303.

［54］Parasuraman A, Zeithaml V A, Barry L. A conceptual model of service quality and its implications for future research ［J］. Journal of Marketing, 1985, 49 (4): 41 -50.

［55］苏秦．服务质量、关系质量与顾客满意［M］．北京：科学出版社，2010.

［56］Parasuraman A, Zeithaml V, Barry L. SERVQUAL: A multiple - item scale for measuring consumer perceptions of service quality ［J］. Journal of Retailing, 1988 (64): 12 -37.

［57］Frochot I, Hughes H. HISTOQUAL: The development of a historic houses assessment scale ［J］. Tourism Management, 2000, 21 (2): 157 -167.

［58］Brady M, Gronin J. Some new thoughts on conceptualizing perceived service quality: a hierarchical approach ［J］. Journal of Marketing, 2001, 65 (3): 34 -49.

［59］Martilla J A, James J C. Importance - performance analysis ［J］. Journal of Marketing, 1977, 1 (41): 77 -79.

［60］Taplin R H. Competitive importance - performance analysis of an Australian wildlife park ［J］. Tourism Management, 2012, 33 (1): 29 -37.

［61］Bi J, Liu Y, Fan Z, et al. Wisdom of crowds: Conducting importance - performance analysis (IPA) through online reviews ［J］. Tourism Management, 2019 (70): 460 -478.

［62］Boley B B, McGehee N G, Tom Hammett A L. Importance - performance analysis (IPA) of sustainable tourism initiatives: The resident perspective ［J］. Tourism Management, 2017, 58: 66 -77.

［63］陈旭．IPA 分析法的修正及其在游客满意度研究的应用［J］．旅游学刊，2013，28（11）：59 -66.

［64］Sever I. Importance - performance analysis: A valid management tool? ［J］. Tourism Management, 2015, 48: 43 -53.

［65］Matzler K, Bailom F, Hinterhuber H H. The asymmetric relationship between attribute - level performance and overall customer satisfaction: reconsideration of the importance - performance analysis ［J］. Industrial Marketing Management, 2004, 33 (4): 271 -277.

［66］Deng W. Using a revised importance - performance analysis approach: The case of Taiwanese hot springs tourism ［J］. Tourism Management, 2007, 28 (5): 1274 -1284.

［67］Deng W J, Kuo Y F, Chen W C. Revised importance - performance analysis: three - factor theory and benchmarking ［J］. The Service Industries Journal, 2008, 28 (1): 37 -51.

[68] 沈蕾，等. 新常态下旅游目的地品牌体验的 IPA 分析范式 [J]. 华东经济管理，2016，30（1）：55 –62.

[69] Bi J, Liu Y, Zhi – Ping F, et al. Wisdom of crowds: Conducting importance – performance analysis (IPA) through online reviews [J]. Tourism Management, 2019, 70: 460 –478.

[70] Boley B B, McGehee N G, Tom Hammett A L. Importance – performance analysis (IPA) of sustainable tourism initiatives: The resident perspective [J]. Tourism Management, 2017, 58: 66 –77.

[71] Mikulic J, Prebezac D. Accounting for dynamics in attribute – importance and for competitor performance to enhance reliability of BPNN – based importance – performance analysis [J]. Expert Systems with Applications, 2012, 39: 5144 –5153.

[72] Lai I K W, Hitchcock M. Importance – performance analysis in tourism: A framework for researchers [J]. Tourism Management, 2015, 48: 242 –267.

[73] Deng W J, Chen W C, Pei W. Back – propagation neural network based importance – performance analysis for determining critical service attributes [J]. Expert Systems with Applications, 2008, 32 (2): 1115 –1125.

[74] Marasinghe S, Perera P, Simpson G D, et al. Nature – based tourism development in coastal wetlands of Sri Lanka: An Importance – Performance analysis at Maduganga Mangrove Estuary [J]. Journal of Outdoor Recreation and Tourism, 2021, 33: 1 –12.

[75] Parasuraman A, Zeithaml V A, Barry L. Refinement and reassessment of the SERVQUAL scale [J]. Journal of Retailing, 1991, 67 (4): 420.

[76] Su Y H, Teng W C. Contemplating museums' service failure: Extracting the service quality dimensions of museums from negative on – line reviews [J]. Tourism Management, 2018 (69): 214 –222.

[77] Narayan B, Rajendren C, Sai L P, et al. Dimensions of service quality in tourism – an Indian perspective [J]. Total Quality Management, 2009, 20 (1): 61 –89.

[78] Chen C M, Lee H T, Chen S H, et al. Tourist behavioural intentions in relation to service quality and customer satisfaction in Kinmen National Park, Taiwan [J]. International Journal of Tourism Research, 2011, 13: 416 –432.

[79] Ozdemir B, Aksu A, Ehtiyar R, et al. Relationships among tourist profile, satisfaction and destination loyalty: Examining empirical evidences in Antalya region of Turkey [J]. Journal of Hospitality Marketing & Management, 2012 (21): 506 –540.

[80] Huh J, Uysal M. Satisfaction with cultural/heritage sites: Virginia historic triangle [J]. Journal of Quality Assurance in Hospitality & Tourism, 2006, 4 (3/4): 177 –194.

[81] Lo M C S P. Rural destinations and tourists' satisfaction [J]. Journal of Services Research, 2011, 11 (2): 59 –74.

[82] Newman. social research methods, qualitative and quantitative approaches [M]. Third Edition. Boston, MA: Allyn &Bacon, 2000.

[83] 沈万年. 基于 IPA 分析的黄山市康养旅游满意度研究 [D]. 南宁：广西大学，2018.

[84] 梁方倍，颜娟. 已婚女性旅游决策影响因素研究 [J]. 现代商贸工业，2019，40 (33)：100 - 102.

[85] Ranjbarian B, Pool J K. The impact of perceived quality and value on tourists' satisfaction and intention to revisit Nowshahr City of Iran [J]. Journal of Quality Assurance in Hospitality & Tourism, 2015, 16 (1): 103 - 117.

[86] 余意峰，熊剑平. 国外旅游目的地忠诚度研究进展 [J]. 世界地理研究，2010，19 (2)：69 - 77.

[87] 赵雪祥，骆培聪. 乡村旅游目的地游客旅游动机对重游意愿的影响——交往意愿的中介作用 [J]. 福建师范大学学报（自然科学版），2019，35 (6)：108 - 116.

[88] 张红坡，张海锋，等. SPSS 统计分析实用宝典 [M]. 北京：清华大学出版社，2012.

[89] 谢彦君，等. 旅游研究方法 [M]. 北京：旅游教育出版社，2007.

[90] Matzler E, Sauerwein K. The factor structure of customer satisfaction: An empirical test of importance grid and the penalty reward - contrast analysis [J]. International Journal of Service, 2002, 13 (4): 314 - 332.

[91] Kristensen K, Eskildsen J. Is the NPS a trustworthy performance measure? [J]. The TQM Journal, 2014, 26 (2): 202 - 214.

附　录

青瓦房古村落乡村旅游服务质量提升研究调查问卷

您好！我们正在进行青瓦房古村落乡村旅游服务质量的研究。请您根据实际情况在相应的选项打“✓”，此次调查采用匿名方式，所获得的资料仅用于学术研究，非常感谢您的大力支持！

广西大学乡村旅游课题组

第一部分　青瓦房古村落乡村旅游服务质量情况调查

问卷内容	很差	差	一般	好	很好
有形性					
1. 古村落风貌保存和维护的状态完好	1	2	3	4	5
2. 总体环境卫生及保洁力度令人满意	1	2	3	4	5
3. 娱乐设施配套完善，布局合理	1	2	3	4	5
4. 景区指示牌指向清晰明确有帮助	1	2	3	4	5
5. 景区工作人员着装统一，衣着整洁	1	2	3	4	5
6. 停车（公交）便捷	1	2	3	4	5
可靠性					
7. 景区按照门票的内容提供游览和娱乐项目	1	2	3	4	5
8. 景区的娱乐项目（如马术、射箭等）正常运行	1	2	3	4	5
9. 娱乐项目的排队时间可以接受（如马术、射箭等）	1	2	3	4	5
10. 当您遇到困难时，工作人员能表现出关心并提供帮助	1	2	3	4	5
响应性					
11. 您在需要的时候总能找到青瓦房工作人员	1	2	3	4	5
12. 青瓦房工作人员服务态度非常热情、友好	1	2	3	4	5
13. 您在青瓦房游玩时感觉到很受欢迎	1	2	3	4	5
14. 青瓦房工作人员能够及时解决或回答您的问题	1	2	3	4	5
15. 青瓦房工作人员有足够的知识或能力解决您的问题	1	2	3	4	5
消费性					
16. 景区门票价格合理	1	2	3	4	5
17. 景区内花钱消费项目（如烧烤、红薯窑等）价格合理	1	2	3	4	5
18. 餐厅或美食街提供多样化的特色餐饮	1	2	3	4	5
19. 景区商店有大量可供选择的特色旅游纪念品	1	2	3	4	5
移情性					
20. 景区能根据不同人群的需要，提供定制化服务	1	2	3	4	5

续表

问卷内容	很差	差	一般	好	很好
移情性					
21. 景区有为特殊群体（如老人、儿童、残疾人等）提供的专用通道和设施	1	2	3	4	5
22. 青瓦房工作人员能给予您个别的关怀	1	2	3	4	5
总体评价					
23. 您对这次青瓦房旅游总体非常满意	1	2	3	4	5
24. 您还会再来青瓦房	1	2	3	4	5
25. 您会推荐亲朋好友来青瓦房游玩	1	2	3	4	5

第二部分　基本信息

1. 您的性别是________。

A. 男　B. 女

2. 您的年龄是________。

A. 20 岁及以下　B. 21～30 岁　C. 31～40 岁　D. 41～50 岁

E. 51 岁以上

3. 您的学历是________。

A. 高中/中专及以下　B. 高职/大专　C. 本科　D. 研究生及以上

4. 您的职业是________。

A. 公务人员　B. 事业单位人员　C. 企业员工　D. 自由职业者

E. 学生　F. 农民　G. 离退休人员　H. 其他

5. 您来自________。

A. 南宁市　B. 广西其他城市　C. 广西以外地区

6. 您每个月的收入是________。

A. 3000 元以下　B. 3001～5000 元　C. 5001～10000 元

D. 10001～20000 元　E. 20001 元以上

7. 您总共到青瓦房的次数是________。

A. 一次　B. 两次　C. 三次　D. 四次

E. 五次以上

8. 您这次来青瓦房的方式是________。

A. 团队包车　B. 自驾汽车　C. 骑（电动）自行车

D. 搭公交　E. 其他

9. 您与________一起来青瓦房游玩。

A. 家人　B. 同事　C. 朋友　D. 同学

E. 其他

10. 您一行________人。

A. 独自　B. 2～4 人　C. 5～9 人　D. 10～20 人

E. 21 人以上